# 铁路信号基础设备运用与维护

王　凤　王天一◎主　编
刁立龙　王绍伟　褚君娜◎副主编
张亦秋◎主　审

中国铁道出版社有限公司
2023年·北　京

## 内 容 简 介

本书旨在锻炼学生的实际操作能力，对铁路上应用的信号基础设备做了详细的介绍。全书共分8个单元，分别是铁路信号设备的识别，继电器的测试和维护，信号机的安装、测试和维护，轨道电路的安装、测试和维护，转辙机的安装、测试和维护，应答器的安装、测试和维护，铁路信号设备防雷和铁路信号电缆的识别及接续。

本书可作为职业院校铁道信号类专业的教材，也可供高等院校轨道交通信号与控制专业学生使用，同时还可作为大学生课程设计和毕业设计及相关工程技术人员的参考书。

**图书在版编目(CIP)数据**

铁路信号基础设备运用与维护/王凤，王天一主编．—北京：中国铁道出版社有限公司，2021.12（2023.8重印）

ISBN 978-7-113-28527-2

Ⅰ.①铁… Ⅱ.①王…②王… Ⅲ.①铁路信号-信号设备-运行-高等职业教育-教材②铁路信号-信号设备-维修-高等职业教育-教材 Ⅳ.①U284.7

中国版本图书馆CIP数据核字(2021)第227985号

**书　　名：铁路信号基础设备运用与维护**
**作　　者：**王　凤　王天一

---

**策　　划：**吕继函
**责任编辑：**吕继函　　**编辑部电话：**（010）51873205　　**电子邮箱：**312705696@qq.com
**封面设计：**高博越
**责任校对：**苗　丹
**责任印制：**赵星辰

---

**出版发行：**中国铁道出版社有限公司（100054，北京市西城区右安门西街8号）
**网　　址：**http://www.tdpress.com
**印　　刷：**三河市宏盛印务有限公司
**版　　次：**2021年12月第1版　2023年8月第2次印刷
**开　　本：**787 mm×1 092 mm　1/16　**印张：**19.75　**字数：**472千
**书　　号：**ISBN 978-7-113-28527-2
**定　　价：**59.00元

---

# 前　言

铁路信号设备是组织指挥列车运行，保证行车安全，提高运输效率，传递行车信息，改善行车人员劳动条件的关键设施。作为一名从事铁路信号设备安装、维护和检修的工作人员，“铁路信号基础”是所有专业课程学习的基础课程，它将奠定学生的专业基础知识，学生必须掌握所有铁路信号设备的作业规程和流程，《铁路信号基础设备运用与维护》正是基于这一能力培养而编写的专业核心教材。

在铁路信号设备的安装和维护中，无论从事现场信号工岗位、继电器工区岗位、轨道电路工区岗位，还是从事灯光工区岗位，信号设备的相关知识均是必须学习的模块。因此，信号设备的安装、维护不只是靠理论知识就可以理解清楚的，必须将现场实际的操作过程、故障维修的案例分析演示给学生，这样他们才能对其有更为深刻的认识，为今后尽快适应岗位工作奠定坚实的基础。

本书主要以信号设备的安装和维护过程为导向，根据案例项目组织教材内容，同时将新标准、新规范（指南）中的内容融入教材，使学生掌握最先进的施工工艺、方法等，有利于缩短学生顶岗实习期间的培训时间，真正做到学校与现场一线无缝对接。

全书共分为 8 个单元，单元 1 为铁路信号设备的识别；单元 2 为继电器的测试和维护；单元 3 为信号机的安装、测试和维护；单元 4 为轨道电路的安装、测试和维护；单元 5 为转辙机的安装、测试和维护；单元 6 为应答器的安装、测试和维护；单元 7 为铁路信号设备防雷；单元 8 为铁路信号电缆的识别及接续。每个单元都有针对性地提出学习和技能目标，不仅对学生的专业理论水平有实质性要求，也对学生的实践能力提出了具体要求，能够满足今后信号岗位的专业能力需求；每个单元均附有习题，主要是通过练习的方式加深学生对知识点的理解。

本书由哈尔滨铁道职业技术学院王凤、王天一任主编，哈尔滨铁道职业技术学院刁立龙、王绍伟、中国铁路哈尔滨局集团有限公司职工培训中心褚君娜任副主编，哈尔滨铁道职业技术学院张亦秋任主审。其中，王天一编写了单元 1、单元 2，单元 3 中的任务 1 和任务 2；王凤编写了单元 3 中的任务 3 和单元 4；

刁立龙编写了单元5;王绍伟编写了单元6、单元8;褚君娜编写了单元7。

本书在编写过程中得到了中国铁路哈尔滨局集团有限公司哈尔滨电务段、哈尔滨动车段和哈尔滨职工培训中心等有关单位的大力支持,在此表示诚挚的感谢。

由于编者水平有限,资料收集与编写时间仓促,书中难免存在疏漏与不妥之处,恳请各院校师生及相关读者批评指正,不断提高本书水准。

编者

2021年6月

# 目　录

# 单元1　铁路信号设备的识别

【学习目标】

本单元主要是简单介绍铁路线路中常见的信号设备的类型和基本作用。

1. 了解铁路信号设备的类型。
2. 了解不同铁路信号设备的作用。

【技能目标】

1. 具有铁路信号设备的类型、结构识别能力。
2. 具有普速线路和高速铁路的信号设备的区别能力。

## 任务　铁路信号设备的识别

铁路信号设备的识别

### 一、任务提出

轨道电路、信号机、转辙机是铁路线路中信号系统的三大主要设备，它们的质量和可靠性直接影响信号系统性能的发挥、可靠性的提高，以下就先通过图形认识它们。

图　1-1

图　1-2

图　1-3

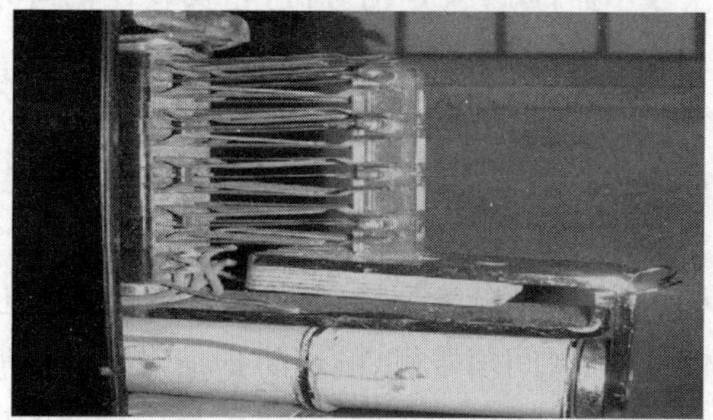

图　1-4

图 1-5

(1)请说出图 1-1 至图 1-5 中的铁路信号设备的名称和作用。

(2)图 1-1 为道岔转辙设备;图 1-2 为轨道;图 1-3 为信号机;图 1-4 为继电器;图 1-5 为室内联锁设备。作为一名铁路信号工作人员,你知道你的工作和它们有什么关系吗?

**二、任务分析**

本任务主要讲解各种铁路信号设备的识别,因此在学习之前要清楚了解在学完该项目后应能够掌握哪些技能,在以后的工作中应能从事哪些工作。

(1)了解不同铁路信号设备的类型和作用,以便为日后在施工单位进行信号设备安装工作打好基础。

(2)了解不同铁路信号设备的类型和作用,以便为日后在各铁路局集团公司的电务段进行信号设备维护工作打好基础。

**三、任务准备**

该任务主要是识别各种铁路信号设备的类型和基本作用,所以只要大家了解铁路信号设备主要包括信号机、轨道电路等,且它们的作用都是为了保证行车安全和行车效率。

**四、任务实施**

(1)思考:在日常乘坐列车过程中见过图 1-1 至图 1-5 中的铁路信号设备吗?想想它们应该安装在哪里?

(2)任务提示:图 1-1 是道岔转辙设备,它安装在轨道旁边;图 1-2 是轨道里轨旁安装有道岔表示器;图 1-3 是信号机,它安装在轨道旁边;图 1-4 是信号继电器;图 1-5 是室内联锁设备。

(3)任务实施要领:

①信号机:主要作用是指挥列车运行的。按信号构造分为臂板信号机、色灯信号机两种,臂板信号机白天以臂板位置,而晚上以灯光显示区分信号意义;色灯信号机是以不同的发光颜色及其灯位位置区分信号意义。按机车或地面安装的信号机分为地面信号机和机车信号两种。按高、低分为高柱信号机和矮型信号机两种。按用途分为进站信号机、出站信号机、预告信号机、区间信号机、隧道防护信号机、遮断信号机、复示信号机、调车信号机、进路表示器、驼峰信号机、线束调车信号机、场与场相连的进路信号机等若干种。

注:a. 根据上述内容,请仔细观察图 1-3,判断它应该属于哪一种? b. 你知道在使用信号机之前,铁路行车指挥用的是什么设备吗?

②轨道电路:主要用途是检查区段占用情况。目前使用的轨道电路有交流计数轨道电路、移频轨道电路、不对称高压脉冲轨道电路、计轴轨道电路、ZPW-2000A型无绝缘轨道电路、25 Hz相敏轨道电路等。其按用途分为站内道岔一送多受轨道电路、无岔轨道电路、站内及股道电码化轨道电路、区间轨道电路、道口信号轨道电路、驼峰轨道电路等。

③道岔转辙设备:主要用来转换道岔。目前在现场大多使用电动转辙设备,如电动转辙机、电空转辙机、电液转辙机等。

注:你知道在使用道岔转辙设备之前,转换道岔主要靠什么设备吗?

④信号联锁设备:主要作用是将铁路信号设备结合在一起来提高行车效率、保证行车安全等,现在在现场大量推广使用计算机联锁。

注:你还知道有哪些联锁系统吗?

⑤继电器:信号继电器不会单独使用,它通常是和轨道电路、信号机配合使用,其结构和作用会在后续讲解中提及。

⑥高速铁路沿线涉及的信号设备的类型介绍:

a. 信号机:高速铁路一般地面设置的信号机因列车时速超过160 km导致司机用眼睛来不及观察确认而使其失去意义。高速铁路行车指挥以列车运行控制系统及机车信号为主。160 km/h以下区段时,地面信号机主要起指挥列车运行的作用。

b. 转辙设备:由于高速铁路列车运行时速高,要求列车平稳、安全运行,对辙叉设备部分进行改进,制成大号码道岔,即道岔长度加长,使道岔处弯曲度变小,大型道岔岔尖、岔心分动。随之需要转辙设备牵引力大,转动平稳,安全性、可靠性高,转辙设备实行岔尖与岔心分别转动,岔尖、岔心多机牵引。目前很多线路上采用国产ZY(J)系列三相交流液压电动转辙机及其安装装置。

c. 轨道电路:随着列车速度越来越高,对铁路的基本设施的质量标准及技术标准要求也越来越高。过去的低频信号信息量少,难以满足高速铁路的要求。现在,ZPW-2000系列无绝缘轨道电路在我国上道的有两种制式,一种是ZPW-2000A型无绝缘轨道电路系统,目前我国铁路上大部分采用该类型;另外一种是ZPW-2000R型无绝缘轨道电路系统,主要用于站区一体化的铁路线,在我国铁路上使用比较少;还有一种ZPW-2000G型半自动闭塞的无绝缘轨道电路。

d. 目前高速铁路采用车站联锁制式与闭塞制式,我国高速铁路车站信号联锁制式为计算机联锁。

## 五、任务实施要求

以上所有信号设备均要求能说出其作用、能识别其结构。

## 六、作业布置

(1)要求学生以组为单位描述铁路沿线中有哪些信号设备,各起到什么作用。

(2)要求学生以组为单位描述高铁线路和普通线路信号设备的区别。

## 七、作业检查评议

(1)要求学生能够根据教师给出的图片识别不同信号设备类型。

(2)要求学生能够将自己日常所见信号设备所处的位置进行简单描述。

**【练习题】**

**一、填 空 题**

(1)《普速铁路信号维护规则　技术标准》《高速铁路信号维护规则　技术标准》(以下简称《维规》)是铁路信号设备维护的(　　),是铁路信号设备维护应满足的(　　),是维护及评定铁路信号设备质量的(　　)。

(2)信号设备所使用的器材、材料和配件,必须符合(　　)颁标准。凡变更设备结构,必须经(　　)批准。

(3)凡列入《铁路运输安全设备产品目录》或《实施认证的铁路产品目录》的产品、器材,须取得(　　)后,方可上道使用。

(4)新电路、新设备、新器材必须经过上道试验和技术审查,按管理权限取得批准后,方可正式上道使用。未经(　　)批准,不得在信号设备上添装其他设备。

(5)信号设备的联锁关系,必须与批准的联锁图表一致;各种监测、监控、采样、报警电路等必须与联锁电路安全隔离,不得影响设备的正常使用。未经(　　)批准,不得随意借用联锁条件。

(6)所有信号设备的安装,均需符合批准的(　　)标准图和设计图的要求。

(7)正线、站线(通行超限货物列车)信号与所属、邻近轨道中心距设备凸出边缘的距离规定标准为(　　) mm。

(8)站线信号与所属、邻近轨道中心距设备凸出边缘的距离规定标准为(　　) mm。

(9)25 mm 以下的继电器箱及表示器等设备与所属、邻近轨道中心距设备凸出边缘的距离规定标准为(　　) mm。

(10)各种基础或支持物无影响强度的裂纹,安设稳固,其倾斜限度不得超过(　　)mm,高柱信号机机柱的倾斜限度不得超过(　　)mm,在路基斜坡的基础或设备,易受洪水、台风侵袭、路基变形和不利于设备维护的处所,应采取(　　)等措施,各种室外设备的周围应硬面化保持平整、不积水,不影响道床排水。

(11)电气接点须保持清洁、压力适当、接触良好,接点片磨耗不得超过厚度的(　　)。

(12)用 500 V 兆欧表测量电气器件的绝缘电阻不小于(　　)MΩ。

(13)冗余系统计算机应(　　)工作,转换可靠。各种监视报警信息应(　　)原因。

(14)系统机柜、采集、驱动等面板上的指示工作状态表示与采集、控制对象的实际状态(　　),与控制操作人员发出的控制命令一致。

(15)计算机及网络显示设备、表示灯,避免(　　),应表示正确、色彩分明、(　　)、不失真、易于辨别、字幕滚动正常、无扭曲和忽明忽暗现象,且分辨率符合系统要求。

(16)主机、显示器、键盘、鼠标、打印机、路由器、交换机、UPS、机柜、机箱等设备应保持清洁,(　　);各部螺栓紧固,插头、插座及板块连接(　　),键盘按键作用良好,鼠标动作灵活。

(17)打印机传动部分不卡阻,内部(　　),不卡纸,打印字迹清楚。

(18)计算机系统和网络设备的系统时钟准确,网络系统各节点时钟应(　　)。

(19)安装有计算机、自动闭塞等微电子设备的机房应有空调设施,并符合有关标准;零地电位差应小于(　　)V;温度、湿度、洁净度、新风量应满足计算机设备工作的要求。

(20)信号器材在电路中,其可靠动作的电压(电流)应满足器材(　　)或大于(　　)的要求;其可靠落下的电压(电流)应小于(　　)或(　　)的要求。

## 二、简 答 题

(1)各种信号设备的供电等级应符合什么要求?
(2)各种信号设备的安装、装配及机械部分,均应符合什么要求?
(3)对 UPS 电源有何要求?

## 【拓展题】

## 一、填 空 题

(1)信号工一般常用的工具有钳子、(　　)、螺丝刀、管钳子、手锤、扁铲、冲子、手电钻、锉刀等。
(2)使用万用表欧姆挡测量电阻时不能(　　)测量。
(3)在测量未知电压电流值时应先将万用表转换开关旋至(　　)量程,然后再逐步减小量程,以免损坏仪表。
(4)兆欧表的标尺单位是(　　)。
(5)测量信号设备时一般选用测量电压为(　　)V 的兆欧表。
(6)钳形表主要用于在不断电的情况下测量(　　)的大小。
(7)錾子的用途是用来(　　)金属。
(8)(　　)是钻孔用的主要刃具。
(9)万用电桥测量选择开关有电阻挡、电感挡和(　　)挡。
(10)信号设备的维修工作由日常养护和(　　)两部分组成。
(11)信号维护工作必须贯彻预防和整修相结合,以(　　)的原则。
(12)信号设备的维护管理应以(　　)为核心,贯彻技术与经济相结合、专业与群众管理相结合的原则。
(13)为提高信号设备维护质量,减少对运输的影响,现场固定设备实行集中修与分散维护相结合、以(　　)为主。
(14)电务段维修工作的主要依据是年度生产财务计划和年度维修工作计划,每年在电务段统一领导下,按要求编制,经信号室审核,(　　)批准后执行。
(15)信号维护工作的质量是通过系统的质量管理活动,求得设备质量、工作质量和(　　)质量的稳步提高。
(16)设备质量的评定办法是以单项设备为单位,按电信鉴表内容逐条对标,合格的画“√”,不合格的(　　)。
(17)信号设备的各种电路必须符合(　　)原则,各种监测、遥信、报警电路均必须构成独立电路系统,不准借用信号联锁条件。
(18)在提速区段作业时,现场作业人员接到信号值班员的通知后应立即停止作业,(　　)。
(19)信号工区管理实行(　　)制,信号工对自己分管的设备质量和安全负责。
(20)中修后的设备实行三级验收制,中修队对中修站质量进行全面自验;电务段组织中修队与(　　)对中修工作进行全面验收交接;铁路对电务段中修工作进行抽验。
(21)新工人及改职人员在上岗前,必须进行(　　),考试合格后,经电务段长批准,方可上岗工作。
(22)信号工作人员必须认真执行“三不动、三不离、三不放过”和(　　)4 项基本安全制度。

(23)电务部门在枕木间或靠近线路挖坑、沟时,应与(　　)联系,并采取预防措施。

(24)信号故障可分为信号事故和(　　)两类。

## 二、选 择 题

(1)《维规》分为“业务管理”和“技术标准”两册,其解释及修改权属于(　　)。

(A)电务段　(B)国铁集团

(C)铁路局集团公司　(D)铁路局集团公司和国铁集团

(2)信号设备标准化作业程序由(　　)统一制定并执行。

(A)电务段　(B)铁路局集团公司

(C)国铁集团　(D)铁路局集团公司和国铁集团

(3)新器材的有效期一般不得(　　),否则应开盖检查(或返回厂),质量合格后,方准使用。

(A)超过10年　(B)超过5年　(C)超过2年　(D)超过1年

(4)信号设备由于器材规格变更降低强度或性能,变更信号显示方式,改变部颁定型或标准设计时,须经(　　)批准。

(A)铁路局集团公司和国铁集团　(B)铁路局集团公司

(C)国铁集团　(D)电务段

(5)变更中、小站电气集中,非集中联锁以及其他联锁关系及电路图,由(　　)批准。

(A)国铁集团　(B)铁路局集团公司

(C)铁路局集团公司和国铁集团　(D)电务段

(6)变更大站电气集中、调度集中、自动闭塞、半自动闭塞和驼峰设备的联锁关系及电路图,由(　　)批准。

(A)铁路局集团公司　(B)国铁集团

(C)铁路局集团公司和国铁集团　(D)电务段

(7)信号设备须变更接点组(不改变联锁关系)或配线图由(　　)批准。

(A)铁路局集团公司和国铁集团　(B)电务段

(C)铁路局集团公司　(D)国铁集团

(8)值班工区和检修工区的具体作业项目,以及其他工区的维修工作由(　　)制定。

(A)电务段　(B)铁路局集团公司和国铁集团

(C)铁路局集团公司　(D)国铁集团

(9)各种信号设备的电气器件用500 V兆欧表测量时其绝缘电阻不小于(　　)。

(A)2 MΩ　(B)5 MΩ　(C)10 MΩ　(D)15 MΩ

(10)熔断器的容量须符合设计规定,在无具体规定的情况下,其容量应为最大负荷电流的(　　)倍。

(A)1～2　(B)1.5～3　(C)1.5～2　(D)2～3

(11)遇到已经影响设备使用的信号故障,信号维修人员应首先做的是(　　)。

(A)查找原因　(B)会同车站值班员试验

(C)登记停用　(D)汇报调度

(12)在信号设备上变更其结构或添装其他设备时,须经(　　)批准。

(A)电务段　(B)铁路局集团公司和国铁集团

(C)铁路局集团公司　(D)国铁集团

(13)凡对设备进行拆卸、安装、移设、更换,需中断设备使用时,必须(　　)方可作业。

(A)填写“施工要点申请计划表”

(B)按调度命令在“行车设备检查登记簿”中登记

(C)经车站值班员同意并签认

(D)A、B、C三个条件均具备

(14)凡由于信号设备作用不良或信号人员违章作业影响行车时,均为(　　)。

(A)信号障碍　(B)二类障碍

(C)信号事故　(D)信号其他事故

(15)信号设备质量管理,根据质量评定办法,按得分总数给出单项设备质量评语,良好得分累计为(　　)。

(A)0分　(B)9分　(C)10分　(D)15分

(16)信号领工员每月深入现场,检查和解决生产中问题的时间,不得少于月份工作计划的(　　)。

(A)1/2　(B)1/3　(C)2/3　(D)1/4

(17)信号工区月度维修计划日期变更超过(　　)天时,须由电务段批准。

(A)3　(B)5　(C)7　(D)9

(18)凡信号设备机械配件磨耗超限,强度不足,电气特性不合标准,配线老化,总计不合格和接近不合格的设备超过(　　)时,须列入大修范畴。

(A)10%　(B)25%　(C)30%　(D)50%

(19)在车站内使用装载较重的单轨小车及人力推运的轻型车辆时,须与车站值班员办理承认手续,并在其前后各(　　)处显示停车手信号,随车移运,进行防护。

(A)20 m　(B)30 m　(C)50 m　(D)100 m

## 三、判断题

(1)信号设备维护工作实行段、车间、工区三级专业管理。(　　)

(2)电务设备在电务段内实行段、领工区(车间)二级管理。(　　)

(3)年度Ⅱ级测试工作计划由信号工区根据Ⅱ级测试周期表进行编制,经信号科平衡,电务段长批准后执行。(　　)

(4)质量评定方法是以单项设备为单位,按电信鉴表内容逐条对标,合格项填“√”,不合格的填入得分数,按得分总数给出单项设备质量评语;良好得分累计为零分;合格得分累计小于9分(包括9分),其联锁道岔小于14分(包括14分)。(　　)

(5)工区Ⅰ级测试数据保存为1年。(　　)

(6)月度维修计划日期变更不超过7天时,经工长同意,领工员批准,超过7天由电务段批准。(　　)

(7)信号设备备用器材的储备量,可以超过年轮修器材总数的50%。(　　)

(8)日常测试及Ⅰ级测试由工区负责,Ⅱ级测试由段负责,Ⅲ级测试由铁路局集团公司负责。(　　)

(9)“三不动”“三不离”“三不放过”“三级施工安全措施”是信号工作人员必须认真执行的4项基本安全制度。(　　)

(10)客运列车发生冲突,当场死亡 2 人,轻伤 3 人,此事故属重大事故。(　　)

(11)客运列车发生冲突,机车中破 1 台,此事故属重大事故。(　　)

(12)错办闭塞发出列车属险性事故。(　　)

(13)凡未经技术业务训练和技术考核即被任职使用的人员,造成严重不良后果的,只追究当事人的责任。(　　)

(14)信号非责任障碍是指无法防止的雷害和自然灾害及无法检查、发现的电务器材材质不良,造成设备故障,影响正常使用。(　　)

## 四、简答题

(1)信号设备电气特性测试分几级?

(2)行车事故按照事故的性质、损失及对行车造成的影响可分为哪几类?

(3)什么叫信号障碍?

(4)什么是设备质量?

(5)什么是信号工作“三不动”?

(6)什么是信号工作“三不离”?

# 单元2　继电器的测试和维护

【学习目标】

信号继电器是用于铁路信号中各类继电器的统称，它是信号控制系统中不可缺少的重要器件，本单元主要介绍不同继电器的结构组成、工作原理，并重点介绍继电器的安装、调整与维护的方法和注意事项。

1. 熟悉继电器的结构组成、动作过程。
2. 理解不同类型继电器设备结构、原理的区别。
3. 能按要求安装、调整及维护继电器。
4. 掌握继电器箱的日常维护和集中检修内容。

【技能目标】

1. 具备继电器类型、结构识别能力。
2. 具备继电器检修技能。
3. 具备继电器箱日常维护、故障维修能力。

## 任务1　继电器的结构识别

继电器概述

### 一、任务提出

继电器的类型很多，结构和性能各有不同，但都由电磁系统和接点系统两大主要部分组成，下面先从图形来认识它们。

(1)你知道图2-1至图2-4中的继电器都是哪些类型吗？

(2)你知道它们都起到什么作用吗？

图　2-1

图　2-2

图　2-3

## 二、任务分析

图　2-4

本任务主要是讲解各种继电器的结构，因此在学习之前中要清楚了解在学完该项目后能够掌握哪些技能，在以后的工作中用该技能能实现哪些目标。

了解继电器的不同类型和结构以便区分该设备应用的不同场合。

## 三、任务准备

该任务主要是识别继电器的结构和了解继电器的工作原理，所以需要大家了解继电器的常用基本类型有无极、有极、偏极、交流二元等类型继电器。继电器不单独使用，均是和信号机、轨道电路配合，为检查区段情况和指挥列车运行使用的。

## 四、任务实施

1. 识别继电器

(1)思考：图 2-1 至图 2-3 中的继电器，你觉得它们是同一类型吗？

(2)任务提示：图 2-1 是偏极继电器；图 2-2 是有极继电器；图 2-3 是无极继电器；图 2-4 是继电器插座。

(3)任务实施要领：上述三种继电器的结构有类似的地方，它们同属于安全型继电器，都是由电磁系统和接点系统两部分组成的(你能区分出图 2-1 至图 2-3 中继电器的电磁系统和接点系统吗?)。

①无极继电器

图 2-5 是无极继电器的结构图(请对比图 2-3)，该图是插入式的无极继电器(其带有透明性能很好的外罩)。

无极有极偏极整流继电器的结构

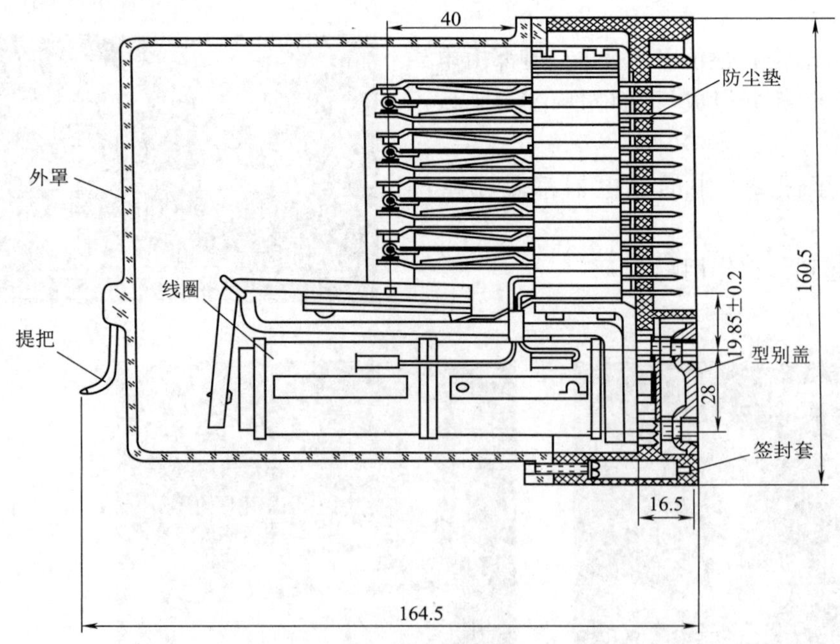


图 2-5　无极继电器结构图(单位：mm)

无极继电器由电磁系统和接点系统两大部分组成。电磁系统包括线圈、铁芯、扼铁和衔铁,无极继电器的电磁系统如图 2-6 所示(你能看出去图 2-6 对应着图 2-3 的哪一部分吗?)。

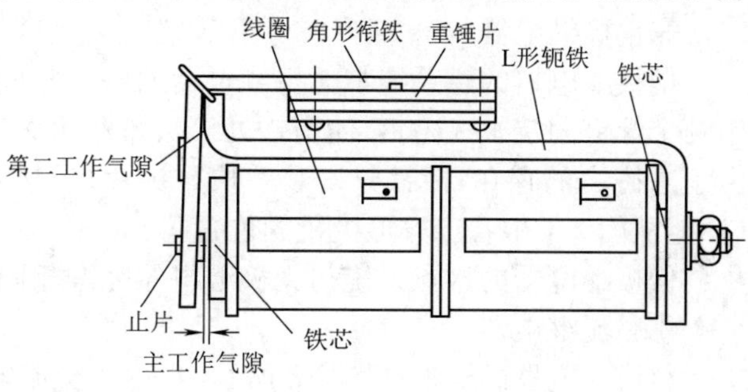


图 2-6　无极继电器的电磁系统

a. 线圈

线圈水平安装在铁芯上,分为前圈和后圈,之所以采用双线圈,主要是为了增强控制电路的适应性和灵活性,可根据电路需要单线圈控制、双线圈串联控制或双线圈并联控制。

b. 铁芯

铁芯由电工纯铁制成,其为软磁材料,具有较高的磁通密度和较小的剩磁,以利于继电器的工作。

c. 轭铁

轭铁呈 L 形,由电工纯铁板冲压成型,外表镀多层铬防护。

d. 衔铁

衔铁为角形,靠蝶形钢丝卡固定在轭铁的刀刃上,动作灵活。衔铁由电工纯铁冲压成型,衔铁上铆有重锤片,以保证衔铁靠重力返回。重锤片由薄钢板制成,其片数由接点组的多少决定,使衔铁的重量基本上满足后接点压力的需要。一般 8 组后接点用三片,6 组用两片,4 组用一片,2 组不用。

衔铁上有止片,止片由黄铜制成,安装在衔铁与铁芯闭合处。止片有 6 种厚度,因继电器规格不同而异,可取下按规格更换。止片用以增大继电器在吸起状态的磁阻,减小剩磁影响,保证继电器可靠落下。

注:你能指出以上电磁系统的部分在图 2-3 中的位置吗?

无极继电器的接点系统如图 2-7 所示(你能看出去图 2-7 对应着图 2-3的哪一部分吗?)。它处于电磁系统上方,通过接点架、螺钉紧固在轭铁上,两者成为一个整体。用螺钉将下止片、电源片单元、银接点单元、动接点单元以及压片按顺序组装在接点架上。在紧固螺钉前,应将拉杆、绝缘轴、动接点轴与动接点组装好。

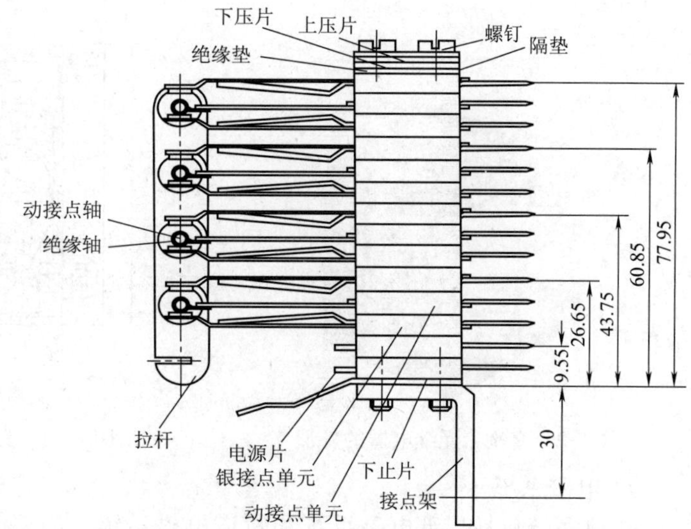


图 2-7　无极继电器的接点系统(单位:mm)

②有极继电器

有极继电器的磁路结构与无极继电器基本相同,不同的是只用一块端部呈刃形的长条形永久磁钢代替无极继电器的部分轭铁,磁钢与轭铁间用螺钉连接(你能从图 2-2 中看出永久磁钢的位置吗?)。

有极继电器的接点系统与无极继电器相同。

③偏极继电器

偏极继电器的磁系统与无极继电器的基本相同。但铁芯的极靴是方形的，在方极靴下方用两个螺钉固定永久磁钢，使衔铁处于极靴和永久磁钢之间，受永磁力的作用偏于落下位置。由于永磁力的存在，衔铁只安装一块重锤片，后接点的压力由永磁力和重锤片共同作用产生(你能从图 2-1 中看出方形极靴的位置吗?)。

偏极继电器的接点系统与无极继电器完全相同。

交流二元继电器的结构

④整流继电器

整流继电器的外形如图 2-8 所示，它用于交流电路中。它通过内部的半波或全波整流电路将交流电变为直流电而动作，之所以如此，是为了避免在安全型继电器中采用结构形式完全不同的交流继电器，以提高产品的系列化、通用化程度。

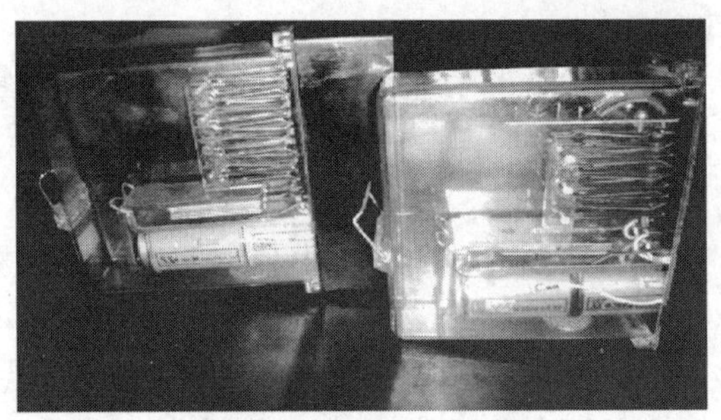

图 2-8 整流继电器的外形

整流式继电器的电磁系统与无极继电器相同，只是磁路结构参数有所不同。更主要的是，在接点组上方安装由二极管组成的半波或全波整流电路(你能看出图 2-8 中的整流电路吗?)。

整流式继电器的接点系统的结构与无极继电器相同，零部件全部通用，只是接点的编号有区别。

⑤交流二元继电器

交流二元继电器的外形如图 2-9 所示，从名称中的“二元”我们得知是指有两个互相独立又互相作用的交变电磁系统，根据频率不同，分为25 Hz交流二元继电器和 50 Hz 交流二元继电器两种。

交流二元继电器的结构如图 2-10 所示，由电磁系统、翼板、接点等主要部件组成(对比图 2-9和图 2-10，你能找出相对应的部分吗?)。

图 2-9 交流二元继电器的外形

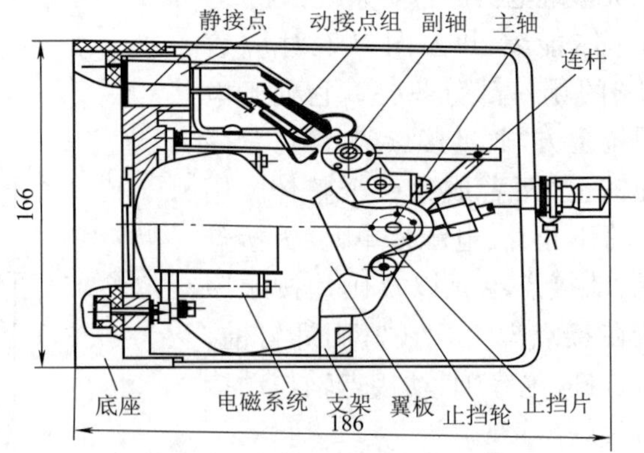


图 2-10 交流二元继电器的结构(单位:mm)

a. 电磁系统

电磁系统包括局部电磁系统和轨道电磁系统。局部电磁系统由局部铁芯和局部线圈组成，轨道电磁系统由轨道铁芯和轨道线圈组成。铁芯均由硅钢片叠成，线圈是用高强度漆包线绕在线圈骨架上而构成的。

b. 翼板

翼板是将电磁系统的能量转换为机械能的关键部件。翼板由 1.2 mm 厚的铝板冲裁而成，安装在主轴上。翼片尾端安装有重锤螺母，对翼板起平衡作用，在翼板一侧的主轴上还安装一块 2.0 mm 厚由钢板制成的止挡片，与轴成一整体，使翼板转至上、下极端位置时受到限制。

c. 接点组

动接点固定在副轴上，主轴通过连杆带动副轴上的动杆单元使动接点动作。

⑥继电器插座

继电器的插座如图 2-4 所示，若安全型继电器要组成插入式，必须加装继电器插座板。

插座插孔旁所注接点编号系无极继电器的接点编号，其他各型继电器接点系统的位置及使用编号与之不同，而实际使用的插座仅此一种，所以必须按图 2-11 所示符号对照使用。安全型继电器有多种类型，为防止不同类型的继电器错误插接，在插座下部鉴别孔内铆以鉴别销，鉴别销号码详见表 2-1。

不同类型的继电器由型别盖上的鉴别孔不同进行鉴别，根据规定的鉴别孔逐个钻成，以与鉴别销相吻合。型别盖外形及鉴别孔位置如图 2-12 所示。

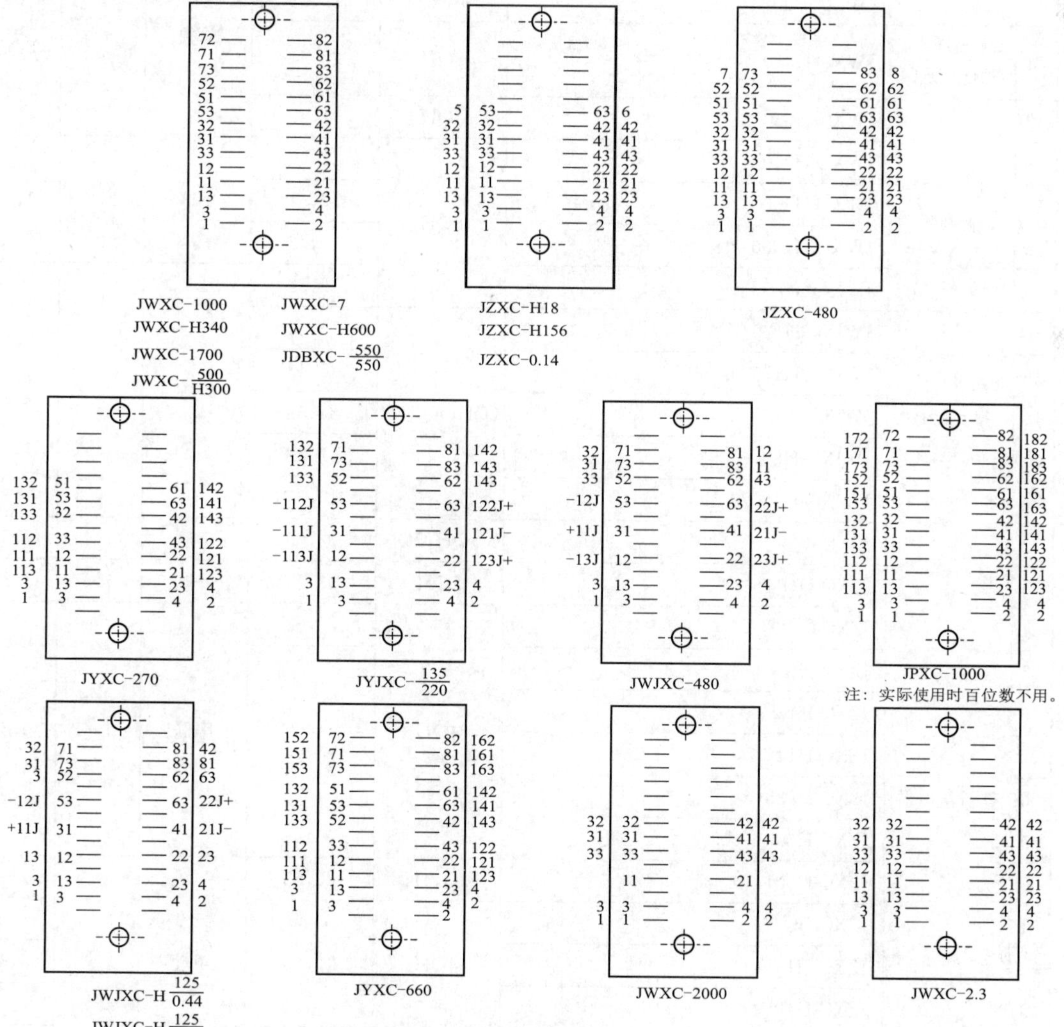


图 2-11　插座接点编号对照

**表 2-1 安全型继电器的基本情况**

| 品种序号 | 规格序号 | 继电器名称 | 型号 | 接点组数 | 鉴别销号码 | 线圈连接 | 电源片连接 | |
|---|---|---|---|---|---|---|---|---|
| | | | | | | | 连接 | 使用 |
| 1 | 1 | 无极继电器 | JWXC-1000 | 8QH | 11,52 | 串联 | 2,3 | 1,4 |
| | 2 | | JWXC-7 | | 11,55 | | | |
| | 3 | | JWXC-1700 | | 11,51 | | | |
| | 4 | | JWXC-2.3 | 4QH | 11,54 | | | |
| | 5 | | JWXC-2000 | 2QH | 11,55 | | | |
| | 6 | | JWXC-370/480 | 2QH,2Q | 22,52 | 单独 | — | 1,2/3,4 |
| | 7 | 无极加强接点继电器 | JWJXC-480 | 2QH,2QHJ | 15,51 | 串联 | 2,3 | 1,4 |
| | 8 | | JWJXC-160 | 2QHJ | 11,52 | | | |
| | 9 | | JWJXC-135/135 | 2QH,4QJ,2H | 31,53 | 单独 | — | 1,2/3,4 |
| | 10 | | JWJXC-300/370 | 4QHJ | 22,52 | | | |
| | 11 | 无极缓动继电器 | JWXC-H310 | 8QH | 23,54 | | | |
| | 12 | 无极缓放继电器 | JWXC-H850 | 4QH | 11,52 | | | |
| | 13 | | JWXC-H340 | 8QH | 12,52 | 串联 | 2,3 | 1,4 |
| | 14 | | JWXC-H600 | | 12,51 | | | |
| | 15 | | JWXC-H1200 | | 14,42 | | | |
| | 16 | | JWXC-500/H300 | | 12,53 | 单独 | — | 1,2/3,4 |
| | 17 | 无极加强接点缓放继电器 | JWJXC-H125/0.44 | 2QH,4QJ,2H | 15,55 | | | |
| | 18 | | JWJXC-H125/0.13 | | 15,43 | | | |
| | 19 | | JWJXC-H125/80 | | 31,52 | | | |
| | 20 | | JWJXC-H80/0.06 | | 12,22 | | | |
| | 21 | | JWJXC-H120/0.17 | | 15,55 | | | |
| 2 | 22 | 整流继电器 | JZXC-480 | 4QH,2Q | 13,55 | 串联 | 1,4 | 7,8 |
| | 23 | | JZXC-H156 | 2QH | 13,54 | 并联 | 2,4/1,3 | 7,8 |
| | 24 | | JZXC-0.14 | 4QH | 22,53 | 串联 | 1,4 | 5,6 |
| | 25 | | JZXC-H62 | | 13,53 | | | |
| | 26 | | JZXC-H18 | | | | | |
| | 27 | | JZXC-H142 | | | | | |
| | 28 | | JZXC-H138 | | | | | |
| | 29 | | JZXC H60 | | | | | |
| | 30 | | JZXC-H0.14/0.14 | 2Q,4H | 22,53 | 单独 | — | 1,2/3,4 |
| | 31 | | JZXC-16/16 | 4QH | 13,53 | | | 1,2 |
| | 32 | | JZXC-H18F | | | | | 5,6 |
| | 33 | | JZXC-H18F1 | | | | | 1,2 |
| | 34 | | JZXC-480F | 4QH,2Q | 13,55 | | | 71,81 |

续上表

| 品种序号 | 规格序号 | 继电器名称 | 型　　号 | 接点组数 | 鉴别销号码 | 线圈连接 | 电源片连接 | |
|---|---|---|---|---|---|---|---|---|
| | | | | | | | 连接 | 使用 |
| 3 | 35 | 有极继电器 | JYXC-660 | 6DF | 15,52 | 串联 | 2,3 | 1,4 |
| | 36 | | JYXC-270 | 4DF | 15,53 | | | |
| | 37 | 有极加强接点继电器 | JYJXC-135/220 | 2DF,2DFJ | 15,54 | 单独 | — | $\frac{1,2}{3,4}$ |
| | 38 | | JYJXC-X135/220 | | 12,23 | | | |
| | 39 | | JYJXC-220/220 | | 15,54 | | | |
| | 40 | 有极加强接点继电器 | JYJXC-3000 | 2F,2DFJ | 13,51 | 串联 | 2,3 | 1,4 |
| | 41 | | JYJXC-J3000 | | | | | |
| 4 | 42 | 偏极继电器 | JPXC-1000 | 8QH | 14,51 | | | |
| | 43 | | JPXC-400 | 4QH | 14,52 | | | |
| 5 | 44 | 单闭磁继电器 | JDBXC-550/550 | | 21,52 | 单独 | — | $\frac{1,2}{3,4}$ |
| | 45 | | JDBXC-A550/550 | | 13,42 | | | |
| | 46 | | JDBXC-1500 | 2QH | | | | |

注：Q 表示前接点，H 表示后接点，D 表示定位接点，F 表示反位接点，J 表示加强接点。

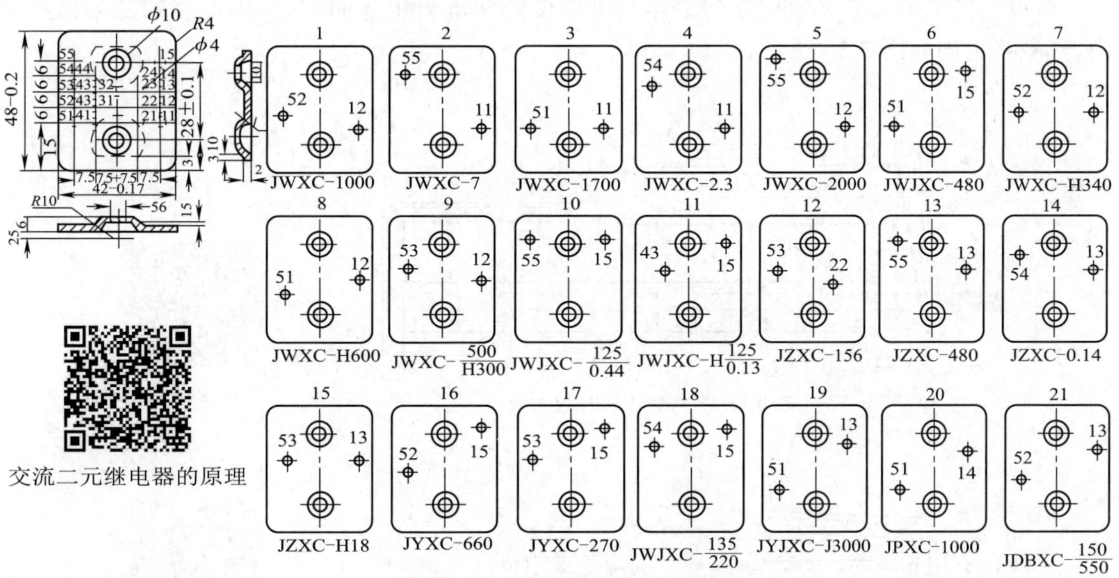


图 2-12　型别盖外形及鉴别孔位置图(单位：mm)

⑦时间继电器

时间继电器外形如图 2-13 所示，它的电磁系统和接点系统与无极继电器相同，只是多了一个时间控制单元，其装在印刷电路板上，安装在接点组的上方(你能从图 2-13 中找出时间控制单元的位置吗?)。

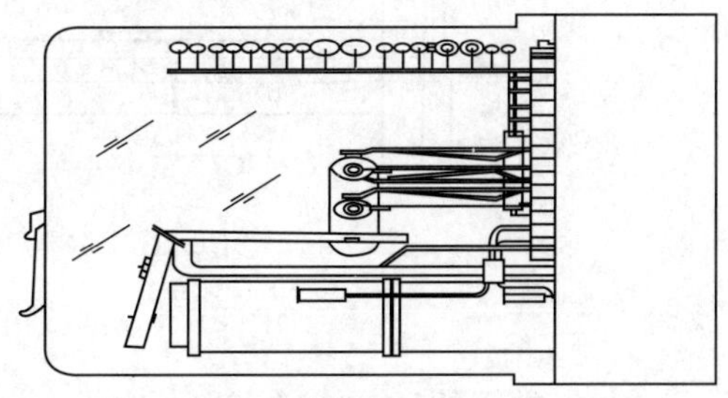

图 2-13　时间继电器外形

2. 了解各类型继电器的工作原理

继电器的基本工作原理：当线圈中通入一定数

值的电流后，由于电磁作用或感应产生电磁吸引力，吸引衔铁，由衔铁带动接点系统，改变其状态，从而反映输入电流的状况。

(1)无极继电器的动作原理

无极继电器的磁系统为无分支磁路，其磁路走向如图 2-14 所示。在线圈加直流电流后，线圈中的电流 $I$ 使铁芯磁化，在铁芯内产生工作磁通 $\Phi$，它由铁芯极靴处经过主工作气隙 $\delta$ 进入衔铁，又经过第二工作气隙 $\delta'$ 进入轭铁，然后回到铁芯，形成一闭合磁路。在工作气隙 $\delta$ 处，由于磁通 $\Phi$ 的作用，铁芯与衔铁间产生电磁吸引力 $F_D$，当 $F_D$ 大到足以克服机械负载的阻力 $F_j$（主要是衔铁自重）时，衔铁即与铁芯吸合。此时衔铁通过拉杆带动动接点运动，使后接点断开，前接点闭合。

当线圈中的电流减小时，铁芯中的磁通按一定规律随之减小，吸引力也随着减小。当电流小到一定值时，它所产生的吸引力小于机械力，衔铁离开铁芯，被释放。此时拉杆带动动接点运动，使前接点断开，后接点闭合。

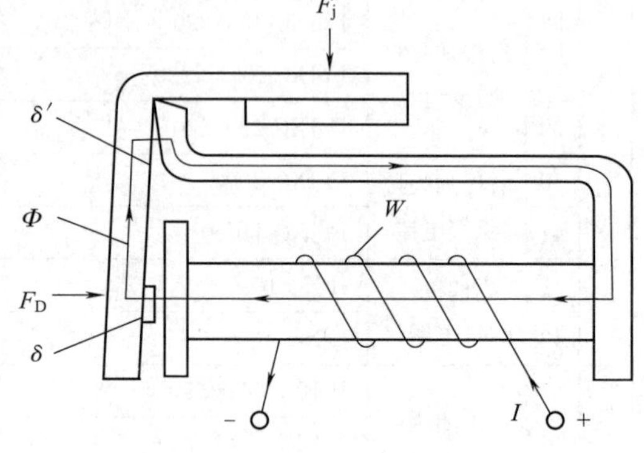


图 2-14　无极继电器的磁路走向

(2)有极继电器的工作原理

有极继电器的磁路系统由永磁磁路与电磁磁路两部分组合而成，为不对称的并联磁路结构，其磁路走向如图 2-15 所示。

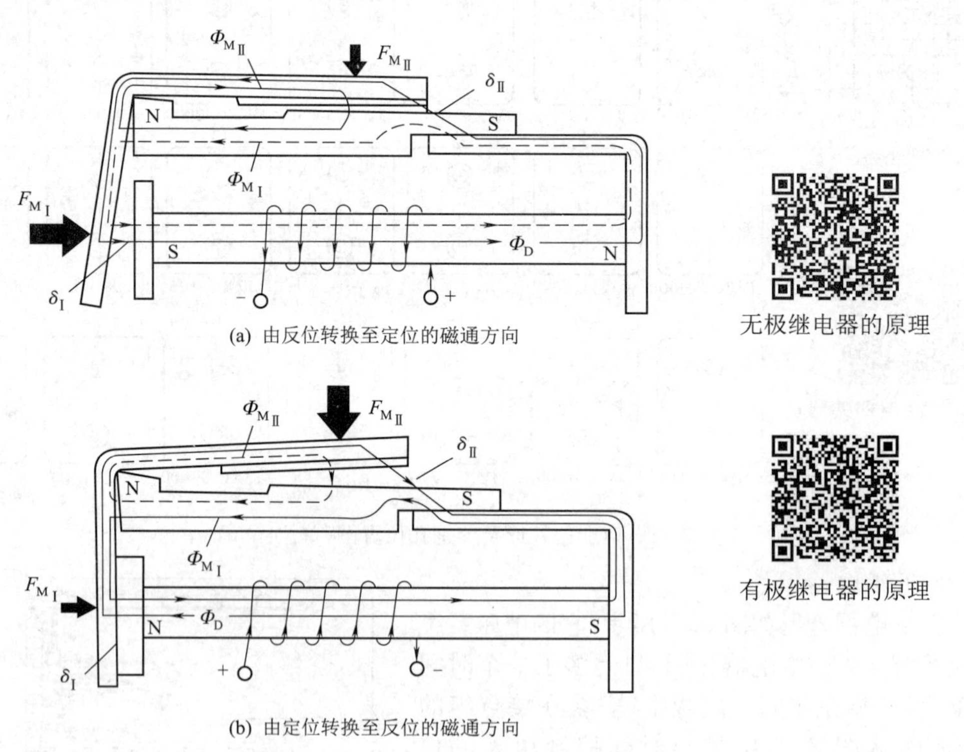


(a) 由反位转换至定位的磁通方向

(b) 由定位转换至反位的磁通方向

图 2-15　有极继电器的磁路走向

无极继电器的原理

有极继电器的原理

永久磁钢的磁通分为 $\Phi_{M_I}$ 和 $\Phi_{M_{II}}$ 两条并联支路。$\Phi_{M_I}$ 从 N 极出发，经衔铁、第一工作

气隙 $\delta_{Ⅰ}$、铁芯、轭铁，到 S 极；$\Phi_{M_{Ⅱ}}$ 从 N 极出发，经衔铁上部、重锤片、第二工作气隙 $\delta_{Ⅱ}$，到 S 极。这两条支路不对称，磁路的不平衡就形成有极继电器的正向转极值与反向转极值的较大差别。

当衔铁处于打落状态时（反位），由于 $\delta_{Ⅰ} \gg \delta_{Ⅱ}$，因此 $\Phi_{M_{Ⅱ}} \gg \Phi_{M_{Ⅰ}}$。由 $\Phi_{M_{Ⅱ}}$ 所产生的吸引力 $F_{M_{Ⅱ}}$ 与衔铁重力、动接点预压力共同作用，克服了 $\Phi_{M_{Ⅰ}}$ 产生的吸引力 $F_{M_{Ⅰ}}$ 与后接点压力，使衔铁保持在稳定的打落位里。反之，当衔铁处于吸合状态（定位）时，由于 $\delta_{Ⅰ} \ll \delta_{Ⅱ}$，因此 $\Phi_{M_{Ⅰ}} \gg \Phi_{M_{Ⅱ}}$。由 $\Phi_{M_{Ⅰ}}$ 所产生的吸引力 $F_{M_{Ⅰ}}$ 将克服 $\Phi_{M_{Ⅱ}}$ 产生的吸引力 $F_{M_{Ⅱ}}$、衔铁重力及接点的反作用力，使衔铁处于稳定的吸合位置。

显然，有极继电器从一种稳定位置转变到另一种稳定的位置只有依靠电磁力的作用。

图 2-15(a)表示有极继电器由反位转换至定位的磁通方向。继电器原处于反位状态，现在线圈中通以正极性电流，产生电磁通 $\Phi_D$ 的方向是极靴处为 S 极。

思考：此时的磁路走向和衔铁动作情况。

如果改变线圈电流极性，由定位转换至反位的磁通方向如图 2-15(b)所示。铁芯中电磁通 $\Phi_D$ 的方向随之改变，极靴处为 N 极。

思考：此时的磁路走向和衔铁动作情况。

(3)偏极继电器的工作原理

偏极继电器的磁路系统由永磁磁路与电磁磁路两部分组合而成，其磁路走向如图 2-16 所示。永磁的磁通中 $\Phi_M$ 从 N 极出发，经第三工作气隙 $\delta_{Ⅲ}$ 进入衔铁后分为两条并联支路：一部分磁通中 $\Phi_{M_{Ⅰ}}$ 经第一工作气隙 $\delta_{Ⅰ}$ 进入方形极靴，然后直接返回 S 极；另一部分磁通 $\Phi_{M_{Ⅱ}}$ 穿过第二工作气隙 $\delta_{Ⅱ}$ 进入轭铁，再经铁芯至方形极靴，返回 S 极。由于 $\delta_{Ⅰ} > \delta_{Ⅱ}$，所以 $\Phi_{M_{Ⅱ}} > \Phi_{M_{Ⅰ}}$，而 $\Phi_M = \Phi_{M_{Ⅰ}} + \Phi_{M_{Ⅱ}}$，故 $\Phi_M \gg \Phi_{M_{Ⅰ}}$。这样，$\delta_{Ⅲ}$ 处由 $\Phi_M$ 产生的永磁力 $F_M$ 远大于 $\delta_{Ⅰ}$ 处由 $\Phi_{M_{Ⅰ}}$ 产生的永磁力，使衔铁处于稳定的落下位置。

线圈通电后，铁芯中产生电磁通 $\Phi_D$，$\Phi_D$ 的磁路与无极继电器相同，衔铁吸合时的永磁及电磁磁路如图 2-16(a)所示。若线圈中通以正方向电流，则电磁通在极靴处为 S 极。

思考：此时的磁路走向和衔铁动作情况。

通以反极性电源时的永磁及电磁磁路如图 2-16(b)所示。

思考：此时的磁路走向和衔铁动作情况。

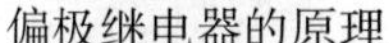

偏极继电器的原理

(4)整流式继电器的工作原理

整流式继电器动作原理与无极继电器相同，但由于交流电源通过整流后动作继电器，在线圈上加上的是全波或半波的脉动直流电，其中存在交变成分，则电磁吸引力产生脉动，工作时发出响声，对继电器正常工作带来不利影响。

(5)交流二元继电器的工作原理

①交流二元继电器的相位选择性

$JRJC_1$ 型继电器的电磁系统如图 2-17 所示。当局部线圈和轨道线圈中分别通以一定相位差的交流电流 $i_J$ 和 $i_G$ 时，形成交变磁通 $\Phi_J$ 和 $\Phi_G$，磁通穿过翼板时就形成了磁极 J 和 G，在翼板中分别产生感应电流，可看作是许多环绕磁通的电流环所组成，故称为涡流，以 $i_{WJ}$ 和 $i_{WG}$ 表示。涡流在磁通作用下产生的力如图 2-18 所示。涡流 $i_{WG}$ 和 $i_{WJ}$ 分别与磁通 $\Phi_J$ 和 $\Phi_G$ 作用，产生电磁力 $F_1$ 和 $F_2$，即轨道线圈的磁通 $\Phi_G$ 在翼板中感应的电流 $i_{WG}$，在局部线圈磁通 $\Phi_J$ 作用下产生力 $F_1$，局部线圈的磁通 $\Phi_J$ 在翼板中感应的电流 $i_{WJ}$，在轨道线圈磁通 $\Phi_G$ 作用下产生力 $F_2$。$F_1$ 和 $F_2$ 的方向可由左手法则决定。

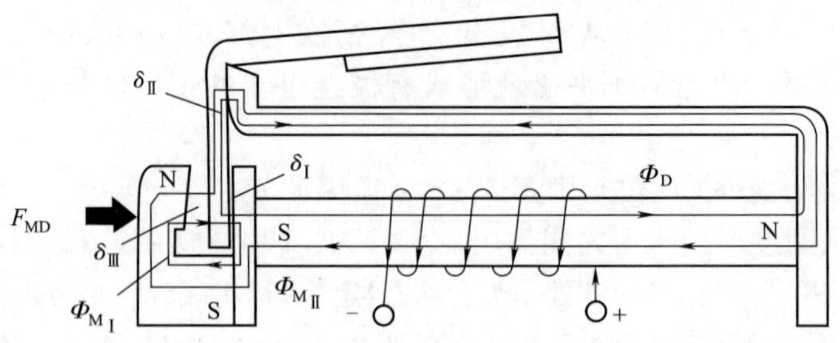


(a) 衔铁吸合时的永磁及电磁磁路

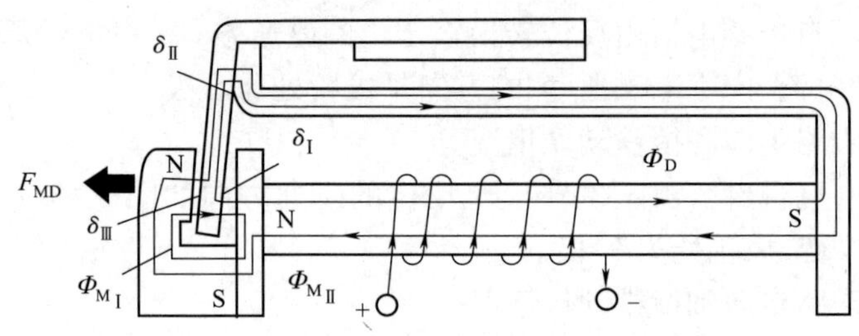


(b) 通以反极性电源时的永磁及电磁磁路

图 2-16　偏极继电器的磁路走向

若使 $F_1$ 和 $F_2$ 同方向，必须 $\Phi_J$ 和 $\Phi_G$ 方向相反，$i_{WG}$ 和 $i_W$ 方向相同，或者 $i_{WG}$ 和 $i_W$ 方向相反，而 $\Phi_J$ 和 $\Phi_G$ 方向相同。只要在 $\Phi_J$ 和 $\Phi_G$ 相差 90°的条件下，$F_1$ 和 $F_2$ 是同方向的，即任何瞬间翼板总是受一个方向的转动力的作用。当 $\Phi_J$ 超前 $\Phi_G$ 90°时，在翼板上得到正方向转矩，接通前接点；而当 $\Phi_J$ 滞后 $\Phi_G$ 90°时，则在翼板上得到反方向转矩，使后接点更加闭合。如果仅在任一线圈通电，或两线圈接入同一电源，翼板均不能产生转矩而动作，这就是交流二元继电器所具有的可靠的相位选择性，由此可解决轨端绝缘破损的防护问题。

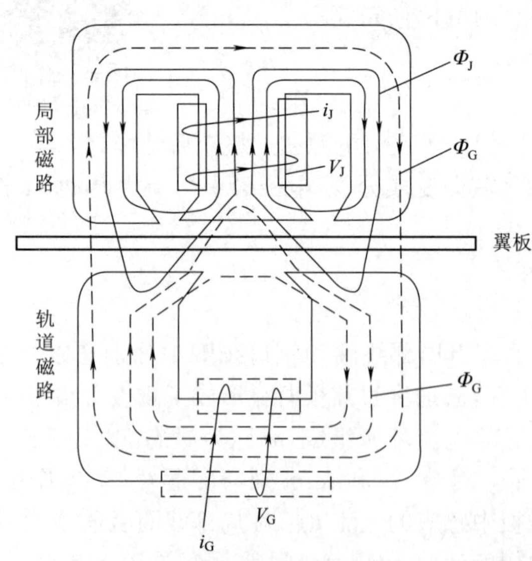


图 2-17　JRJC₁ 型继电器的电磁系统

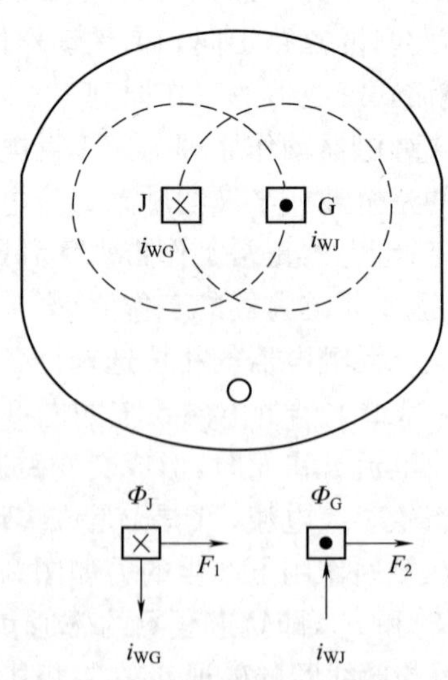


图 2-18　涡流在磁通作用下产生的力

②交流二元继电器的频率选择性

当牵引电流不平衡时，将有 50 Hz 电压加在轨道线圈上，这时所产生的转矩力在一个周期内平均值为零。即轨道线圈混入干扰电流与固定的 25 Hz 局部电流相作用，翼板不产生转矩，不能使继电器误动。同时，由于翼板的惯性较大，使继电器缓动，跟不上转矩力变化的速率，使继电器保持原来的位置而不致误动。

由于交流二元继电器具有频率选择性，不仅可以防止牵引电流的干扰，而且对于其他频率也有同样的作用。因此，当轨道线圈电流频率为局部电流频率 $n$ 倍时，不论电压有多高，翼板均不能产生转矩使继电器误动。

交流二元继电器的可靠的频率选择性便于电码化的实现，当 25 Hz 相敏轨道电路叠加移频轨道电路时，移频信号加在轨道线圈上，不会使轨道继电器误动，这使得设备简单，工作稳定，避免了切换方式降低轨道电路技术标准的情况。

(6)时间继电器的工作原理

①JSBXC-850 型半导体时间继电器

JSBXC-850 型半导体时间继电器(型号中 S 为时间，B 为半导体，850 是 370 和 480 之和)的延时电路如图 2-19 所示，其核心是由单结晶体管等组成的脉冲延时电路。

在单结晶体管 BT 的发射极 E 和第一基极 B 的放电回路中接入继电器 J 的前线圈(3-4，370 Ω)，它的后线圈(1-2，480 Ω)通过电阻 $R_1$ 直接与电源相连。接通电源时，后线圈有电流流过，其电路为：

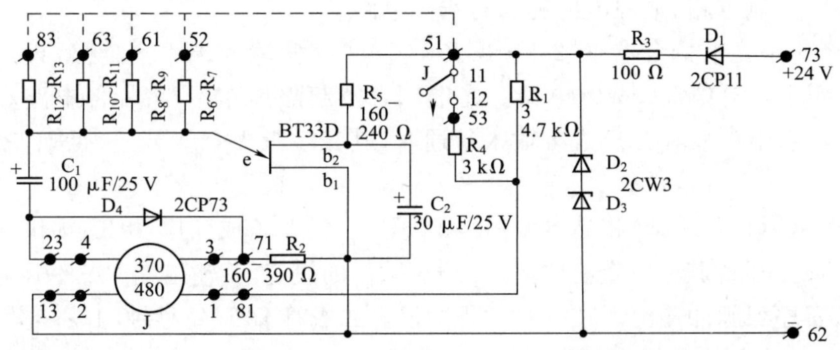


图 2-19　JSBXC-850 型半导体继电器的延时电路

时间继电器的原理

+24 V 电源(73 端子)—二极管 $D_1$—$R_3$—$R_1$—J 的1-2线圈—电源(62 端子)。但是，$R_1$ 的阻值很大，为 3～4.7 kΩ，因此流过后圈的电流很小，继电器 J 不会动作。与此同时，电容器 C 也开始充电，其电路为：+24 V 电源(73 端子)—$D_1$—$R_3$—$R_6$～$R_7$(或 $R_8$～$R_9$、$R_{10}$～$R_{11}$、$R_{12}$～$R_{13}$)—$C_1$—J 的4-3线圈—电源(62 端子)。

此电流流过前圈的方向正好与后圈的相反，继电器更不会动作。

当电容器 $C_1$ 充电电压上升至高于单结晶体管 BT33D 的击穿电压时，BT33D 的发射极 e 与第一基极 $b_1$ 间导通，$C_1$ 放电，其电路为：$C_1$(+)—$BT33D_{eb_1}$—$R_2$—$J_{3\text{-}4}$—$C_1$(−)。

此电流流过前圈的方向与后圈的相同，当两者之和达到继电器的工作值时，继电器吸起，其前接点 11-12 沟通了自闭电路，电路为：+24 V 电源(73 端子)—$D_1$—$R_3$—$J_{11\text{-}12}$—$R_4$—J 的1-2线圈—电源(62 端子)。

由于 $R_4$ 的接入，电路的电阻值降低近一半，流过前圈的电流大于继电器的落下值，继电器可靠吸起。

结论:以上可见,由于 BT 和 $C_1$ 组成的脉冲延时电路的存在,使继电器从接通电源到完全吸起经过了一段时间,这段时间就是继电器的缓吸时间。缓吸时间与充电电路的时间参数有关,$C_1$ 的电容量越大,充电至单结晶体管 BT 击穿电压的时间越长,缓吸时间就越长。充电电路的电阻值越大,电容器的充电电流越小,充电时间必然延长,缓吸时间就越长。在端子 52、61、63、83 上分别接入不同阻值的电阻,即获得四种延时。缓吸时间还与单结晶体管的击穿电压有关,而击穿电压又决定于单结晶体管的分压比,分压比越大,击穿电压越高,缓吸时间越长。

在半导体时间继电器中,$C_1$ 和单结晶体管选定后,改变延时时间,就靠接入不同阻值的电阻来完成。一般情况是,连接端子 51-52 为 3 min、51-61 为 30 s、51-63 为 13 s、51-83 为 3 s。此外,通过端子的不同连接还可获得其他延时时间,如 51 与 61、63 相连为 9 s;51 与 61、63、83 相连为 2.3 s,以满足电路的特殊需要。

思考:在以前的电路中我们已经了解了各种电路元件的作用,这些作用同样适用于继电器电路,请大家想想以下元件的作用:稳压管 $D_2$、$D_3$;二极管 $D_1$;二极管 $D_4$;电容器 $C_2$;电阻 $R_5$。

②JSBXC$_1$-850 型可编程时间继电器

JSBXC$_1$-850 型可编程时间继电器,采用微电子技术,通过单片机软件设定不同的延时时间。它采用动态电路输出,延时精度高(为±5%),不需要调整,电路安全可靠,不改动继电器的外部配线,使用很方便。JSBXC$_1$-850 型时间继电器内部电路如图 2-20 所示。电路由 4 部分组成:输入电路、控制电路、电源电路和动态输出电路。

“Ⅰ”为输入部分,经 4 个光电耦合器 IC 2-1～IC 2-4(5Z1-4 型)输入端不同连接,设定不同的延时时间,其连接同 JSBXC-850 型继电器。光电耦合器起隔离作用,将外部电路和单片机隔离开。当光电耦合器的发光二极管有输入导通时,其光敏三极管就导通,否则,就截止。

“Ⅱ”为控制电路,由 $IC_1$(DIP18 型)和晶体振荡器 JZ 及 $C_6$、$C_7$ 等组成。JZ 为 $IC_1$ 提供振荡源。当 $IC_1$ 的输入端 $RB_0$～$RB_3$ 其中一个有输入时,通过软件的设定,其输出端 $RA_1$～$RA_3$ 在不同的延时时间后就有序列脉冲输出。在延时过程中发光二极管 LED 每秒钟闪亮一次。

“Ⅲ”为动态输出部分。当单片机的输出通过光电耦合器 $IC_3$ 接至 MOS 管 $T_2$(IRF840 型)栅极,在序列脉冲的作用下,$T_2$ 反复导通和截止;$T_2$ 导通时,对电容器 $C_8$ 充电;$T_2$ 截止时,$C_8$ 对 $C_9$ 放电。当 $C_9$ 上电压充至继电器工作值时,通过前线圈(370 Ω)使继电器吸起。继电器吸起,其前接点 11-12 闭合,又使后线圈(480 Ω)励磁,于是继电器可靠吸起。

“Ⅳ”为电源部分。经 73-62 输入的电源经 $D_1$ 鉴别极性。$C_1$、$R_2$、$C_9$ 组成的滤波电路滤除交流成分,三端稳压器 $T_1$(7805 型)稳压,为单片机提供工作电源。

3. 应了解的继电器知识

(1)继电器的继电特性

继电器的特性是当输入量达到一定值时,输出量发生突变,继电器特性如图 2-21 所示。继电器线圈回路为输入回路,接点所在回路为输出电路。当线圈中电流 $I_{x_1}$ 从 0 增加到某一定值 $I_{x_2}$ 时,继电器衔铁被吸引,接点闭合,接点回路中的电流 $I_y$ 从 0 突然增大到 $I_{y_2}$。此后,若 $I_x$ 继续增大,由于接点回路中阻值不变,$I_y$ 保持不变。当线圈中电流 $I_x$ 减到 $I_{x_1}$ 时,继电器衔铁释放,输出电流 $I_y$ 从 $I_{y_2}$ 减小到 0,此后,$I_x$ 再减小,$I_y$ 保持为 0 不变。

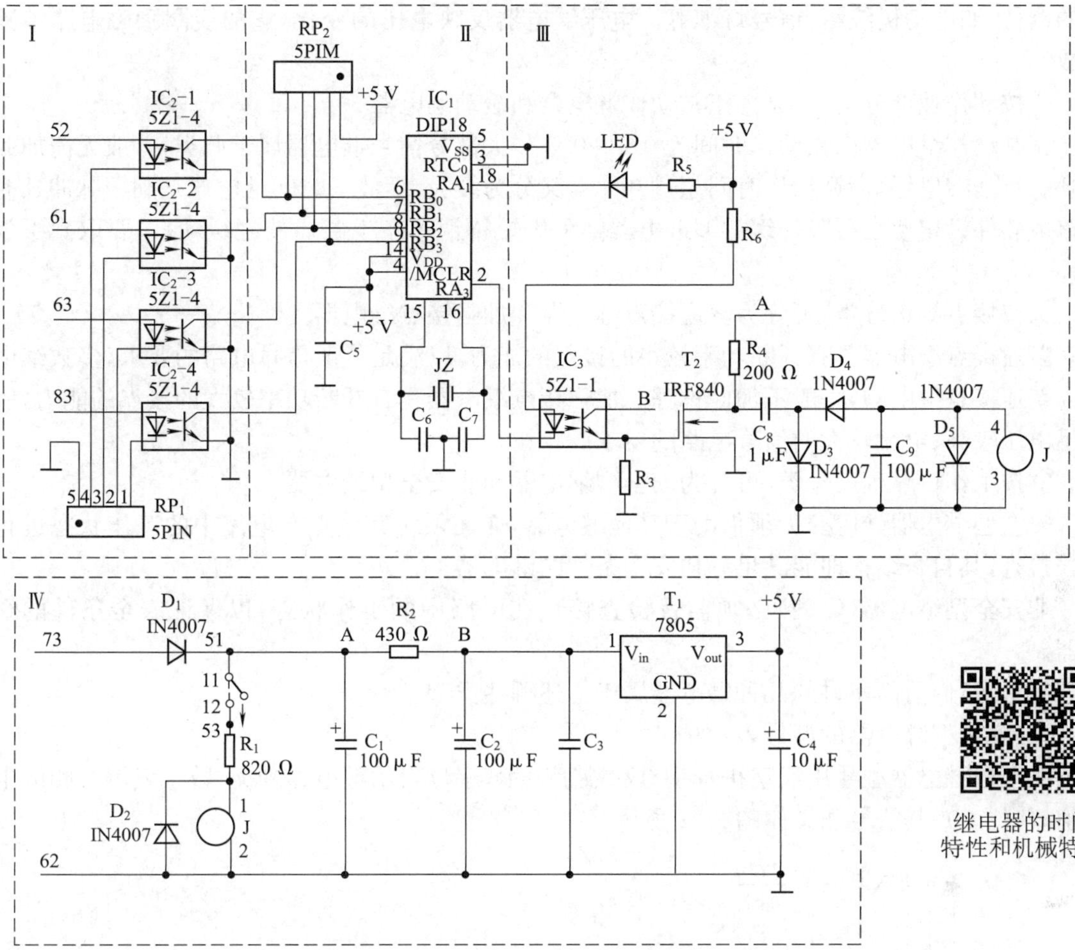

图 2-20　JSBXC$_1$-850 型时间继电器内部电路

继电器的时间特性和机械特性

(2)信号继电器分类

①按动作原理分类,可分为电磁继电器和感应继电器

电磁继电器是通过继电器线圈中的电流在磁路的气隙(铁芯与衔铁之间)中产生电磁力,吸引衔铁,带动接点动作,此类继电器数量最多。感应继电器是利用电流通过线圈产生的交变磁场与另一交变磁场在翼板中所感应的电流相互作用产生电磁力,使翼板转动而动作。

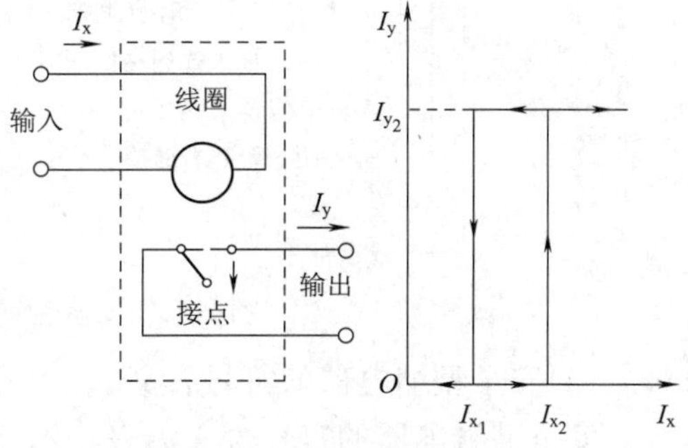


图 2-21　继电器特性

②按动作电流分类,可分为直流继电器和交流继电器

直流继电器由直流电源供电,它们都是电磁继电器。交流继电器由交流电源供电,它按动作原理,有电磁继电器,也有感应继电器。整流式继电器虽然用于交流电路中,但它用整流元件将交流电整流为直流电,所以其实质上是直流继电器。

③按输入量的物理性质分类,可分为电流继电器和电压继电器

电流继电器反映电流的变化,它的线圈必须串联在所反映的电路中。该电路中必有被反

映的器件，如电动机绕组、信号灯泡等。电压继电器反映电压的变化，它的线圈励磁电路单独构成。

④按动作速度分类，可分为正常动作继电器和缓动继电器

正常动作继电器衔铁动作时间为 0.1～0.3 s，大部分信号继电器属于此类，一般无需加此称呼。缓动继电器，衔铁动作时间超过 0.3 s，又分为缓吸、缓放。时间继电器是利用脉冲延时电路或软件设定使之缓吸。缓放型继电器则利用短路铜环产生磁通使之缓动，主要取其缓放特性。

⑤按接点结构分类，可分为普通接点继电器和加强接点继电器

普通接点继电器具有开断功率较小的接点的能力，以满足一般信号电路的要求，多数继电器为普通接点继电器，一般不加此称呼。加强接点继电器具有开断功率较大的接点的能力，以满足电压较高、电流较大的信号电路的要求。

⑥按工作可靠程度分类，可分为安全型继电器和非安全型继电器

安全型继电器(N 型)无须借助于其他继电器，亦无须对其接点在电路中的工作状态进行监督检查，其自身结构即能满足一切安全条件的继电器。

非安全型继电器(C 型)必须监督检查接点在电路中的工作状态，以保证安全条件的继电器。

思考：我们前面所讲的几种继电器属于上述哪些类型。

(3)安全型继电器的型号表示法

安全型继电器型号用汉字拼音字母和数字表示，字母表示继电器种类，数字表示线圈的电阻值(单位 Ω)，其符号意义如图 2-22 所示。

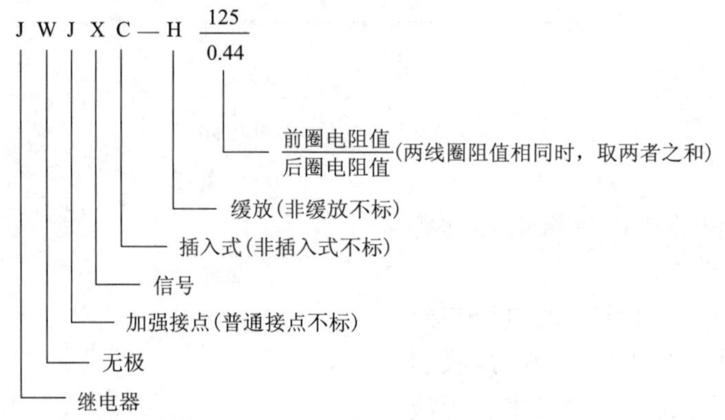

继电器的型号表示及电气特性

图 2-22　安全型继电器符号意义

(4)安全型继电器的符号含义

安全型继电器的符号含义见表 2-2。

(5)安全型继电器的特性

安全型继电器的特性包括电气特性、时间特性和机械特性。这些特性用来表征继电器的性能，是使用和检修继电器的重要依据。

①电气特性

电气特性包括额定值、充磁值、释放值、工作值、反向工作值、转极值。

a. 额定值

额定值是满足继电器安全系数所必须接入的电压或电流值。

AX 系列继电器的额定电压为直流 24 V，作为轨道继电器、灯丝继电器、道岔启动继电器时除外。

**表 2-2　安全型继电器的符号含义**

| 代号 | 含义 | | 代号 | 含义 | |
|---|---|---|---|---|---|
| | 安全型 | 其他类型 | | 安全型 | 其他类型 |
| A | | 安全 | R | | 二元 |
| B | | | S | | 时间、灯丝、双门 |
| C | 插入 | 插入、传输、差动 | T | | 通用、弹力 |
| D | | 单门、动态 | W | 无极 | |
| DB | 单闭磁 | | X | 信号 | 信号、小型 |
| H | 缓放 | 缓放 | Y | 有极 | |
| J | 继电器、加强接点 | 继电器、加强接点、交流 | Z | 整流 | 整流、转换 |
| P | 偏极 | | | | |

b. 充磁值

为了测试继电器的释放值或转极值，预先使继电器磁系统磁化，向其线圈通以 4 倍的工作值或转极值。这样可使继电器磁路饱和，在此条件下测试释放值或转极值。

c. 释放值

释放值是指向继电器通以规定的充磁值，然后逐渐降低电压或电流，至全部前接点断开时的最大电压或电流值。

d. 工作值

工作值是指向继电器线圈通电，直到衔铁止片与铁芯接触、全部前接点闭合，并满足规定接点压力所需要的最小电压或电流值。此值是继电器的磁系统及接点系统刚好能工作的状态，一般规定工作值不大于额定值的 70%。

e. 反向工作值

反向工作值是指向继电器线圈反向通电，直到衔铁止片与铁芯接触、全部前接点闭合，并满足接点压力时所需要的最小电压或电流值。造成反向工作值大于工作值的原因是磁路剩磁影响所致，反向工作值一般不大于工作值的 120%。

f. 转极值

转极值是指使有极继电器衔铁转极的最小电压或电流值，又分为正向转极值和反向转极值。

正向转极值是使有极继电器的衔铁转极，全部定位接点闭合，并满足规定接点压力时的正向最小电压或电流值。

反向转极值是使有极继电器的衔铁转极，全部反位接点闭合，并满足规定接点压力时的反向最小电压或电流值。

g. 反向不工作值

反向不工作值是指向偏极继电器线圈反向通电，继电器不动作的最大电压值。

h. 返还系数

释放值与工作值之比称为返还系数。返还系数对于信号继电器有着特别重要的意义，返还系数越高，标志着继电器的落下越灵敏。规定普通继电器的返还系数不小于 30%，缓放型继电器不小于 20%，轨道继电器不小于 50%。

②时间特性

在各种继电器控制的电路中，由于它们完成的作用不一样，对继电器的时间特性要求也不一样，如果不能满足对时间特性的要求，控制电路便不能正常工作。因此不仅要了解继电器固有的时间特性，而且还要按电路的要求，设法改变继电器的时间特性。

a. 继电器的时间特性

电磁继电器线圈所具有的电感不仅电感量大，而且是非线性的。再加上继电器磁路中的工作气隙在动作过程中是变化的，因此继电器线圈中的电流变化规律较为复杂。

当线圈通电到衔铁动作，带动后接点断开，前接点接通，需要一定的时间。当线圈断电到衔铁动作，带动前接点断开，后接点接通，也需要一定的时间，即吸合需要时间，释放也需要时间。

吸合时间指向继电器通入额定值起至全部前接点闭合所需的时间（包括通电至后接点断开的吸起启动时间和从后接点断开到前接点闭合的衔铁运动时间）；返回时间指向继电器通入额定值，从线圈断电时至前接点断开所需的时间（包括断电至前接点断开的缓放时间和从前接点断开至后接合闭合的衔铁运动时间）。继电器动作时间如图 2-23 所示。

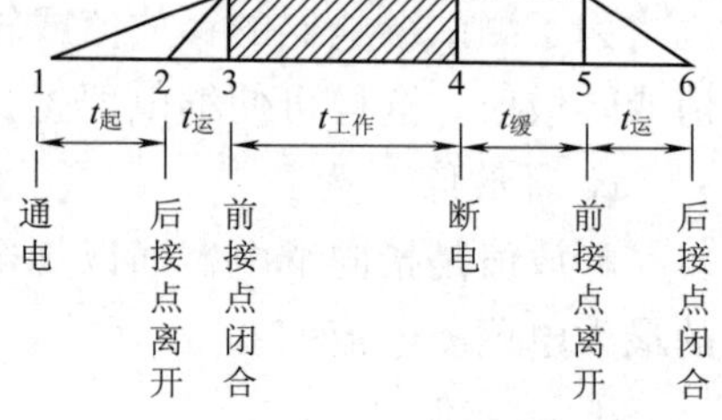

图 2-23　继电器动作时间

例如：JWXC-1000 型继电器的吸合时间为 0.10～0.15 s，返回时间为 0.01～0.02 s，可见继电器都是缓动的，但其缓吸、缓放时间都非常短。

b. 改变继电器时间特性的方法

继电器用于控制电路中，要满足不同控制对象对时间特性的要求，光依靠继电器的固有时间特性是不行的，必须根据需要改变继电器的时间特性。改变继电器时间特性的方法，一是改变继电器的结构，二是用电路来实现。

(a)改变继电器结构以获得继电器的缓动

用改变继电器结构的方法来改变继电器的时间特性的方法有：改变衔铁与铁芯间止片厚度，来改变继电器的返回时间；选用电阻率较高的铁磁材料，以缩短继电器的动作时间；增大线圈导线的线径来减小继电器的吸合时间等方法。而采用的最多的方法是在继电器铁芯上套短路铜环使继电器缓动，构成缓放型继电器。安全型继电器用铜线圈架作为铜环，缓放型继电器铜线圈架如图 2-24 所示。

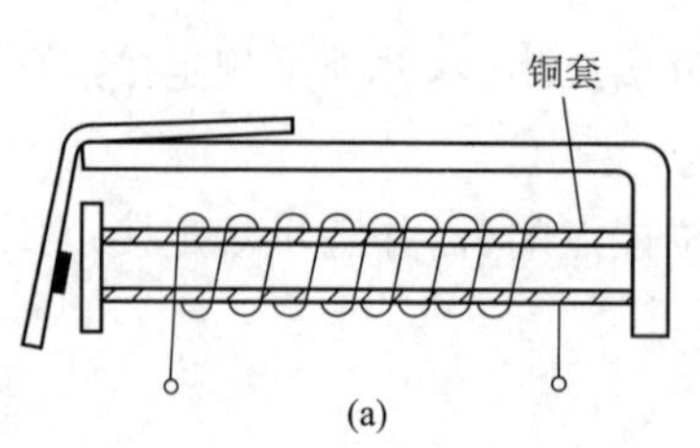


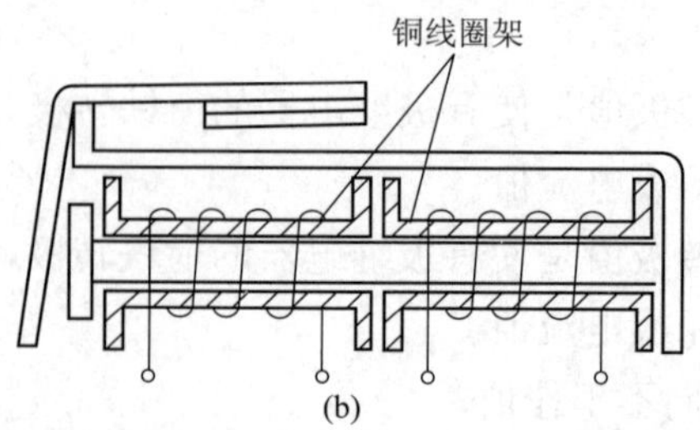


图 2-24　缓放型继电器铜线圈架

这样的继电器，当其线圈接通电源或断开电源时，铁芯中的磁通发生变化，在铜线圈架中产生感应电流（涡流），感应电流所产生的磁通阻止原磁通的变化，使铁芯中的磁通变化减慢（即接通电源时感应电流产生的磁通与原磁通方向相反，使磁通增长减慢；切断电源时感应电流的磁通与原磁通方向相同，使磁通减小变慢），从而使继电器缓吸、缓放。在具体电路中，利用最多的是它的缓放特性。

同样的继电器在不同的工作电压下，缓放时间是不同的，如 JWXC-H340 型继电器在18 V 时缓放时间为 0.45 s，而在 24 V 时为 0.5 s。

(b)构成缓放电路以获得继电器的缓放

通过电路改变继电器时间特性的方法有：提高继电器端电压使其快吸；与继电器线圈串联 RC 并联电路使其快吸；在继电器线圈两端并联电阻或二极管使其缓放；短路继电器一个线圈使其缓放等。最多采用的是在继电器线圈两端并联 RC 串联电路，使继电器缓吸、缓放，如图 2-25所示。在继电器通电时，电容器充电，因充电电流一开始很大，在 R 上产生较大压降，降低了继电器的端电压，使继电器线圈中的电流增长减缓，起到缓吸的作用。在继电器断电时，依靠电容器 C 的放电，使继电器缓放。

缓放时间长短与电容器的容量、放电回路中的电阻值及继电器的释放值有关。可通过改变 C 的电容量和 R 的电阻值来获得所需要的缓放时间。电路中 R 的作用除上述调节缓放时间外，还负责限制电容器的充电电流以及防止电路振荡。缓放型继电器的缓放时间最长仅 0.5 s，不能满足一些信号电路对时间的要求，因此常用在继电器线圈两端并联 RC 电路的方法来获得所需要的缓放时间。

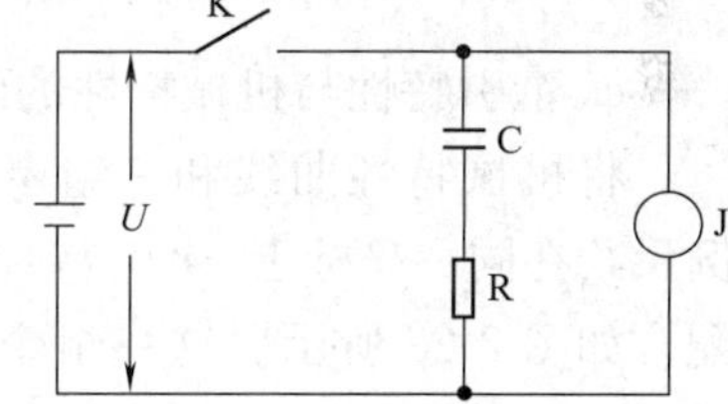


图 2-25　继电器线圈两端并联 RC 电路

③安全型继电器的机械特性与牵引特性

在继电器衔铁的动作过程中，衔铁上受到电磁吸引力和反作用力，电磁吸引力又称牵引力。反作用力与之方向相反，对于安全型继电器来说是由衔铁（及重锤片）的重力和接点簧片的弹力组成的，所以称为机械力。要使继电器可靠工作，牵引力必须大于机械力，因此牵引力的大小要根据机械力来确定。

a. 机械特性

AX 系列继电器机械力的大小与接点片的数量、重锤片的数量、衔铁的动程等有关，在衔铁的整个运动过程中所受到的机械力不是固定不变的，而是在一个很大的范围内变化的。也就是说，继电器的机械力 $F_J$ 是随着衔铁与铁芯间的气隙 $\delta$ 的变化而变化的。$F_J=f(\delta)$的变化关系称为继电器的机械特性，表示这种变化关系的曲线，称为机械特性曲线。不同类型的继电器，其结构不同，机械特性也不同。

无极继电器的机械特性曲线如图 2-26 所示，图中纵坐标表示衔铁运动时所克服的机械力 $F_J$（单位为 g），横坐标表示衔铁与铁芯间的工作气隙 $\delta$（单位为 mm），横轴上线段 $0a$ 代表最大气隙 $\delta$ 值，$0\delta_0$ 代表止片厚度，$a\delta_0$ 代表衔铁动程值（$\delta_a-\delta_0$）。

思考：你从该曲线变化能看出什么样的规律？

b. 牵引特性

当无极继电器线圈上加上直流电源后，铁芯中就产生磁通，磁通经过铁芯与衔铁间的气隙 $\delta$ 时，对衔铁产生电磁吸引力，称为牵引力 $F_Q$。牵引力 $F_Q$ 与线圈的磁势（线圈的匝数和所加电

流的乘积 $IW$,通常称安匝)及气隙大小有关。当 $\delta$ 一定时,$F_Q$ 与安匝($IW$)的平方成正比;当安匝一定时,$F_Q$ 与 $\delta$ 的平方成反比,牵引特性曲线如图 2-27 所示。

思考:你从该曲线变化能看出什么样的规律?

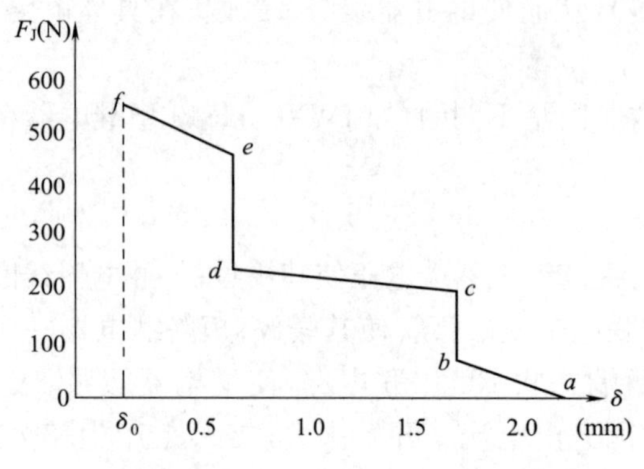


图 2-26 无极继电器的机械特性曲线

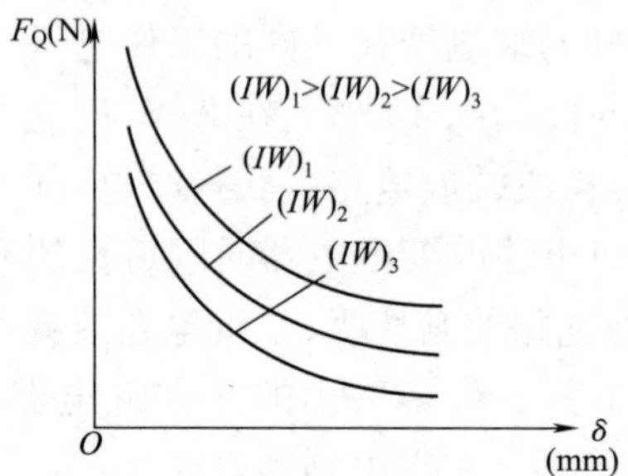


图 2-27 牵引特性曲线

c. 牵引特性与机械特性的配合

将机械特性曲线和一组牵引特性曲线用同一比例尺绘在同一坐标上,牵引特性曲线与机械特性曲线配合如图 2-28 所示。这一组牵引特性曲线对应于不同的继电器安匝。显然,要使继电器吸起,就必须要求继电器衔铁在整个运动过程中,牵引力处处大于或等于机械力。也就是说,牵引特性曲线必须在机械特性曲线之上,至少也要与机械特性曲线相切。

思考:从图中的曲线情况你能看出哪点是可以吸起的?

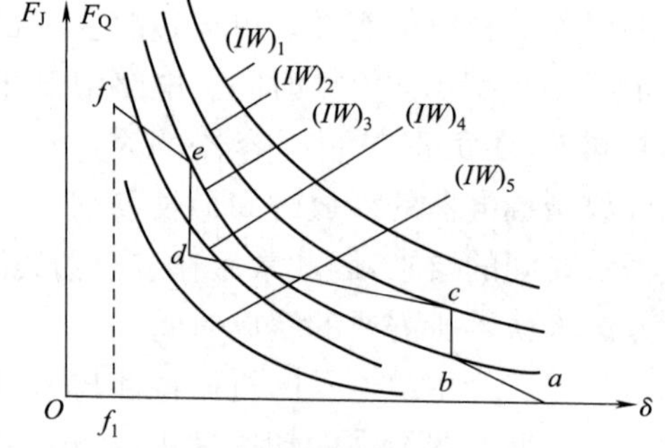


图 2-28 牵引特性曲线与机械特性曲线配合

(6)安全型继电器接点

继电器接点是继电器的执行机构,通过接点来反映继电器的状态,进行电路的控制。对于继电器接点有较高的要求,从接点材质到接点结构,从接点组数到接点容量。

①对接点系统的要求

a. 接点闭合时,接触可靠,接触电阻小而且稳定。

b. 接点断开时,要可靠分开,接点间电阻为无穷大,即有一定的间隙。

c. 接点在闭合和断开过程中没有颤动。

d. 不发生熔接。

e. 耐各种腐蚀。

f. 热导率和电导率要高。

g. 使用寿命长。

思考:你知道为什么有以上要求吗?

②接点材料

安全型继电器的普通接点,静接点常用银或银氧化锡制成,动接点用银氧化锡制成。加强接点的静接点、动接点均用银氧化镉制成。

普通接点的接触电阻,银—银应不大于 0.03 Ω,银—银氧化镉应不大于0.05 Ω,银—银碳应不大于 0.3 Ω,银氧化镉—银氧化镉应不大于 0.1 Ω。加强接点的接触电阻,银氧化镉—银氧化镉应不大于 0.1 Ω。

**五、任务实施要求**

要求能够独立思考任务实施中的相关问题,并给予一定答案。

**六、作业布置**

要求以组为单位任选两个继电器,说明其结构区别和原理区别。

**七、作业检查评议**

能够独立阐述其结构和原理,并能自己画出原理图形和认出实物图。

## 任务 2　继电器的日常维护和集中检修

继电器日常维护和集中检修

**一、任务提出**

对于继电器的日常维护和集中检修,我们不仅需要了解所需要的工具,更需要掌握正确的操作方法,下面先从图形了解继电器的检修情况。

图　2-29

图　2-30

(1)你知道图 2-29、图 2-30 中这些工作人员在做什么吗?

(2)图 2-29 为继电器的检查;图 2-30 为继电器的检修,你知道做这些工作的时候的注意事项吗?

**二、任务分析**

本任务主要是讲解继电器和继电器箱的维修过程,因此在学习之前要清楚了解在学完该项目后能够掌握哪些技能,在以后的工作中能从事哪些工作。

(1)了解继电器日常维护、集中检修的方法,以便在各铁路局集团公司的电务段电气信号检修所进行继电器的维护工作。

(2)了解继电器的维护内容和方法,以便在电务公司的电气检修车间进行继电器的验收、使用等工作。

## 三、任务准备

该任务的实施主要是靠人力和相应的器具，作为一名铁路信号工程维护人员，首先我们应了解实现该任务的器具有哪些，维护继电器所需器具见表 2-3。

**表 2-3 维护继电器所需器具**

| 序号 | 所需器具 | 单位 | 数量 | 序号 | 所需器具 | 单位 | 数量 |
|---|---|---|---|---|---|---|---|
| 1 | 检修卡片 | 张 | 1 | 9 | 电烙铁 | 把 | 2 |
| 2 | 电源线及连接导线 | 根 | 若干 | 10 | 恒温箱 | 台 | 1 |
| 3 | 对讲机 | 台 | 2 | 11 | 电动台钻及钳工工具 | 套 | 1 |
| 4 | 100 mm 活口扳手 | 把 | 1 | 12 | 真空压力浸漆设备 | 套 | 1 |
| 5 | 50 mm 活口扳手 | 把 | 1 | 13 | 擦拭接点专用工具 | 个 | 若干 |
| 6 | 万用表 | 台 | 1 | 14 | 笔记本 | 本 | 1 |
| 7 | 继电器备用零件 | 个 | 若干 | 15 | 数字式电秒表 | 块 | 1 |
| 8 | 继电保护测试仪 | 台 | 1 | | | | |

其次我们需要了解完成该项目涉及哪些维护规范，我们又需要对哪些标准清楚了解。

需了解的标准主要包括：《普速铁路信号维护规则 业务管理》《高速铁路信号维护规则 业务管理部分》《普速铁路信号维护规则 技术标准》《高速铁路信号维护规则 技术标准部分》（简称《维规》）和设备厂家提供的技术标准、各铁路局集团公司信号设备维修实施方法、各铁路局集团公司电务信息设备维护管理办法等。该标准规范中的涉及内容我们将在任务实施和知识描述中提及。

思考：请大家思考表 2-3 中所列的相应器具在现场起到什么样的作用？

## 四、任务实施

(1)思考：你知道为什么要对继电器进行检修工作吗？如果不检修会出现哪些问题呢？

(2)任务提示：继电器在长期运用过程中，由于接点的烧损，可动部分的磨耗，线圈因受潮而绝缘能力降低，金属零件的氧化、龟裂、变形等，引起机械与电气特性的逐渐变化，如果不进行定期的预防性检修，就有可能因特性变坏而造成设备故障。因此，继电器检修的目的就是要克服继电器运用中产生的缺点，恢复其电气、机械特性，保证其可靠、安全的工作。根据各种继电器不同的运用状态，它们在信号电路中动作的频繁程度（出厂时规定正常动作继电器动作十万次，缓动继电器动作五万次，且不会发生电气、机械特性的显著变化），以及长期的实践经验的积累，国铁集团电务部规定了信号继电器的基本检修周期，作为一名信号工作人员，我们要按周期有计划地开展继电器检修工作，做到无病防病，有病根治，贯彻铁路信号设备维修工作以预防为主的原则。

(3)日常维护：作为一名铁路信号维护工作人员，要了解自己日常的工作内容和周期，继电器箱日常养护内容和周期见表 2-4（请大家根据下表想一想，如果不进行以下日常养护，会出现哪些事故？）。

表 2-4 继电器箱日常养护内容和周期

| 修程 | 工作内容 | 单位 | 周期 |
| --- | --- | --- | --- |
| 日常养护 | 检查箱体是否完好无损 | 个 | 每周一次 |
| | 检查基础是否稳固 | | |
| | 检查加锁装置是否良好 | | |
| | 检查螺栓有无松动 | | |
| | 继电器外壳、玻璃完整、清洁 | | |
| | 外壳和底座接合牢固、防尘密封良好 | | |
| | 继电器端子接线牢固 | | |

从表中我们知道继电器的日常养护工作主要是对其外部结构进行简单检查,如果出现问题及时进行解决和通报,如果是继电器的内部结构出现问题,我们就必须去检修所进行测试、维护。

(4)入所检修。入所检修首先需先完成如下工作:

思考:如果继电器需要进入检修所进行处理,通常分为三种情况,分别是工程入所、轮修入所和故障入所,你知道它们的含义吗?

任务提示:工程入所是指在安装继电器之前进行的入所检查,检查合格后进入现场使用;轮修入所是指继电器到了检修的周期,无论是否有故障都必须入所检查;故障入所是指继电器有了故障必须进行检修所进行检修。

相关规定、流程:检修所的检修、出所等过程必须严格按照规定进行,作为一名信号工作人员,一是要牢记以下规定,二是要严格按照以下规定进行。

①检修过程管理的相关规定

a. 入所类型及要求见表 2-5。

表 2-5 入所类型及要求

| 类 型 | 要 求 |
| --- | --- |
| 工程入所 | 需输入继电器类型,由系统自动生成流水号形成条形码编号,并在入所类型上选择“工程”后,入待修库 |
| 轮修入所 | 轮修入所的继电器、器材直接在入所管理机上录入条码后即可入待修库 |
| 故障入所 | 故障入所的继电器、器材需经全面检查、测试后,详细录入故障原因,在入所类型上选择“故障”后,入待修库 |

b. 要求派工单发放每周工长至少统一发放一次待检器材,工单发放规定见表 2-6。

表 2-6 工单发放规定

| 实施人 | 实施过程 | 备 注 |
| --- | --- | --- |
| 工长 | 根据轮修计划和临时任务确定每个检修人应检修的器材种类和数量 | 将其填写到检修作业单 |
| 入所管理员 | 根据检修作业单上职工姓名、设备型号、数量到待修库提取相应的设备 | 要求录入条形码,并生成派工单,将派工单和待修设备统一发放给检修人 |

c. 检前测试项目及要求见表 2-7。

**表 2-7 检前测试项目及要求**

| 测试项目 | 测试要求 |
|---|---|
| 机械特性测试 | 测试结果应保持并录入，且各种继电器的检前测试录入项目统一规定 |
| 电气特性测试 | |

d. 检修过程规定见表 2-8。

**表 2-8 检修过程规定**

| 项　目 | 要　求 | 备　注 |
|---|---|---|
| 检修器材 | 应严格按照检修作业流程，对继电器的机械特性、电气特性进行测试及调整，直至达到《维规》规定。将继电器的机械特性测试数据录入，并保存所有测试结果 | 禁止在检修过程中使用非标准的工具 |
| 元器件或耗材需要更换 | 应执行检修者申请、兼职材料员办理材料出库手续，实现材料管理控制 | 对于经测试、调整后仍有特性不合格的继电器、器材，检修者应向验收员申请报废，经工长、验收员共同测试并确认后，入报废库 |
| 验收器材 | 验收员要严格按照验收作业程序，确保验收测试不漏项，对验收台不能自动测试的机械特性，必须手动测试，对测试不合格的继电器、器材，按返修程序返还检修者，严禁特性测试不合格的继电器、器材出所或入成品库。验收员验收合格的继电器、器材返还检修者加封，并经出所管理员检查外观后入成品库 | |

注：各段应调整各检修者的送验时间，避免大量的继电器、器材的集中送验，以确保验收员有充足的时间验收单件继电器、器材，保证验收质量。

e. 出所控制规定见表 2-9。

**表 2-9 出所控制规定**

| 实施人 | 实施过程 | 备　注 |
|---|---|---|
| 验收员 | 验收合格 | 出所的继电器和器材的使用时间必须控制在《维规》规定的寿命内 |
| 检修人 | 加封 | |
| 出入所管理员 | 确认现场运用位置的继电器或器材可以出所，并统一粘贴含条码出所合格证 | |

②入待修库流程

入待修库流程见表 2-10。

**表 2-10 入待修库流程**

| 项　目 | 过　程 | 备　注 |
|---|---|---|
| 入所办理 | 包括正常入所、工程入所、其他 | 正常入所指新购进器材入所办理登记；工程入所指工程测试器材入所办理登记；其他指正常轮修返修器材入所办理登记 |

续上表

| 项　目 | 过　程 | 备　注 |
| --- | --- | --- |
| 确定存放位置 | 由入所全控员根据"继电器待修库对位表"中类型确定继电器在待修库的存放位置 | |
| 身份条码打印 | | 正常入所和工程入所采用系统自动生成 11 位的条码 |
| 送入待修库指定位置 | 由入所全控员按继电器的存放位置送入待修库 | |

注:入所全控员除对新入所器材办理正常或工程入所外,对正常出所后返所的设备要逐一进行核对,在管理系统中签认返所后,此设备才可以变更为入所状态。

③出待修库流程

出待修库流程见表 2-11。

**表 2-11　出待修库流程**

| 项　目 | 过　程 | 备　注 |
| --- | --- | --- |
| 器材出待修库 | 工长按年、月表计划及临时维修任务填写"检修作业任务单",内容包括分配每个人的继电器类型、数量。由入所全控员按工长要求从待修库中选择设备类型、数量,从待修库中取出继电器 | |
| 全控员条码扫描 | 入所全控员按任务单取出继电器进行条码扫描 | |
| 打印个人任务单 | 打印职工作业任务单(类型、编号、存放位置、检修情况、验收情况、验收日期、成品库位置、器材用料) | 任务单一式两份,交检修者一份,验收员一份 |
| 送交检修者 | 由入所全控员将职工作业任务单、继电器分别交给每名职工 | |
| 核对确认 | 检修者对照任务单、核对继电器编号、数量,确认后在任务单后签字 | |

④检修流程规定

检修流程规定见表 2-12。

**表 2-12　检修流程规定**

| 项　目 | 过　程 | 备　注 |
| --- | --- | --- |
| 准备工作 | 工具准备、用户登录、进入检测界面 | |
| 检修者条码扫描 | 条码扫描、显示设备型号、段编号等基础资料 | |
| 检查与清扫 | 外部检查与清扫 | |
| 检修前测试 | 检修者要将发现的问题记录在职工作业任务单的"检修情况"栏内,元件更换时要在"器材用料"栏内登记 | |
| 数据保存 | 界面上选择检前测,存储中要在检验记事中选择相应项目,保存数据 | |
| 清扫 | 内部检查清扫、调整 | |
| 扫描 | 检修者条码扫描 | |

续上表

| 项　目 | 过　程 | 备　注 |
|---|---|---|
| 检修中测试 | 测试所有电气特性、机械特性项目 | |
| 数据保存 | 保存所有数据 | |
| 验收 | 由验收员收取检修后继电器，进行验收 | |

⑤验收流程规定

验收流程规定见表 2-13。

**表 2-13　验收流程规定**

| 项　目 | 过　程 | 备　注 |
|---|---|---|
| 条码扫描 | 验收员条码扫描，验收员签名 | |
| 验收员按验收作业程序验收 | 电气特性自动测试，机械特性手动测试输入，验收员在职工作业任务单上签上验收日期，“验收情况”栏中记载验收中发现的问题。验收员将验收完成的任务单交给工长备存，工长根据问题性质纳入考核，在工作日记减分 | 问题包括检修后继电器还存在的问题、返修次数等 |
| 合格确认 | 确认并保存数据 | |
| 加封 | 由检修者绑衔铁、加封 | |
| 送交全控员入成品库 | 由检修者将加封后的继电器和完成的任务单一并交出所全控员办理入成品库 | |

⑥入成品库办理流程

入成品库办理流程见表 2-14。

**表 2-14　入成品库办理流程**

| 项　目 | 过　程 | 备　注 |
|---|---|---|
| 确定存放位置 | 出所全控员对继电器的绑线、外观各部进行复查，确认无误后，对继电器进行扫码，根据“继电器成品库对位表”，确定继电器存放位置并在任务单上标记 | |
| 打印 | 打印检修日期条码 | |
| 放入指定位置 | 出所全控员按存放位置将继电器送入成品库，待出所 | |

⑦出所办理

出所流程见表 2-15。

**表 2-15　出所流程**

| 项　目 | 过　程 | 备　注 |
|---|---|---|
| 指定出所站名、位置 | 按月计划确定待出所站名、位置，从成品库中提取相应类型设备信息 | |
| 打印 | 打印出所交接单、继电器出所合格证并粘贴 | |

续上表

| 项　　目 | 过　　程 | 备　　注 |
| --- | --- | --- |
| 出所送交现场 | 由出所全控员与取送人员进行交接，出所单一式两份，交接人、接收人签字并标注接收日期 | 出所单签字后现场工区留一份，返回工区一份备存 |
| 标注 | 对所有出所设备都要进行标注出所类型(按计划出所、故障出所、临时出所、大修、道岔大修、新增设备等)，可以实现分类统计 | |

⑧材料管理

材料申请计算机化，由检修者在检修台上申请后，计算机自动显示并报警提示材料管理员有人申请材料。成本分析、材料消耗等实现按不同时期、检修者、设备型号或段编号进行统计分析。

(5)集中检修。继电器的集中检修内容和周期见表 2-16。

**表 2-16　继电器的集中检修内容和周期**

| 修程 | 工作内容 | 单位 | 周期 | 备注 |
| --- | --- | --- | --- | --- |
| 集中检修 | 箱内设备状态检查、清扫 | 个 | 每周 1 次 | 更换器材和调整电压时测试并做记录 |
| | 观察继电器等安装是否牢固，插接是否良好，动作是否正常 | | | |
| | 检查配线有无破皮、端子是否紧固 | | | |
| | 测试继电器 | | | |
| | 电磁系统和接点系统的检查 | | 每年 1 次 | |
| | 继电器的调整 | | | |
| | 电源接地，电缆对地绝缘电阻 | | | |
| | 检查测试防雷元件，不良更换 | | | |
| | 检查、更换熔断器 | | 2 年 1 次 | |
| | 箱体油饰 | | | |
| | 按周期更换器材 | | 按需 | |

①检修前的准备

检修前准备见表 2-17。

**表 2-17　检修前准备**

| 项　　目 | 过程及要求 |
| --- | --- |
| 准备好检修工具及用品 | 检修工具见表 2-3 |
| 外部清扫、检查 | 清扫外部尘土及污物 |
| | 检查外罩及各部有无破损、残缺 |
| | 检查接点插片是否间隔均匀，伸出底座外应不小于 8 mm |
| | 检查封印是否完整 |
| 检修前的测试 | 启封，打开外罩 |
| | 测试线圈电阻、接点电阻、绝缘电阻、电气特性 |

②电磁系统检查

电磁系统检查项目见表 2-18。

**表 2-18 电磁系统检查项目**

| 项目 | 过程 | 备注 |
| --- | --- | --- |
| 线圈检查 | 检查线圈架，核对线圈引线与电源片的连接，检查线圈引线 | 线圈架应无破损和龟裂；核对线圈引线与电源片的连接是否符合要求；线圈引线应无假焊、断股，发现断股应重新焊接 |
| 磁路检修 | 卸下钢丝卡检查 | 钢丝卡应无裂纹，弹力充足 |
| | 检查轭铁、铁芯 | 轭铁转角处应无裂纹，衔铁安装处的刀刃应良好；铁芯安装应正直、牢固 |
| | 检查衔铁 | 衔铁应无扭曲变形，吸合时应与铁芯面平行，以保证气隙均匀，导磁性能良好；衔铁上止片安装应不活动，止片转角处无硬伤；衔铁上的拉轴应平直无弯曲，无严重磨耗；衔铁安装在轭铁上，应保证 0.2 mm 的轴向游程，与铁芯闭合时应盖住极靴，不允许极靴边缘露出衔铁外缘，两者闭合时的间隙应符合要求 |
| | 检查磁系统 | 应擦洗去污 |

③接点系统的间隙

接点系统的间隙检查项目见表 2-19。

**表 2-19 接点系统的间隙检查项目**

| 项目 | 过程 | 备注 |
| --- | --- | --- |
| 接点系统 | 检查接点片及托片 | 接点片及托片无硬伤，镀层完好，若有影响强度的钳伤时应更换接点单元 |
| | 用镊子检查银接点(或炭接点) | 银接点与接点片焊接牢固；炭接点与炭杯紧固不活动且炭头完整无缺损 |
| | 检查动接点与银接点的接触位置 | 银接点位于动接点的中间，若偏离中心时，则接触处距动接点边缘不得少于 1 mm；银接点伸出动接点外也不得少于 1.5 mm |
| | 检查拉杆、动接点及绝缘轴 | 拉杆安装应平直，不允许过分地前倾与后仰；绝缘轴无破裂，应与拉杆靠紧，但不能磨卡、别劲，绝缘轴应与拉杆相垂直，拉杆应处于轭铁中心，偏差不超过 0.5 mm；同时，拉杆应处于衔铁槽口中心，衔铁运动过程中与拉杆均有一定的间隙，不产生磨卡和别劲 |
| | 检查各单元块的胶木绝缘 | 应无影响强度的裂纹和较大的破损残缺 |
| | 检查接点组紧固螺栓 | 应有足够的紧固压力以保持接点组的稳固性 |
| | 检查接点系统 | 应擦洗去污，保证清洁 |
| | 装好防尘垫及底座，紧固底座螺栓，检查确认型别盖 | 保证无误 |
| | 检查继电器整体动作 | 保证接点能可靠工作 |

④继电器的调整

继电器的调整过程见表 2-20。

**表 2-20　继电器的调整过程**

| 项　目 | 过　程 | 备　注 |
|---|---|---|
| 继电器调整 | 用塞尺检查接点架与轭铁间隙 | 间隙大小应为 4 mm,达不到此标准值应从底座内取出继电器,松开接点架紧固螺栓,取出稳钉并调整安装高度或整正接点架角度,调整标准后,紧固螺栓并重新打眼装稳钉 |
| | 检查轭铁角度 | 去掉钢丝卡,取下衔铁,用量角检查衔铁角度,角度应为 93°30′,但允许在 91°～94°30′之间 |
| | 检查拉杆与轭铁的间隙 | 间隙应符合标准,调整的方法是均匀地调整动接点片,使拉杆上升或下降 |
| | 将动接点片调平直 | 用弹簧钳调整动接点片,注意不要造成钳伤,并使动接点片无弯背、扭曲,达到平直一条线 |
| | 调整动、后间隙与后接点位置 | 将衔铁上好,在衔铁与铁芯间夹上 1.3 mm 或 1.5 mm 的塞尺,将衔铁固定死,塞尺以放在铁芯中间止片处为标准;用调簧钳调整后接点托片,使所有后接点与动接点紧贴,两者吻合无间隙,但又无压力 |
| | 调整后接点初压力 | 用调簧钳从根部调整后接点片对托片的压力(不能调托片),达到初压力为 0.098～0.147 N |
| | 检查动程 | 松开衔铁,取出塞尺,让衔铁自由落下,用塞尺检查;后接点共同行程及衔铁动程,用测牛(克)计测量后接点压力,符合标准 |
| | 调整动、前间隙与前接点位置 | 在衔铁与铁芯间夹上 0.4～0.5 mm 的塞尺,将衔铁固定死;调整前接点托片,使所有前接点与动接点紧贴,两者吻合无间隙,但又无压力 |
| | 调整前接点初压力 | 接点片与托片之间的压力为 0.196～0.245 N,各组接点间初压力不得差 0.029 4 N,调整方法与后接点同 |
| | 检查接点间隙 | 松开衔铁,取出塞尺,用手推动衔铁至闭合位置,检查前接点共同行程,压力及前、后接点间隙,符合标准 |
| | 调整接点接触齐度 | 用调簧钳把前、后接点片调平直,用尖口调整把接点爪调得上下、左右一致;各组接点应同时接触,不齐度应小于 0.2 mm,最好调到 0.1 mm |
| | 检查下止片与重锤片间的间隙 | 此间隙标准为 0.3～1 mm |
| | 电气特性测试 | 完成上述调整后,进行一次全面的电气特性测试,方法与检修前测试相同 |

注:在检修和调整作业时,应始终贯彻“先磁路、后接点”的原则。

⑤继电器的测试

继电器的测试项目见表 2-21。

表 2-21　继电器的测试项目

| 项　目 | 过　程 | 备　注 |
|---|---|---|
| 测触点电阻 | 用万能表的电阻挡,测量常闭触点与动点电阻 | 其阻值应为 0 Ω,而常开触点与动点的阻值就为无穷大,由此可以区别出哪个是常闭触点,哪个是常开触点 |
| 测线圈电阻 | 用万能表 $R\times10\ \Omega$ 挡测量继电器线圈的阻值 | 可判断该线圈是否存在着开路现象 |
| 测量吸合电压和吸合电流 | 用可调稳压电源和电流表,给继电器输入一组电压且在供电回路中串入电流表进行监测;慢慢调高电源电压,听到继电器吸合声时,记下该吸合电压和吸合电流 | 为求准确,可以试多几次而求平均值 |
| 测量释放电压和释放电流 | 用可调稳压电源和电流表,给继电器输入一组电压且在供电回路中串入电流表进行监测;当继电器发生吸合后,再逐渐降低供电电压,当听到继电器再次发生释放声音时,记下此时的电压和电流,亦可尝试多几次而取得平均的释放电压和释放电流 | 一般情况下,继电器的释放电压约在吸合电压的 10%～50%,如果释放电压太小(小于 1/10 的吸合电压),则不能正常使用,这样会对电路的稳定性造成威胁,工作不可靠 |

⑥继电器的验收

继电器检修后进行验收,是保证检修质量必不可少的环节,验收员应做到以下几点:

a. 在综合验收测试台对验收的继电器进行全面的电气、机械特性检查与测试,并按部颁标准严格要求。

b. 将验收结果,认真填入继电器检修卡片,存档。

c. 签发验收合格证。

(6)特殊的检修。

特殊检修主要指时间继电器的时间控制单元。

①印制电路板的检查

印制电路板的检查项目见表 2-22。

表 2-22　印制电路板的检查项目

| 项　目 | 要　求 | 备　注 |
|---|---|---|
| 检查印制板的引出线 | 应无断股、假焊,发现断股与假焊应重新焊接 | 应注意电烙铁的使用,以防高温损失元件 |
| 检查各元件在印制板上的焊接 | 应无假焊,焊点美观 | |
| 检查印制电路板 | 电路的铜皮不卷边、不断裂 | 发现微小的断裂应予补焊完 |

②检查测试

前、后线圈的测试:1、2 为后线圈,3、4 为前线圈,线圈电阻标称值是指环境温度在＋20 ℃时的数值,实际所测量的值应用公式换算成＋20 ℃时的相应数值。继电器线圈电阻值的允许误差以 5 Ω 为界,5 Ω 及其以上的线圈误差为±10%,5 Ω 以下的线圈误差为±5%。

继电器接点电阻测试一般采用电流电压法测得的数据按照欧姆定律求出。

普通接点电阻:银—银氧化镉应不大于 0.05 Ω;加强接点电阻银氧化镉—银氧化镉应不大于 0.1 Ω。插座簧片与插片的接触电阻应不大于 0.03 Ω。前后线圈测试电路如图 2-31 所示。

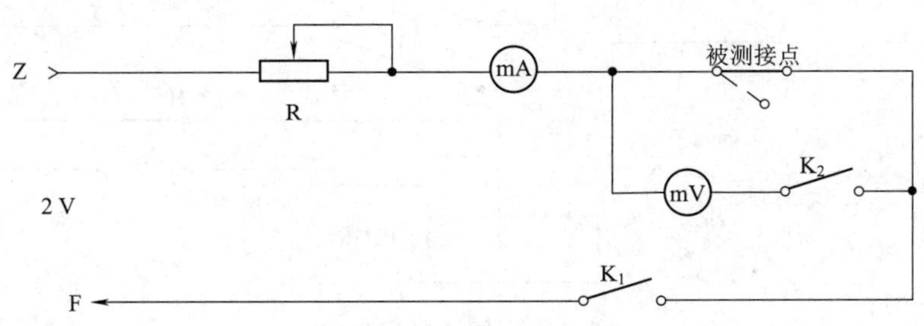


图 2-31　前、后线圈测试电路

首先,先关闭 $K_1$,调整滑线电阻 R,使毫安表读数为 500 mA,再关闭 $K_2$,测量接点电压,按欧姆定律计算接点电阻。

在日常的养护中若发现继电器动作时,普通接点有火花或加强接点有连续电弧现象,必须及时更换,并查明原因。继电器落下值、工作值测试电路如图 2-32 所示。

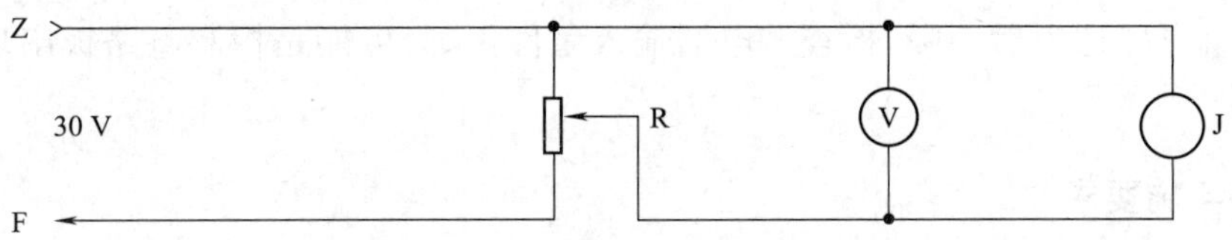


图 2-32　继电器落下值、工作值测试电路

落下值:调整变阻器将继电器电压调至过载值,然后逐渐降低,至前接点刚刚断开时的电压值。

工作值:将电压调整为零,断开电路 1 s,逐渐升高电压,至衔铁止片与铁芯接触时的电压值。

③时间特性测试

缓吸时间测试如图 2-33 所示。

先闭合 K,将继电器两端调至额定值,再将 K 打开。测试时闭合 K,电秒表指示即为缓吸时间。

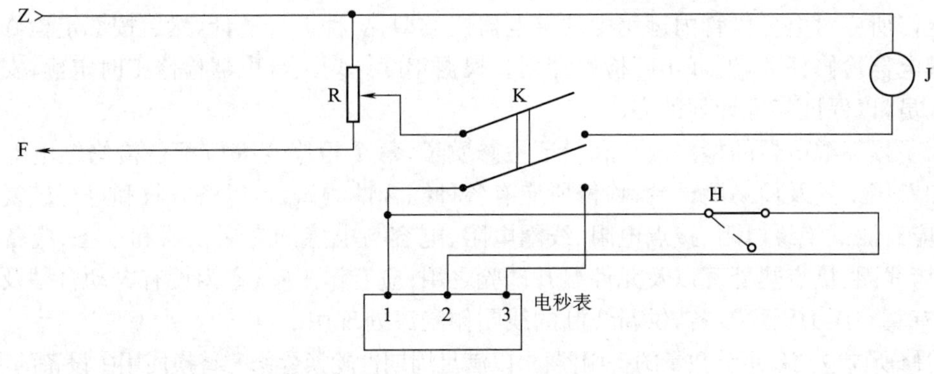


图 2-33　缓吸时间测试

缓放时间测试如图 2-34 所示。

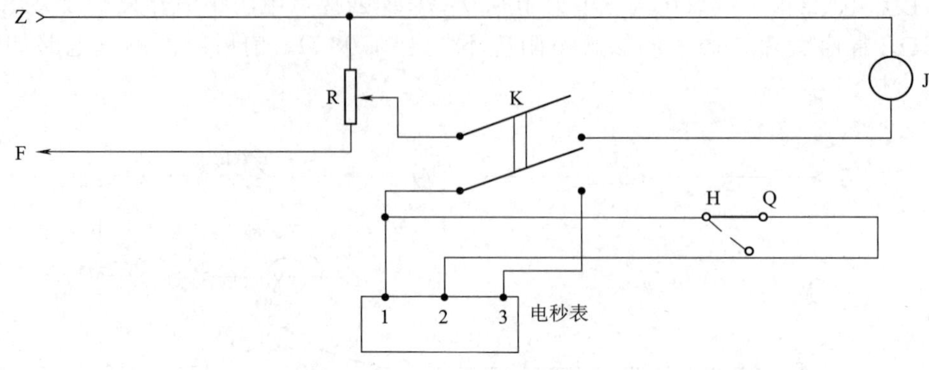


图 2-34　缓放时间测试

先闭合 K，将继电器两端调至额定值。测试时再将 K 打开，电秒表指示即为缓放时间。

④JSBXC$_1$-850 型继电器在使用中注意的几个问题：

a. 继电器 1、3 端接正电，2、4 端接负电，因为线圈两端并联二极管。

b. 如果继电器缓放时间出现误差，应更换控制电路中晶振或单片机。

c. 如果继电器通电后工作正常，但发光二极管不亮，可更换发光二极管。

d. 如果继电器通电后不吸，检查继电器输入条件正确，可能是控制电路板出现故障，更换延时电路板。

## 五、任务实施要求

(1)继电器由电务段的电气信号检修所进行检修，检修所内必须建立严密的工作制度以保证继电器的检修质量。

①必须对每台继电器建立检修卡片，做好检修记录。

②继电器在检修前应进行全面的电气性能测试，并把测试结果填入检修卡片上，作为考察继电器检修周期的原始根据。

③检修中必须做到细检细修，认真克服缺点，使继电器完全恢复标准的电气、机械特性。

④检修后应进行严格的验收，以杜绝检修不良的漏洞发生。

(2)检修管理。在进行检修管理时应注意如下事项：

①检修所应对电务段管内运用中的继电器按类型、品种进行统计，然后按部定检修周期确定年度继电器检修任务，编好年度检修计划。根据年度计划及继电器检修工时定额，安排足够的检修人员，以保证年度计划的完成。

②为了提高继电器的检修效率和保证检修质量，每个检修工人应配备检修继电器所必需的通用和专用工具及简易测试台；检修所应有各种综合性测试台，以备验收和进行较复杂的测试之用；应有测试绝缘电阻、接点电阻、线圈电阻、电容与电感的专用仪器和设备；应备有恒温箱，作烘烤线圈、接点热处理以及元件温升试验之用；应有钳工室，室内设有电动台钻及钳工工具；最好有真空压力浸漆设备，供新绕制的线圈作浸漆处理用。

③检修所内应储备足够数量的备用器材，以满足周期性轮换检修时替换使用中设备的需要。

④检修所的房舍应有充分的照明和自然采光，以满足继电器检修的需要；应有较好的防尘设备，以保证工作所需的高度清洁。

## 六、布置作业

大家已从上述表格和文字中了解到继电器的日常养护和集中检修的整体过程，为了加深此任务的理解，我们将列出现场的集中检修作业指导书表格，请大家以一名现场人员的身份组成小组描述检修过程及注意要素并填写表2-23至表2-25。

**表2-23 作业程序方框图**

| 序号 | 工作前准备 | 检修项目 | 试验、测试项目 | 工作后记录 |
| --- | --- | --- | --- | --- |
| 1 | | | | |
| 2 | | | | |
| 3 | | | | |
| 4 | | | | |
| 5 | | | | |
| 6 | | | | |
| 7 | | | | |

**表2-24 重点卡控项目**

| 卡控项目 | 卡控内容 |
| --- | --- |
| 必须做的 | (1)<br>(2)<br>(3)<br>(4)<br>(5)<br>(6) |
| 禁止做的 | (1)<br>(2)<br>(3)<br>(4)<br>(5)<br>(6) |

**表2-25 作业程序及作业标准**

| 工作步骤 | 工作内容及标准 |
| --- | --- |
| 检修 | (1)<br>(2)<br>(3)<br>(4)<br>(5)<br>(6)<br>(7) |

续上表

| 工作步骤 | 工作内容及标准 |
| --- | --- |
| 试验及测试 | (1)<br>(2)<br>(3)<br>(4) |

### 七、作业检查评议

(1)了解验收表格中项目内容。

(2)能够填写表 2-23 至表 2-25 的内容,并清楚了解质量标准。

(3)以组为单位讲解验收过程。

## 任务 3　继电器的应用

### 一、任务提出

继电器的应用是非常广泛的,我们应从不同的方向去进行了解。

(1)你知道继电器在现场怎么使用吗?

(2)你知道如何识别继电器电路和符号吗?

### 二、任务分析

本任务主要是讲解继电器的选用、符号、电路等,因此在学习之前要清楚了解在学完该项目后我们能够掌握哪些技能,在以后的工作中我们能从事哪些工作。

(1)了解继电器的符号、接点关系以便在电务公司施工时进行继电器的选择和电路图的绘制。

(2)了解继电器电路以便各铁路局集团公司的电务段对其运行状态进行正常监测工作。

### 三、任务准备

该任务的实施主要是要求大家了解应该如何选用继电器,应该如何识别继电器符号和电路等。

继电器的符号和电路详见《铁路信号设计规范》《维规》等,在后续的任务实施过程中我们会提及。

### 四、任务实施

1. 电路中选择继电器的一般原则

根据电路要求,按继电器的主要参数和指标进行选择,具体如下:

(1)继电器类型、线圈电阻应满足各种电路的具体要求。

(2)电路中串联使用继电器时,串联的继电器的数量应满足各继电器正常工作电压的要求。

(3)继电器的接点最大允许电流不应小于电路的工作电流,必要时可采用接点并联的方法。

(4)继电器的接点数量不能满足电路要求时,应设复示继电器,复示继电器应能及时反映主继电器的动作状态。

继电器的表述

(5)电路中串联继电器接点时,要使串联继电器接点的接触电阻不影响电路的正常工作。

2. 继电器的表述

(1)继电器的名称符号

继电器一般是根据它的主要用途和功能来命名的,为了便于标记,继电器符号用汉语拼音字头来表示;且同一作用和功能的继电器也不止一个,它们的名称必须有所区别;同一个继电器的各接点组还需用其编号注明,以防重复使用。例如:反映按钮动作的继电器称为按钮继电器,表示为 AJ;控制信号的继电器称为信号继电器,表示为 XJ。XLAJ 代表下行进站信号机的列车进路按钮继电器,STAJ 代表上行通过按钮继电器。

(2)继电器的定位

继电器有两个状态:吸起状态和落下状态,在电路图中只能表达这两种状态中的一种,并有所规定。电路图中继电器呈现的状态称为通常状态(简称“常态”)或称为定位状态。在铁路信号系统中遵循以下原则来规定定位状态。

①继电器的定位状态应与设备的定位状态相一致,信号设备平面布置图中所反映的设备状态约定为设备的定位状态。例如:一般信号机以关闭为定位状态,道岔以开通定位为定位状态,轨道电路以空闲为定位状态。

②根据“故障—安全”原则,继电器的落下状态必须与设备的安全侧相一致。例如:信号继电器的落下应与信号关闭相一致,轨道继电器落下应与轨道电路占用相一致,这样,才能实现电路发生断线故障时导向安全侧。

根据以上两条原则就可确定继电器的定位状态了。例如:信号继电器 XJ 落下与信号关闭相对应,规定 XJ 落下为定位状态;道岔定位表示继电器 DBJ 吸起与道岔处于定位相对应,规定 DBJ 吸起为定位状态;道岔反位表示继电器 FBJ 吸起应与道岔处于反位相对应,故规定 FBJ 落下为定位状态;轨道继电器 GJ 吸起与轨道电路空闲相对应,规定 GJ 吸起为定位状态。

在电路图中,凡以吸起为定位状态的继电器,其线圈和接点处均以“↑”符号标记之;凡以落下为定位状态的继电器,其线圈和接点处均以“↓”符号标记之。

(3)继电器图形符号

在继电电路中,涉及继电器线圈和接点组,它们的图形符号分别见表 2-26 和表 2-27,这些图形符号反映了继电器的某些特性,因此绘图时必须正确选用,以免混淆。表中的接点图形符号有工程图用和原理图用两种。工程图用的符号略为复杂,但能准确表达接点的状态,且不致因笔误而造成误解,所以工程图必须采用工程图用符号。原理图用的接点符号比较简单,但稍有笔误即易造成误认,仅限于设计草图和教学中使用。

对于初学者要注意的是,为绘图方便,一个继电器的线圈符号和它的接点符号可以分别画在电路图的不同位置,也可以画在不同的图纸上,当然它们的名称符号要标记清楚。

在继电器线圈符号上要注明其定位状态的箭头和线圈端子号。

**表 2-26 继电器图形**

| 序　号 | 符　号 | 名　称 | 说　明 |
|---|---|---|---|
| 1 |  | 无极继电器 |  |
|  |  |  | 两线圈分接 |
| 2 |  | 无极缓放继电器 |  |
| 3 |  |  | 单线圈缓放 |
| 4 |  | 无极加强继电器 |  |
| 5 |  | 有极继电器 |  |
| 6 |  | 有极加强继电器 |  |
|  | 2 1 3 4 |  | 两线圈分接 |
| 7 | 4 1 | 偏极继电器 |  |
| 8 |  | 整流式继电器 |  |
| 9 | 3′ | 时间继电器 |  |
| 10 |  | 单闭磁继电器 |  |
| 11 | ~ | 交流继电器 |  |
| 12 |  | 交流二元继电器 |  |
| 13 |  | 动态继电器 |  |
|  |  |  | 两线圈分接 |
| 14 |  | 传输继电器 |  |

**表 2-27　继电器符号**

| 序　号 | 符　号 | | 含　义 | 说　明 |
|---|---|---|---|---|
| | 标准图形 | 简化图形 | | |
| 1 | 1 | 1 | 前接点闭合 | |
| 2 | 1 | 1 | 后接点断开 | |
| 3 | 1 | 1 | 前接点断开 | |
| 4 | 1 | 1 | 后接点闭合 | |
| 5 | 1 | 1 | 前、后接点组 | 前接点闭合<br>后接点断开 |
| | 1 | 1 | | 前接点断开<br>后接点闭合 |
| 6 | 111　112 | 111　112 | 极性定位接点闭合 | |
| 7 | 111　112 | 111　112 | 极性定位接点断开 | |
| 8 | 113　111 | 113　111 | 极性反位接点闭合 | |
| 9 | 113　111 | 113　111 | 极性反接接点断开 | |
| 10 | 113　111　112 | 113　111　112 | 极性定、反位接点组 | 定位接点闭合<br>反位接点断开 |
| | 113　111　112 | 113　111　112 | | 定位接点断开<br>反位接点闭合 |

3. 继电器线圈的使用

对于有两个线圈参数相同的继电器，它的线圈有多种使用方法：可以两个线圈串联使用，连接 2-3 电源片，使用 1-4 电源片；可以两个线圈并联使用，电源片 1-3 连接，2-4 连接，也可以两个线圈分别使用或单线圈单独使用，使用 1-2 或 3-4 电源片。

无论哪一种使用方法，都要保证继电器的工作安匝和释放安匝，才能使继电器可靠工作。例如：JWXC-1000 型继电器，它的前后线圈均为 8 000 匝，两个线圈串联使用时，工作电压不大14.4 V，故工作电流不大于 14.4/1 000＝0.014 4(A)，工作安匝不大于 2×8 000×0.014 4＝230.4(安匝)。当单线圈使用时，为了得到同样的安匝，加在两线圈的工作电压应分别为 230.4/8 000×500＝14.4(V)。当两线圈并联时，为获得同样的安匝，所需工作电压为 115.2×2×250＝7.2(V)。

可见，单线圈使用时，为了保证得到与两线圈串联使用时同样的工作安匝，通过线圈的电流必须比串联时大一倍，所消耗功率也大一倍，此时，电源容量要大，线圈易发热。因此，继电器大多采用两线圈串联使用的方法。但当电路需要时，也采用分线圈使用的方法。两线圈并联使用时，所需电压比串联时低一半，一般使用在较低电压的电路中。

4. 继电器基本电路

(1)串联电路和并联电路

根据继电器接点在电路中的连接方式，继电电路可分为串联、并联和串并联三种基本形式。

①串联电路

串联电路指继电器接点串联连接的电路，其功能是实现逻辑“与”的运算。串联电路如图 2-35所示，3 个接点必须同时闭合才能使继电器 DJ 吸起。从逻辑功能来看，接点在电路中的串接顺序是任意的，而且动接点是否接向电源也是任意的，但从工程角度出发，应考虑接点的有效使用，如 AJ 的后接点可用在别的电路中。

②并联电路

由几个继电器接点并联连接的电路称为并联电路，它的功能是实现逻辑“或”运算，并联电路如图 2-36 所示，为 3 个接点并联的例子，其中任一个接点闭合都会使继电器 DJ 吸起。从工程角度看，也要考虑接点组的有效利用。

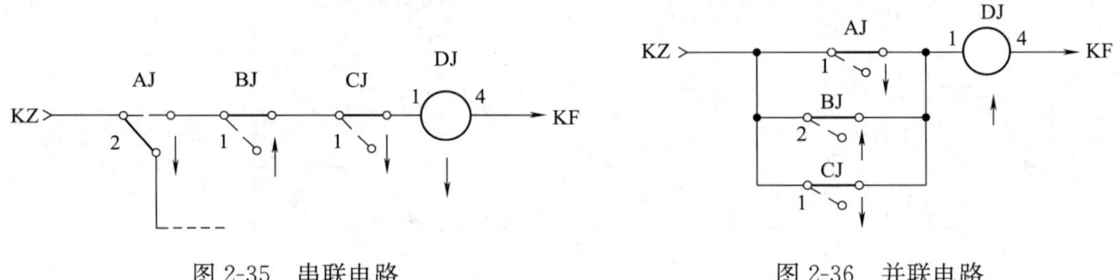


图 2-35　串联电路　　　　图 2-36　并联电路

③串并联电路

根据逻辑功能的要求，在电路中有些接点串联，有些是并联，这类电路称为串并联电路，串并联电路如图 2-37 所示。

(2)自闭电路

在继电器构成的控制系统中，常需要将某一动作记录下来为以后的过程做准备。按钮继电器电路如图 2-38 所示，按下自复式按钮 A 后，继电器 AJ 经过励磁电路吸起，但松开按钮后，继电器就不能保持吸起。为此，增加由自身前接点构成的电路，使按钮松开后，继电器不落下，这条由自身前接点构成的电路称为自闭电路。有了自闭电路后继电器就有了记忆功能。当然，当它完成任务后，就必须由表示该任务完成的继电器接点使其复原。

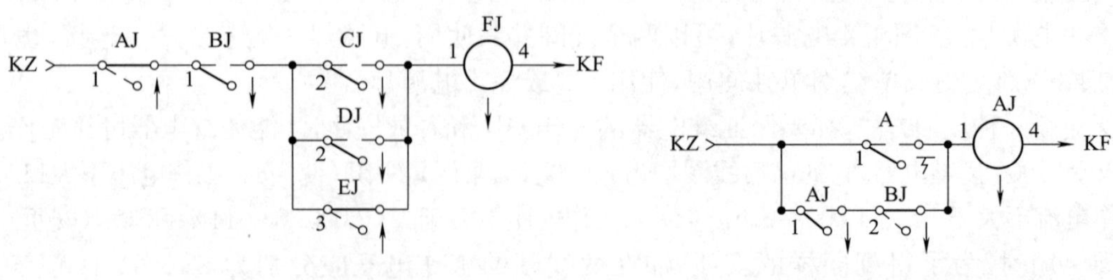


图 2-37　串并联电路　　　　图 2-38　按钮继电器电路

5. 继电电路的分析法

在设计和分析继电电路时，为了便于认识和掌握电路的逻辑功能、继电器动作顺序、继电器动作时机和继电器励磁回路，需采用一些简便的分析方法，通常有动作程序法、时间图解法和接通径路法。

(1)动作程序法

动作程序法用来表示继电器的动作过程，着重反映继电电路的时序关系和因果关系，而不严格地表达逻辑功能。用符号表示各继电器状态的变化，“↑”表示继电器吸起，“↓”表达继电器落下(这里“↑、↓”表示继电器的动作，不要和电路图中表示继电器定位状态的“↑、↓”相混淆)。“→”表示促使继电器吸起、落下；“|”表示逻辑“与”。例如：对于图 2-39 所示的脉动偶电路(由两个继电器组成的脉冲形成电路)，可写出它的动作程序。

(2)时间图解法

有些继电电路的时间特性要求较严格，整个电路动作过程与继电器的时间特性(如缓放时间的长短)密切相关，这时，可用时间图解法来较准确地进行分析。时间图解法能很清楚地表示出各继电器的工作情况、相互关系和时间特性，能正确地反映整个电路的动作过程。

时间图解法就是把继电器线圈通电、后接点断开、前接点闭合、线圈断电、前接点断开、后接点闭合等都用如图 2-40 所示表示出来。继电器之间的互相关系，在时间图上用箭头表示。

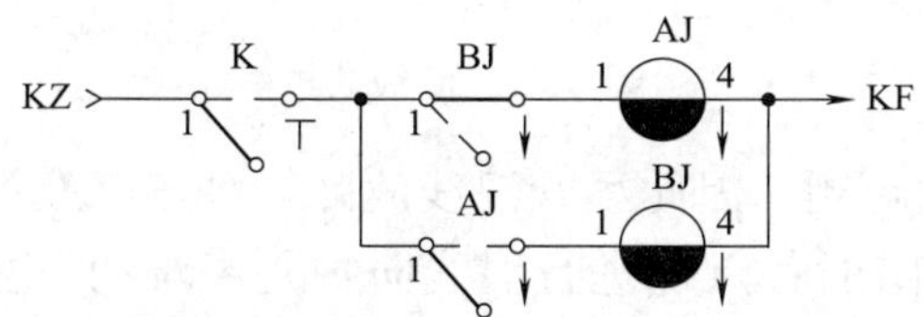


图 2-39　脉动偶电路图

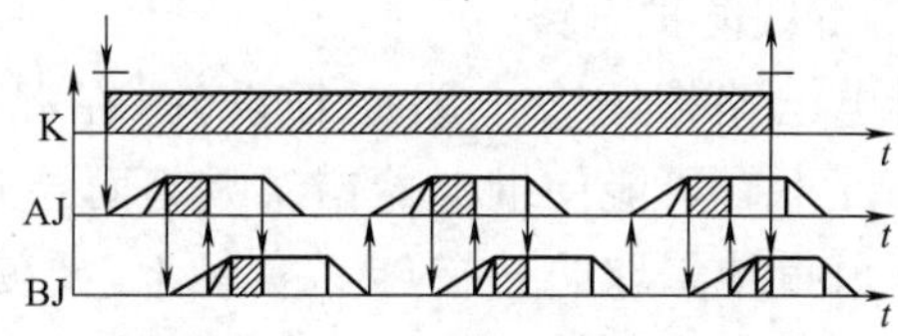


图 2-40　脉动偶电路的时间图解

(3)接通径路法

接通径路法(曾称接通公式法)用来描述继电器励磁电流的径路，即由电源正极经继电器接点、线圈及其他器件(按钮接点、二极管等)流向电源负极的回路，它是在分析继电器电路中常用的方法(俗称跑电路，不一定写下来)。

例如：对于图 2-39 所示的脉动偶电路，其励磁电路如下：

$$KZ—K_{11\text{-}12}—BJ_{11\text{-}13}—AJ_{1\text{-}4}—KF$$

$$KZ—K_{11\text{-}12}—AJ_{11\text{-}12}—BJ_{1\text{-}4}—KF$$

继电器电路及其分析法

式中各接点及其器件的下标是它们在电路中具体连接的接点号或端子号，接点之间用“—”联系，它表示经由，而不用“→”，没有促使的含义，以避免和动作程序法中的“→”相混淆。

一个继电器可能有多条励磁电路，需分别写出接通径路予以描述。

接通径路法仅表达了继电电路的导通路径，而不能反映电路的逻辑功能。对于复杂的继电电路，在对其逻辑功能不熟悉的情况下，可先用接通径路来加以描述。

在实际应用过程中，通常将动作程序法和接通径路法结合起来使用，一方面，在掌握继电电路动作程序的情况下，能方便地跑通电路；另一方面，在跑通电路的过程中，可加深对动作程序的理解。

6. 继电器电路安全措施

在继电器电路中常见故障有：熔断器熔断，断路器脱扣、断线、脱焊，螺栓松脱，线圈烧坏，接点接触不良,器件失效,插接件接触不良,线间绝缘不良,线路混入电源等。但就其对电路的影响可以归纳为两大类:一类使电路开路,称为断线故障;另一类使电路短路,称为短路故障。断线故障会导致吸起的继电器错误落下或使应吸起的继电器不能吸起;混线故障可能使不应吸起的继电器错误吸起或使已吸起的继电器不能及时落下。继电器电路的安全性主要是解决断线防护和混线防护问题。

(1)断线防护电路

电路的断线故障远多于混线故障,据此必须按闭合电路法(以电路断开对应安全侧,以电路闭合对应危险侧)设计继电电路,即发生断线故障时使继电器落下以满足“故障—安全”的要求。如图 2-41 所示的两个电路是等效的,即 AJF 是 AJ 的复示继电器,但两者结构不一样,图 2-41(a)符合闭合电路原理,无论何处发生断线故障都导致 AJF 在落下状态,具有“故障—安全”性能。图 2-41(b)是利用 AJ 的后接点构成 AJF 线圈的旁路而使 AJF 落下,称为旁路控制电路,其发生断线故障时 AJF 反而错误吸起而导向危险侧,所以安全电路不能采用旁路控制电路。按闭合电路原理设计的电路是断线保护的基本方法,它能对任何断线故障有反映,故可认为它具有断线故障自检能力。

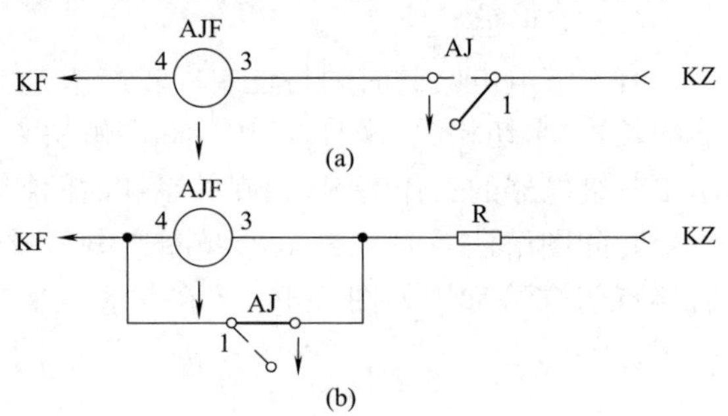

图 2-41　断线防护电路

(2)混线防护电路

继电电路按闭合电路原理设计,在混线故障情况下有可能使继电器错误吸起而导向危险侧。因此尽管混线故障远少于断线故障,也必须慎重地采取防护措施。实际上,要使电路的各点都进行混线防护是困难的,也是不可能的。若室内环境较好,只要采取严格的施工工艺,电路极少发生混线故障,一般不采取防护措施。

①位置法

位置法也称远端供电法,是针对室外电路之间混线而采取的措施。例如:在图 2-42 所示的混线防护线路中两电路的逻辑功能是等同的,但电路结构不同,图 2-42(a)的继电器和电源均在电路的同一侧,发生混线故障时继电器将无条件地错误吸起,这十分危险。而在图 2-42(b)中,继电器和电源分设在电路两侧,发生混线故障时,一方面使继电器短路,另一方面在接点 DB(转辙机接点)闭合的情况下使电源处的熔断器熔断,从而使继电器落下,导向了安全侧。所以,位置法的关键是继电器和电源必须分别设在可能混线位置的两侧。

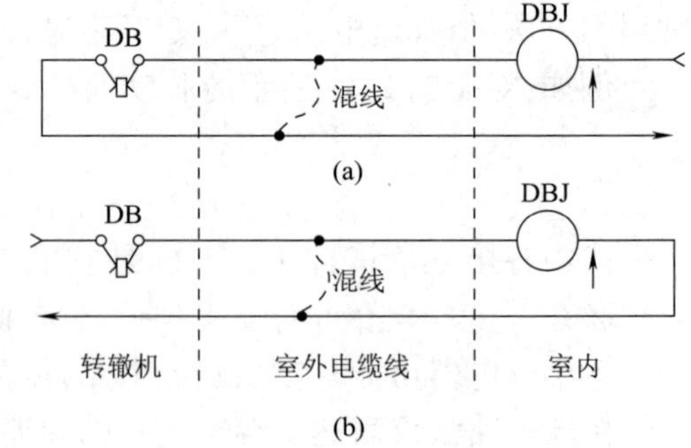

图 2-42　混线防护电路

②极性法

极性法是针对室外电路混入电源而采取的措施。极性法电路如图 2-43 所示,电路中采用偏极继电器。当 Q 线上混入正电时,与电源极性一致,则继电器 1JGJ 仍保持吸起,Q 线上混入负电时,则熔断器熔断,使继电器 1JGJ 落下导向安全侧。在 H 线上混入电源情况同样如此。如果在列车占用 1JG 时，1GJ↓，此时若在 Q 上混入负电，H 线上混入正电，则 1JGJ 因极性不符，不吸起，而如果采用无极继电器就不能达到此目的。

③双断法

双断法是在电路的 Q 线和 H 线上都接入同样的控制接点，来防止混线混电故障。双断法混线防护(1)如图 2-44 所示，如不采用双断，则当 a、b 两点同时发生接地或控制接点引出端子间发生短路等故障时，尽管控制接点未闭合，也能使继电器错误吸起，但若采用双断法，这种可能性就大大减小。Q 线或 H 线混入电源，也可防护。双断法混线防护(2)如图 2-45(a)所示，若不采用双断法，继电器 1DBJ 和 3FBJ 的 Q 线之间发生混线故障，则 3FBJ 将错误吸起，若采用双断法，如图 2-45(b)所示，则 Q 线间发生混线故障时也不会使 3FBJ 错误吸起。

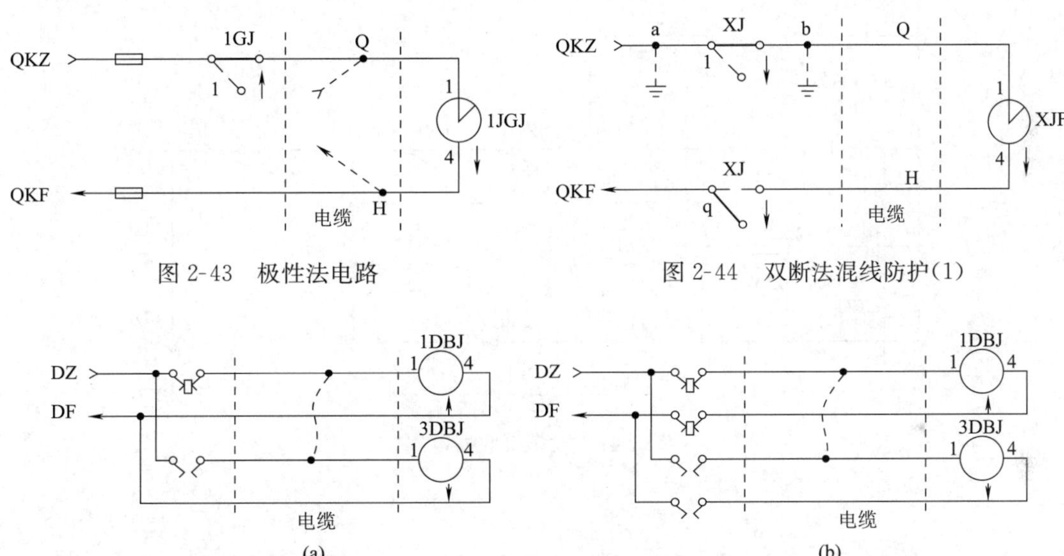


图 2-45　双断法混线防护(2)

④独立电源法

独立电源法也称为电源隔离法。从上述双断法分析中可以看出，在混线故障情况下导致继电器错误吸起的原因在于继电器未采用独立电源或多个继电器共用一个电源所致。如果每个继电器有各自的电源且没有公共回线，那么任何两条线路混线都不会构成错误的闭合电路使继电器吸起。但为每个继电器设直流电源很不经济，故在直流电路中未采用，然而在交流电源中可以很方便地利用变压器实现电源隔离，如轨道电路、信号点灯电路和道岔表示电路都采用变压器隔离。独立电源防护法的道岔表示电路如图 2-46所示，其中的 BB 就是专用的隔离变压器。

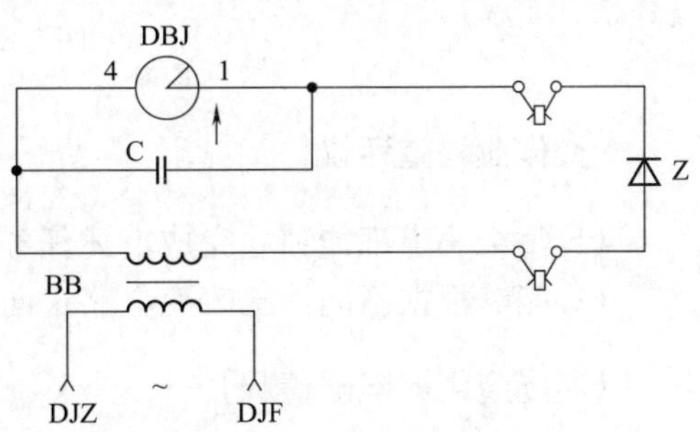


图 2-46　独立电源防护法的道岔表示电路

以上几种措施也可能同时采用。此外还有分路法(当继电器处于落下状态时接通继电器线圈的分路线，以防止因混入电源而错误吸起)、分线法(重要的继电器电路不与其他继电器共用回线)等。

## 五、任务实施要求

以上所有继电器符号、图形、继电器电路分析方法都必须牢记且能独立分析。

## 六、作业布置

要求学生以组为单位说明发车接收器电路和线路继电器电路(图 2-47 和图 2-48)中的继电器的名称、定反位、接点状态、电流走向。

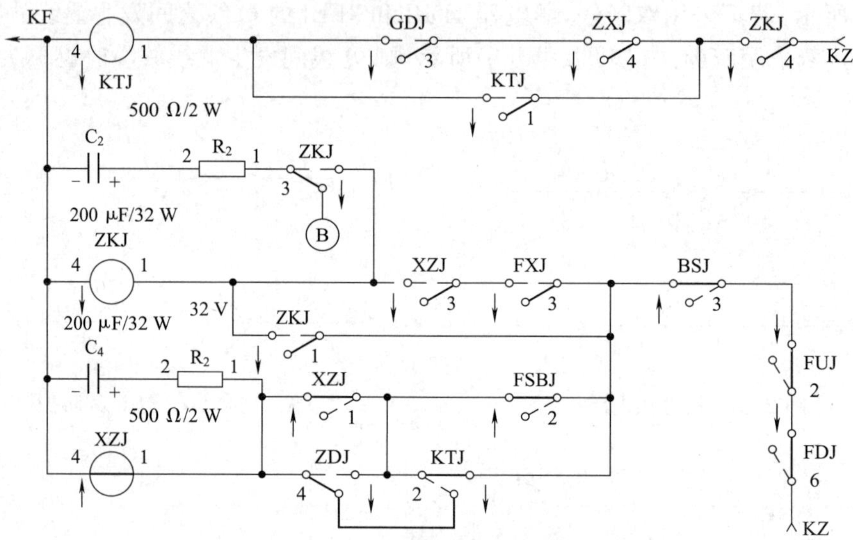


图 2-47　发车接收器电路

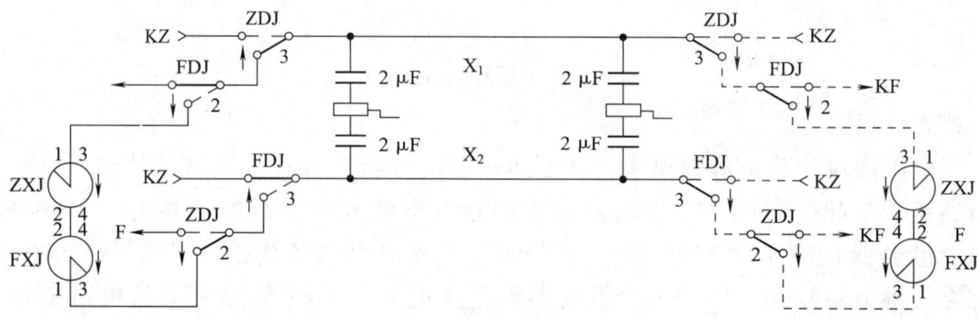


图 2-48　线路继电器电路

## 七、作业检查评议

(1)每个小组都能独立完成上述任务。
(2)能够根据不同情况改变电路走向。

### 【现场应用继电器情况】

1. 电源屏用继电器

电源屏用继电器是为信号电源屏专门设计的继电器,用来代替交流接触器和中间继电器,在电源屏中起转换、表示和监督作用，以减少电源屏故障，提高设备的可靠性。

电源屏用继电器分为无极、整流、交流三种继电器，按使用电源分为 DC 24 V、DC 220 V 和 AC 24 V、AC 220 V 四种。

电源屏系列继电器采用插接式结构，安装方式与 AX 系列继电器相同。采用专用插座，其上端带有锁住装置，在继电器插入插座后，可以用卡板将继电器锁住，保证继电器在使用时与插座接触可靠。

(1)电源屏用直流继电器

电源屏用直流加强接点继电器有 JWJXC-7200、JWJXC-100、JWJXC-6800 和 JWJXC-440 型四个品种。

前三种继电器电磁系统的构造及动作原理与安全型无极继电器基本相同，不同点在于它们采用专用铁芯，衔铁止片厚 1.2 mm，以提高释放值，减小释放时间。

JWJXC-440 型继电器的电磁系统与安全型偏极继电器基本相同，但极靴是方形的，方形极靴下方固定有特制的永久磁钢，使衔铁处于极靴与永久磁钢之间，受永久磁钢的吸引力和重锤片重力的作用，衔铁处于释放位置。这样后接点压力由永久磁钢与重锤片共同产生，使加强后接点保持足够的接点压力，其动作原理同偏极继电器，使用时应注意线圈电源的极性。

JWJXC 型继电器的接点系统由普通接点和加强接点组成，它们的结构与安全型继电器的相同。只是接点组数与载流量不同，接点弹片与触头的尺寸有所变化。

(2)电源屏用整流继电器

电源屏用整流继电器有 JZJXC-7200、JZJXC-100 和 JZXC-20000 三种，它们由电磁系统、接点系统与整流单元组成。电源屏用整流继电器的动作原理同安全型整流式继电器。

(3)电源屏用交流继电器

电源屏用交流继电器有 JJC 型交流继电器和 JJJC 型交流加强接点继电器。根据使用接点组数与使用电源的不同，JJJC 型分为 JJJC、$JJJC_1$、$JJJC_2$、$JJJC_3$、$JJJC_4$、$JJJC_5$ 六种不同的规格(型号中第一个 J 为继电器，第二个 J 为交流，第三个 J 为加强接点)。

电源屏交流继电器电磁系统如图 2-49 所示，是拍合式交流磁系统，电磁系统由 Π 形铁芯、支架、角形衔铁、线圈等组成。铁芯用 Π 形硅钢片叠合后铆成一个整体。电源屏交流继电器铁芯如图 2-50 所示。这是因为线圈所通为交流电，若为整块铁芯会形成涡流而使铁芯发热，故用硅钢片叠成以减小涡流。

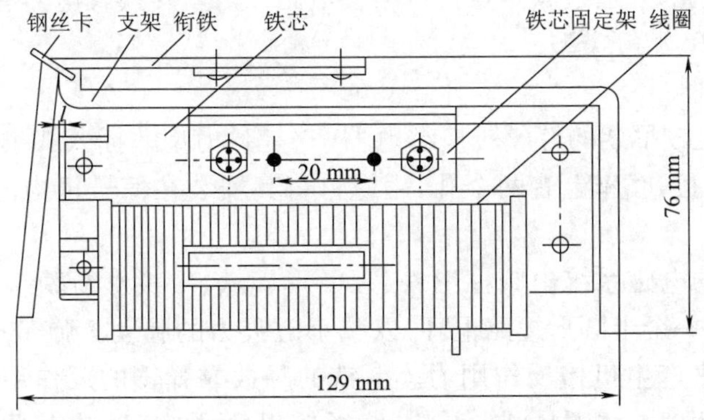


图 2-49　电源屏交流继电器电磁系统

电源屏交流继电器线圈中通过的是交流电源，在铁芯中产生的是交变磁通。交变磁通所产生的吸引力与磁通的平方成正比，所以虽然线圈中的电流方向不断改变，但吸引力并不随之改变方向，且吸引力的大小在最大值和零之间以两倍电源频率作正弦变化。当吸引力的瞬时值大于衔铁重力和接点的反作用力时，衔铁就吸合，反之，衔铁释放。这样，在交流电的一个周期内，衔铁两次被吸引和释放。当然，由于频率较高，衔铁来不及完全释放，而是在极面处颤动并发出噪声，这种波动会影响继电器的正常工作。

为消除颤动，在铁芯两个工作极面端部各嵌装一个短路铜（或铝）环。短路环包围了铁芯的一部分，其作用如图 2-51 所示。

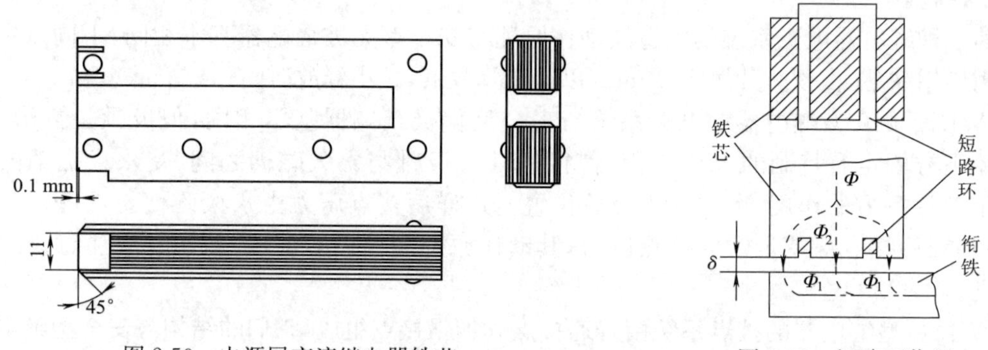


图 2-50　电源屏交流继电器铁芯　　图 2-51　短路环作用

由于短路环的感应电流作用，通过短路环内部的磁通 $\Phi_2$ 滞后于环外磁通 $\Phi_1$ 一个角度（约相差 60°～70°），这样，$\Phi_1$ 与 $\Phi_2$ 产生的电磁吸引力不会同时为零。当总的电磁吸引力大于等于衔铁上的反作用力时，衔铁就会被牢靠吸引而消除了颤动。

铁芯的两个工作极面应有一个角度。这样，当衔铁在工作位里时，衔铁与铁芯的极面形成楔形间隙，以防止衔铁不释放。铁芯极面加工成 45°的斜坡，以减小衔铁与铁芯的接触面积，减小交流声。

衔铁在工作位置应与铁芯密贴，因此衔铁上没有安装止片。

JJC 型交流继电器的接点与安全型无极继电器基本相同，所不同的只是铁拉杆是交流继电器专用的。

2. 灯丝转换继电器

灯丝转换继电器是交流继电器，用于信号点灯电路中，当信号灯泡的主灯丝断丝时通过它自动转换至副灯丝点亮，并通过其接点构成报警电路。灯丝转换继电器有 JZCJ 型、JZSJC 型、$JZSJC_1$ 型和 JZCJ-0.16 型等类型。

(1)JZCJ 型继电器

JZCJ 型继电器是较早期的灯丝转换继电器，它是弹力型非插入式继电器，线圈和接点有对应的端子与外线连接，底座上有两个孔，用螺钉将其安装在信号机构内。JZCJ 型继电器结构如图 2-52 所示。

JZCJ 型继电器的电磁系统由圆柱形铁芯、U 形轭铁、平板形衔铁组成 Π 形拍合式磁路。铁芯端部极面处嵌有一个半圆形短路铜环，以减小磁吸力的脉动。弹簧挂在衔铁后端与轭铁左下部，螺旋弹簧用来产生机械反作用力。衔铁的释放靠弹簧的反作用力，通过弹簧连接螺钉、螺母可调整反作用力。线圈是圆形结构，线径较粗，匝数较少，交流阻抗小，保证灯泡有足够的电压及亮度。动接点不是通过拉杆而是直接用螺钉固定在衔铁上，有两组并排的接点组。

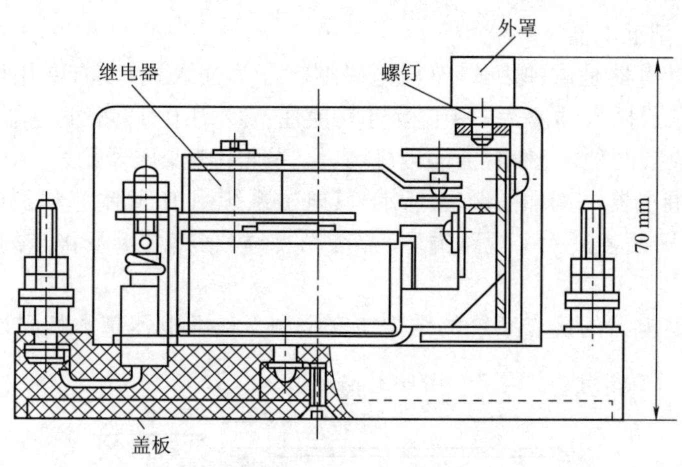


图 2-52　JZCJ 型继电器结构

(2)JZSJC 型继电器

JZSJC 型继电器也是弹力式继电器，但它是插入式结构，便于现场维修更换。JZSJC 型继电器结构如图 2-53 所示。电磁系统与 JZCJ 型相似，亦为Ⅱ形拍合式结构，但进行了一些改进，铁芯和线圈是方形的，可防止线圈转动。轭铁上端的衔铁支架用来固定衔铁，再加上锁片挡住衔铁，较牢固；衔铁支架可窜动，以调整衔铁与轭铁接触处的间隙；在衔铁上端和轭铁上的衔铁架上挂有反力弹簧；短路铜环采用长方形，是为配套铁芯而设计的，线圈的线径较粗，以减小交流阻抗。

接点系统有两组接点，接点引线片和线圈引线片固定在底座上，JZSJC 型继电器插座如图 2-54所示。插座上的 8 个螺钉作为接线端子，分别与插座上的插片相连，是为了与信号机构配线而设置的，当继电器发生故障时可迅速更换之。JZSJC 型具有直立和侧放两种工作位置。$JZSJC_1$型继电器是吸收国外机车继电器的优点而研制的，是弹力型插入式继电器。接点有较大行程，接点接触可靠，有较强的抗震性能，并配有专用插座，方便现场使用和维修。

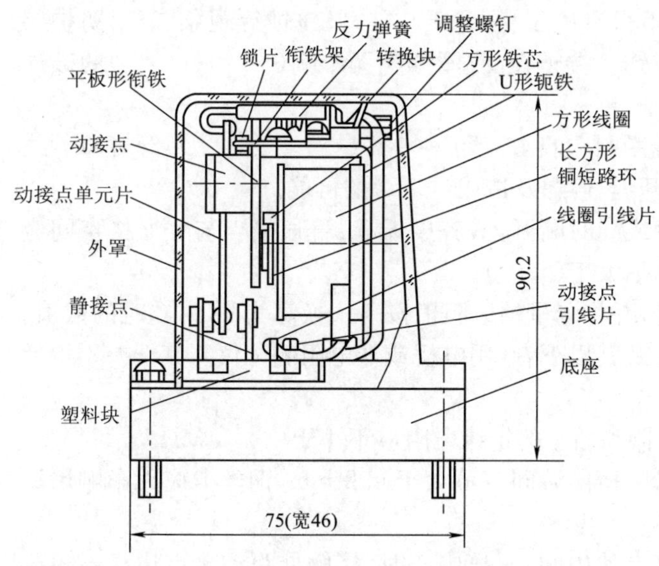


图 2-53　JZSJC 型继电器结构(单位：mm)

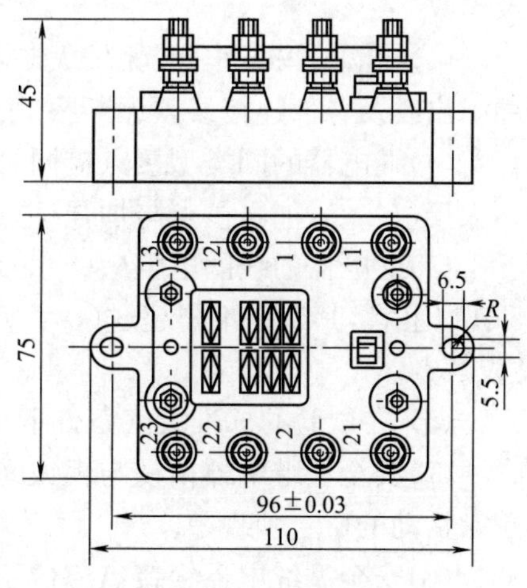


图 2-54　JZSJC 型继电器插座(单位：mm)

(3)JZCJ-0.16 型继电器

JZCJ-0.16 型继电器是重弹力式，交流电磁继电器为插入式，设有专用插座。在插座上端装有锁住装置，继电器插入插座后，用卡板将其锁住。JZCJ-0.16 型继电器在现场使用，必须安装防震架，防震架有两种，一种用于信号机构，另一种用于变压器箱。

JZCJ-0.16 型继电器结构如图 2-55 所示，其电磁系统由 Π 形铁芯和条形衔铁组成拍合式磁路。铁芯的两个极面各嵌一个短路铜环。衔铁的释放靠其自重及接点的反作用力，故可靠性较高。

JZCJ-0.16 型继电器的接点系统的结构与安全型无极继电器基本相同，有四组后接点。

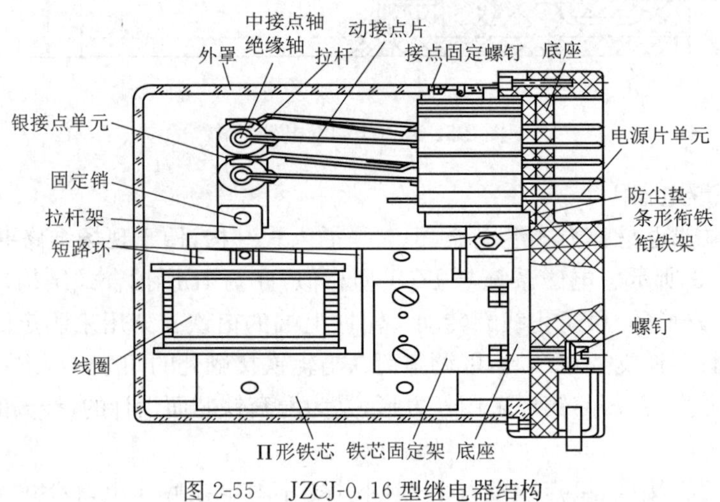


图 2-55　JZCJ-0.16 型继电器结构

**【练习题】**

## 一、填 空 题

(1)继电器的可动部分和导电部分，不得与(　　)相碰。

(2)继电器所有金属零件的防护层，不得有龟裂、融化、(　　)及锈蚀等现象，但对防护层脱落部分除导电部分外，可用涂漆方法防锈。端子板、线圈架应无影响(　　)、(　　)的破损及裂纹。

(3)线圈应安装牢固、无较大旷动，线圈封包良好，无(　　)、(　　)及(　　)等现象。线圈引出线及各部连接线须无断根、脱落、开焊、假焊及造成(　　)的可能。

(4)继电器的同类型接点应同时接触或同时断开，其齐度误差：普通接点与普通接点间应不大于(　　)；加强接点与加强接点间应不大于(　　)。

(5)继电器的线圈电阻应(　　)测量，并将测量的电阻值按下式换算为＋20 ℃时的数值。5 Ω 以上者，其误差不得超过(　　)，5 Ω 及其以下者(用电桥或低电阻测试仪)，其误差不得超过±5％。

(6) 在试验的标准大气条件下，继电器和插座的绝缘电阻应不小于(　　)MΩ。

(7)安全型继电器衔铁与轭铁间左右的横向游间应不大于 0.2 mm，钢丝卡应无影响衔铁正常活动的(　　)现象。

(8)安全型继电器银接点应位于动接点的中间，偏离中心时，接触处距动接点边缘不得小于 1 mm；银接点伸出动接点外不得小于(　　) mm。

(9)安全型继电器接点插片须间隔均匀,伸出底座外不小于(　　) mm。

(10)安全型继电器拉杆应处于衔铁槽口中心,衔铁运动过程中与拉杆均应保持不小于(　　) mm 的间隙。

(11)极性保持继电器与铁芯极面中心或拉杆中心相对应的衔铁上测量,其定位或反位的保持力应不小于(　　) N(JYJXC-135/220、JYJXC-X135/220 型及 JYJXC-J3000 型不小于 4 N)。

(12)交流二元继电器翼板在任何位置时,翼板和铁芯极面的间隙应不小于(　　) mm。

(13)交流二元继电器接点的允许容量为 DC 24 V、1 A。继电器线圈按规定通电,接点通以 DC 24 V、1 A,阻性负载,其电寿命为(　　)。

(14)灯丝转换继电器的电寿命:继电器在点灯电路中转换,其电寿命为(　　)。

(15)JSC-30 型道口时间继电器的时间特性:当连接端子 11-52、12-51、13-61 时,动作时间应为(　　)。

(16)时间继电器接点的允许容量为 24 V、1 A。接点通以 24 V、1 A,阻性负载,其电寿命为(　　)。

(17)动态继电器接点的允许容量为 24 V、1 A。阻性负载,其电寿命为(　　)。

(18)传输继电器普通接点通以直流 24 V、0.5 A,阻性负载;加强接点通以 DC 220 V、1.5 A,阻性负载,其电寿命为(　　)。

(19)其他继电器接点的允许容量为 24 V、1 A。接点通以 24 V、1 A,阻性负载,其电寿命为(　　)。

(20)电动发码器有(　　)及(　　)两种类型,由(　　)、(　　)及接点系统组成。

## 二、简 答 题

(1)继电器接点的接触电阻应采用什么方法测量?各种继电器接点的接触电阻为多少?

(2)无极继电器的机械特性应符合哪些要求?

(3)无极继电器在环境温度为＋20 ℃时的线圈参数、电气和时间特性应符合哪些要求?

(4)整流继电器的机械特性应符合哪些要求?

(5)整流继电器在环境温度为＋20 ℃时的线圈参数、电气和时间特性应符合哪些要求?

(6)有极继电器的机械特性应符合哪些要求?

(7)有极继电器在环境温度为＋20 ℃时的线圈参数、电气特性应符合哪些要求?

(8)偏极继电器的机械特性应符合哪些要求?

(9)偏极继电器在环境温度为＋20 ℃时的线圈参数、电气特性应符合哪些要求?

(10)单闭磁继电器的机械特性应符合哪些要求?

(11)单闭磁继电器在环境温度为＋20 ℃时的线圈参数、电气特性应符合哪些要求?

(12)电源屏系列继电器的机械特性应符合哪些要求?

(13)电源屏系列继电器在＋20 ℃时的线圈电阻、电气特性及时间特性应符合哪些要求?

(14)交流二元继电器接点系统的机械特性应符合哪些要求?

(15)交流二元继电器的线圈参数及电气特性应符合哪些要求?

(16)灯丝转换继电器的机械特性应符合哪些要求?

(17)灯丝转换继电器的电气特性应符合哪些要求?

(18)时间继电器的机械特性应符合哪些要求?

(19)时间继电器的线圈参数及电气特性应符合哪些要求?

(20)时间继电器的时间特性应符合哪些要求?

(21)动态继电器的机械特性应符合哪些要求?

(22)动态继电器在+20 ℃时的线圈参数、电气特性和时间特性应符合哪些要求?

(23)动态继电器的动态特性应符合哪些要求?

(24)传输继电器的机械特性应符合哪些要求?

(25)传输继电器在+20 ℃时的线圈参数及电气特性应符合哪些要求?

(26)继电式发码器的机械特性应符合哪些要求?

(27)继电式发码器在环境温度为+20 ℃时的线圈参数、电气特性和脉冲时间应符合哪些要求?

(28)微电子交流计数电码盒(DMH)、发送盒(FSH)应符合哪些要求?

(29)其他继电器的机械特性应符合哪些要求?

(30)其他继电器在环境温度为+20 ℃时的线圈参数、电气特性应符合哪些要求?

**【拓展题】**

**一、填 空 题**

(1)继电器是一种电励开关,具有开关特性,主要由电磁系统和(　　)两大部分组成。

(2)继电器按可靠程度可分为(　　)和非安全型继电器。

(3)JPXC-1000 型继电器的"P"表示(　　),JWJXC-H125/0.44 型继电器中第二个"J"表示(　　),"125"表示(　　)。

(4)继电器插入插座板时,鉴别孔应与(　　)相吻合。

(5)有极继电线圈中通以规定极性的电流后,继电器吸起,断电后仍保持(　　)位置,通以(　　)时,继电器打落,断电后仍保持打落位置。

(6)安全型继电器的特性包括(　　)、时间特性和机械特性。

(7)继电器的(　　)指释放值与工作值之比,返还系数高,标志着继电器的落下越灵敏。

(8)改变继电器时间特性的方法有(　　)和用电路来实现。

(9)$JSBXC_1$-850 型时间继电器是一种缓吸继电器,借助电子电路,可获得 180 s、30 s、13 s、(　　)等四种延时。

(10)安全型继电器是直流 24 V 系列的重弹力式(　　)继电器,其典型结构为(　　)。

(11)交流二元继电器中的二元指的是(　　)。

(12)交流二元继电器具有(　　)和(　　)两种特性,因此可解决轨端绝缘破损和牵引电流干扰的问题。

(13)$JRJC_1$-70/240 型继电器,其中局部线圈电阻值为(　　)。

(14)继电器的安全性主要是解决(　　)和混线防护问题。

(15)解决混线防护的办法有位置法、极性法、(　　)及独立电源法四种。

(16)信号继电器按动作原理分为(　　)和(　　)。

(17)信号继电器按电流性质分为(　　)和(　　)。

(18)电路断线故障多于混线故障,对于断线故障,在设计继电电路时按(　　)法可以进行防护。

(19)额定值是满足继电器安全系数所必须接入的(　　)。

(20)整流式继电器用于(　　)流电路中。

## 二、选 择 题

(1)下列哪一项属于有极继电器特有工作特性(　　)。

(A)极性保持性　(B)频率选择性　(C)相位选择性　(D)"故障—安全"性

(2)下列哪一项不会改变继电器的时间特性(　　)。

(A)加短路铜环

(B)并联 RC 串联电路

(C)在继电器接点组上方安装二极管半波整流电路

(D)在继电器线圈两端并联电阻

(3)继电器代号 H 表示(　　)。

(A)缓放　(B)黄灯　(C)二元　(D)时间

(4)接点的接触形式不包括(　　)。

(A)面接触　(B)点接触　(C)线接触　(D)空间交叉

(5)选出下列所有非安全型继电器(　　)。

(A)JWXC-1700　(B)JYXC-660　(C)JPXC-1000　(D)JZCJ

(6)JSBXC-850 型继电器通过不同的接线,可获得(　　)延时。

(A)2 种　(B)3 种　(C)4 种　(D)5 种

(7)(　　)是有加强接点的极性保持继电器。

(A)JYXC-660　(B)JYXC-270

(C)JYJXC-135/220　(D)JWXC-H 125/0.44

(8)安全型继电器型号中的大写字母 Q 表示的含义是(　　)。

(A)中接点　(B)前接点　(C)后接点　(D)动接点

(9)在继电器铭牌上标有 JWJXC-H125/0.44,它表示(　　)型继电器。

(A)无极加强接点　(B)无极加强接点缓放插入式

(C)无极加强接点时间　(D)无极加强接点插入式

(10)JSBXC-850 型继电器的前圈电阻是(　　)。

(A)370　(B)425　(C)850　(D)925

(11)JZXC-480 工作值为 AC 9.2 V,则充磁值为(　　)。

(A)DC 24 V　(B)AC 4.6 V　(C)AC 18 V　(D)AC 37 V

(12)继电电路的分析方法通常有三种,其中(　　)法用来描述继电器励磁电路电流的径路,即由电源正极经继电器接点、线圈及其他器件流向电源负极的回路,它是分析继电器电路的常用方法。

(A)时间图解法　(B)动作程序法

(C)闭合电路　(D)接通公式法

(13)下面描述哪一条是关于有极继电器的(　　)。

(A)通入规定极性的电流才励磁,否则继电器不能励磁吸起

(B)在方形极靴前加入永久磁铁

(C)具有定、反位两种稳定状态,改变状态必须改变电源极性

(D)可以和无极继电器通用

(14)电路中为满足鉴别电流极性的需要应使用(　　)继电器。

(A)有极继电器　　(B)整流继电器

(C)时间继电器　　(D)偏极继电器

(15)关于继电器工作值的叙述正确的是(　　)

(A)向继电器通以规定的充磁值,然后逐渐降低电压或电流,至全部前接点断开时的最大电压或电流值。

(B)向继电器通电,直到衔铁止片与铁芯接触,全部前接点闭合,并满足规定接点压力所需要的最小电压或电流值。

(C)是满足继电器安全系数所必须接入的电压或电流值。

(D)向其线圈通以 4 倍的工作值或转极值这样可使继电器磁路饱和,在此条件下测试释放值或转极值。

(16)关于继电器释放值的叙述正确的是(　　)

(A)向继电器通以规定的充磁值,然后逐渐降低电压或电流,至全部前接点断开时的最大电压或电流值。

(B)向继电器通电,直到衔铁止片与铁芯接触,全部前接点闭合,并满足规定接点压力所需要的最小电压或电流值。

(C)是满足继电器安全系数所必须接入的电压或电流值

(D)向其线圈通以 4 倍的工作值或转极值,这样可使继电器磁路饱和,在此条件下测试释放值或转极值。

(17)继电器的返还系数是释放值与工作值的比,返还系数越高,则(　　)。

(A)继电器落下越灵敏　　(B)释放值小

(C)额定值大　　(D)继电器越迟钝

(18)(　　)可以防止不同类型的继电器插接错误。

(A)签封套　　(B)外罩　　(C)型别盖鉴别销　　(D)安装孔

(19)继电电路的分析方法通常有三种,其中(　　)法用来表示继电器的动作过程,着重反映继电电路的时序和因果关系,而不严格地表达逻辑功能。

(A)时间图解法　　(B)动作程序法　　(C)接通径路法　　(D)接通公式法

(20)850 时间继电器通电瞬间电路分析正确的是(　　)

(A)继电器 1、2 线圈和 3、4 线圈同时都有电流流过且电流方向一致。

(B)继电器 1、2 线圈和 3、4 线圈同时都有电流流过,电流方向相反,继电器不吸起。

(C)继电器 1、2 线圈和 3、4 线圈同时都有电流流过,1、2 线圈的电流使继电器吸起。

(D)继电器 1、2 线圈和 3、4 线圈同时都有电流流过,3、4 线圈的电流使继电器吸起。

## 三、简 答 题

(1)说明无极继电器由哪些部分组成?并说明它的电路动作原理(画图说明)。

(2)背画 JZXC-480 整流式继电器的线圈、整流器与电源片连接图。

(3)有极继电器有什么特点?磁路由哪几部分组成?接点号码是几位数?

(4)偏极继电器有什么特点?磁路由哪几部分组成?接点号码是几位数?

(5)何谓继电器的额定值、充磁值、工作值、释放值、反向工作值、转极值、反向不工作值、返还系数?

# 单元3　信号机的安装、测试和维护

【学习目标】

为指示列车运行及调车作业的命令，铁路线路上必须根据需要设置各种信号机，本单元主要是介绍不同信号机的结构组成、工作原理、灯光含义，并重点分析信号机的安装、调整与维护的方法和注意事项。

1. 了解色灯信号机的结构组成、灯光含义。
2. 理解不同色灯信号代表的含义。
3. 能按要求安装、调整及维护信号机。
4. 掌握色灯信号机日常维护和集中检修内容。

【技能目标】

1. 具备信号机类型、结构识别能力。
2. 具备信号机施工、安装技能。
3. 具备信号机日常维护、故障维修能力。
4. 具备信号机灯光含义识别技能。

## 任务1　信号机的施工

铁路信号概述

### 一、任务提出

信号机的种类是多样的，但其施工过程却有相同的地方。我们需要了解其施工主要涉及哪些人力、物力，更需要了解每一步的先后次序，下面通过图形认识其基本的施工步骤。

图　3-1

图　3-2

图 3-3

图 3-4

(1)图 3-1 至图 3-4 中信号机的类型有几种,你是否了解其机构和原理?

(2)你是否了解图 3-1 至图 3-4 中现场工作人员正在进行哪些工作?

(3)图 3-1 为机构吊装;图 3-2 和图 3-4 为信号机配线;图 3-3 为立机柱,你是否了解在做这些工作时需要注意哪些事项?

## 二、任务分析

本任务主要是讲解关于各种信号机的施工过程,在学习之前我们要清楚了解在学完该项目后我们能够掌握哪些技能,在以后的工作中我们能从事哪些工作。

(1)了解信号机的类型和结构以便区分不同的施工标准。

(2)了解色灯信号机的施工流程、安全规范。以便在施工单位进行信号机安装工作。

(3)了解色灯信号机的质量验收标准。以便在施工单位进行信号机的检查验收工作。

## 三、任务准备

该任务的实施主要是靠人力和相应的器具,作为一名铁路信号工程施工人员,首先我们应了解实现该任务的器具有哪些,需要多少人力。该任务的施工组织可以使用人力或机械组立机柱,但都需要充足的人力和完备的工器具。具体为组织者 1 人,车站联系登记 1 人,现场两端防护 2 人,具体作业人员、人力组立 10~15 人不等,根据机柱长短,机械组立仅需 5~7 人即可,或更少一些,满足要求为宜。组立信号机所需工器具、材料见表 3-1。

**表 3-1 组立信号机所需工器具、材料表**

| 序号 | 人力组立 | | | 机械组立 | | |
|---|---|---|---|---|---|---|
| | 所需工器具 | 单位 | 数量 | 所需工器具 | 单位 | 数量 |
| 1 | 工具车 | 辆 | 1 | 工具车 | 辆 | 1 |
| 2 | 大绳 $d$=22 mm,$l$=20 m | 根 | 4 | 大绳 $d$=22 mm,$l$=20 m | 根 | 1 |
| 3 | 夯 | 把 | 1 | 夯 | 把 | 1 |
| 4 | 锹 | 把 | 6 | 锹 | 把 | 2 |
| 5 | 镐 | 把 | 1 | 镐 | 把 | 1 |
| 6 | 大扳手 | 把 | 2 | 大扳手(375 mm) | 把 | 2 |
| 7 | 克丝钳 | 把 | 1 | 克丝钳 | 把 | 1 |
| 8 | 脚扣 | 付 | 1 | 脚扣 | 付 | 1 |
| 9 | 安全带 | 付 | 1 | 安全带 | 付 | 1 |
| 10 | 大拨杆(5 m) | 付 | 2 | 机械(吊车或挖掘机) | 组 | 1 |

续上表

| 序号 | 人力组立 | | | 机械组立 | | |
|---|---|---|---|---|---|---|
| | 所需工器具 | 单位 | 数量 | 所需工器具 | 单位 | 数量 |
| 11 | 小拨杆(3 m) | 付 | 2 | | | |
| 12 | 铁线(8 号) | m | 20 | 铁线(8 号) | m | 20 |
| 13 | 大撬棍 | 把 | 2 | 大撬棍 | 把 | 2 |
| 14 | 滑床板 | 付 | 1 | | | |
| 15 | 口笛 | 只 | 2 | 口笛 | 只 | 2 |
| 16 | 信号防护旗 | 套 | 2 | 信号防护旗 | 套 | 2 |
| 17 | 铅垂 | 付 | 1 | 铅垂 | 付 | 1 |
| 18 | 地线 | 组 | 1 | 地线 | 组 | 1 |
| 19 | 信号机卡盘 | 套 | 1 | 信号机卡盘 | 套 | 1 |
| 20 | 大锤(18 磅) | 把 | 1 | 大锤(18 磅) | 把 | 1 |
| 21 | 皮尺(50 m) | 把 | 1 | 皮尺(50 m) | 把 | 1 |
| 22 | 钢卷尺(5 m) | 把 | 1 | 钢卷尺(5 m) | 把 | 1 |
| 23 | 对讲机 | 台 | 4 | 对讲机 | 台 | 4 |
| 24 | 手机 | 部 | 2 | 手机 | 部 | 2 |

其次我们需要了解完成该项目涉及哪些施工、验收规范，我们又需要对哪些标准清楚了解。

应了解的规范和标准主要包括：《铁路信号设计规范》《铁路信号工程施工质量验收标准》《高速铁路信号工程施工质量验收标准》《维规》等。该标准规范中的涉及的内容我们将在任务实施和知识描述中提及。

思考：请大家想一想表 3-1 中所列的相应器具在现场起到什么样的作用？

## 四、任务实施

1. 施工准备

(1)思考：请大家仔细观察图 3-5 和图 3-6，你觉得这些人在做哪些施工准备工作？

图　3-5

图　3-6

(2)任务提示：图 3-5 是工作人员在进行现场工作；图 3-6 是施工人员在进行基础坑挖掘工作。

(3)任务实施要领：

①现场施工定测：

a. 根据设计施工图、安装限界的规定，以信号机所防护的最近道岔的岔尖坐标为基准点向信号机方向进行测量，测量人员边测量边报数据，技术人员做记录，满足相关数据的位置即为信号机位置，由标示人员用粉笔进行标示，最后定位的信号机位置用红油漆标定。

b. 测量所防护道岔的警冲标位置并用粉笔进行标示，测量信号机位置坐标与警冲标计算位置坐标间距离并记录。

c. 测量信号机位置坐标处的线间距离并记录。

d. 根据上面测量结果对照《铁路技术管理规程》(含普速铁路部分和高速铁路部分，以下简称《技规》)规定，同时考虑工务钢轨的配置，看测量位置是否满足设计和《技规》规定。

e. 信号机位置坐标由设计、建设、电务、工务、机务、车务、施工等单位共同确定(主要指正线上通过信号机位置)，其他信号设备位置施工单位自己定测复测。

f. 根据确定的信号机位置坐标，由标示人员用红油漆在钢轨上标示，并在坐标处打桩定位，技术人员做好记录。

g. 逐一测量、确定每一架信号机位置坐标，标示、打桩、记录。

h. 会同参加定测人员形成定测纪要。

②开挖基础坑(注意：由于色灯信号机有高柱和矮型之分，所以在开挖时工艺有所区别，请大家在学习时一定要区别对待)：

a. 挖信号机坑前，先核对信号机坐标、位置、限界尺寸，确认无误后再进行挖坑。

b. 矮型色灯信号机分为单机构和双机构。基础坑中心距线路中心距离，单机构不小2 029 mm，双机构不小于 2 199 mm。一般均应对准钢轨绝缘节，如果与轨道电路送受变压器箱设在同一坐标时，则宜向显示方向前移。单机构基础宽 300 mm、厚 220 mm，双机构宽640 mm、厚 220 mm，坑的大小应据此尺寸适当加大。具体安装尺寸见附录 1。

c. 高柱信号机根据机柱根部朝向“马槽”方向，“马槽”位置以信号机坑为中心。根据立杆方向确定“马槽”位置，如图 3-7 所示。

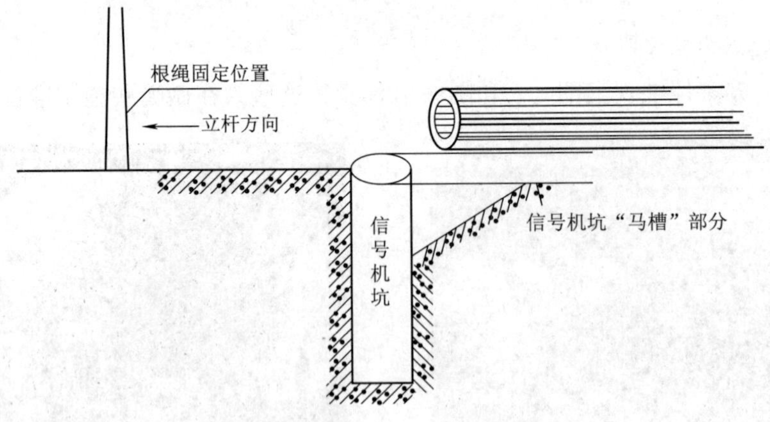


图 3-7 根据立杆方向确定“马槽”位置

d. 信号机柱坑挖成圆形，坑的直径是机柱根部的 1.5 倍，并根据土质采取防坍塌措施。

e. 挖坑时用彩条布覆盖在线路的道砟上，防止污染道床。回填后剩余的土培在信号机根部。机柱埋设在软土地区及土壤含水量较大、可塑性砂质黏土等土质不好地方时，机柱坑底埋设混凝土底盘。

(4)辅助资料：

①信号机位置设置要求

a. 信号机必须设置在所属线路中心线上空或所属线路左侧。区间信号机构应置于线路外侧，站内信号机构应安装在所属线路内侧。

b. 进站信号机的设置应在距进站内方第一道岔尖端(顺向为警冲标)不小于 50 m 的地点，因特殊需要不得超过 400 m。

c. 非自动闭塞区段预告信号机设置应距进站不少于 800 m 处，当预告信号机的显示不足 400 m 时距进站信号机不应少于 1 000 m。

d. 信号机进路表示器安装位置应与信号开放进路位置一致。

②信号机建筑限界及埋深

a. 各种信号机设于直线线路时应满足规定，见附录 2(包括非电气化区段和电气化区段)。

b. 在曲线线路上，列车运行速度在 120 km/h 以下时，信号设备建筑接近限界，应按有关规定进行加宽。

2. 施工过程

(1)矮型信号机安装

①思考：图 3-8 中的工作人员正在进行矮型信号机的安装工作，请大家看一下这张图，想一下安装矮型信号机应该分为几步？前面所提的图 3-2 和图 3-4 中的工作人员也是在进行安装工作，你能否分辨出这几项工作的区别和先后顺序？

②任务提示：图 3-8 中的工作人员是在进行矮型信号机的基础和机构安装工作，图 3-2 和图 3-4 的工作人员是进行矮型信号机的配线工作。

从图 3-8 中可以看到矮型信号机不是直接安装在地面上的，前面已经提到工作人员首先是进行了基础坑的挖掘工作，所以在安装信号机构之前得先将信号机基础放入基础坑中，请大家想想自己平时坐火车时看到的矮型信号机的基础是什么材质的。

从图 3-2 和图 3-4 中可以看到这两个矮型信号机的配线是不一样的，你能看出有何区别吗？

图　3-8

③任务实施要领：

a. 基础检查

矮型信号机基础采用混凝土基础。安装前必须检查基础不得有断裂缺陷，基础表面平整光洁并无明显丢边掉角现象。

b. 稳设基础

基础放入坑内时应注意引线管方向，基础边缘距线路中心距离应满足建筑限界要求，基本尺寸达到后，用水平尺抄平。基础切勿倾斜，如有倾斜，其倾斜量不大于 60：1。方向水平稳定后在基础底部回填土 200～300 mm 并捣固，其余培土最好在安装电缆盒及基础引线管对接之后再进行。基础埋深不得小于 400 mm，设于高道床的矮型信号机基础，用石砟掩埋稳固后必须砌围加固。

c. 安装机构

机构座套入基础螺栓前，应使用铁线穿入基础走线孔、弯头引线管，从电缆箱盒内引出(已安装变压器及线把机构座套入基础螺栓前，线把经基础走线孔、弯头引线管，从电缆箱盒引出)，然后将机构座套入基础螺栓，加弹簧圈拧紧螺母（从图 3-8 中是否能看出基础螺栓的位置?)。

机构安装牢固后检查其仰角是否合适，不合要求时将采取挖土扶正基础的方法加以纠正。安装完毕后，应用油腻子封堵做好防水处理。

d. 矮型信号机配线

矮型信号机配线分为两种，一种将点灯单元(变压器灯丝转换继电器)安装在机构中，另一种将点灯单元(变压器及灯丝转换继电器)安装在变压器箱内(分辨图 3-2 和图 3-4 分别属于哪一种?)。

配线时先制作放线样板，样板的制作可先画出草图，然后用尺子对照实物量出尺寸，标在草图上，根据草图尺寸制作样板。

线把预制时，用 $7\times0.52\ \mathrm{mm}^2$ 铜线绕制线环，当变压器及灯丝转换继电器设置在变压器箱时，上灯座的线环不要制作，做好标记，待现场安装时，按实际长度制作；当点灯单元(变压器及灯丝转换继电器)设置在机构内，连接电缆盒一侧的线环，待现场安装时，按实际长度制作。

内套或线把与电缆按图配线，具体配线及要求参照高柱信号机配线。使用变压器箱时的矮型信号机配线样式如图 3-9 所示。

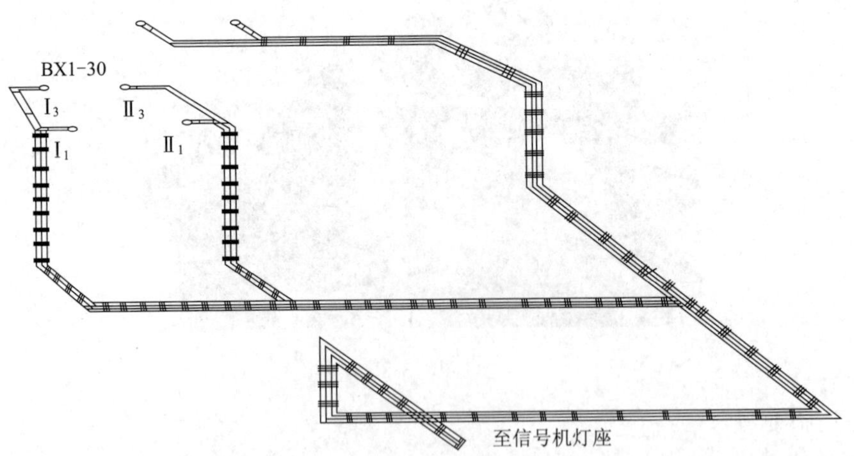


图 3-9　使用变压器箱时的矮型信号机配线样式

(2)高柱信号机安装

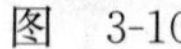

图　3-10

图　3-11

①思考:图3-1、图3-3和图3-10、图3-11都是进行高柱信号机的安装工作,请大家想想这些工作人员具体在干什么?这些工序的先后顺势如何?

②任务提示:图3-3是立机柱;图3-1和图3-10都是机构吊装;图3-11是信号机构穿配线。

③任务实施要领:

从图形中我们可以看到高柱信号机离地面较高,安装时工作人员都是在梯子上进行的,因此在实施高柱信号机安装任务时应先考虑梯子的问题(你知道现场所用的梯子多高吗)。

a. 安装梯子

(a)安装前必须对梯子进行校正,应选一平坦的水泥地面,将变形的梯子横向立放,梯子横放在平坦的地面,如图3-12所示。一人扶住,另一人拿手锤由一端向另一端逐点将弯曲处敲平,直至从正侧两面观察均为直线为止。已整成平直的梯子不可再抛扔,应轻轻平放在地上,防止再度变形。

(b)梯子组装:梯子由2～3节组成,将梯子放置在平坦的地面上,使每节之间连接孔对齐后,用$\phi$12×25 mm螺栓由内向外穿,螺母未拧紧前应将各节调整在一条直线上,然后拧紧螺母,将带弯的梯子支架装在梯子的头部并将卡箍装齐,卡箍螺栓带上帽。其余的支架由短至长从梯子顶端开始依次安装在梯子支架安装孔上,每道支架上的卡箍只固定一边的螺栓,螺栓不必拧紧,上帽即可。上部两节梯子安装在信号机柱上,安装完毕,方可立机柱。

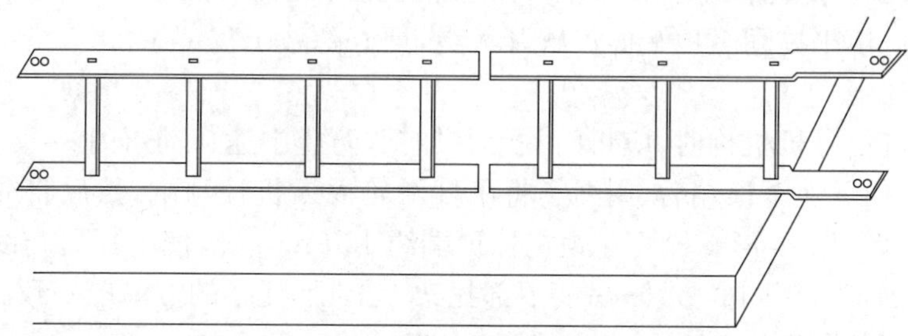

图3-12　梯子横放在平坦的地面示意图

b. 搬运机柱

(a)根据运输距离、数量选择运输工具,可用汽车、单轨车和人抬的方法进行。

(b)汽车运输:用人抬装于汽车上,在机柱的支点处用方木垫好,并用大绳捆绑结实。

(c)单轨车运输:用大绳、撬棍将机柱拽到钢轨附近,将机柱小头抬起。单轨车推进边抬边推,直到将机柱平放在单轨车两边平衡为止,用方木垫挤结实。

(d)人抬:用人抬时,也按支点进行,抬运时由专人指挥,统一行动,选择平坦路途行走。

c. 立机柱

(a)普遍采用“把杆”立杆法，如图 3-13 所示。8.5 m 机柱至少需要 12 人，10 m 以上机柱需 15 人以上。

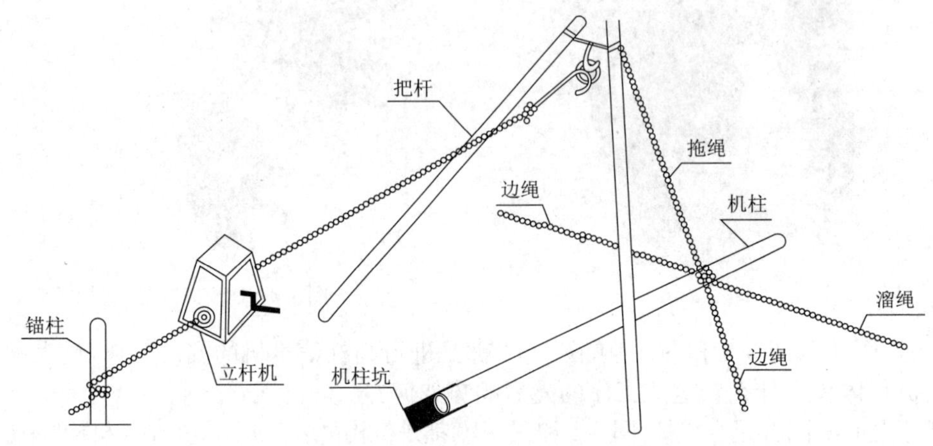


图 3-13 “把杆”立杆法

(b)将主大绳和两根边大绳拴在距机柱顶端 1 m 左右处，互相不交叉，绳结结实易解。

(c)施工负责人统一指挥，先将机柱拽入马槽适当位置，主绳顺杆布放，边绳两边分开，起杆人员沿机柱两边均匀分布，将底撑正确放入机柱坑内。

(d)起杆时，听从指挥一起用力，杆底抵住底撑后起杆人员及时上肩，挺直身体用力起抬，当机柱与地面成 45°后，把杆人员及时把杆，选好支撑点，保障把杆用力不滑动，机柱平稳不摆动。

(e)用四人把杆，六人上肩起抬，两人拉边绳，其余人员拉主大绳，拉绳时用力要均匀，不得时松时紧，边拉绳边把杆，把机柱逐渐立直。三根绳(每根两人)呈等边三角形拉稳机柱。

(f)用撬棍转正机柱，在机柱正前方和呈直角方各一人查看机柱方向，技术负责人和一施工人员测量机柱限界，合格后及时回填 500 mm 细土并捣固。边捣固、边填土、边查看、边测量，离地面 1 000 mm 时松开三根大绳，调整方向测量距离，机柱到位后准备安装卡盘。

(g)用两根方木垂直于卡盘横亘在机柱坑上，将卡盘平放在方木上，穿好 U 形螺栓，戴好平垫、弹垫、螺母，适当紧固。抬起卡盘，抽掉方木，将卡盘沿机柱下滑至自然地面下(500±100) mm，进一步紧固螺母达标。填土捣固至地平面。解开大绳，填好隐蔽工程记录。

d. 机构吊装

注意搬运色灯信号机机构时，应将门关闭并加锁，防止中途自动落门。

(a)由 1 人顺梯子上至顶端后，用绳子将吊杆滑轮插入机柱顶端，然后将绳子从滑轮中穿过，将上托臂吊上后，用 U 形螺栓套在距机柱顶端约 150 mm 处，使上托臂与线路间夹角调整至 45°，拧紧螺栓固定。用同样方法，吊装下部托架。上、下托架的方向应一致。下托架的平面与上部托架的平面的距离为 746 mm、三显为 1 046 mm。

(b)吊机构时应将绳子从背板拉筋内穿过，绕机构一周系扣。2 人拉绳将机构起吊，负责调整机构的角度，使底座与下托架固定孔对齐。用螺栓从下托架底部向上穿出，套上平垫片、弹簧垫片然后拧上螺母、穿上开口销，将机构顶部的吊耳螺栓拧下，从上托架下方向上穿出后，垫上平垫片、弹簧垫片、拧上螺母。再调整螺栓，穿入吊耳螺栓然后拧上 2 个螺母调整至与机构垂直，可将 2 个螺母相互并紧，通过调整吊耳螺栓，使机构的调整螺栓水平。所有主体灯位应垂直于一条直线。在运营线上施工完毕要加无效标。

e. 信号机配线

思考:图 3-14、图 3-15、图 3-16 都是机构配线的步骤,请大家先看图想一下他们做的是什么工作?

图　3-14

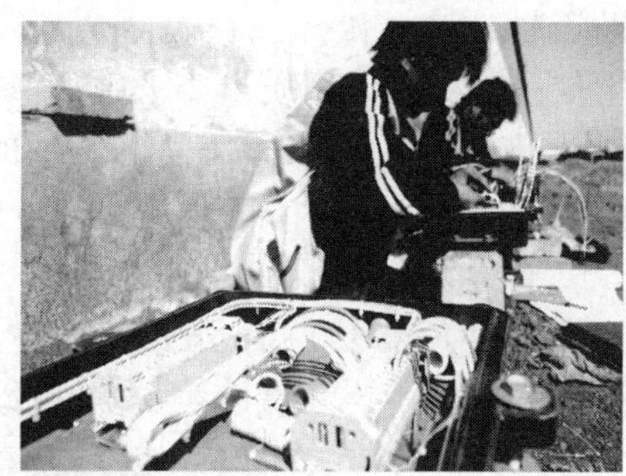

图　3-15

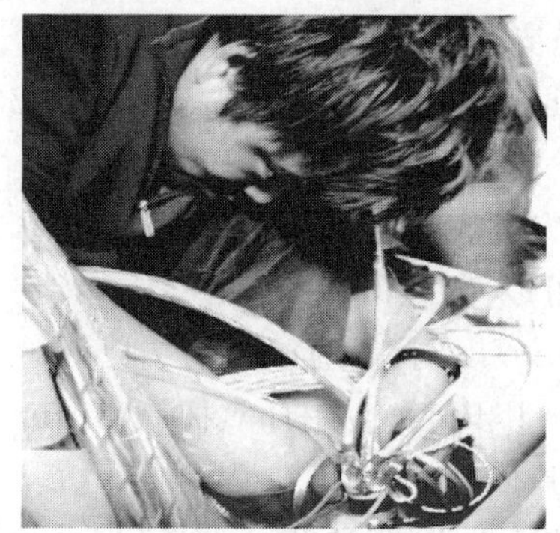

图　3-16

提示:图 3-14 是工作人员进行室内放线工作,图 3-14 是进行箱盒配线,图 3-16 是做电缆接头,图 3-16 是进站信号机配线示意图。

信号机配线分为机构配线和设备配线两种。

(a)机构配线

信号机机构采用 $7\times0.52\ mm^2$ 的多股铜芯塑料绝缘线配线,线条两侧用 $0.52\ mm^2$ 的铜线制成线环装在设备端。机构内部为 $\phi5$ mm 的线环,XB 箱内部为 $\phi6$ mm 的线环。目前有的工程施工箱盒采用复合材料,内部接线端子板采用万科端子,箱盒侧软线就不需铜线绕环。

多股铜芯塑料绝缘线放线的根数:机构实际使用灯位的数目乘上 3,3 代表一个灯的 1 根主丝线、1 根副丝线和 1 根回线。

从机柱上部眼孔穿入,从下部引线孔穿出的机构内部到箱子内部的软线在上下引入孔处穿入塑料管子予以防护,内部线都用小扎带间隔 180 mm 扎把分线。

(b)设备配线

设备配线也采用 $7\times0.52\ mm^2$ 的多股铜芯塑料绝缘线,以两显示出站信号机为例,介绍配线方法,如图 3-16 所示。

按照设计图纸,出站信号机点灯需要三个点灯单元,把点灯单元底座均匀的固定在 XB 箱底板上。

将 $\phi3.0$ mm 的铁线穿上蓝色套管做个“已”字形骨架。骨架用来框定软线布线径路。骨架上、下方距底座上、下外边缘 25 mm;左、右方距底座外边缘 5 mm。根据配线图,结合点灯单元底座端子使用情况放线，出线长度不超过 150 mm，先下后上，由左至右绑把。

线把扎好后，先用 0.52 $mm^2$ 的铜线做环（$\phi$5 mm 的螺栓做环，0.52 $mm^2$ 的铜线一般绕 30 圈），把线环固定在端子上，预配线把就完成了。

④辅助资料

混凝土信号机柱的使用质量要求中裂缝未超过下列规定者准许使用：

a. 裂缝宽度小于 0.2 mm，长度小于 2/3 周长的。

b. 裂缝条数在 5 条以内，间距在 200 mm 以上，或者条数超过 5 条，但裂缝均匀分布，间距在 300 mm 以上的。

c. 裂缝在机柱顶部 1 500 mm 以上的。

d. 纵向裂缝不超过 1 条，宽度在 0.2 mm 以内的，长度小于 1 000 mm，混凝土面无剥落现象。

裂缝宽度与损坏程度大于以下规定者不得使用：

a. 裂缝宽度大于 1 mm 者。

b. 混凝土面损坏脱落，并纵向主筋外露者。

c. 裂缝虽在 0.21～1 mm 内，但整圈列通，并超过 2 处，且裂纹之间距离又小于 500 mm者。

d. 机柱碰伤至弯曲的最大矢度大于 $L/200$ 者（$L$ 为机柱长度）。

裂缝下列范围内经修补后可以使用：

a. 裂缝宽度在 0.21～0.5 mm 以内者，应涂环氧树脂胶浆。

b. 裂缝宽度在 0.51～1 mm 以内者，应用环氧树脂砂浆。

3. 导通实验和信号机灯光调整

(1)思考：图 3-17、图 3-18 和图 3-19 是工作人员在进行信号机安装后的导通试验和灯光调整，请大家试分析一下他们具体的工作。

图　3-17

图　3-18

图　3-19

(2)任务提示：信号机的导通试验是由室内室外工作人员配合完成的，图 3-17 和图 3-18 就是工作人员通过对讲机协作进行测验，图 3-19 是工作人员在完成灯光的调整工作。

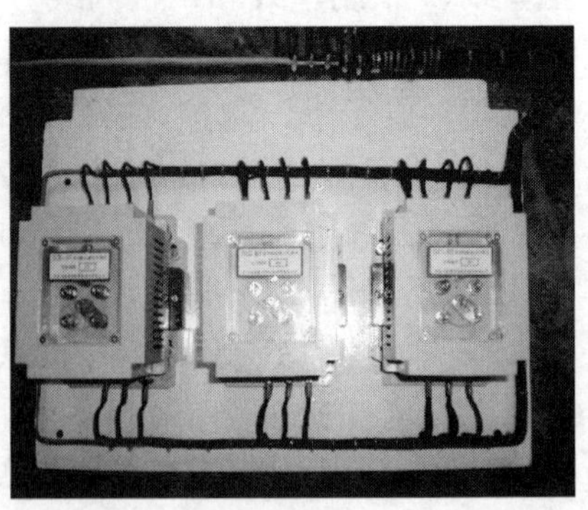

图　3-20

(3)任务实施要领：

①导通试验

施工完毕后，检查电缆配线及箱盒内部配线是否正确，同时按图核对信号机灯光颜色，然后进行通电试验（图 3-20）。

a. 通电试验在分线盘上进行，引接 220 V 电源到分线盘附近加装 220 V/5 A 单相闸刀，熔丝采用 0.5 A。根据施工配线图，在相应端子上，向室外电缆单独送出串接灯丝继电器的 AC 220 V 电源。

b. 室外人员与室内人员协作，核对信号名称、机构灯位、颜色及分线盘占用端子。亮灯后，确认点灯灯位、玻璃颜色与图纸一致。室外现场用万用表测量信号机各主、副灯丝的端电压，进行主、副灯丝切换，以及断丝报警试验。

c. 现场一般由室外通过对讲机联系指挥室内送电(图 3-17)，要注意的是：试验列车信号，要注意列车是否接近，若有列车接近时，应提前停止试验，试验完毕即将信号机构转向与线路垂直并把信号机灯光加以遮盖，以免影响列车运行。

d. 导通试验完毕，水泥信号机柱的顶端应用水泥封堵牢固。

②灯光调整

a. 灯光调整在站场和接近区间无车时进行，避免司机误认信号。

b. 在信号机显示正前方 200 m 处安置一人，在机构背面安置一人，调整灯泡前、后、左、右、上、下的位置，使焦距合理，焦点到位。达到光束最亮、饱满为准。

4. 基础培土和涂刷油漆

(1)思考：请大家想一想什么是基础培土，涂刷油漆应该在什么设备上操作？

(2)任务提示：基础培土就是加固信号机构，防止因土质、环境等原因影响信号机柱的紧固，油漆主要应刷在信号机构、信号机梯子等主要设备上。

(3)任务实施要领：

①信号机构、信号机梯子、灯室内部、电缆盒及变压器箱、外部应按规定顺序涂刷油漆，书写名称代号，要求色泽鲜明、完整，黑、灰分明。

②信号机构内外应涂黑色调和漆，梯子应涂灰色调和漆。

③高柱信号机(预告除外)名称在机柱正面，距钢轨顶面宜 2 m，名称符号与竣工图相符，字体为 158 mm×112 mm、粗 22 mm 的直体字，底色为白色者写黑字，底色为黑色者写白字。

④遮断信号机及其预告信号机柱为宽 200 mm、斜度为 45°的黑白相间的斜线。

⑤自动闭塞区段进站色灯信号机前第一架通过信号机柱为宽 200 mm、斜度为 45°的黑白相间的三条黑斜线。

## 五、任务实施要求

信号机安装作业安全隐患是：笨重物件举高砸伤危险；高空作业危险；既有线施工影响列车运行危险；电气化牵引接触网线、回流线、加强线及高压线路高压触电危险；铁路线路近旁施工作业易造成行车人身伤害危险及影响列车运行危险等。为此，应在以下几方面加以防范及注意：

1. 行车安全

(1)料具摆放避开线路，严禁侵限。

(2)运营线禁止使用单轨车搬动机柱。

(3)新设尚未启用或应撤除尚未撤除的信号机，均须机构向线路外侧旋转 90°或加无效标。机构门应关严，并熄灭灯光。

(4)新设信号机设置于使用信号机前方时，不得影响使用中信号机的显示。

(5)信号机试验期间灯光必须遮挡，不得与既有信号混淆。

(6)对新立机柱必须严格执行雨前、雨中、雨后“三检”制度。

(7)营业线立设高柱信号机时，严禁在轨道上拴绳。

2. 劳动安全

(1)高空作业必须系安全带。

(2)在运营线安装信号机时，室内必须设驻站联络员，室外应设防护员（请大家想一想防护员起到什么作用，他应该在什么地方工作），室内外保持联络畅通，连续监控人身及行车安全。

(3)根据挖坑的土质情况决定是否采用挡板或改挖阔口坑，防止列车通过时引起塌方。

(4)基础坑不能过夜，有车通过时施工人员应提前出坑。

(5)运营线立机柱必须由作业负责人检查立杆工具完好无损伤，并亲自统一指挥方可立杆。

(6)立机柱的拉绳和把杆必须绑扎牢固。严禁将把杆、支杆支在身上，拉绳缠绕胳膊或腰间。牵引大绳人员用力要均匀，腿脚不许离地。

(7)已经立起的机柱，必须回填夯实后，方可撤去把杆和拉绳。机柱坑未回填及夯实前，严禁攀登。

(8)雷雨或暴风天气时，严禁上高柱信号机作业。雨雪雾天，应尽量避免柱上作业。

(9)列车通过时，严禁在该线路两侧信号机上作业。

(10)在接近馈电线的处所竖立或撤除信号机柱时，信号机柱与馈电线最近侧线条的间距，不应小于机柱长加 2 m。当距离不足时，应在馈电线停电后施工。

(11)信号机作业挖坑培土时，应杜绝道床污染，尽量减少对植被的破坏，防止水土流失。

注：你觉得还应该有哪些施工安全事项吗？

## 六、布置作业

大家已从上述图片和文字中了解到了色灯信号机施工安装的整体过程，为了加深此任务的理解，我们将列出现场的验收流程表格，请大家以一名现场人员的身份组成小组描述施工过程及注意要素并填写表 3-2 至表 3-6 的内容。

**表 3-2　工程观感质量检查记录**

编号：

<table>
<tr><td colspan="2">工程名称</td><td colspan="4"></td></tr>
<tr><td colspan="2">单位工程名称</td><td colspan="4"></td></tr>
<tr><td colspan="2">建设单位</td><td colspan="4"></td></tr>
<tr><td colspan="2">勘察设计单位</td><td colspan="4"></td></tr>
<tr><td colspan="2">监理单位</td><td colspan="4"></td></tr>
<tr><td colspan="2" rowspan="2">施工单位</td><td rowspan="2"></td><td>项目技术负责人</td><td colspan="2"></td></tr>
<tr><td>项目质量负责人</td><td colspan="2"></td></tr>
<tr><td rowspan="2">序号</td><td rowspan="2">项目</td><td rowspan="2">质量状况</td><td colspan="3">质量评定</td></tr>
<tr><td>合格</td><td colspan="2">不合格</td></tr>
<tr><td>1</td><td></td><td></td><td></td><td colspan="2"></td></tr>
<tr><td>2</td><td></td><td></td><td></td><td colspan="2"></td></tr>
<tr><td>3</td><td></td><td></td><td></td><td colspan="2"></td></tr>
<tr><td>4</td><td></td><td></td><td></td><td colspan="2"></td></tr>
<tr><td>5</td><td></td><td></td><td></td><td colspan="2"></td></tr>
<tr><td>…</td><td></td><td></td><td></td><td colspan="2"></td></tr>
<tr><td colspan="6">结论：</td></tr>
<tr><td colspan="2">施工单位</td><td colspan="2">监理单位</td><td colspan="2">建设单位</td></tr>
<tr><td colspan="2">项目负责人：(签字)<br><br>年　月　日</td><td colspan="2">总监理工程师：(签字)<br><br>年　月　日</td><td colspan="2">项目负责人：(签字)<br><br>年　月　日</td></tr>
</table>

请大家根据以上所学知识和平时所见考虑设备观感质量评定什么时候为“差”。

**表3-3　高柱色灯信号机检验批质量验收记录表**

编号：

| 工程名称 | | | | | | |
|---|---|---|---|---|---|---|
| 单位工程名称 | | | | | | |
| 分部工程名称 | | | | | | |
| 分项工程名称 | | | | 检验批部位 | | |
| | | | | 检验批容量 | | |
| 施工单位 | | | | 项目负责人 | | |
| | | | | 项目技术负责人 | | |
| | | | | 项目质量负责人 | | |
| 监理单位 | | | | 总监理工程师 | | |
| 施工质量验收依据 | 标准名称:《铁路信号工程施工质量验收标准》 | | | | | |
| | 设计文件或合同名称： | | | | | |
| 施工质量验收标准规定 | | | | 检验记录或检验记录编号 | 施工单位自验结论 | 监理单位验收结论 |
| 项目 | 序号 | 标准规定或设计、合同要求 | | | | |
| 主控项目 | 1 | 信号机的安装 | 第6.3.1条 | | | |
| | 2 | 信号机配线 | 第6.3.2条 | | | |
| | 3 | 信号机接地 | 第6.3.3条 | | | |
| | 4 | | | | | |
| | 5 | | | | | |
| | 6 | | | | | |
| | … | | | | | |
| 一般项目 | 1 | 设备硬化工作台面 | 第6.3.4条 | | | |
| | 2 | 信号机机构 | 第6.3.5条 | | | |
| | 3 | 信号机名称标识 | 第6.3.6条 | | | |
| | … | | | | | |
| 资料份数 | | | | 份 | | |
| 施工单位 | | | | 监理单位 | | |
| 专职质量检查员:(签字)<br>年　月　日 | | | | 专业监理工程师:(签字)<br>年　月　日 | | |

**表 3-4　矮型色灯信号机检验批质量验收记录表**

编号：

<table>
<tr><td colspan="2">工程名称</td><td colspan="5"></td></tr>
<tr><td colspan="2">单位工程名称</td><td colspan="5"></td></tr>
<tr><td colspan="2">分部工程名称</td><td colspan="5"></td></tr>
<tr><td colspan="2" rowspan="2">分项工程名称</td><td colspan="3" rowspan="2"></td><td>检验批部位</td><td></td></tr>
<tr><td>检验批容量</td><td></td></tr>
<tr><td colspan="2" rowspan="3">施工单位</td><td colspan="3" rowspan="3"></td><td>项目负责人</td><td></td></tr>
<tr><td>项目技术负责人</td><td></td></tr>
<tr><td>项目质量负责人</td><td></td></tr>
<tr><td colspan="2">监理单位</td><td colspan="3"></td><td>总监理工程师</td><td></td></tr>
<tr><td colspan="2" rowspan="2">施工质量<br>验收依据</td><td colspan="5">标准名称：《铁路信号工程施工质量验收标准》</td></tr>
<tr><td colspan="5">设计文件或合同名称：</td></tr>
<tr><td colspan="4">施工质量验收标准规定</td><td rowspan="2">检验记录或<br>检验记录编号</td><td rowspan="2">施工单位<br>自验结论</td><td rowspan="2">监理单位<br>验收结论</td></tr>
<tr><td>项目</td><td>序号</td><td colspan="2">标准规定或设计、合同要求</td></tr>
<tr><td rowspan="7">主控<br>项目</td><td>1</td><td>信号机的安装</td><td>第 6.4.1 条</td><td></td><td></td><td></td></tr>
<tr><td>2</td><td>信号机配线</td><td>第 6.4.2 条</td><td></td><td></td><td></td></tr>
<tr><td>3</td><td>信号机基础接地</td><td>第 6.4.3 条</td><td></td><td></td><td></td></tr>
<tr><td>4</td><td></td><td></td><td></td><td></td><td></td></tr>
<tr><td>5</td><td></td><td></td><td></td><td></td><td></td></tr>
<tr><td>6</td><td></td><td></td><td></td><td></td><td></td></tr>
<tr><td>…</td><td></td><td></td><td></td><td></td><td></td></tr>
<tr><td rowspan="4">一般<br>项目</td><td></td><td></td><td></td><td></td><td></td><td></td></tr>
<tr><td>1</td><td>设备硬化工作台面</td><td>第 6.4.4 条</td><td></td><td></td><td></td></tr>
<tr><td>2</td><td>信号机机构</td><td>第 6.4.5 条</td><td></td><td></td><td></td></tr>
<tr><td>3</td><td>信号机名称标识</td><td>第 6.4.6 条</td><td></td><td></td><td></td></tr>
<tr><td></td><td>…</td><td>资料份数</td><td></td><td>份</td><td></td><td></td></tr>
<tr><td colspan="4">施工单位</td><td colspan="3">监理单位</td></tr>
<tr><td colspan="4">专职质量检查员：(签字)<br><br>年　月　日</td><td colspan="3">专业监理工程师：(签字)<br><br>年　月　日</td></tr>
</table>

**表 3-5 ____________分项工程质量验收记录**

编号：

| 工程名称 | | | | |
|---|---|---|---|---|
| 单位工程名称 | | | | |
| 分部工程名称 | | | | |
| 分项工程名称 | | | 检验批数量 | |
| 施工单位 | | | 项目负责人 | |
| | | | 项目技术负责人 | |
| | | | 项目质量负责人 | |
| 监理单位 | | | 总监理工程师 | |
| 序号 | 检验批部位 | 检验批质量验收记录表编号 | 施工单位自验结论 | 监理单位验收结论 |
| 1 | | | | |
| 2 | | | | |
| 3 | | | | |
| 4 | | | | |
| 5 | | | | |
| … | | | | |
| 检验批质量验收记录表 | | 份 | 其他资料 | 份 |
| 施工单位 | | | 监理单位 | |
| 分项工程技术负责人：(签字)<br>年 月 日 | | | 专业监理工程师：(签字)<br>年 月 日 | |

**表 3-6 ____________分部工程质量验收记录**

编号：

| 工程名称 | | | | | |
|---|---|---|---|---|---|
| 单位工程名称 | | | | | |
| 分部工程名称 | | | | | |
| 施工单位 | | | | 项目技术负责人 | |
| | | | | 项目质量负责人 | |
| 监理单位 | | | | | |
| 勘察设计单位 | | | | | |
| 序号 | 分项工程名称 | 分项工程质量验收记录表编号 | 检验批数量 | 施工单位自验结论 | 监理单位验收结论 |
| 1 | 高柱信号机 | | | | |
| 2 | 矮型信号机 | | | | |
| 3 | 信号表示器 | | | | |
| 4 | 信号标志牌 | | | | |
| 5 | | | | | |
| … | | | | | |
| 分项工程质量验收记录表 | | | 份 | 其他资料 | 份 |
| 施工单位 | | | 勘察设计单位 | | 监理单位 |
| 项目负责人：(签字)<br>年 月 日 | | | 项目负责人：(签字)<br>年 月 日 | | 总监理工程师：(签字)<br>年 月 日 |

## 七、作业检查评议

(1)了解验收表格中项目的施工过程。
(2)能够填写上述表格,并清楚了解质量标准。
(3)以组为单位讲解验收过程。

# 任务 2　信号机的日常维护和集中检修

信号机的日常维护和集中检修

## 一、任务提出

对于信号机的日常维护和集中检修,我们不仅需要了解所需的工具,更需掌握其正确的操作方法,下面先从图形了解信号机的检修情况。

图 3-21

图 3-22

图 3-23

图 3-24

(1)你是否了解图 3-21 至图 3-24 中的现场工作人员正在进行哪些维护工作,请分别说明。

(2)图 3-21 为检查外观;图 3-22 为测试绝缘;图 3-23 为测试灯泡;图 3-24 为防冻检查,你是否了解在做这些工作时需要注意哪些事项?

## 二、任务分析

本任务主要是讲解各种信号机的维护过程,因此在学习之前中我们要清楚了解在学完该项目后我们能够掌握哪些技能,在以后的工作中我们能从事哪些工作。

(1)了解色灯信号机日常维护、集中检修的方法,以便在各铁路局集团公司的电务段进行信号机的维护工作。

(2)了解色灯信号机的维护内容和方法,以便在信号维修车间进行管内维修生产组织工作,参加管内天窗修,监督检查工区检修工作质量,全面完成维修、中修生产任务,保证设备正常运用。

## 三、任务准备

该任务的实施主要是靠人力和相应的器具，作为一名铁路信号工程维护人员，首先我们应了解实现该任务的器具有哪些，维护信号机所需工器具见表3-7。

**表3-7 维护信号机所需工器具**

| 序号 | 所需器具 | 单位 | 数量 | 序号 | 所需器具 | 单位 | 数量 |
|---|---|---|---|---|---|---|---|
| 1 | 测试表格 | 本 | 1 | 9 | 手锤 | 把 | 1 |
| 2 | 箱盒钥匙 | 串 | 1 | 10 | 螺丝刀 | 把 | 2 |
| 3 | 对讲机 | 台 | 2 | 11 | 管拧子 | 把 | 4 |
| 4 | 450 mm活口扳手 | 把 | 1 | 12 | 灯泡 | 个 | 4 |
| 5 | 300 mm活口扳手 | 把 | 1 | 13 | 毛刷 | 把 | 2 |
| 6 | 万用表 | 台 | 1 | 14 | 笔记本 | 本 | 1 |
| 7 | 克丝钳 | 把 | 1 | 15 | 安全带 | 付 | 1 |
| 8 | 油壶 | 壶 | 1 | | | | |

其次，我们需要了解完成该项目涉及哪些维护规范，我们又需要对哪些标准清楚了解。

应了解的规范主要包括：《普速铁路信号维护规则 业务管理》《高速铁路信号维护规则 业务管理部分》《普速铁路信号维护规则 技术标准》《高速铁路信号维护规则 技术标准部分》和设备厂家提供的技术标准、各铁路局普速信号设备维修实施方法、各铁路局集团公司电务信息设备维护管理办法等。该标准规范中的涉及内容我们将在任务实施和知识描述中提及。

思考：请大家想一想表3-7中所列的相应器具在现场起到什么样的作用？

## 四、任务实施

1. 日常养护

(1)思考：图3-21、图3-23、图3-24都是工作人员在进行日常养护工作，你知道他们工作的环境、周期吗？

(2)任务提示：图3-21是工作人员在检查信号机结构质量；图3-23是工作人员在更换灯泡并做实验；图3-24是工作人员在对信号机进行防冻措施。

(3)任务实施要领：

①作为一名铁路信号维护工作人员，应先了解自己日常的工作内容和周期。色灯信号机日常养护内容和周期见表3-8(请大家根据下表想一想，如果不进行以下日常养护，会出现哪些事故?)。

**表3-8 色灯信号机日常养护内容和周期**

<table>
<tr><th>修程</th><th>工 作 内 容</th><th>单位</th><th>周期</th><th>备 注</th></tr>
<tr><td rowspan="6">日常养护</td><td>检查机构、机柱外观完好，基础稳固，粉饰良好，限界标记清晰，机构加锁良好</td><td rowspan="6">架(高单)</td><td rowspan="5">每月不少于1次</td><td rowspan="5"></td></tr>
<tr><td>检查梯子有无损伤</td></tr>
<tr><td>检查箱盒有无损伤、漏水</td></tr>
<tr><td>检查箱盒加锁良好</td></tr>
<tr><td>信号玻璃、基础面清扫、保证清洁</td></tr>
<tr><td>主丝转副丝时更换灯泡并记录和试验</td><td></td><td>天窗点内更换</td></tr>
</table>

②图 3-21 中的工作人员在检查机构、基础、箱盒的外观，图 3-24 中的工作人员在检查信号机有没有受到下雪的影响、信号玻璃是否清洁。检查的主要标准为箱盒无损伤、其底部距地面不少于 150 mm，机构外观无污迹，外透镜完好、无脱漆，基础稳固，加锁良好(此项是矮型信号机检查，大家想一想如果是高柱信号机，应该是检查哪些项目？又应该有哪些标准?)。

③图 3-23 中的工作人员主要是在更换灯泡后进行检查、调整信号显示距离并进行主、副丝转换试验(目测)。检查的标准是要求信号机的显示均应使其达到最远；曲线上的信号机应使接近的列车尽量不间断地看到显示(因地形地物限制的除外)。具体要求如下：

a. 进站、通过、遮断信号机，不得小于 1 000 m。

b. 高柱出站、高柱进路信号机不得小于 800 m。

c. 预告、驼峰、驼峰辅助信号机，不得小于 400 m。

d. 调车、矮型出站、矮型进路、复示信号机、容许、引导信号及各种表示器不得小于200 m。在地形、地物影响视线的地方进站、通过、预告、遮断信号机的显示距离，在最坏的条件下不得小于 200 m。对达不到要求的，应达到信号显示内控标准。

2. 集中检修

(1)思考：图 3-22 是工作人员在进行集中检修工作，你知道他们工作的环境、周期吗？

(2)任务提示：图 3-22 是工作人员在测试引入线全程对地绝缘。

(3)任务实施要领：

①作为一名铁路信号维护工作人员，应先了解集中检修工作内容和周期。色灯信号机集中检修内容和周期见表 3-9(请大家根据下表想一想，如果不进行以下检修，会出现哪些事故?)。

②从表 3-9 我们得知这些检修工作都是在“天窗期”(想想什么含义)内进行的，这说明信号机的集中检修主要还是在现场进行的，现在请大家根据表 3-9 的检修内容想一想具体的检修标准和检修方法应有哪些？

**表 3-9　色灯信号机集中检修内容和周期**

| 修程 | 工作内容 | 单位 | 周期 | 备注 |
|---|---|---|---|---|
| 集中检修 | 测量变压器输入、输出电压和主、副丝点灯端电压 | 架(高单) | 每年 1 次 | 天窗点内更换 |
| | 试验灯泡主、副灯丝转换及报警 | | | |
| | 螺栓紧固，检查开口销是否齐全，劈开角度是否标准 | | | |
| | 箱盒、机构内部检查、清扫、防尘、防水是否良好 | | | |
| | 测量建筑限界 | | | |
| | 测试引入线全程对地绝缘 | | | |
| | 检查、调整信号显示距离 | | | |
| | 地线测试、整治 | | | |
| | 检查机构、机柱及梯子机械强度 | | | |
| | 地面硬化不良整修，基础稳固，机柱整正 | | | |
| | 箱盒、机构外部油饰、书写代号 | | 2 年 1 次 | |
| | 配合集中修(标准站整治) | | 5 年 1 次 | |

③举例说明测量方法：

a. 测试色灯信号机的信号变压器输入、输出电压、主灯丝点灯电压、副灯丝点灯电压等。

色灯信号机常点红灯，将万用表置于 AC 50 V 挡，表笔接灯座中间端子，另一表笔接主灯丝端子,可测出红灯主灯丝的端电压。将另一表笔移至副灯丝端子,人工将主灯丝回路中断改为点副灯丝,可测出红灯副灯丝的端电压。与车站值班员联系,依次开放其他灯光,按同样的方法可测出各种灯泡的端电压。应注意测其他灯泡端电压时,不可向红灯信号变压器Ⅰ次或Ⅱ次侧供电源,因各点灯回路的电气特性有差异。

点亮主灯丝时,灯丝转换继电器应励磁,将万用表两表笔接于线圈端子上,即可测出灯丝转换装置的电压。

b. 检查副灯丝及未点亮的灯泡。

用继电器转换灯丝时,检查副灯丝是否良好,可用竹片挑开主灯丝簧片或用串在主灯丝电路中的按钮接点来断开主灯丝的方法进行。只需用手将灯丝转换继电器衔铁压下,副灯丝即点亮,松开衔铁又恢复点主灯丝。在变压器箱内采用晶闸管转换装置或高柱信号机灯丝转换装置时,可用小竹片插入灯座底部的主灯丝簧片内,轻轻将其挑起一点,就能使副灯丝点亮,松开竹片又恢复点主灯丝。

检查红灯灯丝可直接采用上述方法,但信号机开放后,切不可进行检查,以防误将信号关闭。检查未点亮的灯泡则需要依次开放信号,逐一进行检查。

注:图 3-22 的工作人员正在检查信号机构内部情况,他们是在室内将信号机拆卸后进行检查工作,检查的标准是要求机构内部螺栓紧固不松动、内部整洁、防尘防水设施作用良好。

④举例说明表 3-9 的测量标准:

检修内容的标准:站内信号变压器Ⅰ次侧电压应为 200～225 V,预告信号机变压器Ⅰ次侧电压不小于 175 V,各灯位变压器Ⅱ次侧电压应不小于端子额定电压的 85%,矮柱Ⅱ次侧电压控制在 11.6～12.2 V,高柱Ⅱ次侧电压控制在 12～12.5 V,调车可下浮 1 V,高柱信号机是二层箱进行转接的,Ⅱ次侧电压可根据实际情况适当升高。

主灯丝端电压列车为 10.2～11.4 V,调车为 9～11.4 V,副灯丝端电压不小于信号变压器二次电压,矮柱为 0.3 V,高柱为 0.6 V。

灯丝继电器交、直流电压差不大于 2.5 V。

灯丝继电器点灯回路电流测试,站内使用 JZXC-H18 整流型继电器 100～150 mA,使用 JZXC-H18F 型 120～200 mA,自闭区间使用的 JZXC-16/16 型 140～200 mA。

区间信号机普通型机构通过信号机主灯丝电压 10.2～11.4 V,允许信号主灯丝电压 7.8～10.2 V。

检修内容 3 的标准:开口销齐全,劈开角度大于 60°。

检修内容 5 的标准:正线信号机、通行超限货物列车的站线信号机不小于 2 440 mm;站线信号机不小于 2 150 mm;矮型信号机(含表示器)距轨面距离 350～1 100 mm(含 1 100 mm),限界不小于 1 875 mm;表示器、箱盒距轨面距离 200～350 mm(含 350 mm)限界不小于 1 725 mm;箱盒距轨面距离 25～200 mm(含 200 mm),限界不小 1 500 mm,距轨面距离 25 mm以下限界不小于 1 400 mm。

检修内容 6 的标准:引入线全程对地绝缘大于 5 MΩ。

检修内容 7 的标准:同日常维护标准。

检修内容 9、检修内容 10 的标准:水泥机柱不得有贯通圆周的裂纹,超过半周的应采取加固措施,纵向裂纹钢筋不得外漏,任何部分不得侵入接近限界,机柱的倾斜部分不超过36 mm,机柱顶部不漏水,基础歪斜限度不超过 10 mm。

信号点灯及灯丝转换装置

检修内容 11 的标准:油漆油层应完整,无剥落现象并保持颜色鲜明;油漆颜色应符合要求,箱盒外部为灰色,机构外部为黑色。

## 五、任务实施要求

(1)进站信号机变压器箱箱内设日常养护记录本,每次巡视后进行填写。

(2)作业时按规定穿好防护服装,带全通信设备,并设专人防护,加强与室内人员联系,禁止在两线间或邻线躲避列车。

(3)试验主副灯丝转换及报警要与室内联系。

(4)更换灯泡认真填写测试及更换记录。

(5)列车信号灯泡双丝转换带报警的故障报警更换,双丝转换无报警的半年更换,调车信号灯泡故障更换。

(6)发现设备有异状及时处理,并及时填写记录。

(7)信号机与接触网侵限时必须在天窗时间内确认接触网停电方可进行维修作业。

(8)发现焊接不良及时补焊。

## 六、布置作业

大家已从上述图片和文字中了解到了色灯信号机日常养护和集中检修的整体过程,为了加深此任务的理解,我们将列出现场的集中检修作业指导书表格,请大家以一名现场人员的身份组成小组描述检修过程及注意要素并填写表 3-10 至表 3-12。

**表 3-10　作业程序方框图**

| 序号 | 工作前准备 | 检修项目 | 试验、测试项目 | 工作后记录 |
|---|---|---|---|---|
| 1 | | | | |
| 2 | | | | |
| 3 | | | | |
| 4 | | | | |
| 5 | | | | |
| 6 | | | | |

**表 3-11　重点卡控项目**

| 卡控项目 | 卡控内容 |
|---|---|
| 必须做的 | (1)<br>(2)<br>(3)<br>(4)<br>(5) |
| 禁止做的 | (1)<br>(2)<br>(3) |

表 3-12　作业程序及作业标准

| 工作步骤 | 工作内容及标准 |
|---|---|
| 检修 | (1)<br>(2)<br>(3)<br>(4)<br>(5)<br>(6) |
| 试验及测试 | (1)<br>(2)<br>(3) |

## 七、作业检查评议

(1)了解验收表格中项目内容。

(2)能够填写表 3-10 至表 3-12,并清楚了解质量标准。

(3)以组为单位讲解验收过程。

# 任务 3　信号机的灯光显示

信号机的灯光含义

## 一、任务提出

信号机的灯光显示是列车运行的重要判断依据,我们需要根据不同信号机的类型、信号灯光的不同组合显示来判断不同的列车运行指示情况,下面先从图形认识有哪些信号机的种类。

图　3-25

图　3-26

图　3-27

图　3-28

(1)你是否了解图 3-24 至图 3-27 中色灯信号机都是干什么用的,请说出。

(2)图 3-24 为出站信号机;图 3-25 为调车信号机;图 3-26 为进站信号机;图 3-27 为通过信号机,你是否了解这些色灯信号机的灯光含义。

## 二、任务分析

本任务主要是讲解信号机的类型和灯光含义,因此在学习之前中我们要清楚了解在学完该项目后我们能够掌握哪些技能,在以后的工作中我们能从事哪些工作。

(1)了解色灯信号机不同类型、作用、设置、名称,以便在电务公司施工时进行信号机的选择和设置位置确定。

(2)了解色灯信号机的灯光含义,以便在各铁路局集团公司的电务段对其运行状态进行正常监测工作。

## 三、任务准备

该任务的实施主要是要求大家了解色灯信号机有多少种类型、有哪些作用,每种色灯信号机的灯光含义有哪些。

色灯信号机的类型和灯光含义详见《铁路信号设计规范》《铁路信号站内联锁设计规范》等,在后续的任务实施过程中我们会提及。

## 四、任务实施

(1)思考:图 3-25 到图 3-32 都是现场常用色灯信号机,它们包括了高柱和矮型两种形式,你知道它们应该安装在哪吗? 这些信号机有的亮黄灯,有的亮红灯,你知道这些灯光的含义吗?

图　3-29

图　3-30

图　3-31

图　3-32

(2)任务提示:图 3-25 是出站信号机(带进路表示器);图 3-26 是调车信号机;图 3-27 是进站信号机;图 3-28 是通过信号机;图 3-29 是预告信号机;图 3-30 是遮断信号机;图 3-31 是驼峰信号机;图 3-32 是出站信号机。这些信号机的灯光共有五种,分别是红色——停车;黄色——注意或减低速度;绿色——按规定速度运行;月白色——准许调车信号或引导信号;蓝色——禁止调车信号或容许信号。

(3)任务实施要领:

①图 3-27 是进站信号机,从其名称我们就可以知道它是防护车站用的,用于指示进站列车的运行条件;它应设于车站列车的入口处,按规定安装在距最外方进站道岔尖轨尖端(顺向为警冲标)不少于 50 m 的地方。当进站信号机与其后方第一架列车信号机(出站或进路信号机)之间满足不了规定的制定距离时,进站信号机向站外移动,原则上也不超过 400 m。进站、出站信号机布置如图 3-33 所示,从图我们还可以看到该进站信号机除了两个机构外,在下方还有一个信号灯,它是引导信号(请大家想想引导信号应该起到什么作用)。

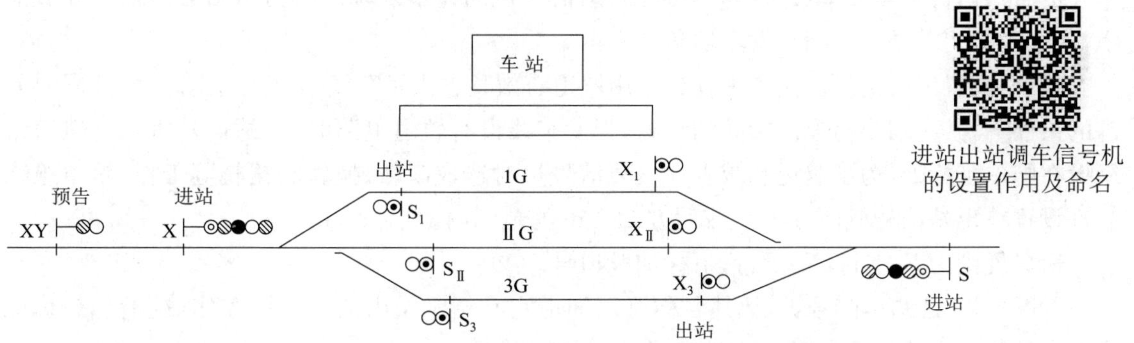


图 3-33　进站、出站信号机布置示意图

提示:信号机应避免设在停车后启动困难的上坡道上,地势险峻地点、隧道内、桥梁上,以及在停车后不能全部出清桥梁和隧道的停车地点。

在设有轨道电路的车站上,进站信号机应与轨道电路绝缘节设在同一坐标处,如因轨缝移动或因线路改建等原因不能设在同一坐标处时,允许钢轨绝缘节设在信号机前方或后方各 1 m的范围内。

命名规则为 S:上行,X:下行;上行用双号,下行用单号。例如:$X_D$(下行东郊方向);$S_{S_2}$(上行山海关方向 2 号);$S_{S_4}$(上行山海关方向 4 号)。

②图 3-25 和图 3-32 均是出站信号机,从其名称可以知道它是防护区间用的,作为列车占用区间的凭证,指示列车可否进入区间;按规定设于警冲标(对向道岔为尖轨尖端)内方 3.5～4 m 处。图 3-25 的出站信号机加设了进路表示器,其作用是当出站信号机有两个及其以上运行方向、而信号显示本身不能分别表示运行方向时,为了使有关行车人员在信号机开放后知道列车的运行方向才设置的(请大家想想此进路表示器和出站信号机谁先点亮)。

现场应用:在现场的调车场内编发线上,若因为现场作业需求,可设计线群出站信号机,当信号机开放信号后,为了指示某一线路上的列车出发,防止邻线上的列车误认信号,所以规定在每条线路的警冲标内方适当地点装设发车线路表示器。线群出站信号机、线路表示器如图 3-34所示。

发车线路表示器应在线群出站信号机开放和进路开通正确后方能着灯。但线群出站信号机与发车线路表示器之间的非集中操纵道岔无联锁,发车时发车人员应认真监视进路,保证行车安全。

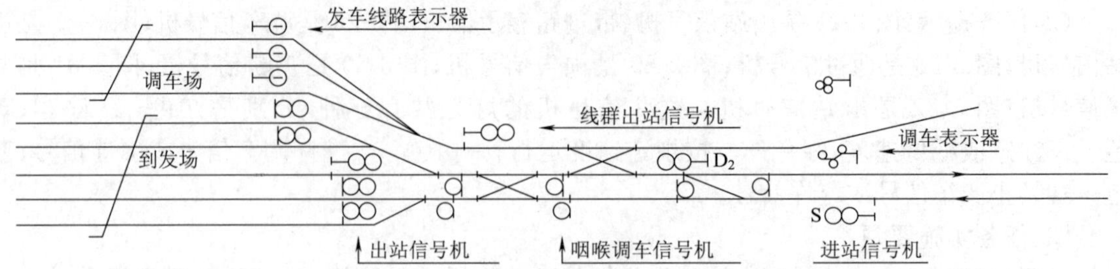


图 3-34　线群出站信号机、线路表示器示意图

线群出站信号机开放后，只准许一个发车线路表示器着灯，非发车线路的表示器不能着灯。

根据《技规》规定：装有发车线路表示器的出站信号机，当该表示器显示不良时，由办理发车人员通知司机及运转车长后，列车可凭出站信号机的显示发车。因为出站信号机的开放显示，表示区间闭塞条件已满足发车的条件。

提示：设置出站信号机应考虑到少占用股道有效长。当发车线不设轨道电路时，在限界允许的条件下，其应缩小与警冲标间的距离；当发车线设有轨道电路时，出站信号机宜与轨道绝缘设在同一坐标处，为了避免和减少在安装信号机时造成串轨、换轨和锯轨等工作，轨道绝缘允许设置在出站信号机前方 1 m 或后方 6.5 m 的范围内。

命名规则为 S：上行，X：下行；下标加股道号。

③图 3-26 是调车信号机，从其名称可以知道它是指示站内的各种调车作业（请想想你知道多少种调车作业），其设置如图 3-35 所示，其规定如下。

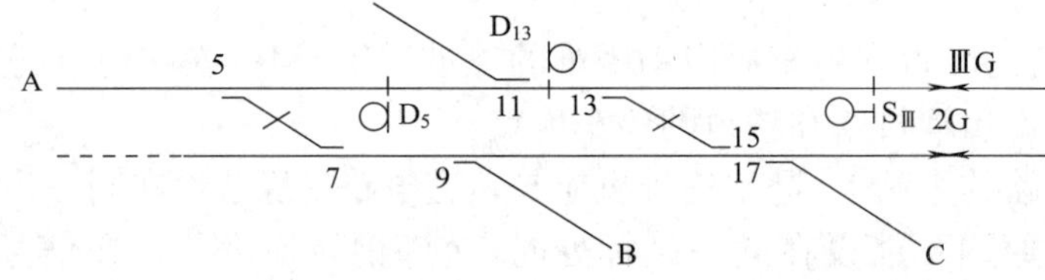


图 3-35　调车信号机设置示意图

a. 出站及接、发车进路信号机均应设有调车信号的显示，以满足调车作业之需。

b. 在尽头线、机务出入库线、机待线、专用线、牵出线及编组线等通向集中联锁区的入口处，均应装设调车信号机。

c. 在正线上有调车作业时，应在进站信号机内方设一段不小于 50 m 的无岔区段，设置机车（或车列）返回运行的调车信号机。

d. 在集中联锁区与非集中区的分界处，应设置调车信号机进行防护。

e. 为了满足转线调车作业的需要，应设置调车信号机。

f. 为了减少调车走行距离或满足并行作业的需要，可设置必要的阻挡调车信号机。

g. 咽喉区两端应分别设置防护调车信号机。

提示：命名规则为上行：双号，下行：单号；如：$D_2$、$D_4$、$D_1$、$D_3$。

④图 3-28 是通过信号机，从其名称我们可以知道它是指示列车能否进入闭塞分区（自动闭

塞区段两架通过信号机之间的区间称为闭塞分区）；指示列车能否进入所间区间（非自动闭塞区段两线路所或线路所与车站间的区间，称为所间区间），其设置如图 3-36 所示，其设置规定如下。

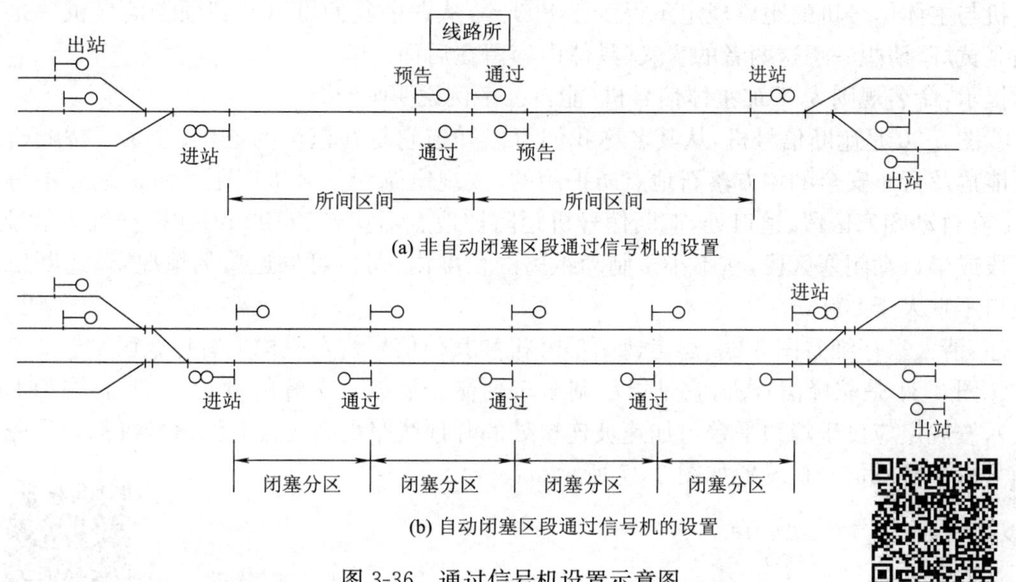


(a) 非自动闭塞区段通过信号机的设置

(b) 自动闭塞区段通过信号机的设置

图 3-36 通过信号机设置示意图

通过预告遮断复示信号机的设置作用及命名

a. 通过信号机应设在闭塞分区或所间区间的分界处。自动闭塞区段的通过信号机，不应设在停车后可能脱钩处，并尽可能不设在起动困难的地点。但遇有特殊情况，通过信号机必须设在上坡道货物列车停车后启动困难的地点时，则该通过信号机上应装设容许信号（想想什么是容许信号）。

b. 在进站信号机前方的第一架通过信号机上不得装设容许信号（思考一下为什么不能安装）。

c. 自动闭塞区段的通过信号机，不宜设在大型桥梁上或隧道内。为了节省投资和方便维修，上、下行方向的通过信号机在不影响行车效率和司机瞭望信号的条件下，应尽可能并列设置。

d. 自动闭塞区段的通过信号机，应尽量设置在直线上或便于司机瞭望（如曲线的起点前方）的地点。

e. 进站信号机外方第一闭塞分区不宜过长，在三显示区段一般不应大于 1 500 m。

f. 非自动闭塞区段，在进站信号机前方未设预告信号机的区间，应在进站信号机前方900 m、1 000 m及 1 100 m 处分别设置三块预告标，预告司机列车已经接近车站。而自动闭塞区段，通过信号机都是其后方同方向相邻通过信号机的预告信号机，所以在自动闭塞区段不必装设预告标。但在双线区间，退行的列车看不见邻线的预告标，在站界外 1 100 m 处特设一个预告标。

g. 为了引起司机的注意，三显示自动闭塞区段的进站信号机前方第一架通过信号机机柱上涂三条黑斜线作为标记，以区别于其他通过信号机。

注：请大家思考一下这些规定设置的必要性。

提示：在自动闭塞区段，通过信号机原则上应和轨道绝缘设在同一坐标点。如因钢轨移动或线路改建等原因，轨道绝缘与信号机不在同一坐标时，双线单方向运行线路上的通过信号机和单线双方向运行线路上单置的通过信号机，允许绝缘节设在通过信号机前 1 m、后 6.5 m 的范围内；单线双方向运行的并置信号机，运行绝缘节设在通过信号机前后各 1 m 的范围内。

命名为 TS 或 TX(根据上述知识想想是什么意思?)。

⑤图 3-29 是预告信号机,从其名称我们可以知道它是预告主体信号机显示的,规定预告信号机与主体信号机的距离规定不得少于 800 m,从图中我们可以看到预告信号机一是不亮二是亮黄灯,请想一想这两者的含义(具体内容留在后面讲解)。

提示:命名规则为 Y 加主体信号机(能自己举例说明吗?)。

⑥图 3-30 是遮断信号机,从其名称我们可以知道它是在繁忙的道口、较大的桥隧建筑物及可能危及行车安全的塌方落石地点防护用的,按规定遮断信号机应距其防护地点不得小于 50 m;在自动闭塞区段、道口处,遮断信号机距防护地点不宜大于 100 m;在根据机车信号运行的区段或半自动闭塞区段,在不小于制动距离的长度内,司机可见道口的情况下,遮断信号机距道口不宜大于 800 m。

注:请大家仔细看图 3-30,思考遮断信号机和其他信号机在机构上有什么区别。

⑦图 3-31 是驼峰信号机,它是指示调车车列能否溜放及下峰的(回忆一下溜放和下峰的含义),按规定应设于峰顶平台与加速坡连接处的峰顶线路最高处且驼峰信号机都装设驼峰复示信号机。驼峰信号机设置如图 3-37 所示。

驼峰辅助进路信号机的设置作用及命名

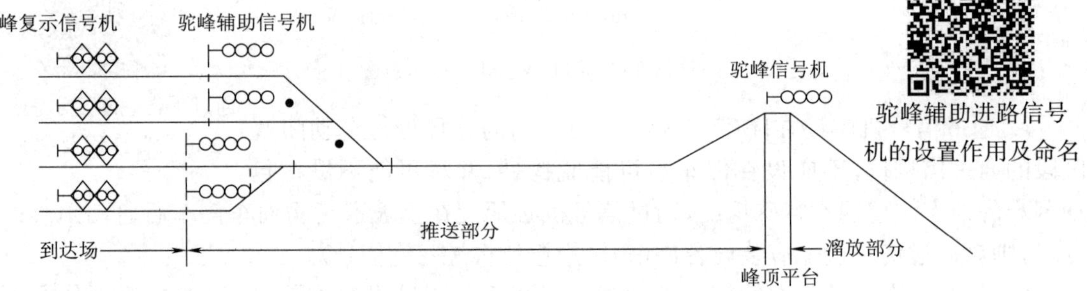


图 3-37 驼峰信号机设置示意图

提示:命名规则为 T 加推送线顺序号,如 $T_1$、$T_2$。

a. 驼峰辅助信号机:因驼峰调车作业是通过机车推送列车进行的,因此司机瞭望驼峰信号比较困难,为此要装设驼峰辅助信号机,设置在纵列式编组站到达场的到发线靠近驼峰场一端。

提示:命名规则为 TF 下标加到达场股道号。

b. 驼峰复示信号机:当驼峰辅助信号机的显示仍不满足作业要求时,设置驼峰辅助信号机的复示信号机;设置在驼峰辅助信号机前,驼峰辅助信号机与驼峰信号机之间。

提示:命名规则为 FTF、FT 下标加股道号。

⑧图 3-38 是进路信号机设置。

在有几个车场的车站,为指示列车由一个车场开往另一个车场,应设进路信号机。

a. 分类:

(a)接车进路信号机—对到达列车指示运行条件;命名规则为 SL:上行,XL:下行;下标加顺序号。

(b)发车进路信号机—对出发列车指示运行条件;命名规则为 S:上行,X:下行;下标加车场号、股道号。

(c)接、发车进路信号机—对到达及出发列车指示运行条件;命名规则为 S:上行,X:下行;下标加车场号、股道号。

b. 注意:接车进路信号机和接、发车进路信号机必须采用进站信号机机构,即双机构带引导的基本形式，而双机构可采用两个二灯位机构亦可采用一个三灯位和一个二灯位机构组成，但必须设引导机构。当该信号兼做调车信号机时，必须另设调车机构，此时蓝灯应封闭。

当两个车场间线路紧密衔接，在车场入口处不能装设接车进路信号机时，可在相邻车场出口处的正线上装设接、发车进路信号机。

当两个车场间线路较长，为了提高站内通过能力，除在车场入口处的正线上装设接车进路信号机外，还应在相邻车场出口处的正线上装设接、发车进路信号机。

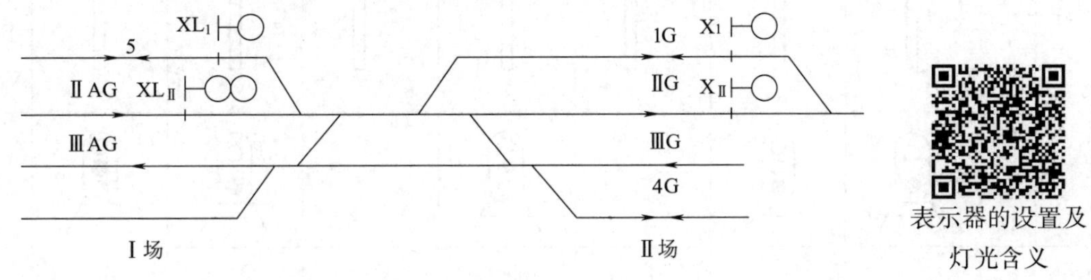


表示器的设置及灯光含义

图 3-38　进路信号设置示意图

⑨复示信号机，用来复示主体信号机的显示。

a. 设置：进站、出站、进路及半自动闭塞区段线路所的通过信号机，因受地形、地物影响，达不到规定的显示距离时，应在其主体信号机显示能达到的最远处设置复示信号机，以保证信号的连续显示。采用方形背板。

b. 命名规则为F加主体信号机。

⑩其他信号表示器的设置，分别介绍如下：

a. 发车表示器

只在发车指示辨认困难的地方设置。一般是设在弯道上或客流较大的车站。例如，B发车表示，$BS_3$ 上行3股道出站信号机发车表示器。

b. 道岔表示器

设置在道岔旁，反映道岔开通位置。

c. 调车表示器

在业务繁忙的调车场设置调车表示器。

d. 脱轨表示器

设置在安全线、避难线道岔位置，表示集中联锁以外脱轨器的状态。

⑪所有信号机的设置原则介绍如下：

a. 一般设于线路左侧

我国铁路实行左侧行车制，规定所有信号机应设在行车方向线路的左侧。如果两线路之间距离不足以装设信号机时，可采用信号托架或信号桥。

b. 信号机建筑限界

任何信号机不得侵入铁路建筑接近限界。

c. 交流电力牵引区段的信号机设置

进站、预告、通过信号机与接触网支柱同侧设置时，信号显示距离不应受接触网设备影响。

⑫因色灯信号机的主要功能就是指示列车运行的情况，故色灯信号机灯光配列统一规定，色灯信号机的机构灯光配列和用途见表3-13。

**表 3-13 色灯信号机的机构、灯光配列和用途**

| 序号 | | 1 | 2 | 3 | 4 | 5 | 6 | 7 | 8 |
|---|---|---|---|---|---|---|---|---|---|
| 机构和灯光配列 | 高柱 | 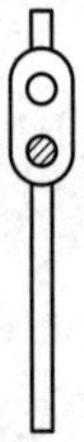 |  |  | 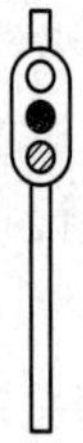 | 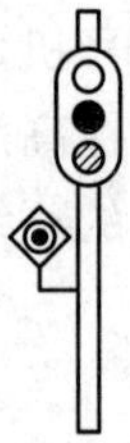 |  |  |  |
| | 矮型 |  |  | — |  | — |  |  |  |
| 名称及用途 | | 预告信号机(矮型用于桥隧) | 三显示自动闭塞区段通过信号机(矮型用于桥隧) | 三显示自动闭塞区段带容许信号的通过信号机 | 四显示自动闭塞区段通过信号机(矮型用于桥隧) | 四显示自动闭塞区段带容许信号的通过信号机 | 非自动闭塞区段的出站或通过信号机 | 非自动闭塞区段带调车信号的出站信号机 | 非自动闭塞区段的两方向出站信号机 |

| 序号 | | 9 | 10 | 11 | 12 | 13 | 14 | 15 | 16 |
|---|---|---|---|---|---|---|---|---|---|
| 机构和灯光配列 | 高柱 |  |  |  |  |  |  |  |  |
| | 矮型 |  |  |  |  | 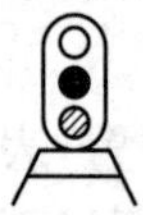 |  | — |  |
| 名称及用途 | | 非自动闭塞区段带调车信号两方向出站信号机 | 三显示自动闭塞区段的出站信号机 | 1 三显示自动闭塞区段带调车信号的出站或发车进路信号机 | 三显示自动闭塞区段两方向的出站信号机 | 1 四显示自动闭塞区段的出站信号机<br>2 发车进路信号机 | 1 四显示自动闭塞区段带调车信号的出站或发车进路信号机 | 1 四显示自动闭塞区段两方向的出站信号机<br>2 两方向出站信号机兼发车进路信号机 | 三显示自动闭塞区段带调车信号的两方向出站信号机 |

续上表

| 序号 | | 17 | 18 | 19 | 20 | 21 | 22 | 23 |
|---|---|---|---|---|---|---|---|---|
| 机构和灯光配列 | 高柱 |  |  |  |  | 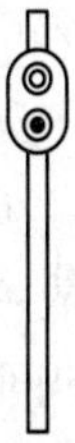 |  | — |
| | 矮型 | — |  | — | — |  |  |  |
| 名称及用途 | | 四显示自动闭塞区段带调车信号的两方向出站信号机 | 1 进站信号机<br>2 接车进路信号机<br>3 区间防护分歧线路的通过信号机(封月白灯) | 带调车信号的接车进路信号机(可兼出站信号) | 带调车信号的两方向出站信号机兼接车进路信号机 | 调车信号机 | 调车信号机(设置在岔线入口处) | 尽头列车信号机 |

| 序号 | | 24 | 25 | 26 | 27 | 28 | 29 | 30 | 31 |
|---|---|---|---|---|---|---|---|---|---|
| 机构和灯光配列 | 高柱 |  |  |  | 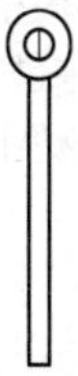 | 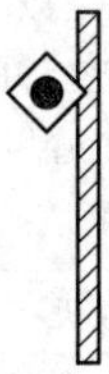 | 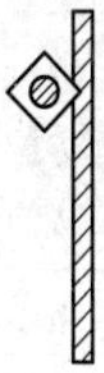 | — |  |
| | 矮型 |  |  | — | — | — | — |  | — |
| 名称及用途 | | 出站或发车进路复示信号机 | 调车复示信号机 | 进站复示信号机(灯列式) | 发车线路表示器 | 遮断信号机 | 遮断信号机的预告信号机 | 调车区电气集中溜放用道岔表示器 | 道口信号机 |

图例：● 红色灯光　⊘ 黄色灯光　○ 绿色灯光　◉ 蓝色灯光

◎ 月白灯光　⦶ 透明白灯　⊗ 空位灯光　⊘ 紫色灯光

注：1. 出站兼发车进路信号机需要装设进路表示器。

2. 矮型进路、接车进路、通过、预告信号机须经有关部门批准后才能采用，当进站信号机有绿黄显示时不得采用矮型信号机。

注：从表 3-13 中得知色灯信号机的机构有单显示、二显示和三显示三种机构。单显示一般使用在遮断信号、复示信号、引导信号、容许信号及进路表示器上。二显示和三显示机构可以单独使用，也可以组合（也可与单显示机构组合）成各种信号显示。所以应牢记色灯信号机灯光配列应用规定：

a. 根据实际情况需要减少灯位时，应该以空位停用方式处理。

b. 以两个基本灯光组成一种信号显示时，应该在一条垂直线上（灯列式显示除外，如进站复示信号机），并应有一定的间隔距离。

c. 在以两个机构组成的矮型信号机上，应将最大限制信号设在靠近线路的机构上。

d. 一般情况下高柱信号机的机构都设在机柱右侧。

⑬进站色灯信号机的显示含义见表 3-14。

**表 3-14　进站色灯信号机的显示含义**

| 显示灯光 | 一般区段 | 四显示自动闭塞区段 |
| --- | --- | --- |
| 一个绿色灯光 | 准许列车按规定速度经正线通过车站，表示出站及进路信号机在开放状态，进路上的道岔均开通直向位置 | 准许列车按规定速度经道岔直向位置进入或通过车站，表示运行前方至少有三个闭塞分区空闲 |
| 一个黄色灯光 | 准许列车经道岔直向位置，进入站内正线准备停车 | 准许列车按限速要求经道岔直向位置进入站内正线准备停车 |
| 两个黄色灯光 | 准许列车经道岔侧向位置，进入站内准备停车 | 准许列车按限速要求越过该信号机，经道岔侧向位置进入站内准备停车 |
| 一个黄色闪光和一个黄色灯光 | 准许列车经过 18 号及以上道岔侧向位置，进入站内越过次一架已经开放的信号机且该信号机所防护的进路经道岔直向位置或 18 号及以上道岔的侧向位置 | 准许列车经过 18 号及以上道岔侧向位置，进入站内越过次一架已经开放的信号机且该信号机防护的进路经道岔的直向位置或 18 号及以上道岔侧向位置 |
| 一个红色灯光 | 不准列车越过该信号机 | 不准列车越过该信号机 |
| 一个绿色灯光和一个黄色灯光 | 准许列车经道岔直向位置，进入站内越过次一架已经开放的信号机准备停车 | 准许列车按规定速度经道岔直向位置进入站内，表示次一架信号机经道岔直向位置开放一个黄灯 |

⑭出站色灯信号机的显示含义见表 3-15。

**表 3-15　出站色灯信号机的显示含义**

| 显示灯光 | 三显示自动闭塞区段 | 四显示自动闭塞区段 | 半自动闭塞或自动站间闭塞区段 |
| --- | --- | --- | --- |
| 一个绿色灯光 | 准许列车由车站出发，表示运行前方至少有两个闭塞分区空闲 | 准许列车由车站出发，表示运行前方至少有三个闭塞分区空闲 | 准许列车由车站出发 |
| 一个绿色灯光和一个黄色灯光 | — | 准许列车由车站出发，表示运行前方有两个闭塞分区空闲 | — |
| 一个黄色灯光 | 准许列车由车站出发，表示运行前方有一个闭塞分区空闲 | 准许列车由车站出发，表示运行前方有一个闭塞分区空闲 | — |
| 一个红色灯光 | 不准列车越过该信号机 | 不准列车越过该信号机 | 不准列车越过该信号机 |
| 两个绿色灯光 | 准许列车由车站出发，开往半自动闭塞或自动站间闭塞区间 | 准许列车由车站出发，开往半自动闭塞或自动站间闭塞区间 | 准许列车由车站出发，开往次要线路 |

⑮通过色灯信号机的显示含义见表 3-16。

**表 3-16　通过色灯信号机的显示含义**

| 显示灯光 | 三显示自动闭塞区段 | 四显示自动闭塞区段 | 半自动闭塞或自动站间闭塞区段 |
|---|---|---|---|
| 一个绿色灯光 | 准许列车按规定速度运行，表示运行前方至少有两个闭塞分区空闲 | 准许列车按规定速度运行，表示运行前方至少有三个闭塞分区空闲 | 准许列车按规定速度运行 |
| 一个绿色灯光和一个黄色灯光 | — | 准许列车按规定速度运行，要求注意准备减速，表示运行前方有两个闭塞分区空闲 | — |
| 一个黄色灯光 | 要求列车注意运行，表示运行前方有一个闭塞分区空闲 | 要求列车减速运行，按规定限速要求越过该信号机，表示运行前方有一个闭塞分区空闲 | — |
| 一个红色灯光 | 列车应在该信号机前停车 | 列车应在该信号机前停车 | 不准列车越过该信号机 |

⑯预告色灯信号机有两种主要显示方法：

a. 一个绿色灯光，表示主体信号机在开放状态。

b. 一个黄色灯光，表示主体信号机在关闭状态。

注：遮断信号机的预告信号机有其特殊结构（图 3-39），当遮断信号机的预告信号机显示一个黄色灯光时，表示遮断信号机显示红色灯光；不着灯时，不起信号作用。遮断及其预告信号机采用方形背板并在机柱上涂有黑白相间的斜线，以区别于一般信号机。

图 3-39　遮断信号机

⑰遮断色灯信号机有两种主要显示方法：

a. 一个红色灯光，表示列车不能通行。

b. 不着灯时，不起信号作用。

⑱调车色灯信号机有两种主要显示方法：

a. 一个月白色灯光，表示准许越过该信号机调车（图 3-40）。

b. 一个蓝色灯光，表示不准越过该信号机调车。

注：(a)不办理闭塞的站内岔线，在岔线入口处设置的调车信号机，可用红色灯光代替蓝色灯光。

(b)在尽头式到发线上，设置的起阻挡列车运行作用的调车信号机，应采用矮型三显示机构，用红色灯光代替蓝色灯光。当该信号机的红色灯光熄灭、显示不明或显示不正确时，应视为列车的停车信号。

⑲驼峰信号机有六种显示形式：

a. 一个绿色灯光，表示准许机车车辆按规定速度向驼峰推进。

b. 一个绿色闪光灯光，表示机车车辆要加速向驼峰推进。

c. 一个黄色闪光灯光，表示机车车辆要减速向驼峰推进。

d. 一个红色灯光，表示不准机车车辆越过该信号机或指示机车车辆停止作业。

e. 一个月白色灯光，指示机车到驼峰下。

(a)

(b)

图 3-40　调车信号机的月白灯光显示

f. 一个月白色闪光灯光，指示机车车辆去禁溜线。

⑳驼峰色灯辅助信号机和驼峰色灯复示信号机的显示方式为：

a. 一个黄色灯光，指示机车车辆向驼峰预先推送。

b. 当办理驼峰推送进路后，其灯光显示与驼峰色灯信号机显示相同。

c. 到达场的驼峰色灯辅助信号机平时显示红色灯光，对到达列车起停车信号作用。

㉑信号显示的基本原则：

a. 信号显示制度

中国现行信号显示制度基本上属于简化型速差式，并兼顾运行方向的区分。

b. 信号显示的速度意义

自动闭塞设计时，应根据线路状况、机车类型、牵引重量、运能、要求等因素划分速度等级。列车运行速度在 120 km/h 及以下时一般采用三显示自动闭塞，其速度等级只有二级，就是规定速度和零速。列车运行速度在 120～160 km/h 时采用四显示自动闭塞，其速度等级一般分三级，如：160 km/h、115 km/h、0 km/h。

站内正线上的信号机除能表达自动闭塞的速度意义外，还要指示道岔侧向的限速，如 50 km/h或 45 km/h 或 30 km/h、80 km/h。

接车信号机信号显示的速度意义见表 3-17。

**表 3-17　接车信号机信号显示的速度意义**

| 信号显示 | | 绿 | 绿黄 | 黄 | |
|---|---|---|---|---|---|
| 速度意义 | 三显示 | $v_{规}/v_{规}$ | $v_{规}/v_{规}$ 或 $v_{岔}$ | $v_{规}/(0$ 或 $v_{岔})$ | |
| | 四显示 | $v_{规}/v_{规}$ | $v_{规}/v_{黄}$ | $v_{黄}/(0$ 或 $v_{岔})$ | |
| 信号显示 | | 黄黄 | 黄闪黄 | 红 | 红白 |

续上表

| 信号显示 | | 绿 | 绿黄 | 黄 | |
|---|---|---|---|---|---|
| 速度意义 | 三显示 | $v_{岔}/0$ 或 $v_{岔}$ 或 $v_{规}$ | $v_{大}/v_{规}$ 或 $v_{大}$ | 0 | $v_{引}/0$ |
| | 四显示 | $v_{岔}/0$ 或 $v_{岔}$ 或 $v_{规}$ | $v_{大}/v_{规}$ 或 $v_{大}$ | 0 | $v_{引}/0$ |

注：$v_{规}$——规定速度（规定的允许最高速度）；$v_{黄}$——黄灯限速（四显示自动闭塞的黄灯限速）；$v_{大}$——大号道岔侧向限速（18 号道岔侧向限速 80 km/h）；$v_{岔}$——道岔侧向限速（50 km/h 或 45 km/h 或 30 km/h）；$v_{引}$——引导限速（20 km/h 以下）；$v_{规}/v_{规}$——始端速度/终端速度，其他的类同。

c. 信号机间距离应满足制动距离要求的原则

一般说来，信号机间距离应满足：

$$L=L_{制}+L_{确}+L_{设}$$

式中 $L$——信号机间距离；

$L_{制}$——前一架信号机显示的始端速度与终端速度间速度级差所需的制动距离；

$L_{确}$——司机确认信号所需时间内的走行距离；

$L_{设}$——信号设备应变时间内的走行距离。

信号显示与距离关系较复杂，应根据具体情况确定 $L_{制}$、$L_{确}$、$L_{设}$ 的数值。

(a)自动闭塞区段站内正线

自动闭塞区段站内正线有通过列车，列车信号机间的距离应满足闭塞分区长度的要求，除了要考虑制动距离（紧急制动和 0.8 倍常用制动）外，还需要考虑设备应变时间和确认信号时间内的走行距离。

ⓐ三显示自动闭塞区段

三显示自动闭塞区段站内正线列车信号机间的距离要比区间闭塞分区长度的考虑复杂一些，因为站内信号机是绝对信号机，随时关闭的可能性要大一些。

自动闭塞区段站内正线列车信号机间的距离一般和列车进路的接近区段长度的要求是一致的。列车进路的接近区段应有足够的长度，最不利情况下，有两种分析方法。

第一种分析方法是以司机操作为基础的。列车即将越过前一架信号机前的瞬时，值班员突然取消后架信号机的进路，按规定速度行驶列车的司机要确认信号的变化，采取紧急制动措施，要考虑设备动作时间，并满足列车紧急制动距离的要求。

信号机间的距离可用以下公式表达：

$$L=L_{接}\geqslant L_{确}+L_{制}$$

式中 $L$——信号机间距离；

$L_{接}$——接近区段的长度；

$L_{确}$——司机确认信号时间内列车走行距离；

$L_{制}$——列车紧急制动距离；

$T_{确}$——司机确认信号时间。

确认信号时间一般取 15 s，列车速度取即将越过前一架信号机前的瞬时最高速度，$L_{确}=v\cdot T_{确}$。在这里可以认为机车信号应变时间重叠在 $L_{确}$ 中。

第二种分析方法是以司机疏忽或睡觉造成列车自动停车为基础的。信号机间的距离应满足：列车即将越过前一架信号机前的瞬时，值班员突然取消后架信号机的进路，考虑机车信号的应变时间，机车信号从允许信号变为半红半黄灯光时发出音响报警，7 s 内司机不按压警惕手柄，自动停车装置就起作用等，然后再加上紧急制动距离。

$$L=L_{接}\geqslant L_{设}+L_{制}$$

式中　$L$——信号机间距离；

$L_{设}$——设备动作时间内列车走行距离。包括机车信号应变时间、自动停车装置启动时间。列车速度取即将越过前一架信号机前的瞬时最高速度。

信号机间的距离如图 3-41 所示，信号机间距离做如下考虑：

黄灯与红灯间：一般情况下，司机看见黄灯已经知道前面可能是红灯，要减速，并不需要确认信号时间；最不利情况下，就要按上述方式分析。

绿灯、绿黄灯、黄灯显示的始端速度没有什么差别，所以只要满足确认信号时间内的走行距离。绿灯与双黄灯间应满足：从规定速度用常用制动降至 50 km/h 的距离、确认信号时间内走行距离、设备应变时间内走行距离之和。

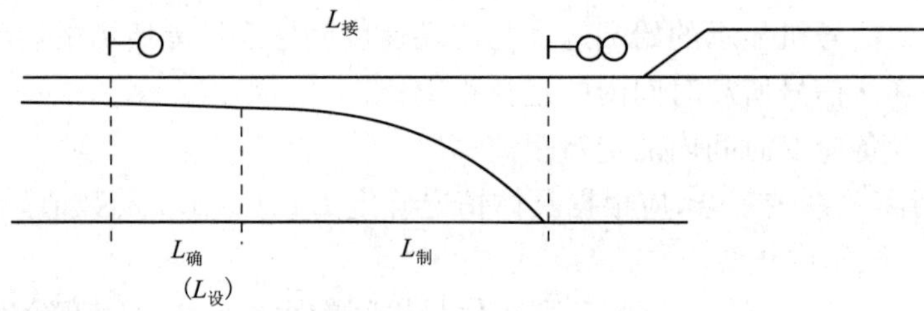


图 3-41　信号机间的距离

自动闭塞区段站内正线列车信号机间的最小距离应满足以上各种情况的要求，进行逐一验算。若满足不了，就要采取降级或限速措施。

以上是原则要求，具体数值要视实际情况和采用设备而定。例如：进站信号机显示双黄灯、黄灯、绿黄灯、绿灯时，预告信号机均显示为绿灯，未起到预告减速的作用。列车从预告信号机的绿灯进入接近区段看见双黄灯前，司机需要确认前方信号显示的时间和回牵引手柄位动作时间。根据规定，司机确认信号时间为0.1～0.3 min，设计一般采用 0.25 min(15 s)，司机回手柄位未明确时间。

若进站信号机显示双黄灯，预告信号机显示黄灯，因为黄灯已预告注意和减速，所以就不用再考虑确认信号时间。

不同的轨道电路设备、电码化方式、车载设备有不同的应变时间；信号机的显示有无预告显示又决定要不要考虑确认信号时间；在红灯前的区段设有自动停车装置时，还要考虑 7 s 的警惕附加时间。

ⓑ 四显示自动闭塞区段

在列车速度超过 120 km/h 的区段，采用速差显示方式自动闭塞时，信号显示有了比较明确的速度含义，例如：当速度分级为 140 km/h、110 km/h、0 km/h 时，信号显示的速度意义一般表达为：绿 140 km/h/140 km/h、绿黄 140 km/h/110 km/h、黄 110 km/h/0 km/h、双黄 50 km/h/0 km/h。

黄灯与红灯间应满足：从 110 到 0 km/h 的紧急制动距离、设备应变时间内走行距离、附加时分内的走行距离之和。

绿黄灯与黄灯间应满足：从 140 到 110 km/h 的常用制动距离。

绿灯、绿黄灯显示的始端速度没有什么差别，所以只要满足确认信号时间内走行距离。

黄灯与双黄灯间应满足：从 110 到 150 km/h 的常用制动距离、设备应变时间内走行距离之和。

绿黄灯与双黄灯间应满足：从 140 到 50 km/h 的常用制动距离、确认信号时间内走行距离、设备应变时间内走行距离之和。前架信号机显示绿黄灯，后架信号机可能显示黄灯或双黄灯，未明确预告减至 50 km/h。列车从绿黄灯到双黄灯，司机需要确认前方信号显示时间。

ⓒ降级或限速措施

自动闭塞区段站内正线上同方向两相邻列车信号机间距离小于闭塞分区长度要求时，应采取相应降级或限速措施。如接车进路显示双黄时，前一架信号机的显示若点绿黄，一个闭塞分区的长度满足不了从 140 km/h 降至 50 km/h，所以前架信号机应降级显示黄灯。

(b)特殊地段

特殊地段因条件限制，同方向相邻两架列车信号机间的距离小于规定的制动距离时，按下列方式处理：

在列车速度不超过 120 km/h 的区段，当两架信号机间的距离小于 400 m 时，前架信号机的显示必须完全重复后架信号机的显示；当两架信号机间的距离在 400 m 及其以上，但小于 800 m 时，后架信号机在关闭时，则前架信号机不准开放。

当两架信号机间的距离在 400～800 m 间，红灯重复，至于其他显示能否提高一级，要视具体情况而定。

## 五、任务实施要求

以上色灯信号机的灯光配列、灯光含义、规范标准要求必须记忆。

## 六、作业布置

(1)要求学生以组为单位，根据以上所学设置两车站的信号机平面布置图，要求包含以上所有色灯信号机。

(2)要求学生以组为单位，描述下列图中的信号机类型和不同色灯信号机的灯光含义。

图 3-42 至图 3-45 是何种类型的信号机？它的作用是什么？这四张图中的灯光有何含义？

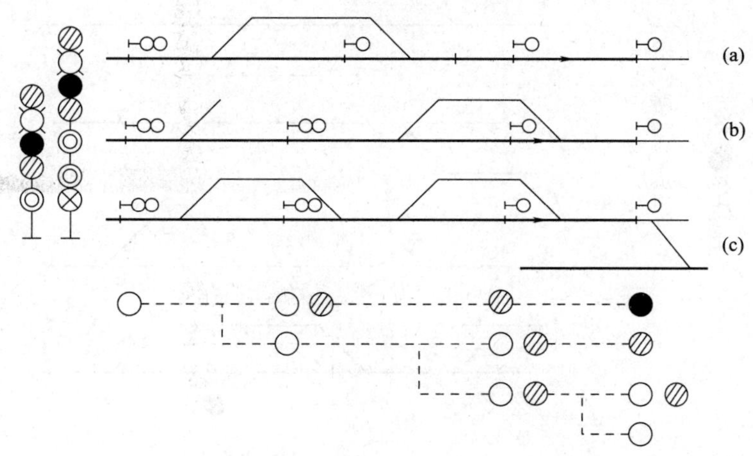


图　3-42

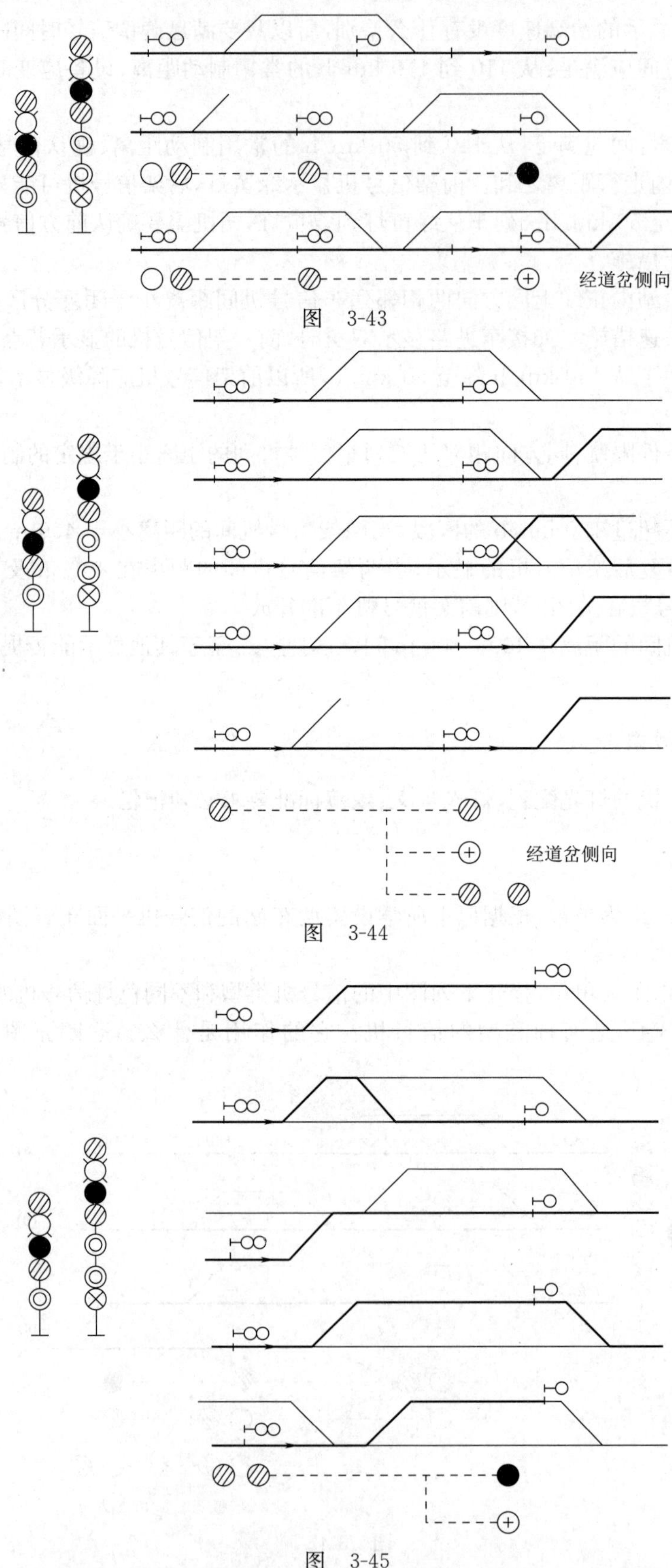


图　3-43

图　3-44

图　3-45

图 3-46 至图 3-48 是何种类型的信号机？它的作用是什么？这三种张图中的灯光有何含义？

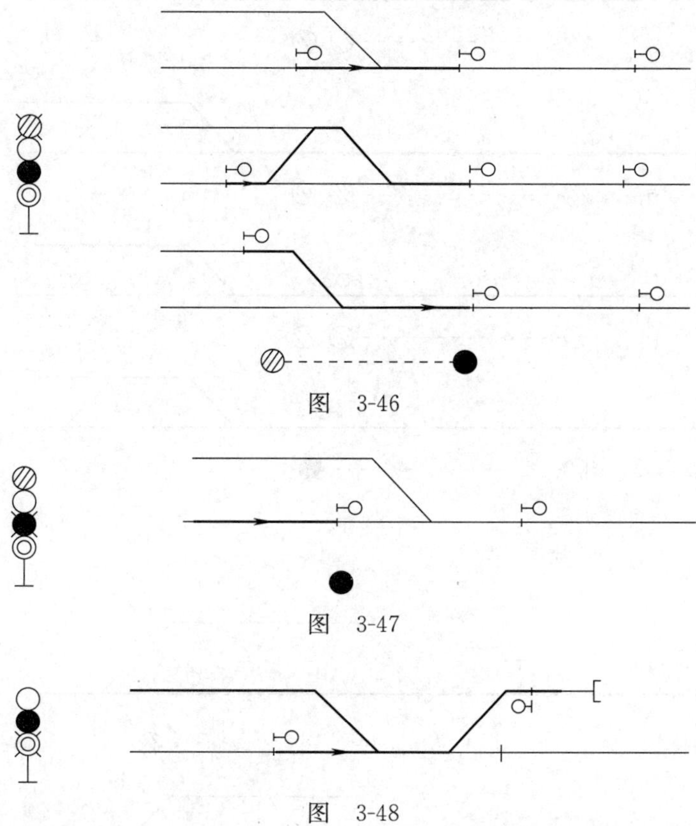

图　3-46

图　3-47

图　3-48

图 3-49 至图 3-51 中显示的是机车信号，你能说出它显示的是什么灯光吗？它和地面信号机的显示有何不同，它们的关系是怎么样的？

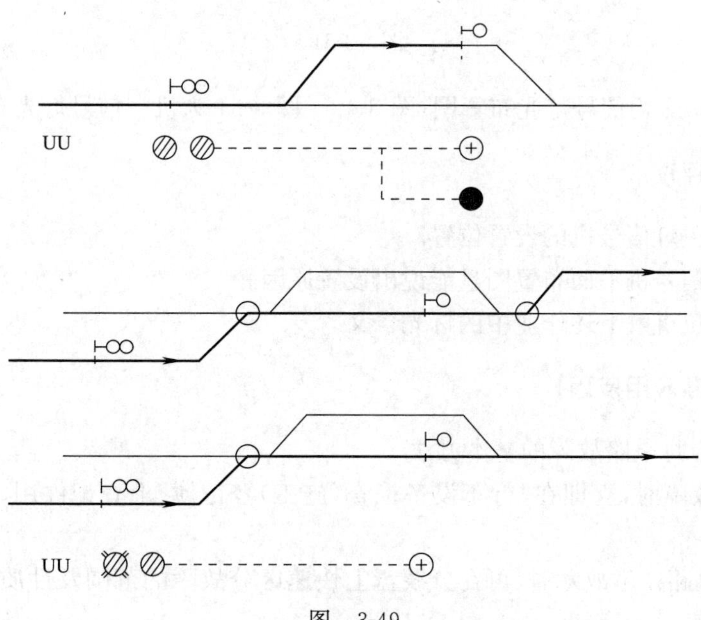


图　3-49

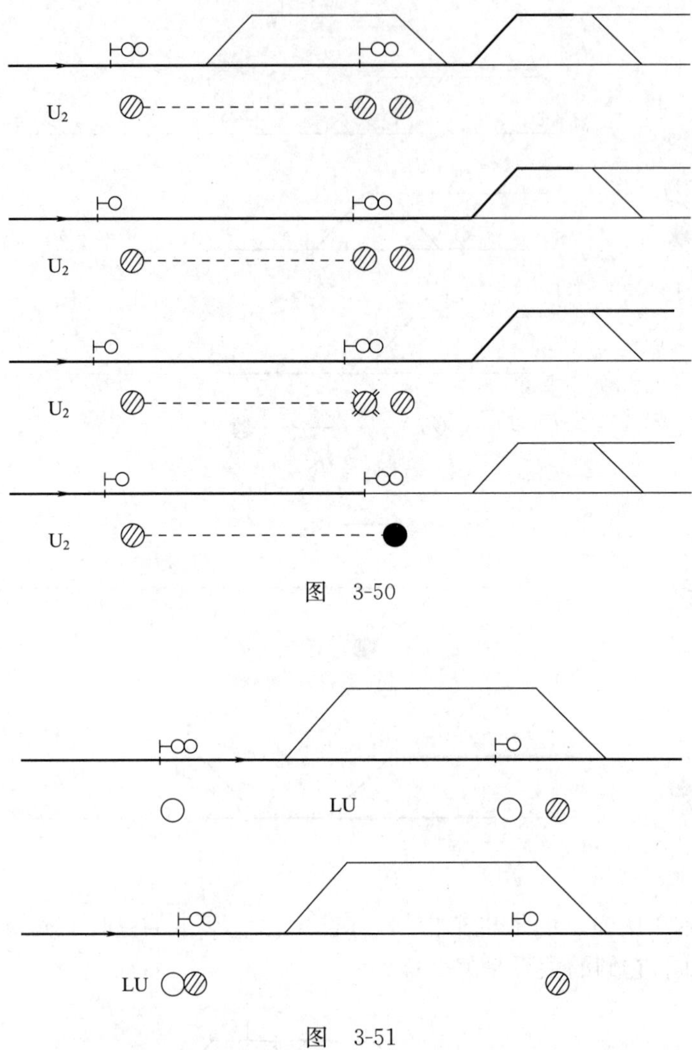


图　3-50

图　3-51

图 3-42～图 3-48 为信号灯光布置图；图 3-49～图 3-51 为机车信号灯光布置图。

## 七、作业检查评议

(1)了解不同色灯信号机的设置位置。
(2)能够设置信号机平面布置图且能说出设置原因。
(3)以组为单位讲解上述作业中的灯光含义。

## 【现场故障判断应用技巧】

1. 处理信号点灯电路故障的基本方法

信号机发生故障时，立即在“行车设备检查(施工)登记簿”上登记停用，并积极查找故障原因。

当信号点灯电路发生故障时，可在分线盘上快速区分故障的范围及性质，方法如下(在点灯模式下)：

(1)在分线盘测量时(重复开放信号),有电压,则为室外故障;无电压,则为室内故障。

(2)若是室内电压已经送出,则故障在室外,可将表置于 $R\times1$ 挡,在分线盘测量:

①若阻值在 100 Ω 左右,说明分线盘至信号 BX-34 型变压器的Ⅰ次侧正常,Ⅱ次侧或信号机内部故障。

②若阻值在 0 Ω 左右,说明分线盘至信号机处的电缆短路,此故障使熔断器熔断。

③若阻值在 20 Ω 左右,说明 BX-34 型变压器Ⅰ次侧短路。

④若阻值为无穷大,说明电缆或 BX-34 型变压器Ⅰ次侧断路。

2. 通过控制台现象判断故障范围(以进站信号机为例)

控制台现象:

(1)平时控制台复示器亮红灯。

(2)开放允许灯光时复示器亮绿灯。

(3)开放引导信号时复示器一红一白。

分析:若出现复示器闪红灯现象时说明禁止灯光(红灯)点灯电路故障;若复示器在开放信号后点稳定绿灯 1 s 左右熄灯,改点复示器红灯,说明信号继电器控制电路故障;若开放信号后复示器闪几下红灯后复示器绿灯灭灯改点稳定红灯,说明 1U 或 2U 点灯电路故障。

3. 信号点灯电路室外设备故障分析(以红灯为例)

发生故障后,应首先在分线盘上区分故障的范围和性质。

(1)在分线盘上测量故障信号机的 H 和 HH(或 HBH)

①若有交流 220 V,则说明室外发生断线故障。

②若无交流 220 V,则应看组合架及相应组合的 XJZ 或 XJF 熔断器是否断(断路器是否跳起)。

a. 若完好,则说明分线盘到组合内部断路。

b. 若断且更换后即断,说明是短路故障。

c. 若是短路故障,则可在分线盘甩开一个端子,再加熔断器,若不再熔断,则说明分线盘至信号机处短路;若再次熔断,则说明是分线盘至组合内部短路。

另:若 BX-34 型变压器Ⅱ次短路,其现象控制台复示器不闪光(DJ 不落下),熔断器不熔断,但在分线盘的端子上测得的电压低,大约为 150 V(视信号机至信号楼的距离而定)。

(2)在信号机处变压器箱或终端电缆盒上测量

①若有 220 V,则说明变压器或电缆盒至信号机内部点灯电路发生断路故障。

②若无 220 V:

a. ①在分线盘测出有 220 V,则说明电缆断线。

b. 在分线盘甩开一个端子,再加熔断器,若不再熔断,则说明分线盘至信号机处短路,应到室外,在电缆盒内甩开任一端子,室内再加熔断器:

(a)仍断,则说明电缆短路。

(b)不断,则说明 BX-34 型变压器Ⅰ次侧或电缆盒至 BX-34 型变压器Ⅰ次侧间引入线短路。

(3)在 BX-34 型变压器Ⅰ次侧测量(设变压器箱或电缆盒端子有电压)

①若有 220 V,则说明 BX-34 型变压器Ⅰ次侧故障或Ⅱ次侧至灯泡间有断路故障。

②若无 220 V,则说明变压器箱或电缆盒端子至 BX-34 型变压器Ⅰ次侧之间断路。

(4)在 BX-34 型变压器Ⅱ次侧测量(设Ⅰ次侧有电压)

①若有 13 V 左右电压,则说明 BX-34 型变压器Ⅱ次侧至灯泡间断路。

②若无 13 V 左右电压,则说明 BX-34 型变压器故障。

a. $I_1$-$I_2$与$I_1$-$I_3$之间均为 220 V,说明$I_1$-$I_2$线圈或引出线断线。

b. $I_3$-$I_2$和$I_3$-$I_1$均为 220 V,说明$I_2$-$I_3$线圈或引出线断线。

c. Ⅱ次侧各端子均无输出,则可判明为Ⅰ次侧故障。

d. 若Ⅰ次侧正常,Ⅱ次侧故障:

(a)$II_1$引线断线:$II_3$-$II_2$之间为 1 V,$II_1$-$II_3$之间无电压,$II_3$-$II_4$之间为 2 V。

(b)$II_3$引线断:$II_1$-$II_2$之间为 13 V,$II_2$-$II_3$之间无电压,$II_1$-$II_4$之间为 16 V,$II_2$-$II_3$之间无电压,$II_3$-$II_4$之间无电压。

(5)在灯泡端测量(设 BX-34 型变压器Ⅱ次侧有输出)

①若有 12 V 左右电压,则说明灯座弹簧不好或灯泡断丝。

②若无电压,说明 BX-34 型变压器Ⅱ次侧至灯座间断线。

(6)变压器箱或电缆盒至信号机内部短路的分析及处理

当确定是短路故障之后,则应用断线法进行查找:

①甩开变压器箱或电缆盒端子 3 上的电缆线,用$R\times1$挡测量变压器Ⅰ次侧:

a. 若电阻在 80 Ω 左右,则说明引入线及变压器Ⅰ次侧正常。

b. 若电阻为 0 Ω,则说明引入线或变压器Ⅰ次侧短路,继续在变压器Ⅰ次侧甩线,分别判断之,即可。

②若 BX-34 型变压器Ⅰ次侧正常,Ⅱ次侧短路,则可以用下列方法查找:

a. 甩开$II_3$,并取下灯泡,测量$II_1$-$II_3$至灯座的配线是否短路。

b. 若无短路,在 BX-34 型变压器Ⅱ次侧测量电压,若无,则是Ⅱ次侧短路。

另:Ⅱ次侧短路,变压器的噪声增加,温度升高,时间长将烧坏变压器:

(a)变压器Ⅱ次侧短路点若在灯丝转换继电器线圈前,在短时间内不会烧坏变压器,控制台的现象是主灯丝断丝报警,室外灭灯。

(b)变压器Ⅱ次侧短路点若在灯丝转换继电器线圈后,室内无任何显示。

4. 允许灯光的点灯电路故障处理(进站信号机绿灯为例)

允许灯光点灯电路故障时,电压是瞬间送出的,所以可以使用电阻法进行查找。

(1)在变压器或电缆盒 4、6 端子上测量(设电压已经送到电缆盒)

①若电阻在 80 Ω 左右,则说明 BX-34 型变压器Ⅰ次侧及引入线正常。

②若电阻值为 0 Ω,则说明 BX-34 型变压器Ⅰ次侧或引入线短路,查找方法与红灯短路故障处理方法相同。

③若电阻为无穷大,则说明引入线或 BX-34 型变压器Ⅰ次侧线圈断路。

(2)在灯泡端测量(设 BX-34 型变压器Ⅰ次侧正常)

若电阻为 0 Ω,则可用下列方法:

①取下信号灯泡,电阻仍为 0 Ω,则说明变压器Ⅱ次侧至灯泡端配线正常(仅限于断路情况),故障为灯座压簧不良或灯泡断丝。

②若取下灯泡后,电阻值变为无穷大,则说明灯座及灯泡良好,故障是变压器Ⅱ次侧断线或灯座至变压器Ⅱ次侧断线或是灯丝转换继电器线圈断线。

变压器Ⅱ次侧短路,处理方法同禁止灯光的处理方法。

【练习题】

## 一、填空题

(1)进站、通过、接近、遮断信号机的显示距离,不得小于(　　)m。

(2)高柱出站、高柱进路信号机的显示距离,不得小于(　　)m。

(3)预告、驼峰、驼峰辅助信号机的显示距离,不得小于(　　)m。

(4)调车、矮型进站、矮型出站、矮型进路、复示信号机容许、引导信号机及各种表示器,不得小于(　　)m。

(5)遮断信号机距防护地点应不少于(　　)m。

(6)水泥信号机的埋设深度为柱长的(　　)%,但不得大于(　　)m。

(7)色灯信号机灯泡的端子电压为额定值的(　　)%,调车信号为(　　)%,容许信号为(　　)。

(8)同一机柱上的色灯信号机构,其安装位置应保证(　　);两个同色灯光的颜色(　　)。

(9)信号机构的灯室之间不应(　　),并不应外光反射而造成错误显示。

(10)信号机构的各种透镜、偏散镜不得(　　)。

(11)双丝灯泡的自动转换装置,当主丝断丝后,应能自动转换至(　　),有(　　)功能的,应报警。

(12)信号机灯泡主灯断丝后应(　　)。

## 二、简 答 题

(1)各种信号机表示器,在正常情况下的显示距离是多少?

(2)信号机的安设应符合哪些要求?

(3)TX12-25/12-25B 信号灯泡还应满足哪些要求?

(4)DZD 多功能智能点灯单元应满足哪些要求?

(5)ZXD 型智能信号点灯报警装置应符合哪些要求?

(6)《维规》对 LED 色灯信号机的共同要求是什么?

【拓展题】

## 一、填 空 题

(1)当发生挤岔时,防护该进路的信号机应(　　);被挤道岔未恢复之前,有关信号机不能开放。

(2)上行方面进站信号机的符号为(　　)。

(3)信号设备编号中的“1DG”表示(　　)。

(4)信号设备维护工作由维修、(　　)、大修三部分组成。

(5)进站信号机应设在第一对向道岔岔尖前不少于 50 m 处,原则上不大于(　　)m。

(6)信号检修作业实行天窗修方式,凡(　　)的检修作业项目应纳入天窗修时间内进行。

(7)在信号机上作业时,离开梯子或站在梯子架外侧及在电杆上工作须使用(　　),禁止上、下同时作业。

(8)登乘机车检查信号显示距离和机车信号显示状态,信号工长(　　)不少于一次。

(9)铁路职工或其他人员发现设备故障危及行车和人身安全时，应立即向开来的列车发出(　　)，并迅速通知就近车站、工务或电务人员。

(10)信号机按类型分为(　　)和臂板信号机。

(11)进站、通过、遮断信号机显示距离不得少于(　　)m。

(12)信号机开放后，该进路上的有关道岔不能扳动，其敌对信号(　　)。

(13)正线高柱信号机的建筑接近限界为(　　)mm。

(14)站线高柱信号机的建筑接近限界为(　　)mm。

(15)在进站信号机外方的制动距离范围内，如果接车方向有(　　)及其以上的下坡道时，则在接车股道末端无线路隔开设备的情况下，禁止同时接发列车。

(16)信号灯泡的额定电压为 12 V，额定功率为(　　)W。

(17)调车信号机按设置情况可分为 4 种类型：单置、并置、差置和(　　)。

(18)单置调车信号机按钮可作(　　)方向调车进路的变通按钮。

(19)当进站及通过信号机红灯灭灯时，其前一架通过信号机应自动显示(　　)。

(20)双向运行的自动闭塞区段，在同一线路上，当一个方向的通过信号机开放后，相反方向的信号机应在(　　)状态。

(21)在信号机或轨道电路发生故障不能开放进站或接车进路信号机时，可采取(　　)方式开放引导信号。

(22)驼峰主体信号机有(　　)种显示。

## 二、选 择 题

(1)进站引导信号显示为(　　)。

(A)一个白色灯光　　(B)一个月白色灯光

(C)一个红色灯光和一个月白色灯光　　(D)一个黄色灯光和一个绿色灯光

(2)色灯信号机灯泡端电压为(　　)。

(A)额定值　　(B)12 V

(C)额定值的 85%～95%　　(D)额定值的 95%以上

(3)信号设备的电气特性测试是维修工作的重要内容，信号工区负责(　　)。

(A)Ⅰ级测试　　(B)Ⅱ级测试

(C)Ⅲ级测试　　(D)Ⅰ级和Ⅱ级测试

(4)色灯信号机柱的倾斜不准超过(　　)。

(A)10 mm　　(B)25 mm

(C)36 mm　　(D)45 mm

(5)信号灯泡为双灯丝灯泡，其规格为(　　)。

(A)12 V　　(B)12 V、15 W

(C)12 V、25 W/12 V、25 W　　(D)12 V、25 W/12 V、15 W

(6)调车、矮型出站、矮型进路、复示信号机、容许引导信号及各种信号表示器的显示距离，不得少于(　　)。

(A)400 m　　(B)300 m

(C)200 m　　(D)100 m

(7)在道岔区段,设于警冲标内方的钢轨绝缘,距警冲标不得少于(　　)m。

(A)4　　(B)3.5

(C)3　　(D)2.5

(8)警冲标应设于两会合线间距为(　　)m的中间。

(A)2　　(B)3

(C)3.5　　(D)4

(9)列车开往次要线路时,出站信号机开放(　　)。

(A)一个绿灯　　(B)两个绿灯

(C)一个绿灯和一个黄灯　　(D)两个黄灯

## 三、简答题

(1)色灯信号机灯光调整要进行哪些工作?

(2)色灯信号机的维修应符合哪些要求?

(3)请画出调车信号机的信号点灯原理图。

(4)色灯进站信号机有几种显示?各代表什么?

# 单元4　轨道电路的安装、测试和维护

【学习目标】

轨道电路是利用钢轨线路和钢轨绝缘构成的电路，它主要用于监督线路的占用情况和传递列车的运行信息。本单元主要是介绍不同轨道电路的结构组成、工作原理，并重点分析了轨道电路的安装、调整与维护的方法和注意事项。

1. 了解轨道电路的结构组成、工作原理。
2. 理解不同类型轨道电路设备结构、原理的区别。
3. 能按要求安装、调整及维护轨道电路。
4. 掌握轨道电路日常维护和集中检修内容。

【技能目标】

1. 具备轨道电路型号、结构识别能力。
2. 具备轨道电路施工、安装技能。
3. 具备轨道电路日常维护、故障维修能力。

## 任务1　轨道电路的结构识别

轨道电路概述

### 一、任务提出

轨道电路的类型很多，结构和性能各有不同，但基本的组成部分是不变的，下面先从图形来认识它们。

图　4-1

图　4-2

(1)你知道图4-1和图4-2中的信号设备是什么吗？

(2)图4-1和图4-2均为轨道电路，你是否了解图4-1和图4-2中的设备是干什么用的吗？

## 二、任务分析

本任务主要是讲解各种轨道电路的结构类型，因此在学习之前要清楚了解在学完该项目后我们能够掌握哪些技能，在以后的工作中我们用该技能实现哪些目标。

（1）了解轨道电路的不同类型和结构，以便区分该设备应用的不同场合。

（2）了解不同轨道电路的零件组成和原理，以便为日后的安装、拆卸提供基础。

## 三、任务准备

该任务主要是识别轨道电路的结构和了解轨道电路的工作原理，所以只要大家了解轨道电路的基本类型有四种（JZXC-480 型、25 Hz 相敏、UM71 型、ZPW-2000A 型），但目前我国铁路站内使用 25 Hz 相敏轨道电路、区间自动闭塞使用 ZPW-2000A 型无绝缘轨道电路，轨道电路主要是监督铁路线路是否空闲，自动地和连续地将列车的运行和信号设备联系起来，以保证行车的安全。

## 四、任务实施

1. 识别轨道电路

（1）思考：仔细观察图 4-1 和图 4-2，你觉得轨道电路应该由哪些设备组成？

（2）任务提示：轨道电路主要由钢轨、轨道绝缘、轨端接续线、引接线、送电设备及受电设备等主要元件组成。从图 4-1 和图 4-2 中我们主要可以看到钢轨，其他设备在后续的讲解中会提到。

（3）任务实施要领：

①了解 JZXC-480 型轨道电路（即工频交流连续式轨道电路）的结构组成

图 4-3 是 JZXC-480 型轨道电路的整体结构，下面将通过实物图介绍各零件的结构和原理。

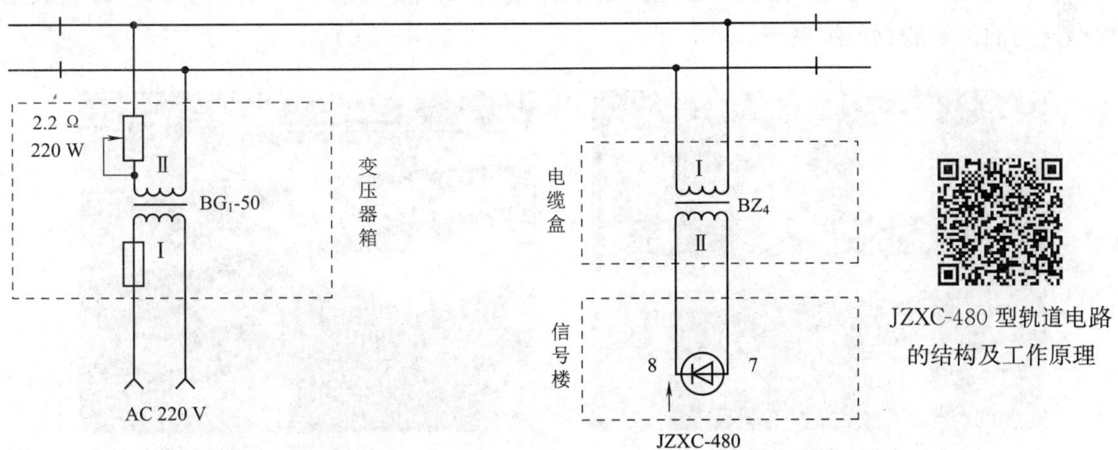


JZXC-480 型轨道电路的结构及工作原理

图 4-3　JZXC-480 型轨道电路的整体结构图

JZXC-480 型轨道电路主要由送电端、受电端、钢轨绝缘、钢轨引接线、轨端接续线、钢轨等组成。

其中：送电端包括 $BG_1$-50 型轨道变压器、R-2.2/220 型变阻器；受电端包括 $BZ_4$ 型中继变压器、JZXC-480 型轨道继电器。

a. $BG_1$-50 型轨道变压器：如图 4-4（a）图所示，是 $BG_1$-50 型轨道变压器的外形图，它主要用于轨道电路供电，其Ⅰ次侧为 220 V，Ⅱ次侧依据所连接的端子不同，可以获得各种不同的电压值，数值在 0.45～10.80 V 之间。

b. R-2.2/220 型变阻器：如图 4-5 所示，是 R-2.2/220 型变阻器的应用的整体结构图，它主要是调节电阻值大小的。

c. $BZ_4$ 型中继变压器：如图 4-4(b)所示，该图是 $BZ_4$ 型中继变压器的外形图，它主要与 JZXC-480 型轨道继电器配合使用，使钢轨阻抗和轨道变压器的阻抗相匹配。

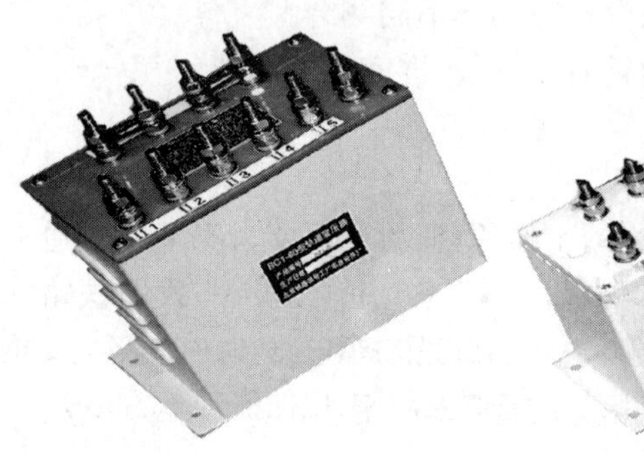

(a) $GB_1$-50型轨道变压器　　(b) $BZ_4$型中继变压器

图 4-4　轨道变压器

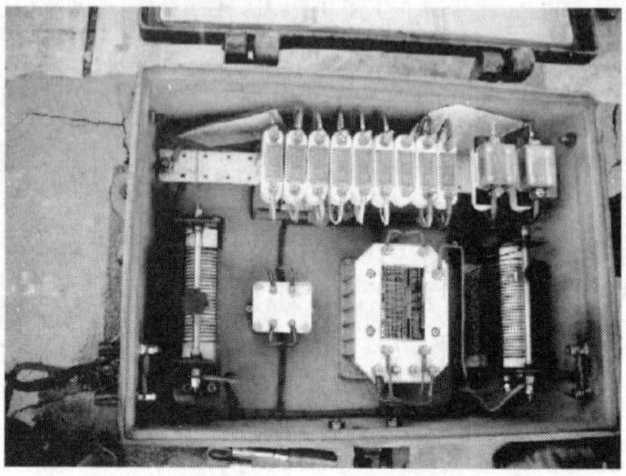

图 4-5　变阻器

d. JZXC-480 型轨道继电器：继电器的结构已在单元 2 中提到，这里就不做详细描述，它主要是根据列车是否占用区间的情况可靠吸起或落下。

e. 钢轨绝缘：如图 4-6 所示，该图是钢轨绝缘的整体结构图，它设于轨道电路的分界处，用于隔离相邻的轨道电路。

f. 轨道电路连接线：主要包括引接线、钢轨接续线、道岔跳线。

引接线：如图 4-7 所示，连接轨道电路送(受)端变压器箱或电缆盒与钢轨的导线，一般用涂有防腐油的多股钢丝绳制成。

图 4-6　钢轨绝缘

图 4-7　引接线

钢轨接续线：如图 4-8 所示，用于轨道电路接缝处的连接，以减小接触电阻，有塞钉式(现场广泛使用)、焊接式。

道岔跳线：连接道岔岔心等处的导线。

②了解 25 Hz 相敏轨道电路的结构组成

图 4-9 是 25 Hz 相敏轨道电路的整体结构，下面我们将通过实物图给大家介绍各零件的结构和原理。

图 4-8　钢轨接续线

25 Hz 相敏轨道电路的结构和工作原理

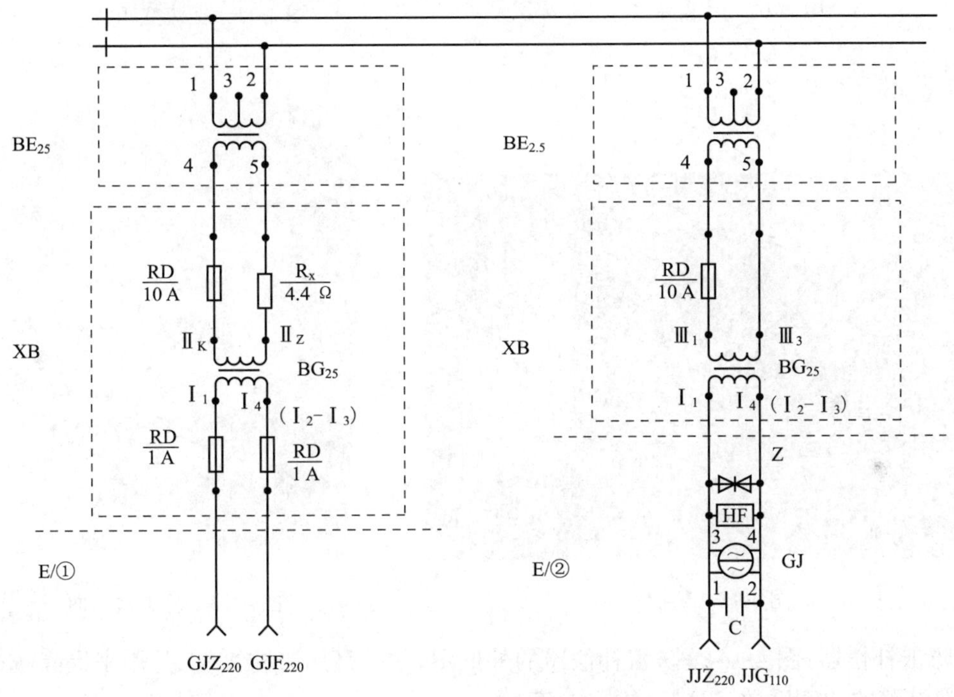


图 4-9　25 Hz 相敏轨道电路的整体结构图

25 Hz 轨道电路由 25 Hz 专用电源屏、送电端轨道变压器、送电端限流电阻、送电端扼流变压器($BE_{25}$)、受电端轨道变压器、受电端扼流变压器、25 Hz 防护盒、防雷补偿器、二元二位轨道继电器组成。

a. 25 Hz 专用电源屏：如图 4-10 所示是 25 Hz 专用电源屏的外形图，主要是提供 25 Hz 的轨道电源和局部电源。

b. 轨道变压器：同 JZXC-480 型轨道变压器。

c. 扼流变压器：如图 4-11 所示是扼流变压器的外形图，它的作用是保证牵引电流顺利流过绝缘节，轨道电路设备通过扼流变压器接向轨道，并传递信号信息。

d. 防护盒：如图 4-12 所示是防护盒的背面图，它由电感、电容串联而成，并接于轨道继电器两端，对 50 Hz 呈串联谐振，相当于 15 Ω 电阻，以抑制干扰电流。对于 25 Hz 信号电流相当于 16 μF 电容，对 25 Hz 信号电流的无功分量进行补偿，起到减少轨道电路传输损耗和相移作用。它的正面如图 4-13 所示。

图 4-10 电源屏

图 4-11 扼流变压器

图 4-12 防护盒

图 4-13 防护盒正面

e. 防雷补偿器：图 4-14 是防雷补偿器的外形图，它一是用来防雷，二是用来提高轨道电路局部线圈电路的功率因数，以减小输出电流。

f. 二元继电器：该继电器和其他类型继电器的结构和原理都不一样，你还记得单元 2 中对它的结构和原理是如何描述的吗？

③了解 ZPW-2000A 型轨道电路的基本结构

图 4-15 是 ZPW-2000A 型轨道电路的整体结构，下面将通过实物图给大家介绍各零件的结构和原理。

ZPW-2000A 型轨道电路由室内设备、室外设备组成。

室内设备主要有电源屏、移频柜、发送器、接收器、衰耗盘、电缆模拟网络箱、系统防雷。

室外设备主要有调谐单元、空芯线圈、匹配变压器、补偿电容、传输电缆、调谐区设备与钢轨引接线。

图 4-14 防雷补偿器

ZPW-2000A 轨道电路的结构和工作原理

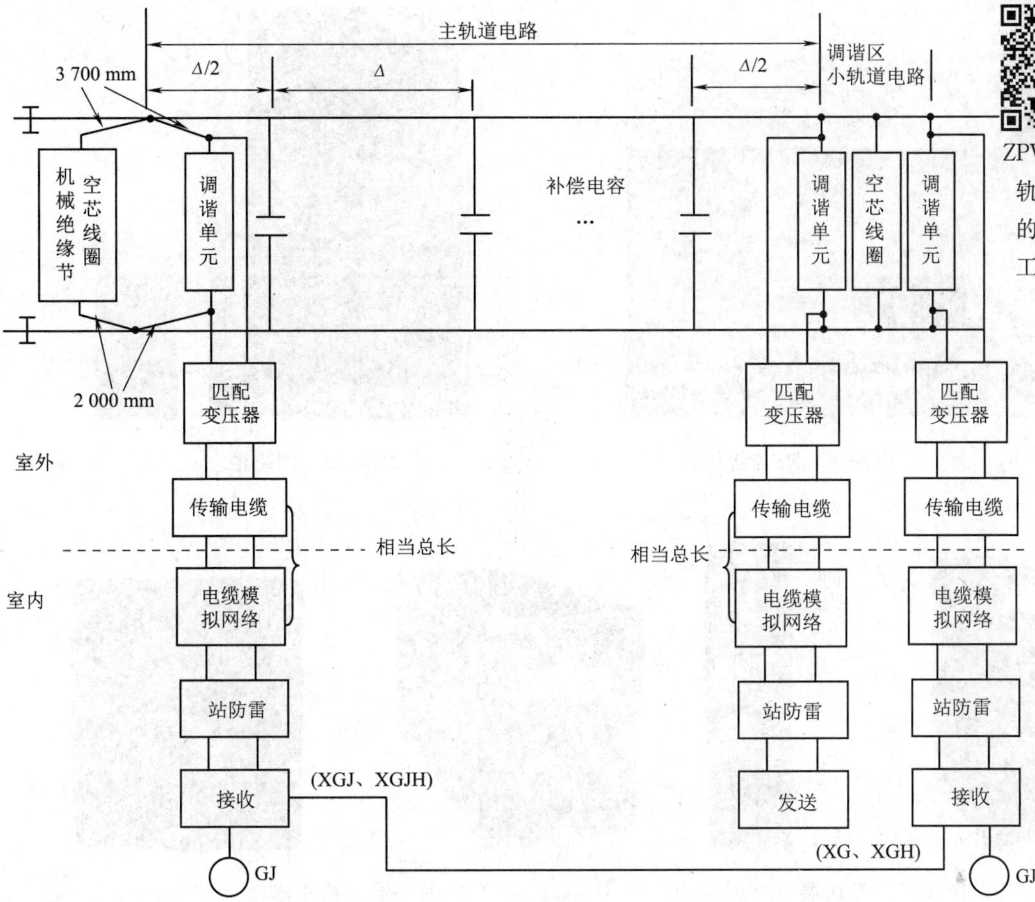

图 4-15　ZPW-2000A 型轨道电路的整体结构

a. 移频柜：如图 4-16 所示是移频柜的外形图，它共可装 10 个轨道电路的设备，每个轨道电路都包含发送、接收和衰耗。

图 4-16　移频柜

b. 电缆模拟网络、系统防雷箱：如图 4-17 所示是两者的外形图，它一是对通过传输电缆引入室内的雷电冲击进行横向、纵向防护；二是通过六节电缆模拟网络，补偿实际 SPT 数字信号电缆，使补偿电缆和实际电缆总距离为 10 km，以便于轨道电路的调整和构成改变列车运行方向电路。它们安装在图 4-18 所示的网络柜上，每排 8 个，共 10 排。

c. 发送器：如图 4-19 所示是发送器的整体外形图，它主要是用于产生高精度、高稳定移频信号。

d. 接收器：如图 4-20 所示是接收器的整体外形图，它主要是用于接收主轨信息、小轨信息并处理，动作 GJ。

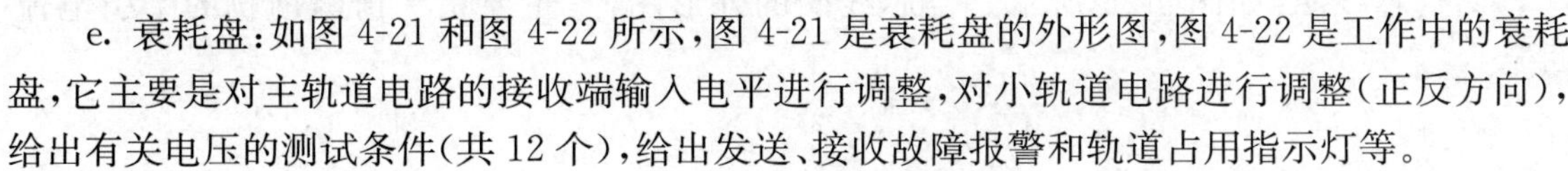

e. 衰耗盘：如图 4-21 和图 4-22 所示，图 4-21 是衰耗盘的外形图，图 4-22 是工作中的衰耗盘，它主要是对主轨道电路的接收端输入电平进行调整，对小轨道电路进行调整（正反方向），给出有关电压的测试条件（共 12 个），给出发送、接收故障报警和轨道占用指示灯等。

图 4-17　防雷盒

图 4-18　网络柜

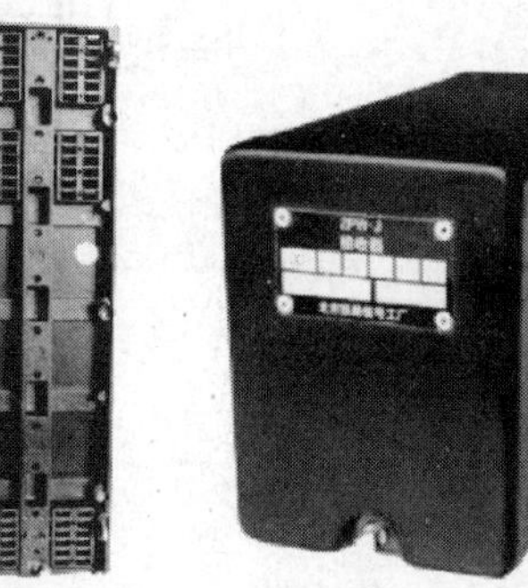

图 4-19　发送器

图 4-20　接收器

图 4-21　衰耗盘

图 4-22　工作中的衰耗盘

f. 调谐单元：如图 4-23 所示是调谐单元的外部结构图，内部结构图如图 4-24 所示，它主要是实现相邻两轨道的电气绝缘。

g. 空芯线圈：如图 4-25 所示是空芯线圈的外形图，它主要是平衡两钢轨的牵引电流回流。

h. 匹配变压器：如图 4-26 所示是匹配变压器的外形图，它主要是用于实现轨道电路与 SPT 电缆的匹配连接。它和调谐单元的联系如图 4-27 所示。

i. 补偿电容：如图 4-28 所示是补偿电容在轨道电路中的应用，它的结构如图 4-29 所示，它的作用主要是用于减小钢轨对移频信号的感性影响。

j. 钢轨引接线：如图 4-30 所示，它是引接线在现场的应用，主要作用是连接轨道电路送(受)端变压器箱或电缆盒与钢轨。

图 4-23　调谐单元

图 4-24　调谐单元内部结构

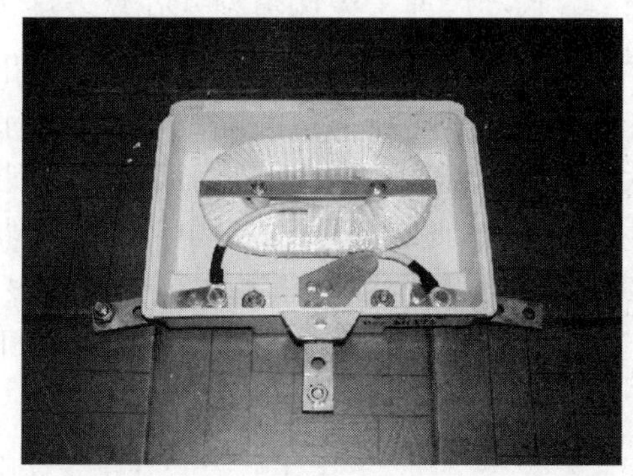

图 4-25　空芯线圈

图 4-26　匹配变压器

图 4-27　匹配变压器和调谐单元

图 4-28　补偿电容

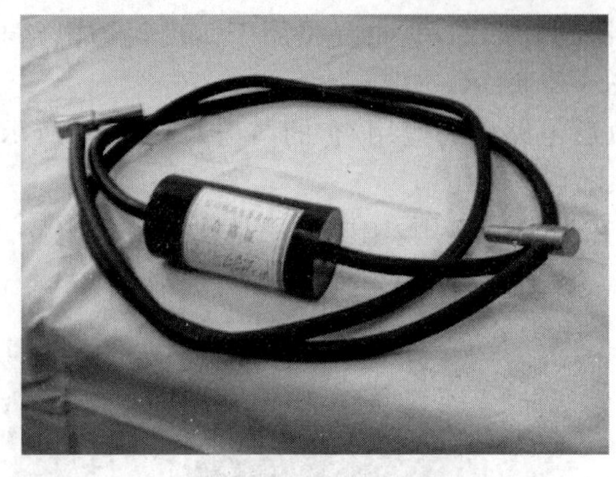

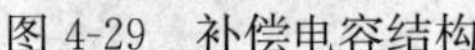

图 4-29　补偿电容结构

图 4-30　钢轨接续线

2. 了解不同轨道电路的原理

(1)思考:根据轨道电路的结构描述,想想这三种轨道电路是如何工作的?

(2)任务提示:每种轨道电路都有继电器、电源屏等,但是他们都有不同的组成部分,可见它们的原理应有类似和不同的地方。

(3)任务实施要领:

①了解 JZXC-480 型轨道电路原理

根据图 4-3 所示结构图,其工作原理如下:$BG_1$-50 型变压器Ⅰ次侧得到 220 V 交流电压,从Ⅱ次侧抽了适当的低电压,经限流电阻器降压后送至送电端轨面,由钢轨绝缘将其与相邻区段隔离,只能沿着钢轨向受电端传输,受电端钢轨绝缘再将其与相邻区段隔离,只能经钢轨引接线送至 $BZ_4$ 型变压器Ⅰ次侧,低压经 20 倍放大,从Ⅱ次侧向设于室内的 JZXC-480 型继电器送电,经继电器内部整流成直流电压,使继电器励磁吸起,此时,整个轨道电路成调整状态。当车辆占用区段后,轮轴将轨面电压短路,$BG_1$-50 型变压器Ⅱ次侧电压基本上全加到限流电阻器上,$BZ_4$ 型变压器Ⅱ次侧只能得到小于 2.7 V 的残压,JZXC-480 型继电器失磁落下,此时,整个轨道电路成分路状态。

②了解 25 Hz 相敏轨道电路原理

根据图 4-9 结构图所示,其工作原理如下:由室内 25 Hz 电源屏(轨道分频器和局部分频器)分别供给出 25 Hz 轨道电源和局部电源。轨道电源由室内供出,通过电缆供给室外,经送电端 25 Hz 轨道电源变压器($BG_{25}$)、送电端限流电阻($R_X$)、送电端 25 Hz 扼流变压器($BE_{25}$)、钢轨线路、受电端 25 Hz 扼流变压器($BE_{25}$)、受电端 25 Hz 轨道中继变压器($BG_{25}$)、电缆线路,送回室内,经过防雷补偿器、25 Hz 防护盒(HF)给二元二位继电器盒局部(GJ)的轨道线圈供电。局部线圈的 25 Hz 电源由室内供出,当轨道线圈盒局部线圈所得电源满足规定的相位盒频率要求时,二元二位继电器 $JRJC_1$-70/240 吸起,轨道电路处于工作状态,反之二元二位继电器 JRJC-70/240 落下,轨道电路处于不工作状态。

③了解 ZPW-2000A 型轨道电路原理

根据图 4-15 所示,其工作原理如下:ZPW-2000A 型无绝缘轨道电路分为主轨道电路和调谐区小轨道电路两部分,小轨道电路被视为列车运行前方主轨道电路的所属“延续段”。主轨道电路的发送器由编码条件控制产生表示不同含义的低频调制的移频信号,该信号经电缆通道(实际电缆和模拟电缆)传给匹配变压器及调谐单元,因为钢轨是无绝缘的,该信号既向主轨道传送,也向调谐区小轨道传送,主轨道信号经钢轨送到轨道电路的受电端,然后经调谐单元、匹配变压器、电缆通道，将信号传至本区段接收器。调谐区小轨道信号由运行前方相邻轨道电路接收器处理，并将处理结果形成小轨道电路继电器执行条件送至本区段接收器，本区段接收器同时接收到主轨道移频信号及小轨道电路继电器执行条件，判决无误后驱动轨道电路继电器吸起，并由此来判断区段的空闲与占用情况。

## 五、轨道电路的基本知识

1. 轨道电路的基本工作状态

轨道电路的三种工作状态为调整状态、分路状态和断路(轨)状态，这三种状态又各自有不同的工作条件和最不利工作条件，最不利工作条件包括调整状态下的钢轨阻抗最大、道砟电阻最小、电源电压最小；分路状态下的钢轨阻抗最小、道砟电阻最大、电源电压最大；断路状态下的钢轨阻抗最小、电源电压最大、临界断轨点和临界道砟电阻最大等，但无论哪一种状态，主要因素为三个变量，即轨道电路的道砟电阻、钢轨阻抗和电源电压。

2. 轨道电路分路灵敏度

(1)列车分路电阻：列车占用轨道电路时，列车轮对跨接在轨道电路的两根钢轨上构成轨道分路，这个分路的轮轴电阻就是列车分路电阻，它是由车轮和轮轴本身的电阻和轮缘与钢轨头部表面的接触电阻组成，由于轮缘与钢轨头部表面的接触电阻很小，因此车轮和车轴形成的电阻比接触电阻小很多，可以忽略不计。实际上列车分路电阻就是轮缘与钢轨头部的接触电阻，它是纯电阻。

列车分路电阻与钢轨上分路的车轴数、车辆的载重情况、列车的行驶速度、轮缘装配质量、钢轨表面的洁净程度、是否生锈，有无撒砂及其他油质化学绝缘层等因素均有关系，它的变化范围很大，可以从千分之几欧姆变化到 0.06 Ω，对于轻型车辆或轨道车还要更大。

(2)分路灵敏度：当轨道电路被列车车轮或其他导体分路，恰好使轨道电路继电器线圈电流减少到落下值时的列车分路电阻值(或导体的电阻值)就是该轨道电路的分路灵敏度。

(3)极限分路灵敏度：在轨道电路上各点的分路灵敏度不同，对于某一具体轨道电路来说，它的分路灵敏度应该以最小的分路灵敏度为准，称为极限分路灵敏度。

(4)标准分路灵敏度：我国现行规定标准分路灵敏度为 0.06 Ω，和国际上规定的分路灵敏度是一致的。任何轨道电路在分路状态最不利的条件下，用 0.06 Ω 电阻进行分路时，轨道继电器应释放衔铁(连续式轨道电路)或不吸起(脉冲式)。否则不能保证分路状态的可靠工作。

3. 轨道电路的划分与绝缘布置

轨道电路的划分就是确定轨道电路的范围，利用轨道绝缘节(包括机械绝缘和电气绝缘)来划分。

(1)区间轨道电路的划分。区间轨道电路的极限长度是根据不同的轨道制式来确定的，如移频为 2.2 km，直流无极电冲为 3 km 等，但无论哪一种制式，都应保证列车停车时要有足够的停车制动距离，根据《铁路技术管理规程》(以下简称《技规》)规定：“两架通过信号机间的距离不得小于 1 200 m，当采用8 min列车追踪运行间隔时间，在满足列车制动距离及自动停车装置动作过程中，列车走行距离的要求可小于 1 200 m，但不得小于 1 000 m”。

(2)站内轨道电路区段的划分。站内轨道电路区段的划分，首先要保证轨道电路的可靠工作，并应满足排列平行进路和不影响作业效率为原则。

在电气集中车站，凡有信号机防护的进路中道岔区段与股道以及信号机的接近区段，均应装设轨道电路，用以反映进路和接近区段内是否空闲和车辆所在的位置，并满足提高站内作业效率的要求，站内轨道电路的具体划分原则有以下几点：

①信号机前后应划分成不同的区段，凡有信号机的地方均设有轨道绝缘，其前后为两个不同的轨道电路区段。

②凡能平行运行的进路，其间应设轨道绝缘隔开，渡线上的绝缘节能构成平行进路的前后道岔，中间都应装设轨道绝缘。

③每一道岔区段的轨道电路内所包括的道岔数不得超过三组，交分道岔不得超过两组。这是因为道岔太多了，轨道电路分支漏阻影响大，不易调整。

④在站上，有时为了适应列车通过道岔后及时使道岔解锁，为排列新的进路创造条件，要将轨道电路区段划短，以提高咽喉通过能力。

⑤轨道电路的两组绝缘，应装设在同坐标处，也就是要求并置，当不能设在同一坐标处而需要错开时，就会出现"死区段"。若有列车轮对在"死区段"内时，轨道电路是不会被分路的。"死区段"是轨道电路的又一个重要关切的问题，这是因为在"死区段"中，两条钢轨所接的电源极性不同（或频率不同），列车占用时不能明确反映轨道占用情况，也就是不能压红轨道电路；另一种情况是两条钢轨的电源（或电路）不能构成有效的闭合电路（如两个不同的轨道区段），同样使轨道电路不能明确反映列车占用情况，也视为"死区段"，如图 4-31所示。

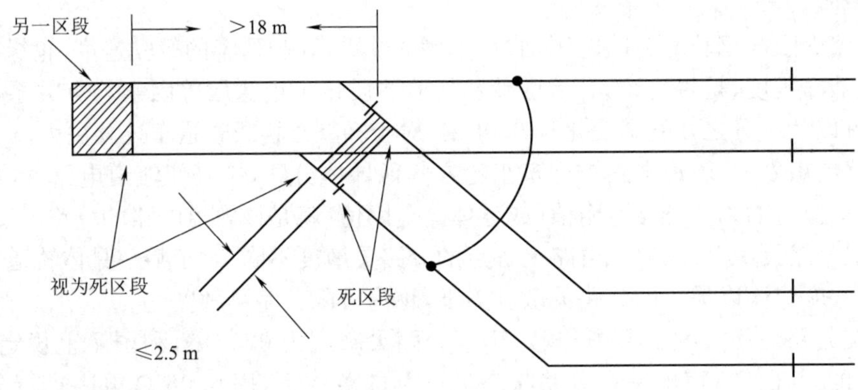


图 4-31 轨道电路"死区段"示意图

《维规》规定"轨道电路的两钢轨绝缘应设在同一坐标处，当不能设在同一坐标处时，其错开的距离（死区段）应不大于 2.5 m"。之所以这样规定，是为了防止轨道电路的"死区段"上有小车时，检查不出来，因为据查，两轴守车，轴间距最小是 2.743 m，"死区段"如果大于 2.5 m，达到或超过 2.743 m 时，两轴守车就正好掉入此"死区段"，轨道电路就对它失去检测了。

《维规》规定"两相邻死区段或与死区段相邻的轨道电路的间隔，一般不小于 18 m"（图 4-31和图 4-32）。之所以规定不小于 18 m，是因为据查最长车体为双层客车，其第二轴与第三轴之间距离是 16.3 m，其铸钢侧架曲梁式转向架最小轴距为 2.4 m（图 4-33），定距（有转向架的车辆，底架两中心销或牵引销中心线之间的水平距离）为 16.3＋2.4＝18.5 m，这样当车体正好进入两相邻 16.3 m 或小于 16.3 m 的"死区段"时，由第一轴、第二轴与第三轴、第四轴构成的两个轮对区内有可能正好进入两个"死区段"里，而得不到检查（图 4-34），所以《维规》要规定两相邻"死区段"间隔不能小于 18 m，以满足各种机车车辆的最大定距。

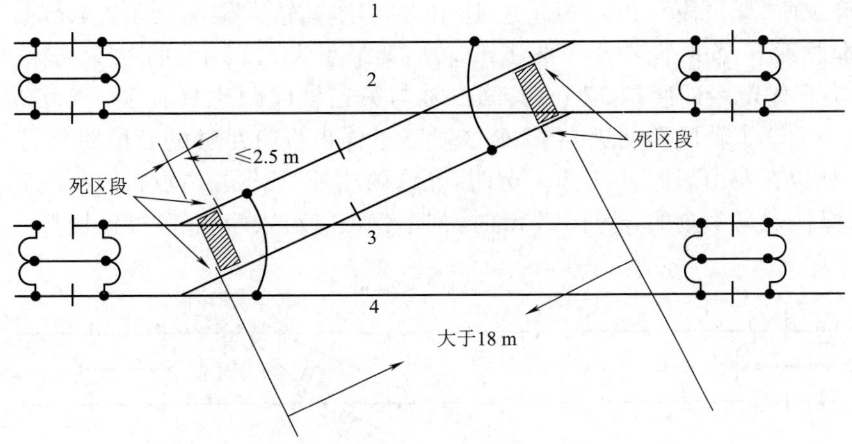


图 4-32　“死区段”示意图

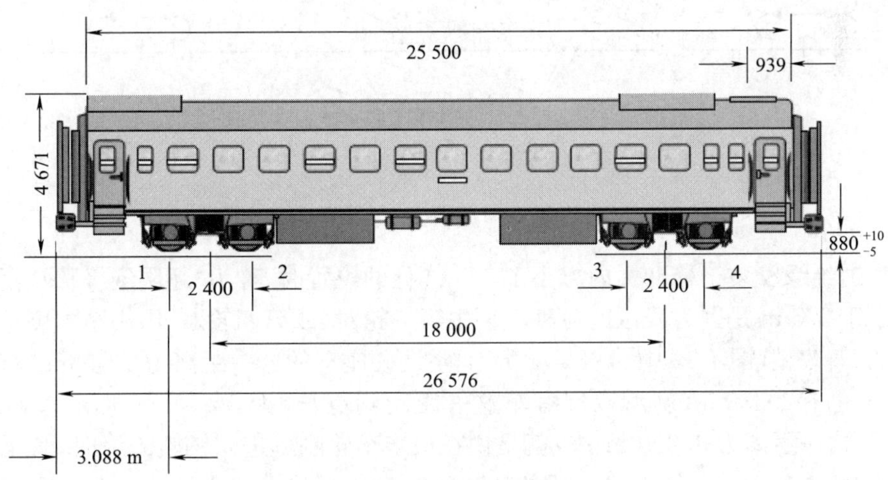


图 4-33　25G 型空调硬座车主要结构尺寸图(单位:mm)

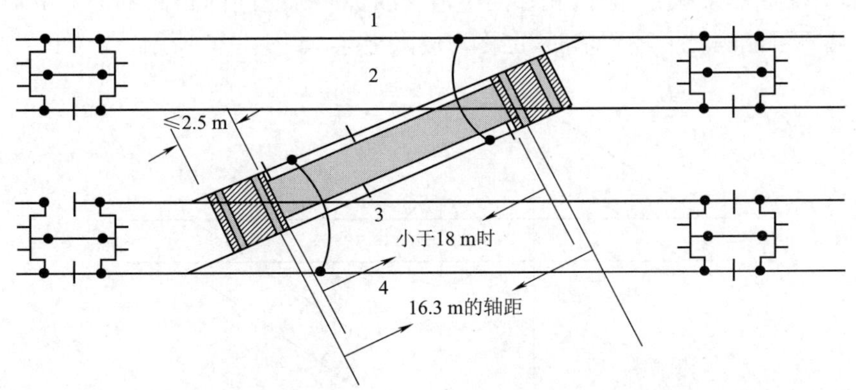


图 4-34　小于 18 m 的车体在“死区段”内的示意图

规定,“当死区段的长度小于 2.1 m 时,其与相邻死区段的间隔或与相邻轨道电路的间隔允许 15～18 m”。这是因为当“死区段”小于 2.1 m 时,虽然一般最长车定距有 18.5 m

的，有可能跨越两“死区段”，但定距超过 18 m 的车体其转向架均大于2.4 m，车轴区在“死区段”内根本放不下；而转向架小于 2.1 m(转向架最小为 1.65 m)的车体，定距则没有超过 17 m 的，此类车体定距即便是 17 m，其第二轴与第三轴间距也只有 17－1.65＝15.35 m，也就是说这一类车车轴区即使进入了“死区段”，车体也没有足够的长度跨到另一“死区段”(图 4-35)。所以在“死区段”小于 2.1 m 时，允许两相邻“死区段”间隔小于 18 m、大于 15 m 是完全可以保证列车安全的，小于 15 m 时，列车就可能跨入两相邻“死区段”了。

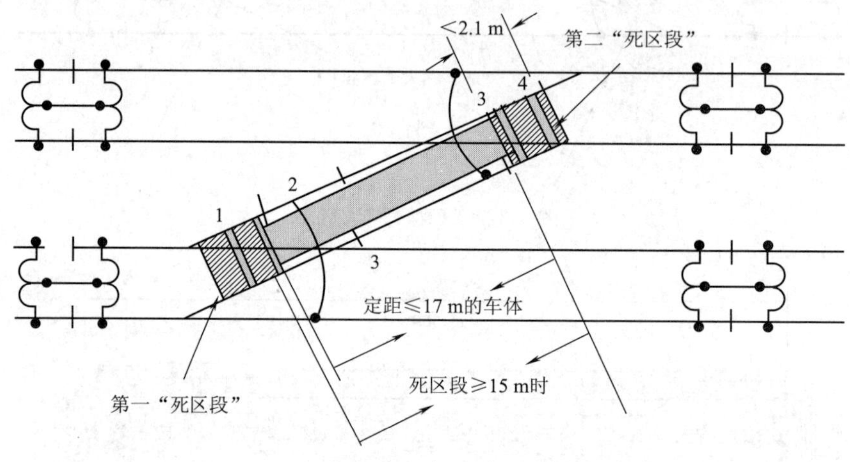


图 4-35　长车体在“死区段”内的示意图

⑥当轨道绝缘安装于警冲标内方小于 3.5 m 处的位置时，称为“超限绝缘”或“侵限绝缘”。之所以要小于 3.5 m 是因为我国的各种车辆中第一轮对(或第四轮对)中心至本侧车厢尾端的距离最大的 25 改型(图 4-33 中 3.088 m 所示)空调硬座车的这一距离为 3.088 m，车底最多的 22 型硬座车也有2.638 m，新型双层客车这一距离则更长，为 3.207 m，加上车钩缓冲行程 83 mm之后，这一距离为 3.290 m。也就是说在最末车轮刚刚进入钢轨绝缘时，其尾端仍能越出绝缘 3.290 m，离 3.5 m 的警冲标距离仅仅为 0.210 m，如果钢轨绝缘小于 3.5 m，车辆的车钩以及车体极有可能侵入邻线限界，所以要规定不得小于 3.5 m，实际设置距离应为 3.5～4 m才能保证车辆走行安全。另外，相邻两组道岔的警冲标之间的距离不足 7 m 时，安装于其间的分界绝缘不可能满足上述要求时，也称为侵限绝缘，如图 4-36 所示。

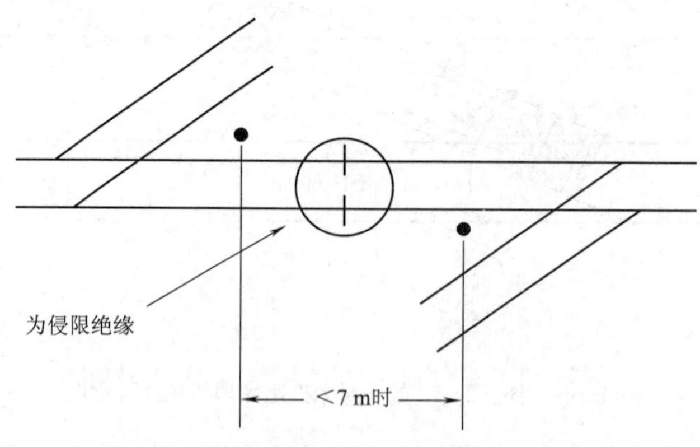


图 4-36　侵限绝缘示意图

⑦在轨道电路内的轨距杆、道岔连接杆、道岔连接垫板、尖端杆、各种转辙设备的安装装置和其他具有导电性能的连接钢轨的配件均应装设轨道绝缘。

4. 轨道电路的极性交叉

(1)极性交叉的定义和要求

我国所采用的轨道电路大部分都是以轨道绝缘分割的。绝缘两侧要求轨面电压具有不同的极性(直流)或相反的相位(交流),即轨道电路要“极性交叉”。

站场平面示意图上,接通电源正极的轨条用粗线表示,接通负极性的则用细线表示。采用交流供电时,粗细线代表两种相差 180°的相位,由假定的正极与负极构成,一般称为 GJZ 和 GJF。

交流或直流供电的轨道电路,在轨道绝缘的两侧,都要按极性交叉的原则进行配置,目的是要遵循“故障—安全”的原则。闭路式轨道电路“故障—安全”原则要求在发生故障时,设备应自行转向安全的位置,即轨道继电器衔铁应当可靠地处于落下状态。

(2)极性交叉的作用

轨道电路如果不按“极性交叉”的要求来配置极性,当相邻两区段中有一个区段为轮对所占用时,在绝缘破损的情况下,经破损处电流在两个区段形成的回路中,串电流将使相邻两区段发生电流相加的现象,破损现象如图 4-37 所示。

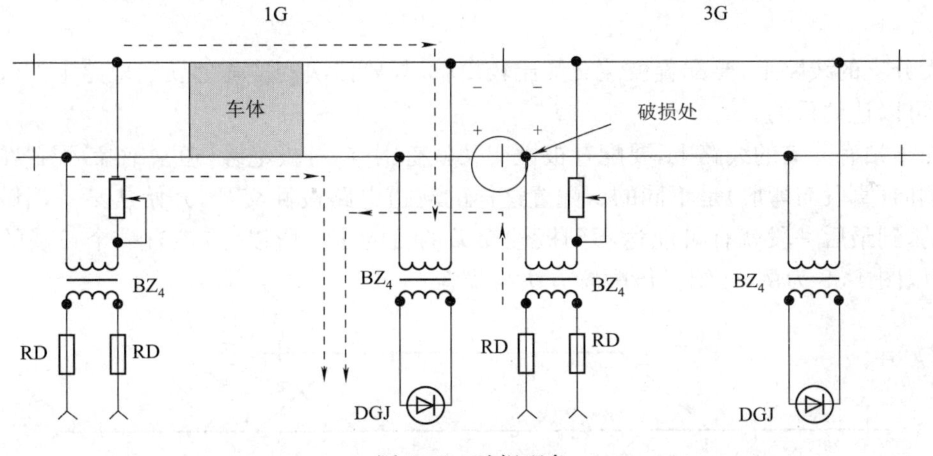


图 4-37　破损现象

占用区段虽然处于分路状态,但由受电端与占用列车构成的电路是并联电路,受电端仍然能接收到部分电流,轨道继电器就会在串电流的作用下有可能保持在吸起状态,这是不安全的。

按照“极性交叉”来配置后,在绝缘破损的条件下,轨道继电器线圈中的电流就呈现相抵(即相减)状态(图 4-38),在有车占用状态下,串电流将占用区段剩余电流全部抵消,使占用区段轨道继电器不可能吸起。

两个轨道区段都处于空闲状态时,绝缘破损后,由两个轨道区段提供的电源向轨道继电器输送的电流相反,只要调整得当,两区段的继电器衔铁也都会落下,以实现“故障—安全”原则。

由交流供电时,产生的结果和直流供电时的情况一样,也是相加或相减的关系。不同的是,交流供电的轨道电路是以相位交叉防护配置的。

有些类型的轨道电路,像交流计数电码轨道电路和移频轨道电路等,尽管也都是属于交流供电的范畴,但由于电路设计中的特殊情况,而无法构成极性交叉。对这一类电路的轨道绝缘破损时，相邻的轨道电路也会串通而互相送电。为防止可能出现的恶性后果，采用另一种防护措施，方法是在相邻轨道电路发送不同周期的电码信息，用不同的频率来加以区分，如移频轨道电路包括 UM71、UM2000 等轨道电路就是这样的。

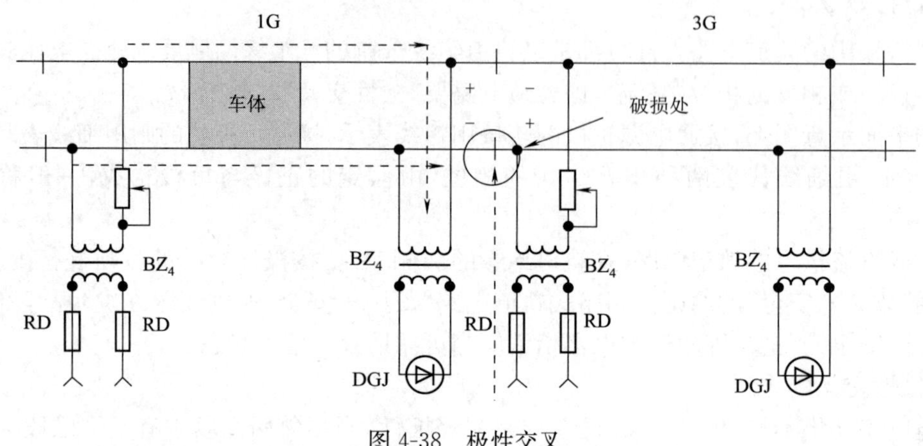


图 4-38　极性交叉

(3)站内轨道电路的配置与极性交叉的方法和步骤

我国铁路上站内轨道电路大多数是交流(工频)轨道电路，极性交叉是这种电路必须遵循的原则。

在无分支的线路上，要配置极性交叉比较简单，只要依次变换相邻轨道电路上的供电电源极性，就可以达到目的。

而在车站有分支的线路上，要配置极性交叉就有困难，分极绝缘(道岔绝缘)配置在道岔的直向与侧向(直股与弯股)是不同的。配置这样的轨道电路极性交叉，开始从某一端做起是能够做出的，到最后一段就有可能达不到极性交叉的目的了。所以，应该有一个正确的配置方法，下面以图 4-39 为例，介绍具体配置方法与步骤。

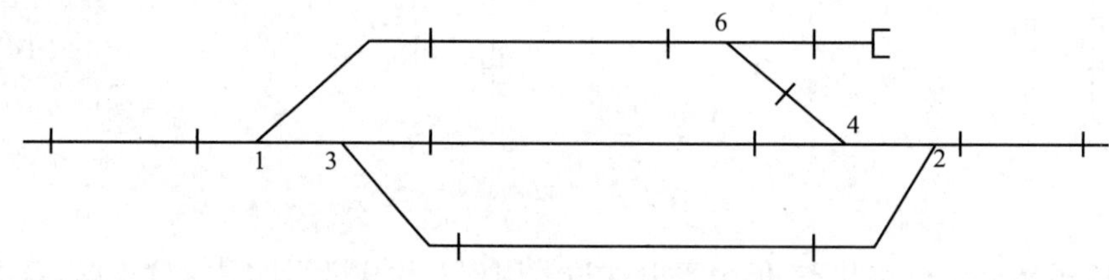


图 4-39　车站轨道电路的划分

①根据车站单线平面图，按照信号工程的要求及原则画成单线平面图。把股道和道岔区段用绝缘分隔开来，以构成各自独立的轨道电路区段，道岔绝缘划在哪一侧都可以。

②划分网孔回路，将图 4-39 中道岔绝缘处的锐角，在道岔绝缘的后面用线划圆角，如图 4-40所示，就形成了多个网孔回路。

③判别。根据前面划出的网孔回路，现在就可以判别出第一步中所划定的道岔绝缘位置，能否达到极性交叉的目的。图 4-40 中两个闭合的回路(网孔)Ⅰ和Ⅱ，当回路中的轨道绝缘为偶数时，说明极性交叉正确，为奇数时，则为不正确(被圆角隔开的道岔绝缘不应计入)。由图 4-40 可看出，图中Ⅰ和Ⅱ两个回路内，一个有五组绝缘，另一有四组绝缘(严格地讲，单线图上的一组绝缘，实际上是代表着双线布置图中的两组绝缘，奇、偶数问题是指单线图而

言的)，第一个回路中轨道电路是奇数，所以不能实现极性交叉配置的要求，其原因可以用图 4-41说明。

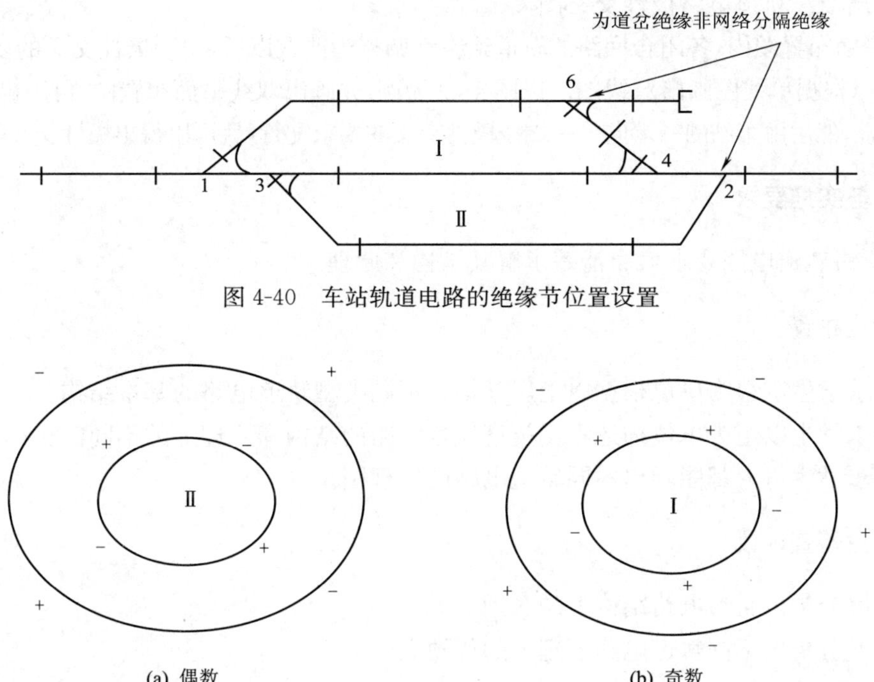


图 4-40　车站轨道电路的绝缘节位置设置

图 4-41　闭合回路内极性交叉的原因图

上述的闭合回路可以看作是一个闭合的圆环，如按偶数分段即单线中的轨道绝缘为偶数，是可以做到按正、负极性交替来布置，如果按奇数来分段，那就实现不了极性交叉的关系了。

在上述回路Ⅰ中，如果将 6 号道岔的轨道绝缘不放在直向位置而放在渡线上时，在回路Ⅱ中仍旧是四组绝缘，在回路Ⅰ中就有六组绝缘(偶数)了，便可以实现极性交叉的配置。由此可见，对于轨道绝缘为奇数的回路，通常都可以利用挪动道岔绝缘位置的办法使之达到偶数。在车站线路比较简单的情况下，或没有特殊的要求时，要作出极性交叉并不难，但有时因站形复杂，各回路之间又会互相牵制，或因区段上装有机车信号等设备的原因，道岔绝缘不允许装设在正线上时，就可能使回路的绝缘只能是个奇数，从而无法实现极性交叉。对于现在无法配出极性交叉的情况，而还要达到极性交叉的目的，也可采用“人工极性交叉”方法，如图 4-42所示。

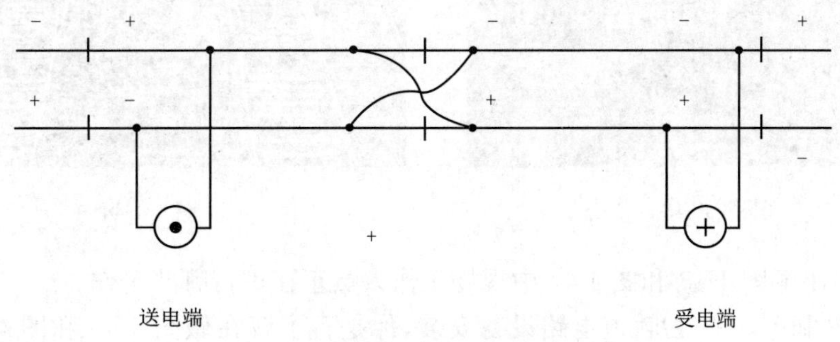


图 4-42　轨道电路的人工极性交叉

图 4-42 在只有奇数轨道绝缘的闭合回路中，选择适当的地段，增加两组绝缘和连接线，把轨道电路极性颠倒过来，这实际上就是在单线的平面图内使奇数的闭合回路变成为偶数。

(4)画出双线轨道电路极性交叉图

单线平面布置图内，各闭合回路的轨道绝缘都调整为偶数以后，说明极性交叉的要求一定能够满足，可以根据单线图画出双线图。以图 4-40 为例，先画出双线平面布置图，再用粗、细线条代表正、负极性，然后由车站的一端向另一端按极性交叉的要求配置，就可以得出极性交叉配置图。

### 六、任务实施要求

以上所讲轨道电路要求大家清楚了解其结构和原理。

### 七、作业布置

(1)要求学生以组为单位根据以上所学描述不同类型轨道电路的基本结构。

(2)要求学生以组为单位描述不同类型轨道电路的结构和原理上的不同。

(3)要求学生每人都能画出不同轨道电路的原理图。

### 八、作业检查评议

(1)能够分析出轨道电路结构上的区别。

(2)能够分析出不同轨道电路原理上的优缺点。

## 任务 2　ZPW-2000A 型轨道电路的安装和使用

### 一、任务提出

ZPW-2000A 型轨道电路是我国目前常用轨道电路的类型，它的安装使用是我们必须掌握的技能知识，需要从安装工作、安装方法、注意事项多方面进行了解，下面先通过图 4-43 和图 4-44来认识一下。

图 4-43

图 4-44

(1)你是否了解图 4-43 和图 4-44 中现场工作人员正在进行哪些工作。

(2)图 4-43 和图 4-44 为轨道电路设备安装，你是否了解在做图 4-43 和图 4-44 中这些工作时需要注意哪些事项？

## 二、任务分析

本任务主要讲解 ZPW-2000A 型轨道电路的施工过程，因此在学习之前中我们要清楚了解在学完该项目后我们能够掌握哪些技能，在以后的工作中我们能从事哪些工作。

(1)了解 ZPW-2000A 型轨道电路的施工流程、安全规范，以便在施工单位进行 ZPW-2000A 型轨道电路安装工作。

(2)了解 ZPW-2000A 型轨道电路的质量验收标准，以便在施工单位进行 ZPW-2000A 轨道电路的检查验收工作。

## 三、任务准备

该任务的实施主要是靠人力和相应的器具，作为一名铁路信号工程施工人员，首先我们应了解实现该任务的器具有哪些，需要多少人力，具体人力和器具要求见表 4-1、表 4-2 和表 4-3。

**表 4-1　人员组织**

| 序　号 | 项　　目 | 单　位 | 数　量 | 备　　注 |
|---|---|---|---|---|
| 1 | 施工负责人 | 人 | 1 | 组织、安全及质量 |
| 2 | 复测、定位 | 人 | 2 | |
| 3 | 设备安装 | 人 | 2 | |
| 4 | 接地连接 | 人 | 1 | |
| 5 | 补偿电容安装 | 人 | 1 | |

**表 4-2　所需工机具**

| 序　号 | 名　称 | 规　　格 | 单　位 | 数　　量 | 备　　注 |
|---|---|---|---|---|---|
| 1 | 发电机 | | 台 | 1 | |
| 2 | 电钻 | | 台 | 1 | |
| 3 | 钻头 | $\phi$13 mm | 盒 | 1 | |
| 4 | 液压钳 | | 把 | 1 | |
| 5 | 直尺 | 250 mm | 把 | 1 | |
| 6 | 钢尺 | 50 m | 把 | 1 | |
| 7 | 游标卡尺 | | 把 | 1 | |
| 8 | 手捶 | | 把 | 1 | |
| 9 | 小工具 | | 套 | 1 | |
| 10 | 通信工具 | | 台 | 根据情况定 | |
| 11 | 防护旗 | 红、黄 | 面 | 根据情况定 | |
| 12 | 号眼冲子 | | 个 | 1 | |
| 13 | 扁铲 | | 把 | 1 | |
| 14 | 黄油 | | 桶 | 1 | |
| 15 | 拉杆 | $\phi$10 mm | 个 | 2 | |
| 16 | 塞钉帽 | $\phi$13～$\phi$10 mm | 个 | 根据情况定 | |

表 4-3 所需材料

| 序 号 | 名 称 | 规 格 | 单 位 | 数 量 | 备 注 |
|---|---|---|---|---|---|
| 1 | 调谐单元 | ZW · T1 | 台 | 1 | F1:1 700 Hz、2 000 Hz |
| 2 | 调谐单元 | ZW · T1 | 台 | 1 | F2:2 300 Hz、2 600 Hz |
| 3 | 空芯线圈 | ZW · XK1 | 台 | 1 | |
| 4 | 匹配变压器 | ZPW · BP | 台 | 2 | |
| 5 | 设备防雷单元 | | 套 | 1 | |
| 6 | 钢轨引接线 | 长 2 000 mm | 根 | 3 | 70 $mm^2$ 钢包铜注油线 |
| 7 | 钢轨引接线 | 长 3 700 mm | 根 | 3 | 70 $mm^2$ 钢包铜注油线 |
| 8 | 设备连接线 | 长 250 mm | 根 | 2 | 7.4 $mm^2$ 多股铜缆 |
| 9 | 设备连接线 | 长 500 mm | 根 | 2 | 7.4 $mm^2$ 多股铜缆 |
| 10 | 设备连接线 | 长 300 mm | 根 | 1 | 10 $mm^2$ 多股铜缆 |
| 11 | 补偿电容 | 按设计 | 个 | 按设计 | |
| 12 | 防护盒 | | 台 | 3 | 双体防护盒 |
| 13 | 小枕木 | | 块 | 3 | |
| 14 | 设备基础桩 | | 根 | 3 | |
| 15 | 小枕木卡具 | | 个 | 6 | |
| 16 | 钢轨卡具 | | 个 | 6 | |
| 17 | 轨枕卡具 | | 个 | 6 | |

其次我们需要了解完成该项目涉及哪些施工、验收规范,我们又需要对哪些标准清楚了解。

应了解的规范和标准主要包括:《铁路信号设计规范》《铁路信号工程施工质量验收标准》《高速铁路信号工程施工质量验收标准》《维规》等。该标准规范中的涉及内容我们将在任务实施和知识描述中提及。

思考:请大家想一想表 4-2 中所列的相应器具在现场起到什么样的作用?

强调:配套有视频动画演示。

## 四、施工任务实施

1. 施工准备

(1)根据双线轨道电路图,对安装位置定位复测。

(2)备齐所需材料、工具。

(3)检查材料规格、型号、材质是否符合设计要求。

2. 复测定位

(1)信号点处设备定位

根据设计文件依照有效施工图纸对所安装信号机的地点位置进行确定,然后以信号机机柱中心为基准,在所属线路用钢尺(30 m)进行测量,从而确定出其他设备的位置,并用红油漆做好标记。之所以以信号机机柱中心为基准进行定位,是为了避免误差积累,设备位置定位具体尺寸如下。

①发送调谐单元防护盒中心距信号机机柱中心(列车运行方向)为 1 000 mm,防护盒边缘距所属线路中心不得小于 2 220 mm。

②接收调谐单元防护盒中心距信号机机柱中心(列车运行方向)为 30 m,防护盒边缘距所属线路中心不得小于 2 220 mm。

③空芯线圈防护盒中心距信号机机柱中心(列车运行方向)为 15.5 m,防护盒边缘距所属线路中心不得小于 2 220 mm。

具体设备位置定位尺寸如图 4-45 所示。

(2)分割点处设备定位

根据设计文件依照有效施工图纸对所安装空芯线圈防护盒的地点位置进行确定,然后以空芯线圈防护盒中心为基准,在所属线路用钢尺(30 m)进行测量其他设备的位置,并用红油漆做好标记。设备位置定位尺寸如下。

①发送调谐单元防护盒中心距空芯线圈防护盒中心(列车运行方向)为 14.5 m,防护盒边缘距所属线路中心不得小于 2 220 mm。

②接收调谐单元防护盒中心距空芯线圈防护盒中心(列车运行反方向)为 14.5 m,设备防护盒边缘距所属线路中心不得小于 2 220 mm。

具体设备位置定位尺寸如图 4-45 所示。

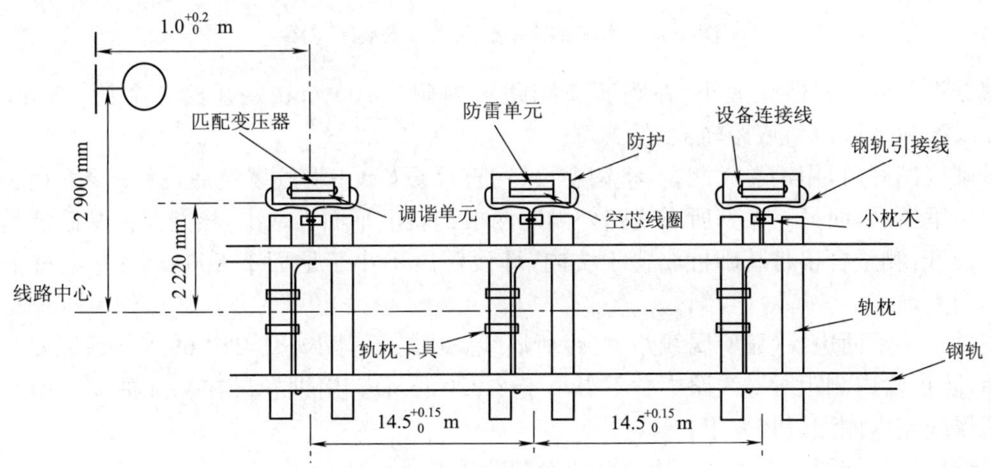


图 4-45　电气绝缘节处设备布置示意图

(3)机械绝缘处设备定位

机械绝缘节处设备布置如图 4-46 所示。

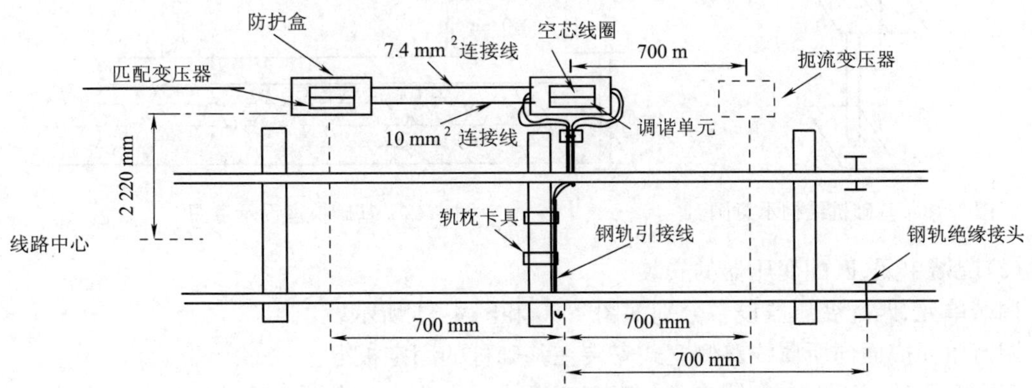


图 4-46　机械绝缘节处设备布置

3. 调谐区设备安装

(1)基础安装

设备基础有两种结构:一种为水泥结构,另一种为金属结构。下面以水泥结构为例。水泥结构基础及设备安装如图 4-47 所示。

图 4-47　水泥结构基础及设备安装示意图

根据设备基础桩体积大小,在距所属线路轨内侧 1 700 mm 处开挖一个长 500 mm、宽 500 mm、深 900 mm(坑底距轨面)的方坑。

基础坑挖好后,用钢卷尺测量,将钢卷尺(用直尺更好)一端放置坑底,另一端垂直于坑底向上拉出钢卷尺,而另一人到所属线路外侧以两根钢轨上平面为基准,核查验证基础坑是否符合安装标准,测量合格将基础桩放置于坑内,埋设深度不小于地面下 500 mm;基础桩上的引线孔面向大地。

基础桩上平面边缘(靠所属线路侧)距所属线路中心不得小于 2 220 mm(并保证安装上防护盒后,防护盒内侧距所属线路中心不得小于 2 220 mm)。用钢卷尺在基础桩上平面边缘两端距所属线路内侧测量其方正。

基础桩结构如图 4-48 所示,基础桩埋设如图 4-49 所示。

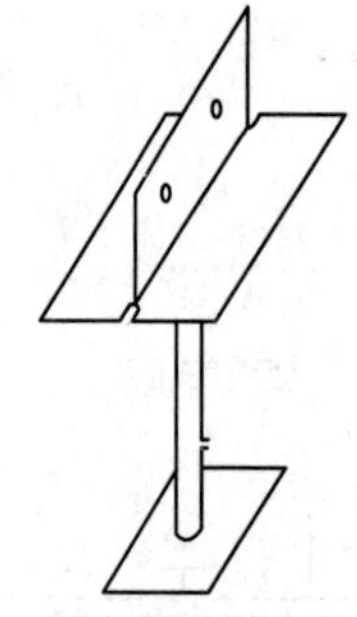

图 4-48　基础桩结构示意图

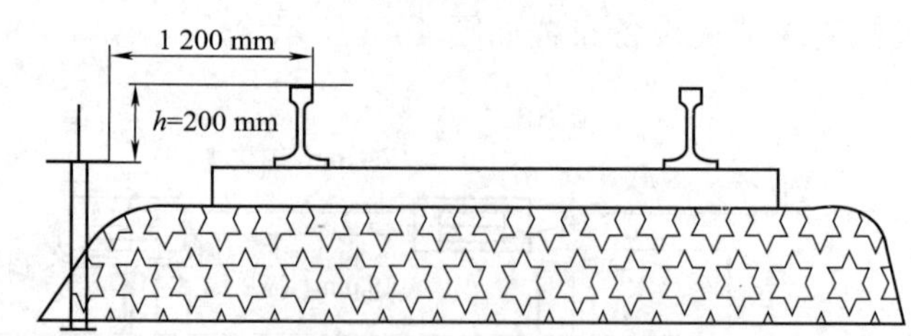


图 4-49　基础桩埋设示意图

(2)调谐单元、匹配变压器的安装

调谐单元、匹配变压器设备分别如图 4-50 和图 4-51 所示。

调谐单元应面向所属线路侧立式安装在基础桩的固定板上。

匹配变压器应面向大地侧立式与匹配变压器背靠背安装在同一基础桩的固定板上。

用其配套螺栓(M10)将调谐单元、匹配变压器安装固定在同一基础桩的固定板上,并用转矩扳手将其紧固,如图 4-52 所示。

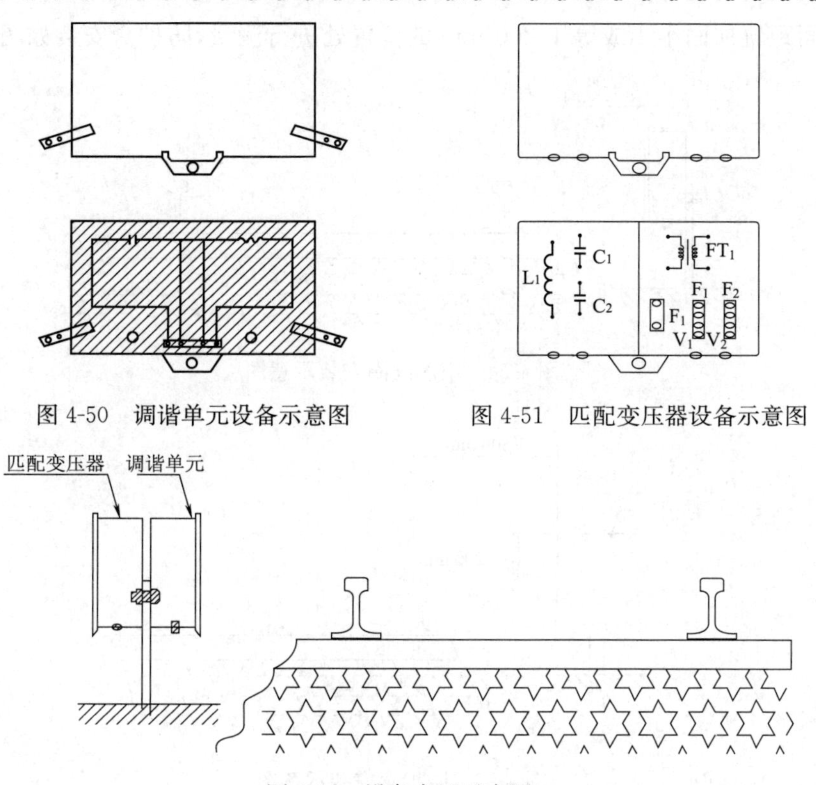


图 4-50　调谐单元设备示意图

图 4-51　匹配变压器设备示意图

图 4-52　设备布置示意图

(3)空芯线圈的安装

空芯线圈设备如图 4-53 所示。

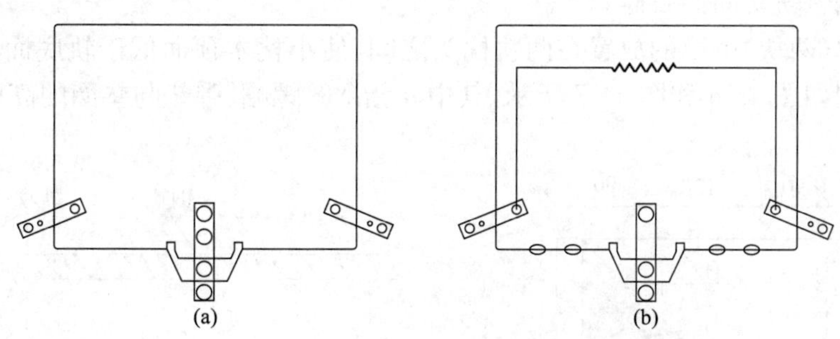


图 4-53　空芯线圈设备示意图

空芯线圈面向所属线路侧立式安装，在安装时注意电气绝缘节处用 ZW · XK1 型空芯线圈，而在机械绝缘节处(站口)用 ZPW · XKJ 型空芯线圈。

用其配套螺栓(M10)将空芯线圈安装固定在基础桩的固定板上，并用转矩扳手将其紧固。空芯线圈安装如图 4-54 所示。

(4)调谐单元(及匹配变压器)、空芯线圈防护盒的安装

防护盒安装在调谐单元(及匹配变压器)或空芯线圈外，与基础面固定在一起；用钢卷尺和水平尺测量：将水平尺放在防护盒上面，在水平面的两个方向进行水平调整，观察水平尺内气泡流动到中间为宜。用钢卷尺测量防护盒内侧边缘两端距最近钢轨轨内侧为 1 500 mm，顶面距轨顶面为小于或等于 200 mm。注意：测量防护盒内侧边缘距所属线路中心安装尺寸时，应

在防护盒顶面距轨顶面小于或等于 200 mm 的位置处进行测量，防护盒安装如图 4-55 所示。

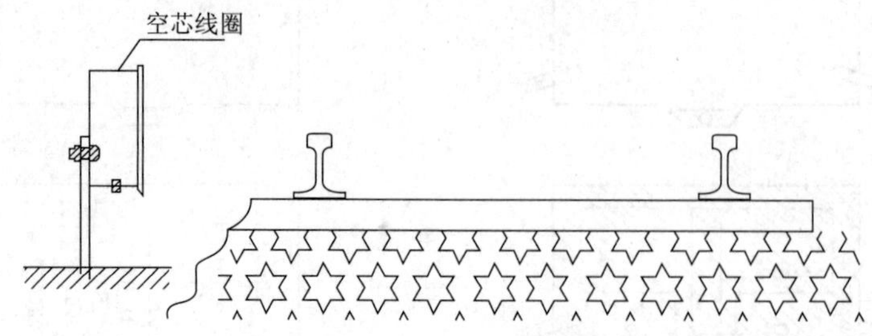


图 4-54　空芯线圈安装示意图

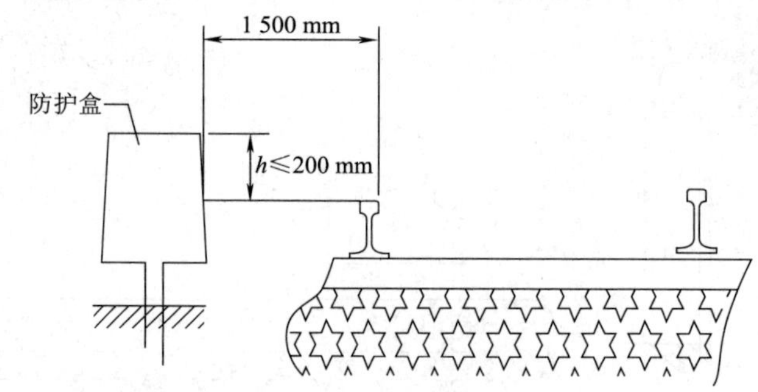


图 4-55　防护盒安装示意图

(5)引接线与调谐单元、空芯线圈及钢轨的连接

①埋设小枕木。

②清理两钢轨轨枕间的石砟。

③将小枕木(两块)平稳的放置在两轨枕头之间，使小枕木顶面低于轨底面 50 mm。小枕木及其埋设分别如图 4-56 和图 4-57 所示，其中 $h$ 指 M8 螺帽、弹垫与垫圈的高度。

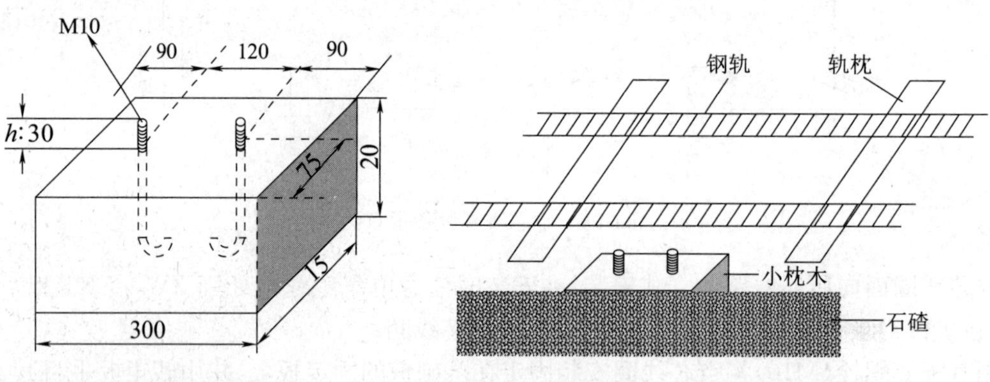


图 4-56　小枕木示意图(单位：mm)　　图 4-57　小枕木埋设示意图

④调谐单元引接线的安装

钢轨引接线为两端带冷压铜端头的钢包铜注油线。与钢轨连接的一端为 $\phi$10 mm 铜端头，与设备连接的一端为 $\phi$12 mm 铜端头。钢轨引接线有长度 2 000 mm 及 3 700 mm 两种。

a. 用 M12 铜螺栓将 $\phi$12 mm 铜端头(2 000 mm、3 700 mm)引接线与调谐单元两侧端子板连接，并紧固在一起。

b. 将 2 000 mm 引接线用小枕木卡具及钢轨卡具固定后，使引接线朝下并与水平面成 45°～60°夹角，用塞钉将引接线与钢轨连接，并用转矩扳手紧固。引接线安装如图 4-58 所示。

c. 将 3 700 mm 引接线经小枕木卡具、沿轨枕侧（用卡具与轨枕固定）从钢轨底部穿出到外轨用钢轨卡具防护后，使引接线朝下并与水平面成 45°～60°，用塞钉将引接线与钢轨连接，并用转矩扳手紧固。

d. 引接线安装在钢轨外侧，并用尼龙拉扣平行绑扎。

⑤空芯线圈引接线的安装

参照调谐单元引接线的安装方法施工。

4. 接地连接

(1)贯通地线是由 25 mm² 铅包铜缆或 35 mm² 环保型贯通地线组成。

(2)贯通地线与电缆同沟直埋于地下，埋设深度及过桥、涵、公路、水沟等障碍物时与电缆做同等防护。

(3)贯通地线的接地电阻值应不大于 1 Ω。

(4)室外箱盒的屏蔽地线、信号机的安全地线、空芯线圈的防雷地线都应与贯通地线可靠连接，以确保所有金属设备等电位。区间贯通地线与各设备连接如图 4-59 所示。

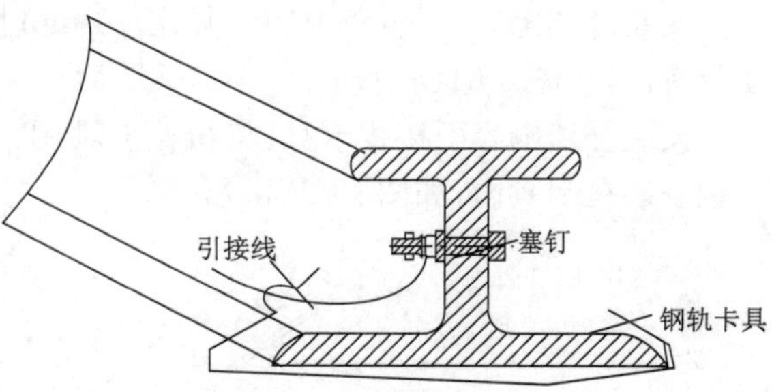


图 4-58　引接线安装示意图

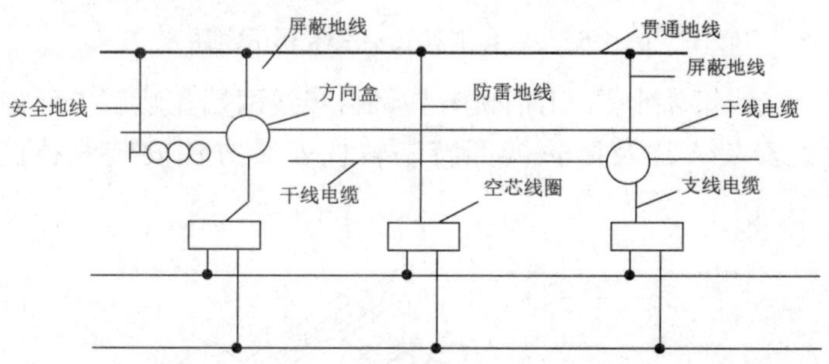


图 4-59　区间贯通地线与各设备连接示意图

5. 补偿电容安装

补偿电容引接线塞钉的安装有两种：一种是引接线和塞钉是焊接方式，将塞钉直接打入钢轨；还有一种是引接线用直径为 $\phi$8 mm 的冷压铜端头（加强型）与之压接，而钢轨轨腰中部要安装塞钉帽及配套塞钉，两种安装方法钢轨钻孔直径均为 $\phi$9.8 mm。

补偿电容的安装一般有下述三种方法，但为了方便工务部门大型养路机械作业，这次结合 ZPW-2000 系列无绝缘轨道电路制式的推广应用，国铁集团要求将补偿电容安装在特制轨枕内。

(1)补偿电容在特制轨枕中的安装方法

将补偿电容置于特制电容轨枕内，补偿电容引接线从特制轨枕两端引线孔中引出。

将补偿电容两端引接线用钢轨卡具固定，用手捶将引接线塞钉打入塞钉孔中，手捶击打塞钉时用力要均匀，以免将塞钉打歪。塞钉打入钢轨后以塞钉头露出钢轨内侧 1～4 mm 为宜。

使塞钉引线朝下并与水平面约成 45°～60°夹角。塞钉两端涂漆防护，安装方式如图 4-60 所示。

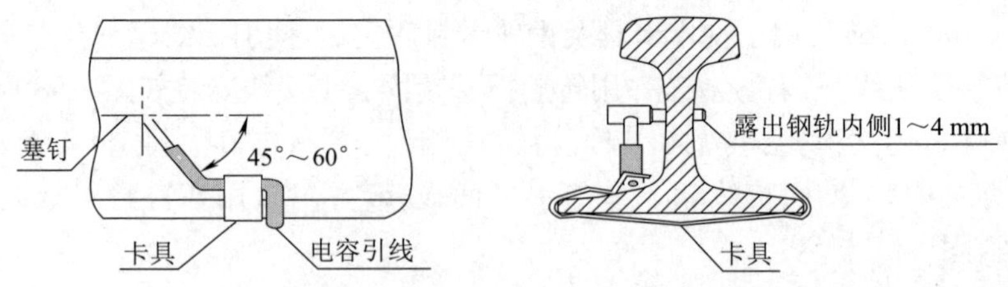


图 4-60　电容塞钉安装及固定方式

(2)补偿电容在普通轨枕的安装方法

安装补偿电容卡具:将电容卡具用 $\phi$6 mm 胀管螺栓固定在轨枕侧面,并将补偿电容安装在卡具内,如图 4-61(a)所示。

安装补偿电容引接线卡具:将轨枕卡具用 $\phi$6 mm 胀管螺栓固定在轨枕侧面,并将引接线两端安装在卡具内,如图 4-61(b)所示。

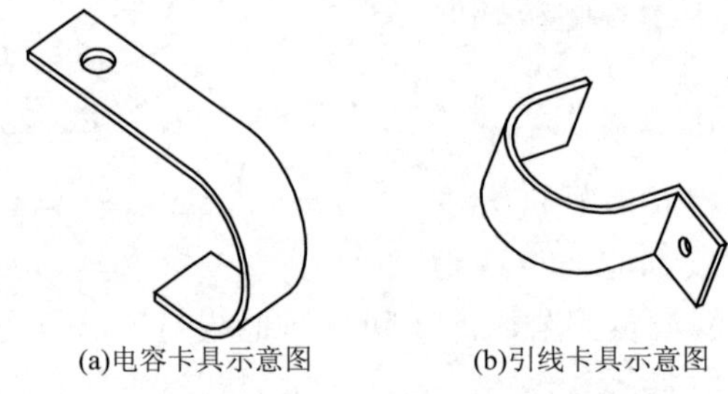

(a)电容卡具示意图　　(b)引线卡具示意图

图 4-61　电容卡具及引线卡具示意图

安装补偿电容引接线钢轨卡具:用钢轨卡具将引接线两端在轨底上面走行部分固定。

电容引接线塞钉安装方法及防护参照特制轨枕安装方法安装。补偿电容卡具安装如图 4-62所示。

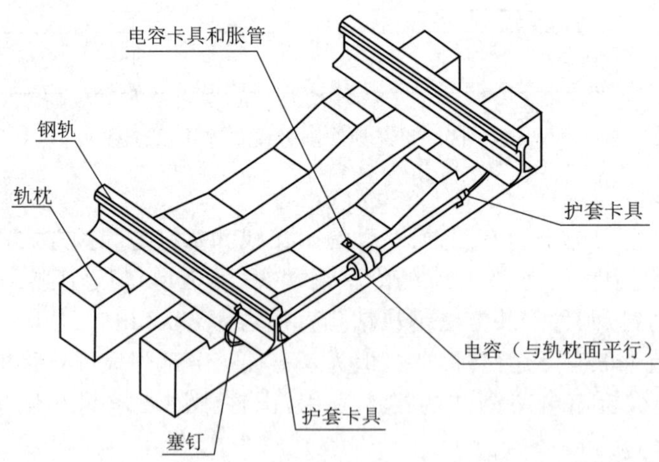


图 4-62　补偿电容卡具安装示意图

## 五、任务实施的要求

1. 电气绝缘节设备的安装

(1)安装原则应符合如下规定:

①安装前应按照施工设计文件进行现场定测、定标。

②ZPW-2000系列无绝缘轨道电路极限长度范围内定测误差应不大于设计区段长度的6‰。

③电气绝缘节长度应满足设计文件要求，空芯线圈至两端调谐单元的公差为$0^{+0.5}_{0}$ mm。

(2)不同位置设备定位要求如下：

①信号点处设备定位

按照施工图纸对所安装信号机的位置进行定测，然后以信号机机柱中心为基准，在所属线路用钢尺进行测量，按调谐区长度确定出其他设备的位置，并用红油漆做好标记。设备位置定位具体尺寸如下。

a. 发送调谐单元防护盒中心距信号机机柱中心(列车运行方向)为$10^{+0.2}_{0}$ m，防护盒边缘距所属线路中心不得小于2 220 mm。

b. 接收调谐单元防护盒中心距发送调谐单元防护盒中心(列车运行方向)为调谐区长度，防护盒边缘距所属线路中心不得小于2 220 mm。

c. 空芯线圈防护盒中心距发送调谐单元防护盒中心(列车运行方向)为调谐区长度的1/2，防护盒边缘距所属线路中心不得小于2 220 mm。

②分割点处设备定位

按照施工图纸对所安装空芯线圈防护盒的地点位置进行复测，然后以空芯线圈防护盒中心为基准，在所属线路用钢尺进行测量其他设备的位置，并用红油漆做好标记。设备位置定位尺寸如下。

a. 发送调谐单元防护盒中心距空芯线圈防护盒中心(列车运行方向)为调谐区长度的1/2，防护盒边缘距所属线路中心不得小于2 220 mm。

b. 接收调谐单元防护盒中心距空芯线圈防护盒中心(列车运行反方向)为调谐区长度的1/2，设备防护盒边缘距所属线路中心不得小于2 220 mm。

(3)当电气绝缘节调谐区内有轨缝时，宜采用一塞一焊或一塞一挤压连接线连接。

(4)调谐单元与匹配变压器应背对背安装在同一基础上，调谐单元靠近钢轨侧，设备应加装防护盒防护；当防雷单元与空芯线圈安装在一起时，应与空芯线圈安装在同一基础上，空芯线圈靠近钢轨侧，设备应加防护盒防护。

(5)设备基础安装时，应使设备防护盒顶面距钢轨顶面不大于200 mm；防护盒最外边缘(靠近钢轨侧)距钢轨外侧不小于1 500 mm。

(6)调谐单元与匹配变压器应采用7.4 mm带绝缘护套的多股铜芯电缆线连接(将匹配变压器的V1、V2端与调谐单元连接)。

(7)设备与钢轨的连接线应采用长度分别为3 700 mm、2 000 mm截面积为70 $mm^2$的专用钢包铜线连接，连接线两端应采用压接端子。

(8)连接线与钢轨应采用专用冷挤压塞钉进行连接，冷挤压塞钉安装时应采用专用工具。

(9)连接线从设备防护盒引出后应用尼龙绑扣平行绑扎，与钢轨连接时应采用专用卡具防护，连接线在轨枕间应用卡具或小枕木固定防护。

(10)通过信号机应设置于运行正方向发送端调谐单元前方$10^{+0.2}_{0}$ m处。

(11)禁停标应设置于运行正方向接收端调谐单元后方$10^{+0.2}_{0}$ m处。

2. 电容器安装

(1)补偿电容的规格、型号及安装方式应符合设计要求。

(2)补偿电容的安装应符合如下要求：

①补偿电容应等间距安装，其安装步长符合公式：

$$\Delta = L_{调}/N_c（允许公差\pm 0.5\ m）$$

式中 $L_{调}$——轨道电路两端调谐单元间的距离；

$\Delta$——补偿电容的等间距长度；

$N_c$——补偿电容数量。

②轨道电路两端调谐单元与第一个电容距离为$\Delta/2$，允许公差±0.25 m。

(3)站内股道叠加电码化补偿电容的安装应符合如下要求：

①补偿电容应等间距安装，符合公式：$\Delta = L/\Sigma$（$\Delta$为等间距；$L$为轨道电路长度；$\Sigma$为电容数量）；电容数量符合公式$\Sigma = N + A$（$N$：百米位数；$A$：个位、十位数为0时为0，个位、十位数不为0时为1）。

②轨道电路两端机械绝缘节与第一个电容距离为$\Delta/2$（表示为半间距）。

(4)补偿电容及两端引线采用专用护套防护，护套口热缩密封。

(5)补偿电容两端为塞钉时，其塞钉与引线连接时采用嵌入式防水型结构，补偿电容及引接孔尽量靠近轨枕。

(6)补偿电容两端为压接端头时，其端头与引接线压接牢固，且端头与引接线之间进行防护。

(7)补偿电容应装设在混凝土电容枕中，混凝土电容枕的防护槽应背向列车正常运行方向。条件不具备时补偿电容可安装在轨枕间，并应加防护装置，且电容引接线应用专用卡具与钢轨固定，补偿电容防护装置不宜高于轨枕面。

3. 地线的连接

为保护设备，所有信号点调谐区内空芯线圈中点应直接接地或经防雷单元接地。

## 六、布置作业

大家已从上述图片和文字中了解到了ZPW-2000A型轨道电路施工安装的整体过程，为了加深此任务的理解，我们将列出现场的验收流程表格，请大家以一名现场人员的身份组成小组描述施工过程及注意要素并填写表4-4。

**表4-4 轨道电路检验质量检查记录**

编号：

<table>
<tr><td colspan="3">工程名称</td><td colspan="5"></td></tr>
<tr><td colspan="3">单位工程名称</td><td colspan="5"></td></tr>
<tr><td colspan="3">分部工程名称</td><td colspan="5"></td></tr>
<tr><td colspan="3" rowspan="2">分项工程名称</td><td colspan="3" rowspan="2"></td><td>检验批部位</td><td rowspan="2"></td></tr>
<tr><td>检验批容量</td></tr>
<tr><td colspan="3" rowspan="3">施工单位</td><td colspan="3" rowspan="3"></td><td>项目负责人</td><td rowspan="3"></td></tr>
<tr><td>项目技术负责人</td></tr>
<tr><td>项目质量负责人</td></tr>
<tr><td colspan="3">监理单位</td><td colspan="3"></td><td>总监理工程师</td><td></td></tr>
<tr><td colspan="3" rowspan="2">施工质量验收依据</td><td colspan="5">标准名称：《铁路信号工程施工质量验收标准》</td></tr>
<tr><td colspan="5">设计文件或合同名称：</td></tr>
<tr><td colspan="4">施工质量验收标准规定</td><td rowspan="2">检验记录或检验记录编号</td><td rowspan="2">施工单位自验结论</td><td colspan="2" rowspan="2">监理单位验收结论</td></tr>
<tr><td>项目</td><td>序号</td><td colspan="2">标准规定或设计、合同要求</td></tr>
<tr><td rowspan="2">主控项目</td><td>1</td><td></td><td></td><td></td><td></td><td colspan="2"></td></tr>
<tr><td>2</td><td></td><td></td><td></td><td></td><td colspan="2"></td></tr>
</table>

续上表

| 主控项目 | 3 | | | | | |
|---|---|---|---|---|---|---|
| | 4 | | | | | |
| | 5 | | | | | |
| | 6 | | | | | |
| | … | | | | | |
| 一般项目 | 1 | | | | | |
| | 2 | | | | | |
| | 3 | | | | | |
| | … | | | | | |
| 资料份数 | | | | 份 | | |
| 施工单位 | | | | 监理单位 | | |
| 专职质量检查员：(签字)<br>年　月　日 | | | | 专业监理工程师：(签字)<br>年　月　日 | | |

## 七、作业检查评议

(1)了解验收表格中项目的施工过程。

(2)能够填写表 4-4，并清楚了解质量标准。

(3)以组为单位讲解验收过程。

# 任务 3　轨道电路的日常维护和集中检修

## 一、任务提出

对于轨道电路的日常维护和集中检修，我们不仅需要了解所需要的工具，更需要掌握正确的操作方法，下面先从图 4-63 和图 4-64 了解轨道电路的检修情况。

图　4-63

图　4-64

(1)你是否了解图 4-63、图 4-64 中现场工作人员正在进行哪些维护工作。

(2)图 4-63 为检查箱盒；图 4-64 为检查绝缘，你是否了解图 4-63、图 4-64 中在做这些工作时需要注意哪些事项？

## 二、任务分析

本任务主要是讲解各种轨道电路的维护过程，因此在学习之前要清楚了解在学完该项目后我们能够掌握哪些技能，在以后的工作中我们能从事哪些工作。

(1)了解轨道电路的日常维护、集中检修的方法，以便在各铁路局集团公司的电务段进行轨道电路的维护工作。

(2)了解轨道电路的维护内容和方法，以便在电务公司的维修车间进行管内维修生产组织工作，参加管内天窗修，监督检查工区检修工作质量，全面完成维修、中修生产任务，保证设备正常运用。

## 三、任务准备

该任务的实施主要是靠人力和相应的器具，作为一名铁路信号工程维护人员，首先我们应了解实现该任务的器具有哪些，维护轨道电路所需器具见表 4-5。

**表 4-5 维护轨道电路所需器具**

| 序号 | 所需器具 | 单位 | 数量 |
|---|---|---|---|
| 1 | 测试表格 | 本 | 1 |
| 2 | 钥匙 | 串 | 1 |
| 3 | 对讲机 | 台 | 2 |
| 4 | 150 mm 活口扳手 | 把 | 1 |
| 5 | 300 mm 活口扳手 | 把 | 1 |
| 6 | 螺丝刀 | 把 | 1 |
| 7 | 扁铲 | 把 | 1 |
| 8 | 油壶 | 壶 | 1 |
| 9 | 钢丝刷 | 把 | 1 |
| 10 | 手锤 | 把 | 1 |
| 11 | 冲子 | 把 | 1 |
| 12 | 绝缘管 | 个 | 若干 |
| 13 | 接续线 | 根 | 必要时带 |
| 14 | 钢丝绳 | 根 | 2 |
| 15 | 各种材料 | 组 | 1 |
| 16 | 万用表 | 台 | 1 |
| 17 | 套筒 | 个 | 1 |

其次我们需要了解完成该项目涉及哪些维护规范，我们又需要对哪些标准清楚了解。

应了解的规范和标准主要包括：《普速铁路信号维护规则　业务管理》《普速铁路信号维护规则　技术标准》《高速铁路信号维护规划　业务管理部分》《高速铁路信号维护规则　技术标准部分》和设备厂家提供的技术标准、各铁路局集团公司信号设备维修实施方法、各铁路局集团公司电务信息设备维护管理办法等。该标准规范中的涉及内容我们将在任务实施和知识描述中提及。

思考：请大家想一想表 4-5 中所列的相应器具在现场起到什么样的作用？你知道在表 4-5 中说的材料应该包括哪些吗？

强调：配套有视频动画演示。

站内轨道电路检修作业程序 1

站内轨道电路检修作业程序 2

## 四、任务实施

1. 日常养护

(1)思考：图 4-63、图 4-64 都是工作人员在进行日常养护工作，你知道他们工作的环境、周期吗？

(2)任务提示：图 4-63 是工作人员在检查轨道电路的箱盒内部；图 4-64 是工作人员在进行钢轨绝缘检查。

25 Hz 相敏轨道电路常见问题处理

(3)任务实施要领：

①作为一名铁路信号维护工作人员，先要了解自己日常的工作内容和周期。不同类型轨道电路的日常维护内容如表 4-6、表 4-7、表 4-8 所示（请大家根据下表想一想，如果不进行以下日常养护，会出现哪些事故）。

**表 4-6　JZXC-480 型轨道电路日常养护内容和周期**

| 修程 | 工作内容 | 质量标准 | 周期 |
|---|---|---|---|
| 日常养护 | 室内测试轨道继电器电压 | 在调整状态时，轨道继电器交流端电压应不小于 10.5 V，道岔区段一般不大于 16 V，一送多受各分歧继电器交流端电压相差不大于 1 V，到发线或超过 400 m 的无岔区段应符合一次调整表；轨道继电器交直流电压在测试盘测试相差不大于 3 V | 每月不少于 2 次 |
| | 检查送、受电端引接线各部轨端导接线、道岔跳线 | 送、受电端引接线，各部轨端导接线，道岔跳线完好；引接线、跳线不得被道钉、防爬器、接头夹板、轨距杆等物挤卡、防混措施良好、固定完好无松动 | |
| | 检查钢轨绝缘 | 钢轨绝缘外观良好，轨缝应保持在 6～10 mm，两钢轨头部应在同一平面，高低相差不大于 2 mm；绝缘处轨头及钢轨内侧无过大肥边，绝缘螺栓齐全紧固，绝缘接头夹板不接触钢轨扣件和枕木螺栓 | |
| | 检查箱盒 | 箱盒无破损，加锁良好 | |
| | 更换断股导接线、钢丝绳、对缺油的钢丝绳涂油 | 导接线平直，塞钉白油封闭，防混引接线护套无破损 | |
| | 清扫硬面化 | 硬面化清洁 | |

**表 4-7　25 Hz 相敏轨道电路日常养护内容和周期**

| 修程 | 工作内容 | 质量标准 | 周期 |
|---|---|---|---|
| 日常养护 | 同表 4-6 日常养护内容 | 与表 4-6 同类内容 | 每月不少于 2 次 |
| | 室内测试轨道电路电压 | (1)在轨道电路空闲状态下，电子接收器输出给执行继电器的电压为 18～35 V；<br>(2)电子接收器局部电源为 110 V、25 Hz，轨道信号电压滞后于局部电压的相位角为 90°±10°；<br>(3)在无雨天道床漏泄情况下回楼电压下降 1 V 以上相位角变化 5°以上，要查找原因 | |
| | 检查送受扼流变压器引接线 | 送、受电端扼流变压器引接线完好，不得被道钉、防爬器、接头夹板、轨距杆等物挤卡，防混措施良好，固定螺栓完好无松动 | |
| | 检查扼流变压器箱外观和中间连接板及加锁装置 | 扼流变压器箱外观和中间连接板及加锁完好 | |

**表 4-8 ZPW-2000 系列轨道电路日常养护内容和周期**

| 修程 | 工作内容 | 质量标准 | 周期 |
|---|---|---|---|
| 日常养护 | 检查调谐区 BA、BP 及平衡线圈的钢包铜引接线 | 要求完好 | 每月不少于 2 次 |
| | 检查补偿电容及卡具 | 要求完好 | |
| | 检查钢轨绝缘 | 检查钢轨接续线完好，补齐缺损的接续线 | |
| | 检查箱盒 | 检查防护盒外观及加锁完好 | |
| | 检查轨道电路 | 有无受外界干扰 | |

②根据轨道电路的结构、维护工具及轨道电路的日常维护内容，你知道应该如何进行日常的维护工作吗？

2. 集中检修

(1)思考：根据轨道电路日常维护的内容和周期，你能想到集中检修的内容和周期吗？

(2)任务提示：集中检修的周期是每半年 1 次。

(3)任务实施要领：

作为一名铁路信号维护工作人员，先了解集中检修工作内容和周期。JZXC-480 型轨道电路集中检修内容和周期见表 4-9、表 4-10 和表 4-11（请大家根据下表想一想，如果不进行以下检修，会出现哪些事故?）。

**表 4-9 JZXC-480 型轨道电路集中检修内容和周期**

| 修程 | 工作内容 | 质量标准 | 周期 |
|---|---|---|---|
| 集中检修 | 箱盒内部检查、清扫整修不良、设备防雷变压器接地检查 | 箱盒内部整洁、各种器材状态良好，配线整齐，端子螺栓紧固，备帽齐全，接地端接触良好 | 每半年 1 次 |
| | 轨端导接线、道岔跳线及其他连接线整修 | 轨端导接线、道岔跳线安装符合 9050 图册标准 | |
| | 各种钢丝绳防锈涂油整修 | 钢丝绳无断股，不锈蚀，防混设施良好 | |
| | 各种引接线，固定防混整修 | 各种引接线固定牢固，钢丝绳无断股，不锈蚀，防混设施良好 | |
| | 轨端绝缘检查 | 绝缘无破损，测试绝缘良好 | |
| | 箱盒防尘整修 | 箱盒盘根封闭作用良好 | |
| | 进行Ⅰ级测试并记录 | 测试项目：(1)送电变压器一次电压（200～225 V，电码化区段为 110～125 V）；(2)送电变压器二次电压应不小于标牌端子电压的 85%；(3)限流电阻压降：道岔区段不小于 2 Ω，道床不良的到发线不小于 1 Ω；(4)送、受电端轨面电压：送端变压器二次电压应不小于轨面的二倍，引接线电压不大于 0.3 V，道岔区段或小于 100 m 的接近区段、无岔区段（送、受端轨面电压降不大于 0.2 V，股道或接近区段的送、受端轨面压降不大于 0.6 V)；(5)接收端中继变压器一次电压、二次电压（受端轨面电压和 $BZ_4$Ⅰ侧次电压差应不大于 0.3 V，$BZ_4$Ⅰ次侧与Ⅱ次侧的变压比不小于 1∶18)；(6)轨道继电器交直流电压：在调整状态下，轨道继电器交流端电压应不小于 10.5 V，道岔区段一般 | |

续上表

| 修程 | 工作内容 | 质量标准 | 周期 |
| --- | --- | --- | --- |
| 集中检修 | 进行Ⅰ级测试并记录 | 不大于 16 V,一送多受各分歧继电器交流端电压相差不大于 1 V;股道或超过 400 m 的无岔区段按《维规》调整表进行调整,轨道继电器交直流电压在测试盘测试相差不大于 3 V;(7)轨道分路残压:轨道继电器交流端电压应不大于 2.7 V;(8)轨道绝缘检查 | |
| | 检查、测试绝缘轨距杆 | 不良的通知工务进行更换 | |
| | 电气化区段扼流变压器开盖检查 | 不良的进行更换 | |
| | 测试、更换防雷元件 | 不良的进行更换 | |

**表 4-10　25 Hz 相敏轨道电路集中检修内容和周期**

| 修程 | 工作内容 | 质量标准 | 周期 |
| --- | --- | --- | --- |
| 集中检修 | 同表 4-9 中集中检修内容 | 与表 4-9 同类内容 | 每半年 1 次 |
| | 进行Ⅰ级测试并记录 | 测试项目:(1)送端变压器一次电压 200～225 V;(2)送端限流电阻:一送一受区段不小于 0.9 Ω,一送多受不小于 1.6 Ω;(3)受端变压:升压比为 1∶50 左右;(4)回流交流电压:道岔区段一送一受,小于 300 m 的无岔区段 18～20 V;一送多受 18～23 V,股道、正线 JG 根据区段长度按规定进行调整,一般在 30～35 V;(5)相位角为 90°±10°;(6)轨道分路残压:用 0.06 Ω 标准分路线在轨道电路送、受端轨面上分路时,应不大于 7.4 V,其前接点应断开,电子接收器的轨道接收端电压应不大于 10 V,输出端电压为 0 V,其执行继电器可靠落下 | |

**表 4-11　ZPW-2000 系列轨道电路集中检修内容和周期**

| 修程 | 工作内容 | 质量标准 | 周期 |
| --- | --- | --- | --- |
| 集中检修 | 检查钢包铜引接线的安装及固定是否符合要求,不良整治 | (1)引接线采用长度分别为 2 000 mm、3 700 mm、截面 95 $mm^2$ 的钢包铜注油线,线两端分别连有 $\phi$12 mm 的冷压铜端头(注锡),并压接良好(或轨道端为塞钉头,线头连接良好);(2)塞钉帽与钢轨应紧密接触;(3)铜端头平面侧朝轨腰并与塞钉紧密固定,塞钉两端为防松铜螺帽;钢轨两侧的铜端头应朝向一致且与轨面水平,在离塞钉 15 cm 左右引接线用卡具固定且向下弯曲,并与水平呈 45°～60°;(4)引接线采用专用轨枕卡具或水泥方枕固定,靠轨枕侧,走线平直,略低于道心轨枕面;外轨侧的两引接线应并行直走线,用尼龙拉扣等间距绑扎;在钢包铜引入防护盒的分支处用水泥方枕固定 | 每半年 1 次 |
| | 检查塞钉头上的固定螺帽是否松动,冷压铜端头与轨面间接触电阻是否超标,冷压铜端头根部是否有裂纹,不良整治或更换 | 冷压铜端头与轨面间电压小于或等于 1 mV | |

续上表

| 修程 | 工作内容 | 质量标准 | 周期 |
|---|---|---|---|
| 集中检修 | 防护盒开盖检查、内部清扫、端子螺栓紧固、不良设备整修;电缆固定牢固 | (1)调谐单元、匹配单元、平衡线圈固定良好;(2)各部螺栓紧固,无锈蚀,备帽齐全,中止漆完好;(3)防雷单元劣化指示窗正常为绿色,变红说明已失效需更换 | 每半年1次 |
|  | 检查补偿电容的安装和固定是否符合要求,不良整治 | 标准:(1)补偿电容应装在靠轨枕边的两端牢固固定于钢轨上的支架内(或专用轨枕护板内);(2)连接电容引接线的塞钉,应从钢轨外侧打入,与塞钉孔紧密接触,塞钉头露出轨腰 1～4 mm 并用油漆封堵;(3)两塞钉头引线的卡具应安装牢固,在离塞钉头 15 cm 左右将引线压于钢轨底部的上斜面 |  |
|  | 检查电容引线断股是否超标 | 断股小于 1/5 |  |
|  | 检查钢轨接续线是否符合要求,不良更换或整修 |  |  |
|  | 轨道电路分路残压测试 | 分路残压不超标 | 每年1次 |
|  | 轨道电路送、受电端调谐区设备电气特性在线测试并记录 |  |  |
|  | 补偿电容阻抗在线测试并记录 |  |  |
|  | 绝缘轨距杆漏电流阻抗测试 |  |  |
|  | 防护盒防水整修:设备基础桩油漆、扶正;硬面化修补 |  |  |
|  | 对防护盒上字迹不清的名称及电容防护罩上字迹不清的编号用白色调和漆重新刷写 | 名称、频率、编号采用直体字,防护盒上的规格为 30 mm×20 mm |  |
|  | 各箱盒地线测试,不良整治 | 地线电阻小于或等于 1 Ω |  |
|  | 防护盒界限测量 | (1)防护盒顶距轨面小于或等于 200 mm;(2)防护盒内侧边缘距最近钢轨外沿大于或等于1 500 mm,特殊情况下大于或等于 900 mm |  |
|  | 线路道床检查 | (1)全程钢轨扣件的绝缘完整,发现损坏及缺少应做记录,并向工务反映;(2)全程钢轨轨底不与石砟相碰;(3)隧道内轨枕及宽轨枕板表面不得有浮土覆盖,更不得有泥土板结;(4)工务大修清筛道床后,严格防止石砟在钢轨边堆积,不得与钢轨相碰;(5)护轮轨不得经扣件与基本轨相通,护轮轨绝缘良好 |  |

## 五、举例说明轨道电路的检修调整过程

1. 检修要点

(1)JZXC-480 型轨道电路的检修

①外部设备的维护

a. 接续线、跳线、引接线

(a)钢轨接续线应双套化,塞钉打入深度最少与轨腰平,露出不超过 5 mm,塞钉与塞钉孔紧密接触,并涂漆封闭。

(b)钢轨接续线应密贴在接头夹板上,线条不能弯曲、更不能浮起,外观要做到平、紧、直。

(c)焊接式接续线焊接牢固,焊接接头的上端端头应低于新轨轨面 11 mm,与接头夹板固定螺母竖向中心线的间距不得小于 10 mm。

(d)钢绞线应油润无锈,断股不得超过 1/5。

(e)道岔跳线和箱盒引接线双套。固定良好,油润不锈蚀,断股不得超过 1/5。

(f)道岔跳线和钢轨引接线采用涂机油的方法来防锈。

(g)引接线与变压器箱、电缆盒应连接紧固,不得有松动现象。绝缘片、绝缘管应完整无破损,保证绝缘良好。引接线的裸线部分不得与箱、盒金属体接触。

(h)引接线距轨底不应小于 30 mm,采取防混措施。引接线处不得设有防爬器和轨距杆等可能造成短路的金属部件。

(i)检查道岔跳线、钢轨引接线是否埋在沙土里,防止日久腐烂断线造成轨道电路故障。

b. 箱盒外部

(a)箱盒无破损,号码清楚正确,加锁装置良好。

(b)基础倾斜不超过 10 mm,箱盒底距地面不少于 150 mm,排水良好。

(c)各部螺栓油润、紧固、满帽。

(d)硬面化整洁无杂物。

c. 轨道绝缘

(a)钢轨绝缘应做到钢轨、槽形绝缘、接头夹板相吻合,轨端绝缘应与钢轨接头保持平直;道钉、扣件不得碰接头夹扳。

(b)装有钢轨绝缘处的轨缝应保持在 6~10 mm,两钢轨头部保持水平,高低相差不大于 2 mm,在钢轨绝缘处的轨枕保持紧固,高强螺栓扭力达标。

(c)转辙机安装装置绝缘、轨距杆绝缘、尖端杆绝缘,道岔钢枕、轨道衡、超偏载仪、列检用脱轨器绝缘外观检查,安装良好,清洁无破损,各部螺栓紧固。

(d)钢轨绝缘不小于 1 000 Ω,安装装置绝缘不小于 200 Ω,站内轨距杆绝缘不小于 200 Ω,站外轨距杆绝缘不小于 600 Ω。

②箱盒内部维护

a. 铭牌齐全正确,字迹清楚,防尘、防潮设施良好。

b. 各部螺栓紧固,垫片、备帽、套管齐全,配线绑扎整齐,无破皮及混线可能,焊点焊接良好。

c. 器材类型正确,安装牢固,运用不超期,不过热,不破损,印封完整,防振装置作用良好。

d. 电缆引人口处采用灌胶防护,电缆不下沉。

e. 熔断器容量标准,安装牢固。

f. 限流电阻辅助线、片作用良好，阻值符合规定（道岔区段送电端不少于 2 Ω，股道不少于 1 Ω）。

g. 箱盒内清洁，无灰尘、霉痕，油漆无严重脱落。

h. 箱盒内图纸准确。

③轨道电路的动态维护

交流 JZXC-480 型轨道电路因结构简单，是目前我国铁路站内轨道电路运用较为广泛的一种制式，但是该轨道电路存在诸多缺点，如道砟电阻变化适应范围小，极限传输长度短，分路灵敏度低，防雷性能差，造成雨天"红光带"和分路不良等影响行车的情况，轨道电路在工作中受外界条件的影响较大，所以在工作中应加强轨道电路的动态维护。

a. 轨道电路更换设备器材后，要全面进行测试，保证电气特性达标。保证轨道继电器交直流端电压和机车信号入口电流符合标准，电气特性达标。

b. 发生雷害后，应及时对轨道电路各种设备进行全面检查，并对电气特性进行测试，发现不良，及时处理。尤其要加强对电缆全程对地绝缘、轨道继电器交直流端电压的测试和分析，因为电缆和继电器整流电路都是易遭雷击部位。

c. 与交流计数电码化叠加的 JZXC-480 型轨道电路室外送端不设熔断器，受端发码时，要使用 $BG_1$-50 作为升压变压器，变比为 1∶20，限流电阻不少于 2 Ω。

d. 对雨天易发红光带的轨道电路，要加强对轨道电路一次参数的测试分析，确认为漏泄区段的，按照有关要求，及时向相关部门下达《漏泄通知书》，整治道床，提高道砟电阻，同时，可将轨道继电器交流电压调整到上限。

e. 加强对分路不良的管理，一是加强对分路不良的测试，做好分路不良的登、销记工作；二是对新开通、改建的车站，更换钢轨、尖轨、辙叉，以及道岔大修后，应及时对这些轨道区段进行分路残压测试，发现分路不良，及时登记。

(2)轨道电路的调整

①轨道电路的调整应满足一次调整要求，即在最不利的条件下，每段轨道电路内，可变环节的电气参数经首次调整后，能满足调整、分路、机车信号三种状态的要求，无须随外界参数的变化再次进行调整。调整状态最不利条件是：送端电压最低，钢轨阻抗最大，道砟电阻最小。

②道岔区段轨道电路送电端的限流电阻（包括引接线电阻）调整在 2 Ω 以上，股道区段送电端限流电阻（包括引接线电阻）调整在 1 Ω 以上。

③调整轨道变压器输出端的电压，同时测量轨道继电器的线圈端电压。当轨道继电器可靠吸起，且线圈端电压升至 14～16 V（交流）时，初步固定轨道变压器的输出端。

④在轨道电路的送电端和受电端，分别用 0.06 Ω 的标准分路电阻线分路轨面，轨道继电器可靠落下，且轨道继电器端电压应不大于 2.7 V（交流）。

⑤叠加交流计数电码化时，保证机车信号入口电流不小于 1.2 A。送端发码时，由于发码电流靠送端 $BG_1$（或 $BG_1$-50）型变压器调整，受端电阻尽量调得较大些，这样送端电压才能调整得高一些。如果区段较长，受端限流电阻应使用 6 Ω 电阻器，调整到 4 Ω 左右使用。受端发码时，要使用 $BG_1$-50 型变压器作为升压变压器，变比为 1∶20，限流电阻不少于 2 Ω，发码电流在室内 $BG_2$ 型变压器调整。

⑥紧固轨道变压器输出端螺栓，固定限流电阻值，紧固其他各部电气端子螺栓。

(3)轨道电路的电气特性测试

①轨道电路室内设备电气特性测试

a. 轨道电源输出电压、电流。

b. 轨道电源对地电压、电流：15 组道岔以上车站，交流电流小于 100 mA；15 组道岔及以下车站，交流电流小于 50 mA。

c. 轨道继电器交、直流端电压：股道，交流 10.5～18 V；接近区段，10.5～22 V；道岔区段，10.5～16 V。

d. 送、受电端电缆全程对地绝缘：大站，大于或等于 0.75 MΩ；小站，大于或等于 1 MΩ。

e. 分路残压：≤2.7 V(交流)。

②轨道电路室外设备电气特性测试

a. 送电端变压器Ⅰ、Ⅱ次电压。

b. 限流电阻电压。

c. 送、受电端轨面电压。

d. 受电端变压器Ⅰ、Ⅱ次电压。

e. 入口电流，大于 1.2 A。

f. 极性交叉检查。

25 Hz 相敏轨道电路现场检修 1

2. 25 Hz 相敏轨道电路

(1)25 Hz 相敏轨道电路的检修

①外部设备的维护是

a. 接续线、跳线、引接线

(a)钢轨接续线应双套化，塞钉打入深度最少与轨腰平，露出不超过 5 mm，塞钉与塞钉孔紧密接触，并涂漆封闭。

(b)钢轨接续线应密贴在接头夹板上，线条不能弯曲，更不能浮起，外观要做到平、紧、直。

(c)焊接式接续线焊接牢固，焊接接头的上端端头应低于新轨轨面 11 mm，与接头夹板固定螺母竖向中心线的间距不得小于 10 mm。

(d)钢绞线应油润无锈，断股不得超过 1/5。

(e)道岔跳线和箱盒引接线双套固定良好，油润不锈蚀，断股不得超过 1/5。

(f)道岔跳线和钢轨引接线采用涂机油的方法来防锈。

(g)引接线与变压器箱、电缆盒应连接紧固，不得有松动现象。绝缘片、绝缘管应完整无破损，保证绝缘良好。引接线的裸线部分不得与箱、盒金属体接触。

(h)引接线距轨底不应小于 30 mm，采取防混措施。引接线处不得设有防爬器和轨距杆等可能造成短路的金属部件。

(i)检查道岔跳线、钢轨引接线是否埋在沙土里，防止日久腐烂断线造成轨道电路故障。

b. 箱盒外部

(a)箱盒无破损，号码清楚正确，加锁装置良好。

(b)基础倾斜不超过 10 mm，箱盒底距地面不少于 150 mm，排水良好。

(c)各部螺栓油润、紧固、满帽。

(d)硬面化，整洁，无杂物。

c. 轨道绝缘

(a)钢轨绝缘应与钢轨、槽形绝缘、接头夹板相吻合，轨端绝缘应与钢轨接头保持平直；道钉、扣件不得碰接头夹板。

(b)装有钢轨绝缘处的轨缝应保持在 6～10 mm，两钢轨头部保持水平，高低相差不大于 2 mm，在钢轨绝缘处的轨枕保持紧固。高强螺栓扭力达标。

(c)转辙机安装装置绝缘、轨距杆绝缘、尖端杆绝缘、道岔钢枕、轨道衡、超偏载仪、列检用脱轨器绝缘外观检查,安装良好,清洁无破损,各部螺栓紧固。

(d)钢轨绝缘不小于 1 000 Ω,安装装置绝缘不小于 200 Ω;站内轨距杆绝缘不小于 200 Ω,站外轨距杆绝缘不小于 600 Ω。

②箱盒内部维护

a. 铭牌齐全正确,字迹清楚,防尘、防潮设施良好。

b. 各部螺栓紧固,垫片、备帽、套管齐全,配线绑扎整齐,无破皮及混线可能,焊点焊接良好。

c. 器材类型正确,安装牢固,运用不超期,不过热,不破损,印封完整,防振装置作用良好。

d. 电缆引入口处采用灌胶防护,电缆不下沉。

e. 熔断器容量标准,安装牢固。

f. 限流电阻辅助线、片作用良好,阻值符合规定。

g. 箱盒内清洁,无灰尘、霉痕,油漆无严重脱落。

h. 箱盒内图纸准确。

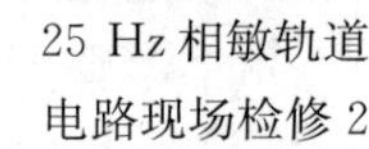

25 Hz 相敏轨道电路现场检修 2

③电气化区段针对不平衡牵引电流采取的防范措施

a. 在轨道电路中加装抗干扰适配器,即把适配器接在扼流变压器信号侧与受电端输入电路之间,主要是对 50 Hz 为低阻,对 25 Hz 信号呈匹配状态。

b. 防止绝缘单边破损。非电气化区段,绝缘单边破不会造成红光带,但在电气化区段,单边绝缘破损极易造成轨道电路红光带。因破损后,牵引电流可越过此绝缘节而造成不平衡,特别是上、下的渡线绝缘在维修时更要注意,如绝缘管、绝缘垫等一定要换成高强度绝缘垫,并请工务部门将扭力拧到规定值,以保证行车安全。

c. 防止扼流变压器固定引人线螺栓松动。此螺栓松动后,形成一个接触电阻,其上面相应产生的压降,很容易造成不平衡,特别是在区间,列车接近进站时引入线螺栓受振动就关闭信号,车越过以后又恢复正常,很容易使信号工误判为外界影响。

d. 对供电部门吸上线进行定期回流测试,发现电流在有电力机车接近或通过时,电流低于 10 A 时,及时通知供电部门对吸上线检查。对吸上线丢失的要及时补足,否则极易造成电流不平衡,影响轨道设备烧毁熔丝。

e. 工务在工作中将换下的钢轨摆在线路旁,压在引入线上,振动后与使用钢轨相碰也会造成电流不平衡。

f. 防止短路线接触不良。工务在换轨或换岔心等工作中,如果短路防护线未连或接触不良时,不平衡电流会烧坏 25 Hz 轨道电路防护盒及熔断器。

g. 防止两钢轨接触电阻不平衡。当牵引电力机车所在钢轨上有沙子、有霜、有锈时,机车启动和运行时会产生很大的不平衡电流,也会烧毁轨道电路设备。

h. 防止塞钉线及连接线的塞钉头松动。塞钉头松动后,也产生接触电阻,特别是岔心部分的连接线必须认真检查,松动易造成轨道不平衡,因此轨道电路的各种连接线必须采用双套化,最好采用一塞一焊的连接方法。

i. 防止横向连接线接触不良。因牵引电流经过横向连接线而流向吸上线返回变电所,回流线不畅,牵引电流受阻,就会把信号设备烧坏,为防止其接触不良,要求定期检查各部螺栓是否紧固。

j. 防止地线相混。如转辙机、XB 箱、扼流箱外壳等设备的安全地线，与电缆的屏蔽地线相混后，在电缆的外护套上产生迷流也会烧坏电缆。

k. 现场要对扼流变压器低压侧两个线圈的电压进行经常性测试，两个低压线圈的电压必须相等，必须等于 1/2 轨面电压，两个低压线圈电压如不相等，必须认真查找，大多为端子与箱盒间绝缘破损或扼流变压器故障。

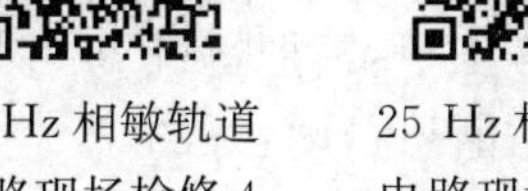

25 Hz 相敏轨道电路现场检修 4

25 Hz 相敏轨道电路现场检修 3

(2)25 Hz 相敏轨道电路的调整

①电气特性的调整方法

a. 送电端电阻值固定使用。

旧型(受电端采用 JRJC-66/345 型继电器)：送电端电阻，无扼流时道岔区段为 2.2 Ω，到发线和无岔区段为 1.1 Ω；有扼流时道岔区段为 4.4 Ω，到发线为 3.3 Ω，无岔区段为 2.2 Ω。

97 型(受电端采用 JRJC-70/240 型继电器)及微电子型：送电端电阻，道岔区段为 1.6 Ω，无岔区段为 0.9 Ω。受端电阻，允许按需要从零至全阻值对轨道电路进行调整。

b. 受电端 $BG_2$-25 中继变压器的调整。

受电端变压器变比调整：

(a)旧型：无扼流，1∶40，即 $BG_1$-140/25 型变压器Ⅱ次侧使用 5.5 V，$BG_1$-130/25 型变压器Ⅱ次侧使用5.28 V，$BG_1$-72/25 型变压器Ⅱ次侧使用 5.5 V；有扼流，1∶18.3，即 $BG_1$-140/25 型变压器Ⅱ次侧使用 12 V，$BG_1$-130/25 型变压器Ⅱ次侧使用 11.88 V，$BG_1$-72/25 型变压器Ⅱ次侧使用 12.1 V。

(b)97 型及电子型：无扼流，1∶36.4，即 $BG_1$-140/25 型变压器Ⅱ次侧使用 6 V，$BG_1$-130/25 型变压器Ⅱ次侧使用 6.16 V，$BG_1$-72/25 型变压器Ⅱ次侧使用 6.05 V；有扼流，1∶16.7，即 $BG_1$-140/25 型变压器Ⅱ次侧使用13.0 V，$BG_1$-130/25 型变压器Ⅱ次侧使用 13.2 V，$BG_1$-72/25 型变压器Ⅱ次侧使用 13.2 V。

(c)叠加 ZPW-2000A 轨道：有扼流，送、受端变压器变比 1∶13.89，即 $BG_2$-130/25 型变压器Ⅱ次侧使用 15.84 V；无扼流，受端变压器变比 1∶20.8，即 $BG_2$-130/25 型变压器Ⅱ次侧使用 10.56 V。

c. 调整送电端 $BG_2$-25 型变压器Ⅱ次侧电压，使该区段满足电码化要求，轨道电压不超标，最低值为 18 V。

②注意事项

a. 25 Hz 相敏轨道电路的重要特性之一是相位选择性，因而具有可靠的绝缘破损保护功能，注意极性交叉。

b. 设有空扼流变压器的轨道电路，对空扼流阻抗进行补偿采取措施，应兼顾电码化对机车信号信息的传输要求。同时对空扼流轨道变压器统一按如下方式进行连接：$BG_2$-130/25 型轨道变压器端子Ⅰ次侧线圈并联输出接 BCQ，即分别将变压器的 $\mathrm{I}_1$-$\mathrm{I}_3$ 连接，$\mathrm{I}_3$-$\mathrm{I}_4$ 连接后，再分别与 BCQ 的两端连接；Ⅱ次侧线圈，连接 $\mathrm{II}_3$-$\mathrm{III}_1$，使用 $\mathrm{II}_1$-$\mathrm{III}_3$ 端子接扼流变压器。

c. 25 Hz 相敏叠加 ZPW-2000A 轨道，电气化区段室外轨道隔离盒连片使用 D-T 方式连接，非电气化区段室外轨道隔离盒连片使用 F-T 方式连接。

d. 当 25 Hz 相敏轨道电路叠加 WG-21A、ZPW-2000A 等电码化时，送电端轨道变压器的变比也是固定使用，需要调整轨道继电器电压时，应在本区段轨道电源变压器(BTM)进行(主要是为保证载频信号匹配传输)。

e. 25 Hz 相敏轨道电路不仅要有本频电压，还要有固定的相位。若相位不对，电压再高，继电器也不会吸起，在测量 25 Hz 相敏轨道电路时，相角和电压同等重要。在更换配线、变压器时，一定要测试相角是否正确。

3. 检修作业举例

(1)登记要点

申请天窗检修轨道电路。

场景：车站运转室。人物：信号工甲，车站值班员丙。内容：登记综合天窗检修轨道电路。

信号工甲：请把运统 17 拟稿本拿出来。

车站值班员丙：好的，

甲在拟稿本登记，登记格式如下：

×时×分××信号工区利用综合天窗对××站 2DG 轨道电路进行检修作业，停止上述设备的正常使用，影响经由上述设备的接发列车及调车作业，点毕恢复该设备的正常使用。××信号工区：甲，车站值班员：丙。

甲将拟稿本交给丙，丙确认无误后，将运统 17 正式本交给甲，甲把拟稿本的内容抄在正式本上，双方签认。天窗开始后方可作业。

(2)轨道电路作业前准备

①安全措施准备

场景：信号工区值班室，人物：信号工乙，内容：轨道电路作业前准备。

乙穿好防护服、绝缘鞋，戴上劳保用品、手套、口罩，并带上上岗证、劳动检查表。牢记一遍人身安全十二条和七禁止内容。

②工具准备

乙打开工具柜准备，所带工具有：携带电话、手锤、活口扳手、套筒、呆扳手、螺丝刀、扁铲、冲子、万用表、油壶、钢丝刷。

③材料准备

乙打开材料库准备，所带材料有：棉纱、白布、1.6 mm 小铁线、白布带、保险管、卡钉、机油、绝缘管、绝缘垫、钢丝绳、接续线(必要时带)。

(3)检修作业

场景：室外，2DG 轨道电路；室内，车站运转室。人物：信号工甲、乙。内容：检修 2DG 轨道电路。

乙到达 2DG 轨道电路后，用携带电话与室内联系：

乙：信号楼，甲：信号楼。

乙：乙在作业 2DG 轨道区段检修，不影响使用，有事联系。甲：2DG 轨道区段检修，注意听三预报。

乙开始检修 2DG 轨道电路，检修内容如下：

①外部检查

a. 检查塞钉接续线道岔跳线是否良好，标准是打入深度最少与钢轨平，露出不超过5 mm(此处加标准的打入深度)。塞钉孔要全面紧密接触，并涂漆封闭，保持线条无弯曲，密贴接头夹板，达到平、紧、直。跳线无锈蚀，断股不超过 1/5，跳线引线处不得有防爬器和轨距杆等物，横过轨底应有 20 mm 以上的距离。

b. 轨距杆、道岔连接杆、连接板与安装装置绝缘外观检查。检查钢轨绝缘外观良好，轨缝应达到 6～10 mm，轨头保持相差不大于 2 mm。

c. 检查箱盒有无破损、漏水，基础倾斜度不超过 10 mm，箱盒防尘良好，箱盒距地面不少于 150 mm，排水良好。检查箱盒壁上有无黄色水印，若有说明此处进水。

d. 检查外部螺栓紧固，这里是指扼流变压器螺栓，如果扼流变压器螺栓松，会造成轨道电路红光带，所以扼流变压器螺栓一定要紧固，包括内部螺栓。

②内部检查

a. 打开箱盒，各部分配线端子与螺栓不松动，配线不破皮。需要检查螺栓是否松动的有：轨道变压器Ⅰ次侧、Ⅱ次侧端子，限流器固定螺母，过路端子螺栓（此处，把要紧固的螺栓用红笔标出来）。

b. 内部清扫，清扫时应注意，要把毛刷把上的铁皮用绝缘胶布缠起来使用，为防止短路，清扫电缆芯线时应小心避免碰断电缆。

③电气测试

a. 轨道电路测试内容按测试记录本上所要求的测试，主要有：送受轨面电压、送受端电压、送端限流器、受端限流器（根据需要）、扼流变压器送受端电压。

b. 轨道电路入口电流测试，入口电流是指在正线上使机车信号感应线圈所能感应的电流，当入口电流小，会造成机车信号掉码。入口电流只是在正线区段才测，方法是先办理一条正线接车进路，用 0.06 Ω 标准分路线按列车运行方向依次封起，用钳流表在送端扼流变压器钢丝绳上测出，标准为不小于 1.4 A。若电流小，可在室内的发码变压器上调整。

测量时分稳定值和脉动值：稳定值，即将室内 CJ 继电器 11-12 接点封连测；脉动值，即插上 CJ 继电器测。

c. 轨道电路残压测试，用 0.06 Ω 标准分路线在轨道电路轨面上封连短路（注意：当轨面生锈时，应打亮点），这时，在室内二元二位继电器 3～4 线圈上测得电压即为残压。标准是旧型轨道电路为不大于 7 V，97 型不大于 7.4 V。

d. 极性交叉测量，极性交叉是为防止绝缘破损时相邻区段轨道电路轨道继电器误动测量方法：先测一受端轨面电压 $U_1$，然后将电表跨接于一组绝缘节上，另一端绝缘节用电线连通，测得另一电压 $U_2$。若 $U_2$ 大于 $U_1$，说明极性交叉正确。

④数据分析

测试完毕后应对数据进行分析，从中找出一些隐藏故障。正常情况，轨道电路送端变压器二次电压＝送端限流器电压＋扼流变压器二次电压（扼流变压器二次电压等于三倍的轨面电压），轨道电路受端变压器二次电压＝受端扼流变压器二次电压－受端限流器电压（根据需要，有时受端无限流器）。扼流变压器变比 1∶3，即扼流变压器二次电压是轨面电压的 3 倍。

a. 轨面电压分析，送端轨面电压一定大于受端电压，当发现受端轨面电压与送端轨面电压相差很大时，说明传输通道有问题，即接续线有断股，或钢丝绳有断股，或是道床排水不良漏泄大。

b. 扼流变压器电压分析，扼流变压器Ⅰ次侧电压与轨面电压几乎相等，当两者相差较大说明扼流变压器钢丝绳有断股，或塞钉接触不良。

乙完成以上工作后，与室内联系。乙：信号楼，甲：信号楼。

乙：2DG 轨道区段检修完毕。

甲：2DG 轨道区段检修完毕，知道了。乙将轨道箱盒锁好，离开现场。

（4）办理销点销记

场景：车站运转室。人物：信号工甲，车站值班员丙。内容：作业完毕，销记。

天窗点结束时，甲先在运统 17 拟稿本上销记，格式如下：

×时××分××信号工区对××站 2DG 轨道区段检修作业完毕，恢复上述设备的正常使用。××信号工区：甲车站值班员：丙。

车站值班员丙在拟稿本上签认无误后，甲把拟稿本上的内容抄在正式本上，双方签认后，销记。

**六、轨道电路的基本检测方法**

轨道电路的一般检测，是铁路信号工作中不可缺少的一项重要工作，根据规定，信号工区应定期进行下列项目的检测。

1. 电源变压器及变阻器的测试

(1)电源变压器电压

用交流电压表一块并接在变压器Ⅱ次侧线圈的端子上，如图 4-65 所示，即可进行测试。交流电压表的量程应为实际使用电压的 1.5～2 倍，内阻一般大于 200 Ω。

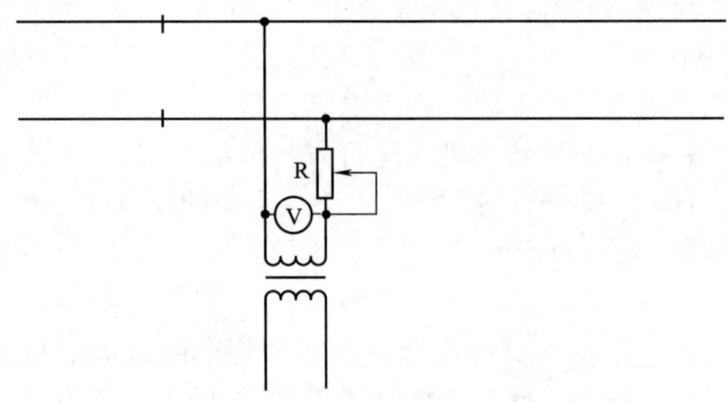


图 4-65　变压器电压测试

在进行测试工作时，无论在什么情况下，都不能将电压表串接在电路中。由于电压表本身内阻很高，若串接在电路中，将会影响轨道电路的正常工作。

(2)变阻器电压降

用电压表(交流电可采用 0～2.5 V)一块并接在变阻器(R)的两端，变阻器电压测试如图 4-66所示，即可进行测试。

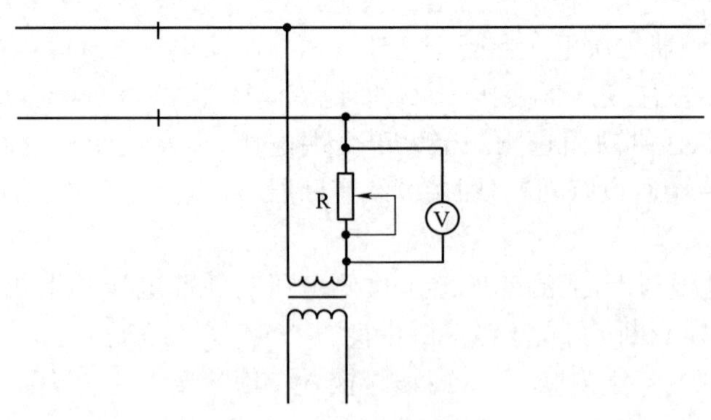


图 4-66　变阻器电压测试

2. 送电端轨面电压和电压测试

交流轨道电路如图 4-67 所示，用交流电压表和交流电流表各一块，分别连接在钢轨上和供电电路内，即可进行测试。仪表量程应根据轨道电路类型来定。

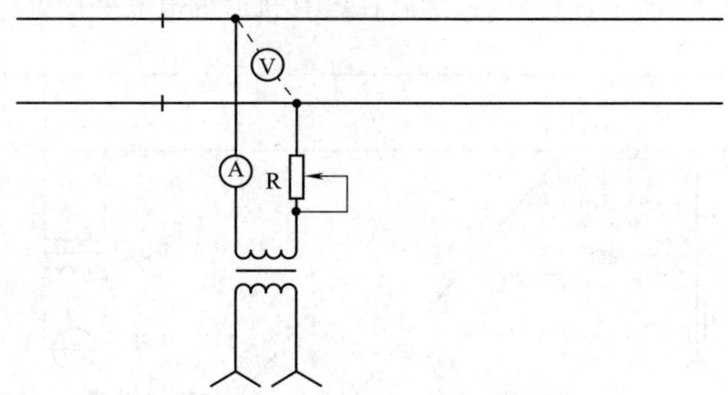


图 4-67　交流轨道电路轨面电压和电流测试

3. 受电端电压、电流(中继变压器Ⅰ次侧、Ⅱ次侧电压和电流及轨道电路电压)的测试

交流轨道电路如图 4-68 所示，用交流电压表和交流电流表各一块，分别进行测试即可。

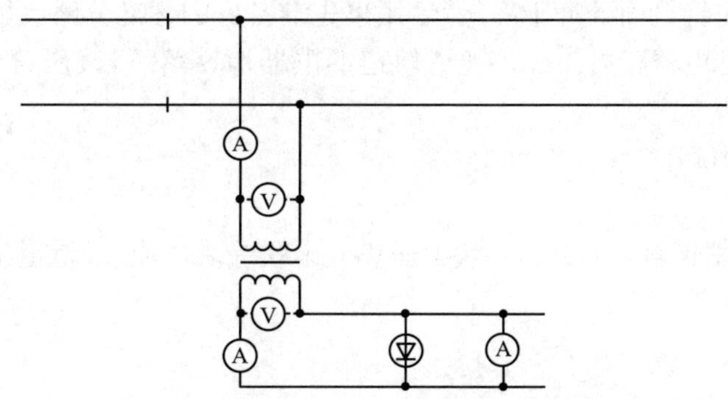


图 4-68　交流轨道电路受电端电压、电流测试

4. 分路效应的检查

以标准的分路电阻值短路两根钢轨时，观察轨道电路的动作情况，并测试轨道继电器端子上的残压，残压应小于或等于所规定的标准。

对于非分支轨道电路区段(如站内轨道电路)，可按图 4-69 所示，将标准分路灵敏度线在受电端轨面上进行分路即可。

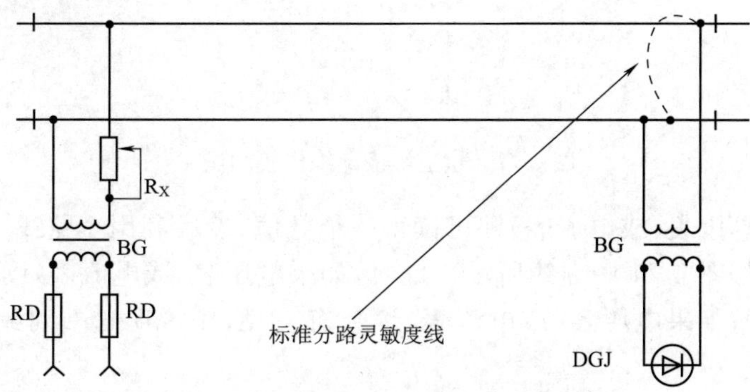


图 4-69　非分支轨道电路分路灵敏度测试

对于分支轨道电路区段，可按图 4-70 所示，首先将标准分路灵敏度线在未设的轨道电路继电器的一侧尽头处的轨面上进行分路，然后在设有轨道继电器一侧处进行分路即可。

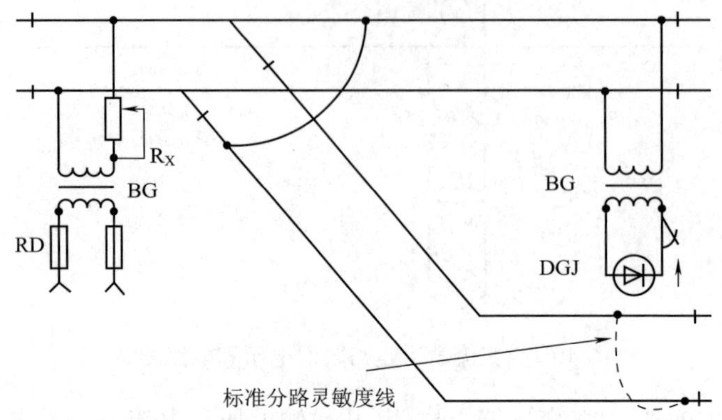


图 4-70　分歧轨道电路分路灵敏度测试

在进行测试前，先将轨面处理干净，然后用事先准备好的标准分路灵敏度线在轨面上进行分路。分路后，轨道继电器正常工作停止或轨道继电器衔铁落下，残压符合规定，表示该区段分路灵敏度符合要求。

5. 轨道绝缘的测试

(1)仪表测试法

①在送电端的两根钢轨之间并接一块电压表或串联一块电流表，轨道绝缘绝缘仪表测试 1 如图 4-71 所示。

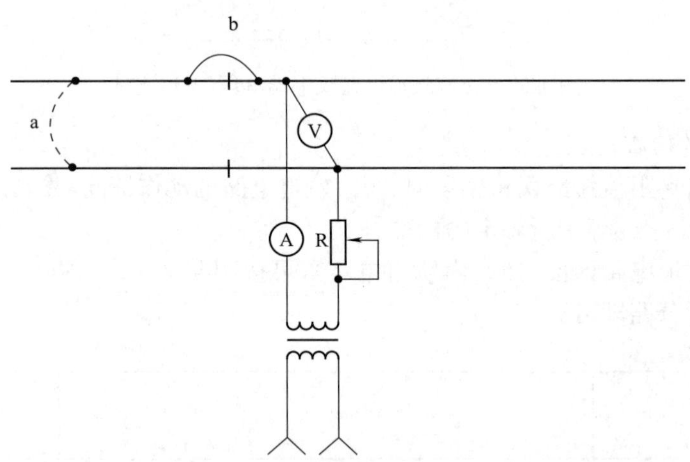


图 4-71　轨道绝缘绝缘仪表测试 1

当接仪表后，电压表(或电流表)即可读得一个数值，然后利用短路线 a 连接在相邻轨道电路两根钢轨上(如图 4-71 中虚线所示)，此时，如果电压表(或电流表)读数没有变化，则说明这一对绝缘良好；如果电压表(或电流表)读数有变化，则说明这一对绝缘中有不良的现象存在。

当短路线 a 连接在两根钢轨上时，由于轨道电路绝缘不好，电路中绝缘电阻值减少，直接影响电压表(或电流表)上的读数，但此时尚不能确定故障位置。为此，在保留短路线 a 的基础上，再利用短路线 b 跨接在其中一组绝缘上，将轨道绝缘加以短路，若电压表(或电流表)读数有较大变化，则说明相对应的一组绝缘不良；若电压表(或电流表)读数不变，则可将此短路线 b 跨接在另一组绝缘上，然后由上述原理来判断相对应的一组绝缘性能情况。

②轨道电路绝缘仪表测试 2 如图 4-72 所示，首先将电压表跨接在受电端钢轨上，此时电压表上可读得一个数值，然后利用短路线 a 跨接在其中一组绝缘节 A 两端的钢轨上。此时，如果轨道继电器衔铁落下或电压表数值减小，甚至指针反方向动作，则说明相对应的那组绝缘 B 有破损现象。因此是邻接轨道电源通过绝缘 B 直接串在电路中，构成环状电路所致。再按此法，将短路线 a 跨接在另一组绝缘 B 上，同样即可测得相对绝缘 A 的性能情况。

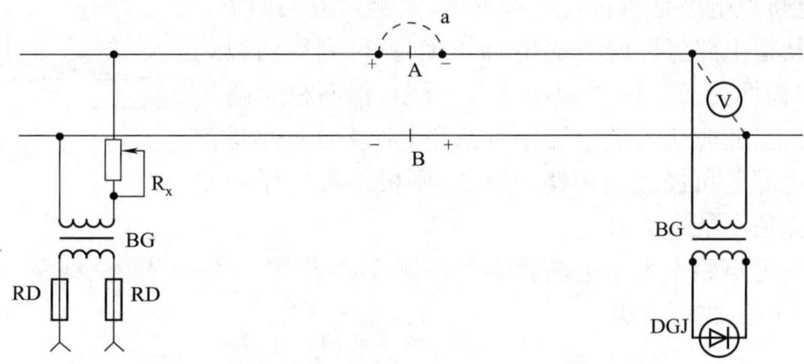


图 4-72　轨道电路绝缘仪表测试 2

③轨道电路绝缘仪表测试 3 如图 4-73 所示，首先将电压跨接在 2GJ 受电端的钢轨面上，此时，由电压表上可读得一个数值，然后利用短路线 a 跨接在相邻轨道电路异侧钢轨上(如图 4-73中虚线)。

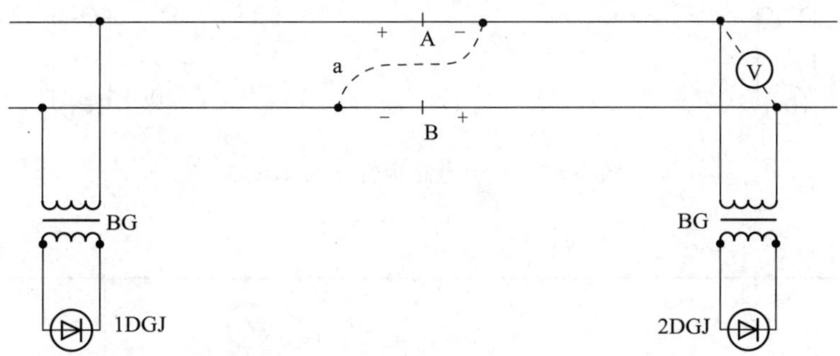


图 4-73　轨道电路绝缘仪表测试 3

此时，可能发生以下三种情况：

a. 若轨道继电器 1GJ 失磁落下，则说明绝缘(A)已破损。

b. 若轨道继电器 2GJ 失磁落下或电压表读数减小，则说明绝缘(B)有破损现象。

c. 若轨道继电器 1GJ 和 2GJ 全部失磁落下和电压表读数减小，甚至为零或反向动作，则说明绝缘(A)和(B)都有破损现象存在。

(2)感应测试法

这种测试法是利用电磁感应的原理来进行的，感应线圈测试如图 4-74 所示，由于交变磁场对线圈的影响，在线圈内产生一个感应电势，该电势通过电表或蜂鸣器反映出轨道绝缘是否良好。因此，它只能适用于交流或脉冲(电码)式轨道电路区段，其他类型轨道电路不宜使用。

用耳机(高阻型)和带铁芯的感应线圈各一个,感应线圈沿带有交流电的钢轨移动时,在耳机内即可听到嗡嗡声;若在不通过交流电的钢轨上移动时,则在耳机内无声。因此将该线圈在绝缘上移动时,如果耳机发现有"卜卜"的声音则说明该处绝缘有破损现象,反之若耳机内无声音,则说明绝缘性能良好。

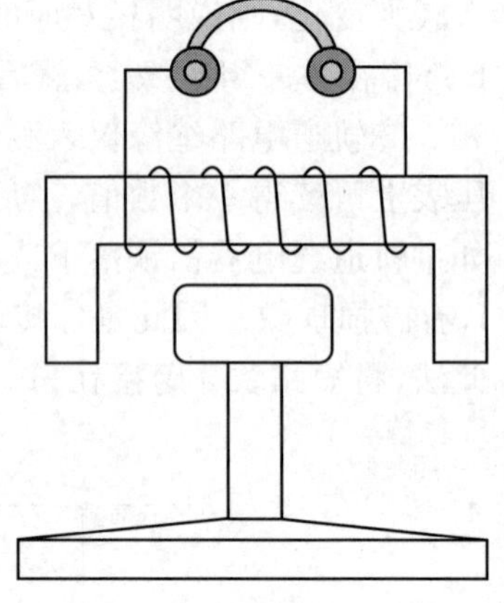

图 4-74　感应线圈测试

6. 极性交叉检查

为了保证轨道电路不受邻近轨道电路电流的影响而使轨道继电器衔铁错误动作,两个邻接的轨道电路电源极性必须进行交叉安排。检查轨道电路是否符合这种安排,其测试方法如下。

(1)在交流轨道电路区段两个受电端邻接时,可利用两根短路线。轨道电路极性交叉测试 1 如图 4-75 所示,将两根短路线跨接在两组绝缘上,此时轨道继电器衔铁落下,则说明极性是正确的,因为此时电源正负极互相短路。反之,则极性没有做到交叉(两轨面电压差值不能太大)。

(2)在交流轨道电路中当送电端和受电端邻接时,则可利用一根短路线和一块交流电压表按图 4-76 中所示电路进行检查。

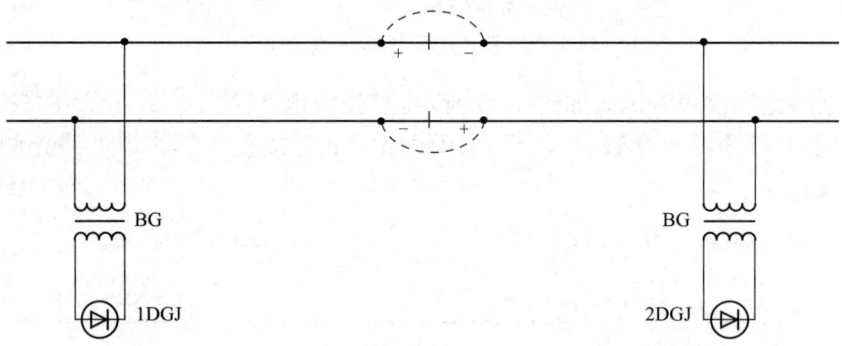


图 4-75　轨道电路极性交叉测试 1

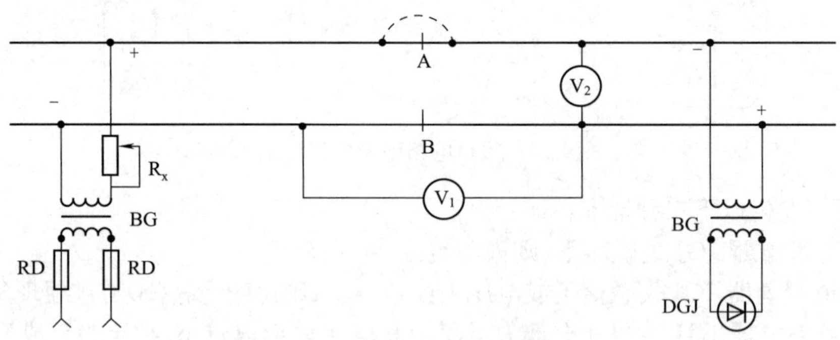


图 4-76　轨道电路极性交叉测试 2

首先将电压表接在受电端钢轨面上,由电压表上读得电压表 $V_1$ 的值,然后将电压表跨接在一组钢轨绝缘上,再将短路线跨接在另一组钢轨绝缘上,这样从电压表有可读得电压表 $V_2$ 的值,如果电压表 $V_1$ 的值小于电压表 $V_2$ 的值,则说明该处极性是交叉的,反之,则极性没有交叉(此时同样应注意两轨面电压的差值,差值大亦有可能误判)。当两个送电端邻接时亦可利用此法进行。

以上是 JZXC-480 型轨道电路的基本测试方法,它完全也适用于 25 Hz 轨道电路的检测,只不过不同的是 25 Hz 轨道电路的所谓“极性”是由相位来区分的,在测试时还应注意相位的问题,要配合相位的检查来测试。

## 七、任务实施要求

(1)作业时按规定穿好防护服装,带全通信设备,并设专人防护,加强与室内人员联系禁止在两线间或邻线躲避列车。

(2)室内测试做好记录,非标处所及时调整。

(3)更换器材和调整电压时测试并做好记录。

(4)发现设备有异状及时处理并及时填写记录。

(5)集中检修应在天窗内进行。

## 八、布置作业

大家已从上述图片和文字中了解到了轨道电路的日常养护和集中检修的整体过程,为了加深此任务的理解,我们将列出现场的集中检修作业指导书表格,请大家以一名现场人员的身份组成小组描述检修过程及注意要素并填写表 4-12 至表 4-14。

**表 4-12　作业程序方框图**

| 序号 | 工作前准备 | 检修项目 | 试验、测试项目 | 工作后记录 |
| --- | --- | --- | --- | --- |
| 1 | | | | |
| 2 | | | | |
| 3 | | | | |
| 4 | | | | |
| 5 | | | | |
| 6 | | | | |
| 7 | | | | |
| 8 | | | | |

**表 4-13　重点卡控项目**

| 卡控项目 | 卡控内容 |
| --- | --- |
| 必须做的 | (1)<br>(2)<br>(3)<br>(4)<br>(5)<br>(6)<br>(7) |

续上表

| 卡控项目 | 卡控内容 |
|---|---|
| 禁止做的 | (1)<br>(2)<br>(3)<br>(4) |

表 4-14 作业程序及作业标准

| 工作项目 | 工作内容及标准 |
|---|---|
| 箱盒检查 | (1)<br>(2)<br>(3)<br>(4)<br>(5) |
| 钢轨连接线检查 | (1)<br>(2)<br>(3) |
| 绝缘检查 | (1)<br>(2)<br>(3) |
| 测试 | (1)<br>(2)<br>(3)<br>(4) |

## 九、作业检查评议

(1)了解验收表格中项目内容。

(2)能够填写表 4-12 至表 4-14,并清楚了解质量标准。

(3)以组为单位讲解验收过程。

## 【现场常见问题分析】

1. 电气化区段交叉渡线、复式交分岔增加两组钢轨绝缘的原因

图 4-77 是电气化区段交叉渡线在没有增加绝缘时的电路图。

可以看到,1 号轨经过道岔跳线、辙叉心、跳线与 4 号轨直接连通;而 2 号轨通过扼流变压器的半边线圈、中心连接板以及横向连接线 H 串流后形成并联迂回通路(如图中中间部分虚线所示),使上下两个道岔区段不能完全隔开,轨道电路不能正常工作,可出现 1、2 号轨上有车占用时,3、4 号轨上也会出现红光带,造成上、下行两个道岔区段互相影响,严重时影响行车安全。另外,由于钢轨绝缘设置的不严密,使回流网络电流在上、下行两轨间出现分流钢轨数不同,而导致不平衡电流的加剧,经现场实验测试,1、4 号轨电流为 1.5 A 时,2、3 号轨间出现过

20 A 的电流,使轨道电路不能正常工作,继而烧断熔丝、关闭信号。因此,必须加以解决,第一种解决方法为增加两组钢轨绝缘,如图 4-78 所示。

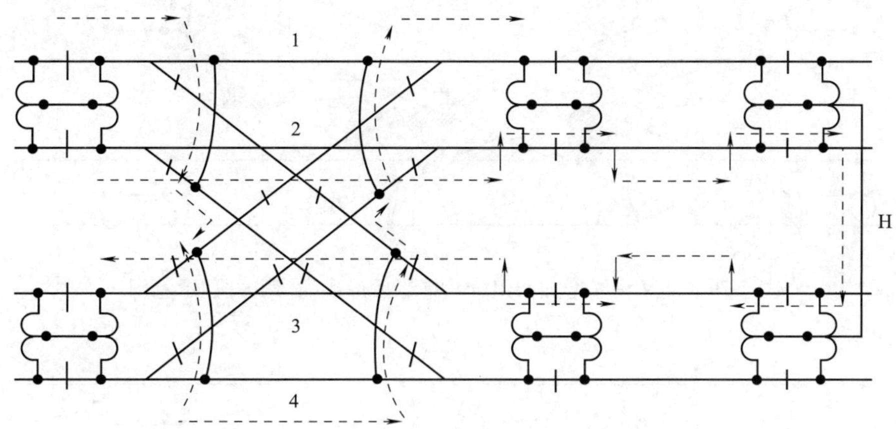


图 4-77 交叉渡线轨道电路串电示意图

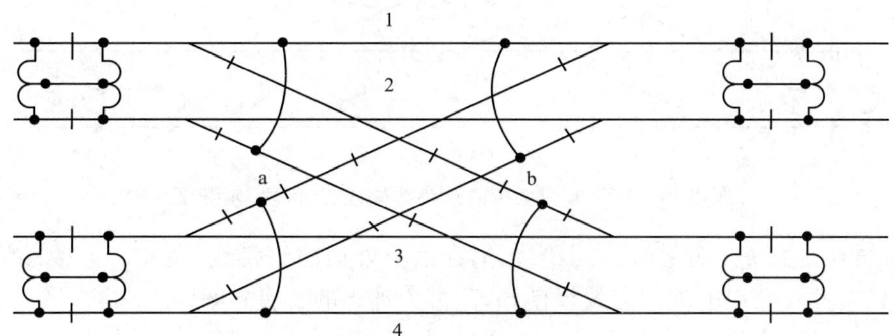


图 4-78 交叉渡线增加两组钢轨绝缘示意图

图 4-78 中 a、b 两组绝缘为新增,目的是切断 1 号轨经过道岔跳线、辙叉心、跳线与 4 号轨直接连通的电气通路。但由此一来,轨道渡线上又多出了一段“死区段”(“死区段”是由于两条钢轨的电源极性相同而不可能构成分路形成的,这里的“死区段”是由于缺少电源极性而构不成电源回路形成的)。图 4-79 中 a、b 两组绝缘为新增的,目的是切断 1 号轨和 4 号轨之间的电气连接。对于 5 m 间距、50 kg/m 钢轨,12 号辙叉心的道岔,可将岔心处的大垫板换成小垫板,然后在岔心轨缝处加装钢轨绝缘。a 和 b 到岔心之间的“死区段”为 8.1 m。

尖轨到岔心轨缝处有两节钢轨,靠近尖轨的一节为 6.25 m,另一节为 12.5 m,可将这两节钢轨换位后在两节钢轨的连接处加装钢轨绝缘,也可将 12.5 m 之间的钢轨从中间锯开,并在锯开后的轨缝处加装钢轨绝缘。这样,a 和 b 到岔心之间的“死区段”为 14.33 m。

当单机以低于 15 km/h 的速度通过交叉渡线,并出清进路时,有的道岔区段不能正常解锁,需办理人工解锁(6502 电路)。因此,在某些此类站上规定:单机不准在交叉渡线上停留。另外,列车头部和尾部在死区段中运行时,仍有单轨回流现象,但不平衡电流减小了很多。

第二种方法是去掉上面或下面的两组道岔跳线,切断 1 号轨与 4 号轨的回路,但“死区段”

更长，为 18～20 m，对安全更不利(图 4-80)，因此很少采用。

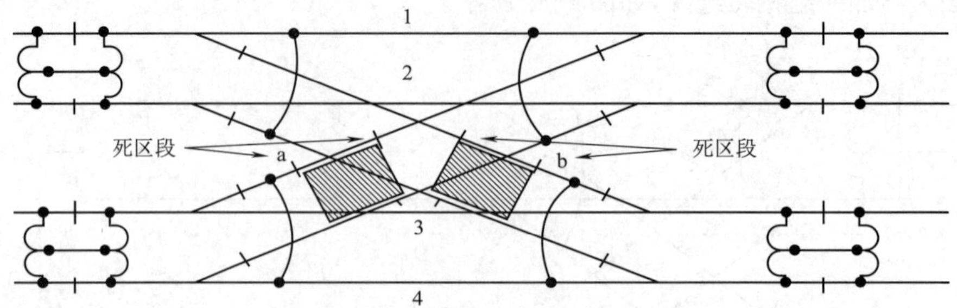


图 4-79　交叉渡线增加两组钢轨绝缘后形成的“死区段”示意图

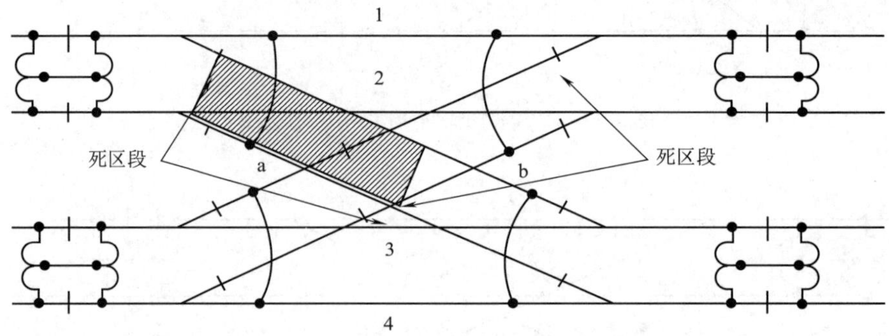


图 4-80　交叉渡线去掉两组跳线构成“死区段”示意图

第三种方法是在 a、b 处各加一对绝缘，另在岔心处加两组跳线(图 4-81)，改装后，基本上没有“死区段”，并且牵引电流回流效果良好，是最为理想的解决方案。

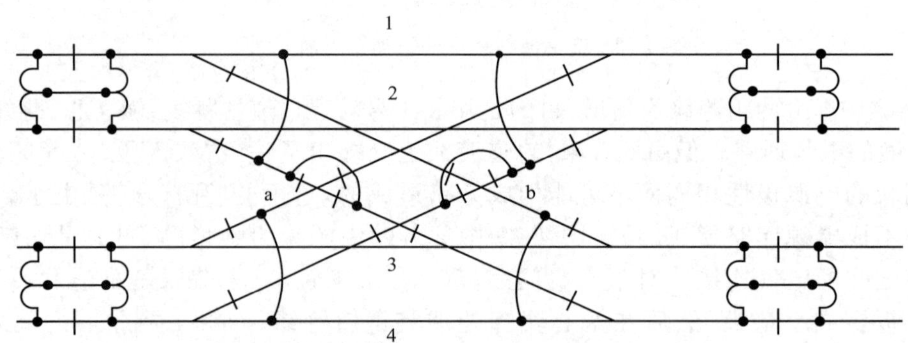


图 4-81　交叉渡线增加一对钢轨绝缘示意图

2. 有的电气化轨道电路区段在断轨时其轨道继电器仍保持吸起不落下，从而失去断轨保护功能的原因

电气化区段的回流线和吸上线是为了减少其牵引电流对外界的干扰而设置的。但若吸上线设置不当，则会影响到信号轨道电路的可靠性，在断轨时(或扼流变压器的钢轨引接线一根断线)发生轨道继电器仍保持吸起不落下的情况，有违“故障—安全”的技术原则。

某线某车站的站内为 25 Hz 相敏轨道电路，区间为 UM71 无绝缘轨道电路。站内轨道电路在断轨时经吸上线串流使轨道继电器仍保持吸起不落下，如图 4-82 所示。

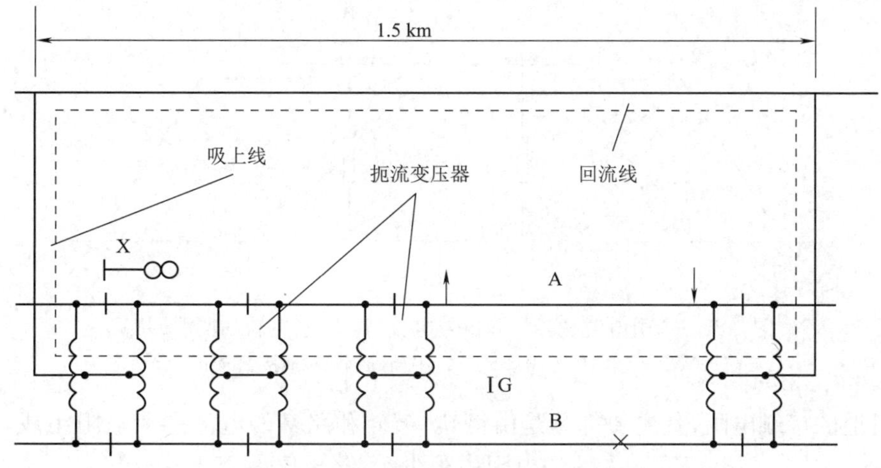


图 4-82　断轨时信号电流构通的状况

其原因分析如下：当钢轨(B)断轨时，轨道电路(ⅠG)已无法正常工作，轨道继电器本应失磁落下，但由扼流变压器的半边线圈—吸上线—回流线—吸上线—道岔区段扼流变压器的半边线圈，构成串流电路，如图所示。串流电路的线路阻抗已不同于正常状况，轨道电流滞后于局部电流的相位角已达不到理想角 160°±8°，但轨道继电器(JRJC-66/345)的轨道线圈端子上有残压，使(ⅠG)轨道继电器保持吸起不落下。ⅠG 分路时，轨道继电器落下，轨道电路恢复至调整状态时，轨道继电器不再吸起。ⅠG 出现红光带，不能办理发车进路。

区间 UM71 轨道电路在上、下行正线线路上通过各自的空芯线圈(SVA)中性点连接的等位线，是为平衡两线间的牵引电流回流以及轨道电路的防雷和改善干扰状况而设置的，但若设置地点距进站信号机的距离较近，也可能与站内的横向连接线或吸上线构成串流电路，在断轨时使轨道继电器保持吸起不落下。

3. 电气化区段双轨条轨道电路的不平衡电流产生的原因

电力牵引区段是通过扼流变压器中性点，经过两个半边的线圈、两根钢轨而回归牵引变电所的。扼流变压器的两个半线圈匝数相等(即阻抗相等)，两根钢轨的长度相等(钢轨阻抗相等)，故从基本原理上讲两根钢轨上通过的牵引电流应是相等的(每根钢轨均通过 50%的牵引电流回流)，但实际上通过两根钢轨的牵引电流是不平衡的。产生不平衡电流的原因有以下几个方面：

(1)轨道电路处于弯道上，曲线线路的外轨长而内轨短，形成两根钢轨的钢轨阻抗不相等。

(2)钢轨接头电阻是由塞钉连接线、轨端焊接线、连接夹板三方面组成的并联电阻，每个钢轨接头电阻不可能完全一致，由各个钢轨接头电阻组成的整个长钢轨阻抗与另一侧的钢轨阻抗就存在差异。

(3)扼流变压器牵引线圈中性点两边的线圈阻抗不可能绝对相等，两侧的钢轨引接线电阻也可能有微小的差异，形成扼流变压器中性点两边的阻抗不相等。而牵引回流要经过多个扼流变压器的中性点后才能回到牵引变电所，两根钢轨由此形成的阻抗是不一致的。

(4)轨道电路的对地漏泄不平衡，即两根钢轨对地漏泄导纳的不相等，前述曾提及钢轨对地的接触电阻的概念应不同于轨道电路中道砟的概念。牵引电流(实线)和信号电流(虚线)位钢轨的漏泄回路如图 4-83 所示。

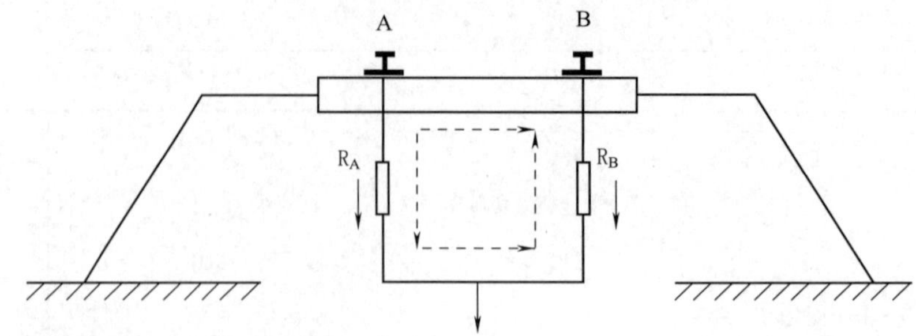


图 4-83　牵引电流(实线)和信号电流(虚线)经钢轨的漏泄回路

A、B—A 轨、B 轨;$R_A$、$R_B$—A、B 轨的钢轨对地接触电阻

钢轨对地的接触电阻,其主要部分是由钢轨、道砟和路基的电流漏泄电阻组成,其中接触电阻占 75%～90%,而电流散入大地的电阻占很少一部分,仅为 25%～10%。

根据国外资料介绍,一条铁路干线两根钢轨的接触电阻标称值与道床状态有关:清洁道砟的为 0.3～0.5 Ω · km;污秽道砟的为 0.3～0.5 Ω · km;清洁砂的为 0.15～0.30 Ω · km;混有黏土的为 0.1～0.15 Ω · km。水分和污秽增加时,电阻减少 2/3～2/5;上冻时,增加 3～10 倍。

这些资料表明,铁路钢轨对地电阻的实际范围为 0.1～1 Ω · km。若考虑电气化区段多采用碎石道砟,此范围可缩小到 0.3～1 Ω · km。

电力牵引电流回流自电力机车车轮传递至钢轨起即分成两部分回流,一部分由钢轨回流,另一部分经大地回归牵引变电所,其电流分配的比例情况与钢轨对地的接触电阻的大小有关。电流分配比例如图 4-84 所示。

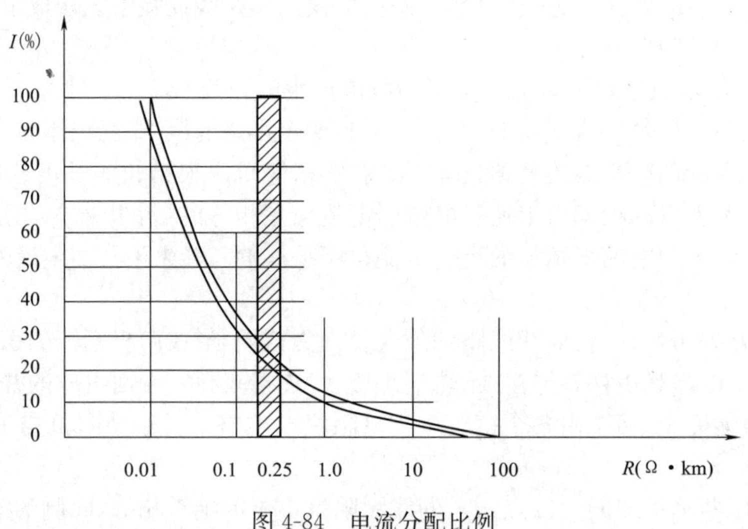


图 4-84　电流分配比例

由图 4-84 可知,当钢轨对地的接触电阻为 100 Ω · km 时(实际线路状况不可能如此之高),牵引电流几乎全部经由钢轨流回至牵引变电所。

图 4-84 中的 $R$ 系指线路的钢轨对地接触电阻,而线路是由两根钢轨条组成的并联牵引回路电路,故 $R=R_A \cdot R_B/(R_A+R_B)$。如某一电气化区段的 $R_A=R_B=1.2$ Ω · km(一般情况下 $R_A \neq R_B$),则按上式可计算出该线路的钢轨对地接触阻值为 0.6 Ω · km。

电气化区段铁路两根钢轨铺设在同一轨枕上，道砟(清洁或污秽碎石)状态相同，路基为同一路基(土壤电阻率相同)。按理说图 4-83 中的 $R_A$ 与 $R_B$ 应相同，但实际上并不相同，因而导致两轨间不平衡电流。导致 RA 与 RB 不相同的原因是：

①接触网支柱、桥栏杆等的地线直接接到轨道电路的一侧钢轨上(每一双轨条轨道电路区段只允许有一根钢轨连接此类地线，以保证轨道电路正常工作)，形成两根钢轨对地漏泄导纳不相等。

②东西方向的铁路，路基南部受阳光直射，雨过天晴后道床状态干湿不同，大地回春季节背阴部分的路基解冻较晚。

③线路的一侧敷设有长的金属管路或各种带金属护套的屏蔽电缆。

两轨间的不平衡电流对信号设施的影响，主要是对信号轨道电路产生的干扰。产生干扰的途径是由于两轨间的电流差值($I=I_A-I_B$)在两轨间产生干扰电压，当扼流变压器铁芯不饱和时，设扼流变压器的开路阻抗为 $Z_K$，负载折算阻抗为 $Z_L$，A 轨中流通的电流为 $I_A$，B 轨中流通的电流为 $I_B$，可用下列公式计算轨间干扰电压 $U$：$U=1/2(I_A-I_B)Z_K \cdot Z_L/(Z_K+Z_L)$。

轨间干扰电压 $U$ 经扼流变压器的变化，使Ⅱ次侧产生更高的干扰电压，使轨道电路的送、受电端受到干扰。信号轨道电路为了防干扰已采用各种不同于工频(50 Hz)的电流频率，但在牵引电流中含有谐波的分量仍然会影响到轨道电路工作的可靠性。这就要求各种制式的轨道电路要有较强的防干扰能力；各项参数要过硬，才能适应于电气化区段的运营需要。

4. 不平衡电流对信号轨道电路的干扰状况

不平衡电流对信号轨道电路的干扰，可分为稳定干扰与冲击干扰两种状况。

(1)稳定干扰

牵引网供电系统在正常供电时，全部由牵引变电所、分区亭和接触网并联的开闭所接通。某一牵引变电所由于某种原因解列时，供电系统处于越区供电状态；牵引变电所之间距离增加，由工作中的牵引变电所保证列车的用电。由于列车位移和列车所需电流的改变，所以钢轨线路上每一轨道电路区段所受到的干扰也随时间和列车运行状态而改变。

(2)冲击干扰

在电力机车升弓空载投入变压器时，牵引电流回路中出现一个冲击电流。由于这个瞬态的 50 Hz 电流波形中含有很强的谐波分量，在某些特定条件下，能使轨道继电器发生错误动作。

在接触网或电力机车组的绝缘破损时，牵引网将处于短路状态，并且出现短时间强大电流脉冲，在牵引网发生短路后的分段区段被切断电压。我们知道轨间干扰电压与电流 $I$($I=I_A-I_B$)在大小上成正比，当此短时间的强大电流通过扼流变压器的半边线圈时，在Ⅱ次侧产生的高电压，可能烧断熔断器的熔丝或烧损设备。

5. 减小不平衡电流采取的措施

减小两轨间不平衡电流以改善信号轨道电路工作的可靠性，应采取的措施是改善两根钢轨的纵向电导不平衡以及规范铁路沿线各项建筑物的地线与钢轨连接的方法。

钢轨网的纵向电导不仅取决于钢轨本身，而且还取决于钢轨(接头)互相连接的质量。电气化区段选择哪种类型的钢轨，主要取决于货运量、行车速度、密度、轴重，不考虑牵引电流是否受限制。在铁路货运量较大的区段要修建电气化铁路，一般铺设大电导的重型钢轨。如果对钢轨接头电阻不加以限制，则该电阻可能很小(接头夹板紧压钢轨并且接触表面清洁)，也可能很大(由于螺栓松动，接头夹板没有贴紧钢轨，并且钢轨与接头夹板的接触表面生锈)，所以接头实际上将决定大地中的电流数值。现在电气化区段中普遍采用双套轨端连接线的办法，一套塞钉连接线，一套轨端焊接线，两线并用。这种方法对改善两根钢轨的纵向电导不平衡起到了良好的作用，但要加强操作工艺的管理，选用优良的材质，注重焊接与铆接的质量。因为这不仅仅是改善钢轨纵向电导的不平衡，而且对轨道电路传输数据也很重要。

近年来，采用长钢轨和无缝线路大大减少了接头电阻对钢轨网络总的纵向电导的影响，从而也减少了对牵引电流漏泄的影响。电气化区段的运营单位应按年限定期对所属线路实施大修，清筛道砟，提高线路质量。这既有利于改善牵引电流回流的对地漏泄的影响，也有利于轨道电路稳定、可靠地工作，对保证行车安全，提高运输效率均有明显的效益，也是运营部门提高列车运行速度、增加运量的基础工作之一。

6. 不平衡电流系数的限定值与计算

我国电气化铁路现行的技术要求是：交流电气区段轨道电路纵向不平衡牵引电流的含量不应大于总牵引电流的 5%。电气化区段轨道电路中两根轨条中的电力牵引电流如图 4-85 所示。

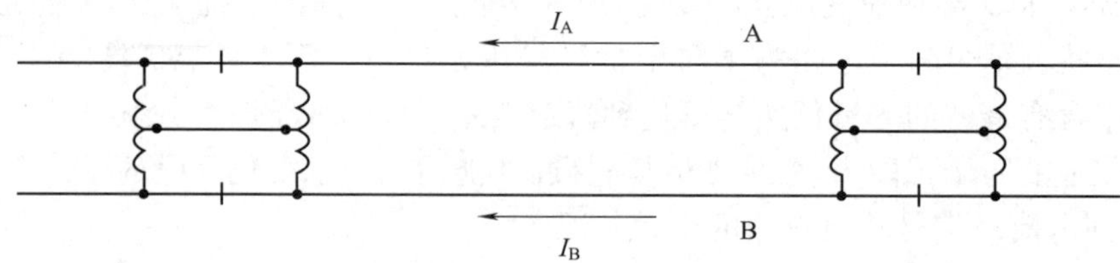


图 4-85　电力牵引电流示意图

$I_A$ 为 A 轨中流过的电力牵引电流，$I_B$ 为 B 轨中流过的电力牵引电流。不平衡电流系数的计算公式如下：

$$不平衡电流系数=(I_A-I_B)/(I_A+I_B)\times 100\%$$

设某一电气化区段中：$I_A=208$ A，$I_B=192$ A；则其不平衡电流系数＝(208－192)/(208＋192)×100%＝(16/400)×100%＝4%。

前述曾提及不平衡电流的产生与诸多因素有关，它是牵引电流回流、钢轨阻抗、钢轨对地接触电阻、大地电导、牵引供电方式及沿线各项设施的地线与钢轨连接的方式等的函数，也就是说，不平衡电流系数是一个变数。如在牵引电流回流较小时，不平衡电流系数较大；随着牵引电流回流的增大，虽引起不平衡电流的增加，但不平衡电流系数却在相应的变小。在考虑轨道电路中不平衡电流对信号设备干扰时，应规定在一定的牵引电流时可容许的最大不平衡电流值较为科学。不平衡电流系数应不大于 5%。

7. 电气化区段中，在最大负载时对于受干扰的导线上任意两点间的感应纵电动势的国际规定

受干扰的导线上任意两点间的感应纵电动势不应超过 60 V(有效)。这一数值是国际电报电话咨询委员会(简称 CCITT)建议的，是从是否危害使用及维护人员的健康状况而考虑的，其原文为："干扰线路正常工作条件下，在电信线路中感应的纵电动势超过 60 V(有效)时，定为存在危险，如果一个人同时接触到地(或接地导体)和电信线路导线时。"

8. 电气化区段对轨道电路的基本要求

(1)轨道电路应能防护牵引电流的干扰，采用非工频的轨道电路，与 50 Hz 的牵引电流区分。

(2)区间及站内正线上各轨道电路应采用双扼流变压器双轨条轨道电路。站内侧线采用单扼流变压器双轨条轨道电路，在不会引起机车信号错误动作的侧线上，亦可采用单轨条轨道电路。

(3)电力牵引区段装设有扼流变压器的吸上线应接至扼流变压器中性点上，相邻吸上线的装设间距不得小于两个闭塞分区；若吸上线的设置地点距轨道电路送、受电端的距离大于500 m时，可允许在轨道电路上加设一台扼流变压器，但相邻轨道电路不得连续加设，且该轨道电路两端不得再接其他吸上线。加设扼流变压器的轨道区段，应保证轨道电路可靠工作。

(4)站内交叉渡线(含复式交分道岔)上，应加设两组钢轨绝缘，将上、下两个道岔区段完全隔开。

(5)牵引连接线和横向连接线以及道岔跳线用截面积不小于 40 $mm^2$ 的镀锌铁绞线(37 mm×1.2 mm)连接，连接线两端焊接牢固，穿越钢轨的道岔和横向连接线距轨底不小于30 mm。

(6)轨端连接线应采用焊接式(现多数已采用"一塞一焊"较为安全、可靠的双套方式)。

(7)接触网支柱地线、桥梁等建筑物地线与钢轨相连接，应符合有关的技术要求。

9. 电气化区段沿线各项设施的地线以及吸上线、回流线与钢轨连接时的技术要求

(1)在双轨条轨道电路的区段内，直接供电方式的接触网支柱、信号设备、桥栏杆的地线，必须通过火花间隙(此方式不宜继续使用，而应设置专用接地线)或通过扼流变压器的中性点接向钢轨。单轨条轨道电路的区段内，允许将上述各种地线直接接向牵引轨条上。所有地线的入地部分应涂沥青或其他绝缘物。

(2)AT 供电方式的接触网支柱绝缘端子通过保护线接钢轨。BT 供电方式的接触网支柱绝缘端子采用双重绝缘通过回流线接钢轨。保持线及回流线均应通过扼流变压器的中性点接向钢轨。

(3)站台、道口等行人稠密的处所和装有设备(隔离开关、避雷器等)的接触网混凝土支柱，以及有接触网设备的钢柱应为双接地。一根接地线接向接地极，另一根接地线应通过火花间隙接向钢轨。接向钢轨的地线的入地部分应涂有沥青或其他绝缘物。

(4)吸上线及回流线与钢轨连接时的技术要求是：

①吸上线、回流线(包括开闭所、分区亭的接地网与钢轨的连接线)应接在扼流变压器的中性点上。为防止迂回电路影响行车安全和保证轨道电路可靠工作，一般情况下不另装设扼流变压器，而与轨道电路共用(即接在轨道电路送电端或受电端扼流变压器的中性点上)。相邻吸上线不得设在同一轨道电路两端，吸上线接往扼流变压器中性连接板时，应采用软连接。

②对于取自接触网供电作为车站电源的 25 kV 变压器的回流线，在就近轨道上无扼流变压器的情况下，可在轨道电路上增设一台扼流变压器(一般均在站中心的股道上)。

③在特殊情况下，如路外通信设备拆迁工作量过大，或对通信干扰严重，吸上线就近连接扼流变压器中性点有困难时，允许加设一台扼流变压器，但相邻轨道电路不得连续加设，该轨道电路的两端不允许再接其他的吸上线。

10. 轨道电路加装适配器的原因

电气化铁路中各种制式的轨道电路已采用了不同于工频的信号电流频率。加设适配器是为了进一步改善牵引电流对轨道电路的干扰状况。

加设适配器于接收电路前端，其目的是对稳定干扰和冲击干扰中大的不平衡牵引电流(主要是 50 Hz 成分)进行滤波，至少应滤去 95%以上；而适配器对有用的信号电流衰耗极小，不

影响轨道电路正常工作。适配器是第一级滤波器，滤掉 50 Hz 不平衡电流(10 A 以内)，其输入阻抗要与轨道电路的各项参数相匹配。对于超过 10 A 以上的强大电流，由 10 A 熔断器给以防护，使轨道电器受电端的设备不受损害。

11. 信号设备专用的低压交、直流电源设为对地绝缘系统的原因

信号设备的专用低压交、直流电源采用对地绝缘系统的主要目的，是防止信号电源的一端接地而造成信号设备的错误动作，危及行车安全。例如：室外的信号设备一般采用双断控制来保证当设备发生一处混电时不致错误动作，若不采用电源对地绝缘系统，就将造成一处接地而失去双断控制的作用。

如图 4-86 所示，假设"B"点接地，"A"点混入正电，采用电源为绝缘系统时，被控的信号设备不会误动作。若电源"－"极为接地电源的接地点时，则控制条件"2"失效，这是因为"A"点混入"＋"电源能错误动作被控的信号设备，而造成危及行车安全的严重后果。

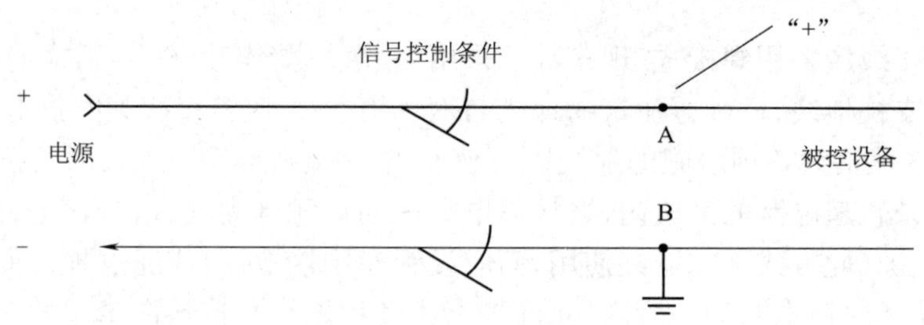


图 4-86　电源对地绝缘的防护作用

12. 检查钢轨绝缘破损的方法

(1)轨端绝缘的检查

基本轨与接头夹板之间设有槽形绝缘，六根螺栓与接头夹板间设有绝缘管、垫，故基本轨、接头夹板与螺栓之间互不构成电气连接。可检查以下几点：

①轨端绝缘被挤死：要求工务部门解决钢轨爬行问题，之后更换新轨端绝缘片即可。在坡道较大线路区段要求工务部门增设必要的防爬器，另外电务部门亦应改用高强度轨道绝缘较为相宜。

②用电压表测试：先封死一组绝缘，测量另一组轨端绝缘的电压，若测量的电压高于轨面电压，说明正常。以同样的方法先封死另一组绝缘，再测量对应的一组轨端绝缘，若测量的电压很低，几乎近于零，则说明被测量的轨端绝缘已被破损，应予以更换。

③用万用表置于 $R\times10$ 电阻挡测试：测量两块接头夹板与六根螺栓之间应有较高电阻，若已经相通，则说明螺栓的绝缘已破损，应予以更换。测量前必须先在接头夹板和各螺栓上凿了一个亮点(露出金属光泽)，便于表棒接触、测试。用凿、锯、锉的方法均可，但亮面不要过大，以下的测试亦须凿出亮点，不再重述。

(2)电动转辙机基础角钢绝缘的测试和检查

电动转辙机基础角钢的绝缘破损也可使轨道电路成为分路状态，控制台出现红光带。电动转辙机基础角钢的角形铁与钢轨相通，基础角钢与轨底以及固定螺栓之间设有绝缘，故基础角钢与钢轨之间不连通，轨面的电压只能延伸到固定螺栓，所以在基础角钢与轨面之间使用电压表测量时，不应量出电压；使用电阻表示方法测量时，应有较高的电阻，这就表明绝缘未破损，一切正常。如测量时发现基础角钢与钢轨之间绝缘不良，在检查了所有固定螺栓绝缘均良好无问题，但道岔区段仍显红光带，就应该细心检查第一连接杆和尖端杆的绝缘是否良好。

(3)钢轨引接线与箱、盒间的绝缘检查

引接线末端的螺栓与箱、盒间的绝缘组件较为简单,安装到变压器箱或电缆盒上之后,一般用目测的方法就检查其破损与否。

(4)轨距保持杆检查

轨距保持杆的四个铁爪与轨底直接坚固,而轨距保持杆及其紧固螺帽与铁爪之间设置绝缘管、垫,使其与钢轨之间完全绝缘。

用电压表测量轨距保持杆与轨面之间应无电压,用电阻表测量时应有较高电阻。

另一种轨距保持杆的绝缘设置在杆中间位置(即有铁路线路中较多),一般用目测、手扳动、锤轻击的方法均可检查其正常与否。用电压表或电阻表的方法测量轨面与中间铁夹板之间有无电连接,亦可检查出有无破损现象。

13. 电气化区段轨道电路设置扼流变压器的目的与其工作原理

电气化区段以钢轨作为牵引回流通道,而信号设备又是以钢轨作为信号传输通道,即构成完整的轨道电路设备来完成联锁,所以要求轨道电路系统应具备良好的电磁兼容性。为了使牵引电流与信号电流分开,故在钢轨绝缘处设置扼流变压器 BE。

扼流变压器的工作原理是:由图 4-87 中可看出,牵引电流 $I_c$($I_c=I_{c1}+I_{c2}$)由轨道电路ⅠG流向 3G 时,两条轨道电流各为 $I_{c1}$、$I_{c2}$,流过两边对称的半个牵引线圈至中心连接线的电流为 $I_c$,之后又分别以 $I'_{c1}$、$I'_{c2}$(这里的 $I_{c1}\approx I_{c2}\approx 1/2I_c$,$I'_{c1}\approx I'_{c2}$)的电流流过相邻轨道电路的另一个扼流变压器的两边半个牵引线圈,最后牵引电流到达 3G 的两根轨条,从而牵引电流就顺利地通过钢轨绝缘。由于流过扼流变压器两边半个线圈的电流相等,牵引电流在铁芯中产生的交变磁通相反,故总的交变磁通为零,所以在信号线圈中感应不出 50 Hz 的牵引电流。而对信号电流 $I_S$ 则由于在信号线圈中流通,经过磁耦合,在扼流变压器Ⅱ次侧感应出信号电流 $I'_S$加到两轨条上。这就实现了信号电流与牵引电流同时通过两根轨条,而在轨道电路接收端与发送端的设备中互不干扰。

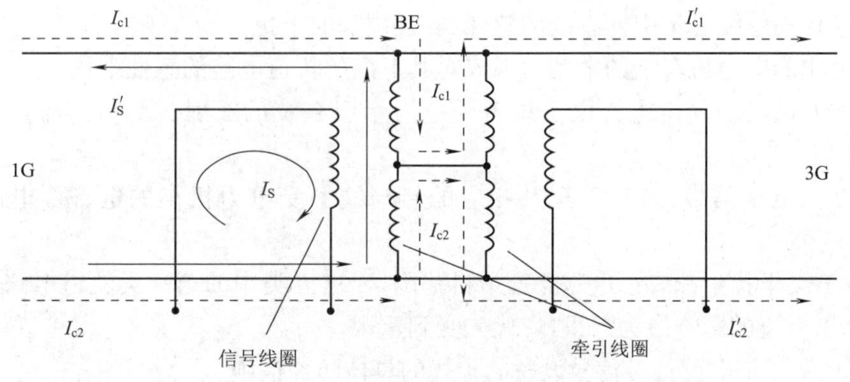


图 4-87　扼流变压器工作原理

14. 不平衡电流的产生原因及重要性

从理论上讲流经两根轨条的牵引电流 $I_c$ 是每一根轨条上电流之和,同时这两根轨条上流过的电流相等。即 $I_{c1}+I_{c2}=I_c$,$I_{c1}=I_{c2}$ 只有这样才称得上是平衡电流,也只有是这样的平衡电流流经两轨条使信号电流受的干扰为零。而在实际设备使用中,绝对相等、绝对平衡是不存在的,一旦出现流经两轨条的电流不相等 $I_{c1}\neq I_{c2}$ 或 $|I_{c1}-I_{c2}|\neq 0$,就称为是不平衡电流。衡量不平衡电流大小的指数一般称为不平衡电流系数[即不平衡率 $K=|I_{c1}-I_{c2}|/(I_{c1}+I_{c2})\times$

100%,≤5%]。我国现规定不平衡电流系数一般要小于5%,也就是说,当不平衡电流系数大于5%时,就有可能产生对信号设备的侵害和干扰。所以说查找产生不平衡电流的原因,消除各种产生不平衡电流的因素,是电务维修人员在电气化区段提高信号设备使用稳定性的一项重要工作,值得引起高度重视。

15. 轨道电路产生不平衡电流的原因与减少不平衡电流方法

轨道电路产生不平衡电流的原因是比较复杂的,但产生渠道主要来自轨道电路设备和供电设备,包括回流、接地、放电设备等。

轨道电路设备造成不平衡电流的原因主要有以下几点。

(1)轨道电路钢丝绳引接线不符合规格或接触不良,接续线至少应一塞一焊。

(2)两钢轨线路状态不一致造成两轨条流过的电流差距较大。

(3)连接设备造成的接触电阻不一致,如钢丝绳引接线长短不同,两侧连接方式不同等。

(4)扼流变压器线圈阻抗差异较大,或轨道电路绝缘破损等。

供电设备可以造成不平衡电流的原因主要有以下几点。

(1)杆塔接地线只连接在一根轨条上。

(2)放电设备不良造成漏电。

(3)回流线防护不良,封连单根轨条。

以上是造成不平衡电流过高的一些主要原因,如何减小不平衡电流,就是要针对以上原因逐项进行整治,采取必要的专项措施,把不平衡电流降到最低,以减少对信号设备的干扰。

16. 电气化区段接触网供电设备对信号设备的干扰分析

电气化区段接触网供电设备属强电系统,有几万伏电压、几百安的牵引电流。而信号设备都是低电压、小电流,这样高低悬殊的差距同时要在同一通道上传输,对信号设备的干扰源是很大的。按性质分,这些干扰主要可划分为以下几类。

(1)轨道电路和机车信号受钢轨中不平衡牵引电流回流的传导性干扰。

(2)信息传输电缆受牵引网系统的感性、容性耦合的干扰。

(3)运动中的电力机车上的电动力系统对其下面的轨道电路的感性干扰。

(4)沿线及站场的固定电力电子设备受电力牵引系统的放射、耦合、回流地电位升等的影响。

(5)机车上机车信号、自动停车及相应的传输线等受电力机车的电、磁、电磁放射源的影响。

以上这五类干扰中都属于电磁兼容学科范围,而这五类中的第一类轨道电路和机车信号受不平衡牵引电流的影响最为严重,应优先受到重视。

17. 防止牵引供电设备对信号设备的干扰的具体防护措施

在防护牵引供电设备对信号设备的干扰方面,多年来经众多的工程技术人员和科研人员不懈地探索、研究,初步形成了一整套的防护措施。具体防护措施的有以下几条。

(1)采用与最大牵引电流相匹配的高容量扼流变压器。

(2)轨道电路接收输入端加装抗干扰适配器,来缓解冲击电流,减少不平衡电流的影响。

(3)轨道电路受电端轨道继电器线圈并接防护盒,滤掉不平衡电流的50 Hz基波及谐波成分,并保证信号电流衰耗很小。

(4)加装复示继电器,防止轨道继电器的瞬间误动。

18. 调整电气化区段轨道电路时的注意事项

调整电气化区段轨道电路时应注意以下几点。

(1)严格按调整表所要求的轨道线圈的端电压的范围进行调整,留出电源电压波动的适当富余量。一般应采取改变送电变压器Ⅱ次侧抽头及连接跨线的方法,调整送电电压,Ⅱ次侧采用正串、反串增减输出电压,使之符合道床的自然状况。在调整时,凡是能造成扼流变压器Ⅱ次侧开路的,都要做好防护。

(2)在最不利情况下(晴天、道床最好时),用标准分路线进行送分、受分和岔分时,轨道继电器线圈残压应小于规定数值(25 Hz 相敏轨道电路应小于 7 V,移频轨道电路接收盒限入残压不大于 0.1 V);轨道继电器前接点应可靠断开(一送多受,只要一个轨道继电器线圈残压符合上述要求即合格)。

(3)调整轨道电路时,不容许将各端限流电阻调到低于技术要求的数值,不容许改变各端匹配变压器的变比。因此轨道电路调整前必须事先检查各部电阻阻值的变化与定型图是否相符,然后再进行电压调整。

(4)根据分路灵敏度和断轨灵敏度的要求,双轨条轨道电路受电端的输入阻抗应在 0.2～0.5 Ω范围内。否则,如果此阻抗小于 0.2 Ω,分路灵敏度就低于标准值,如大于 0.6 Ω,就不能检查断轨。

(5)当实际的道砟电阻小于标准值(0.6 Ω · km)时须进行季节性调整。当道砟电阻符合标准值时,只需进行一次调整即可。对长轨道电路,在道砟电阻小的时候不能把轨道继电器线圈电压调得过高。

19. 在电气化区段配合作业及更换钢轨绝缘时的注意事项

在电气化区段配合工务更换钢轨绝缘时,首先要由工务与行车人员联系要点,并作折断线路的防护。更换时要特别注意不准损坏牵引电流的回流设备,如钢轨上的钢丝绳、引接线等,严禁断开接向扼流变压器连接线中任何一侧或两个扼流变压器中性点的连线。在更换道岔区段中的极性绝缘时,严禁封连绝缘两侧钢轨,换后要认真检查各级熔断器、器材有无过流烧损现象,送、受端设备工作是否正常,全部检查完毕后才能通知工务部门销点。

20. 电气化区段更换扼流变压器时,采取的防护措施

在运行的电气化区段需更换扼流变压器时,应采取如下防护措施:

(1)首先检查被换扼流变压器和待换扼流变压器的各部性能,连接部分是否良好,部件是否齐全。

(2)在向行车人员联系要点停止该区段(包括相邻区段)使用的情况下,首先连接好两区段间的回流连接线,如图 4-88 所示。或直接使用两个横向连接线、一条纵向连接线,按图 4-89 所示连好(俗称两横一纵线)。

(3)确认牵引电流被连接好后,拆下被换扼流变压器,换上新扼流变压器,各部连接好后,再撤下回流连接线或两横一纵连接线,最后进行复查测试和试验。

采取以上方法的目的就是保证牵引电流(回流)不中断。

21. 更换扼流变压器箱连接线的正确方法

更换扼流变压器箱连接线时,主要问题是不能中断牵引电流,所以必须在给点更换前,先将回流连通,即利用"两横一纵,跨过绝缘节"连接好,如图 4-90 所示,然后再换上同型号的连接线,待新换线接好后,再撤除"两横一纵"回流线。

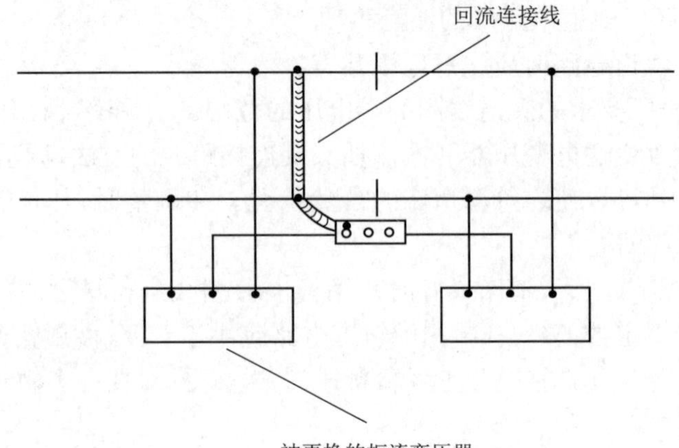


图 4-88　连接连接线

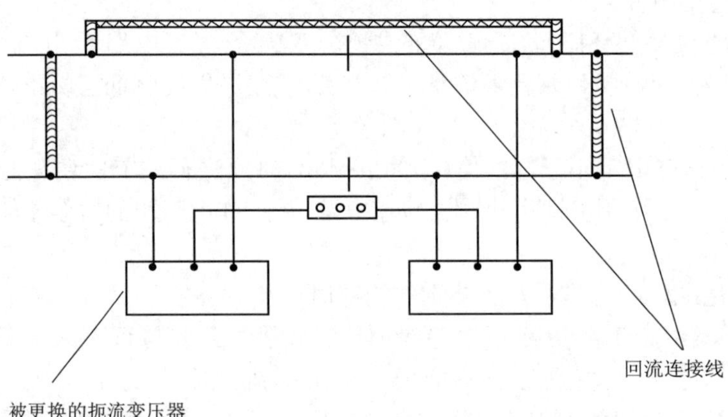


图 4-89　连接示意图 1

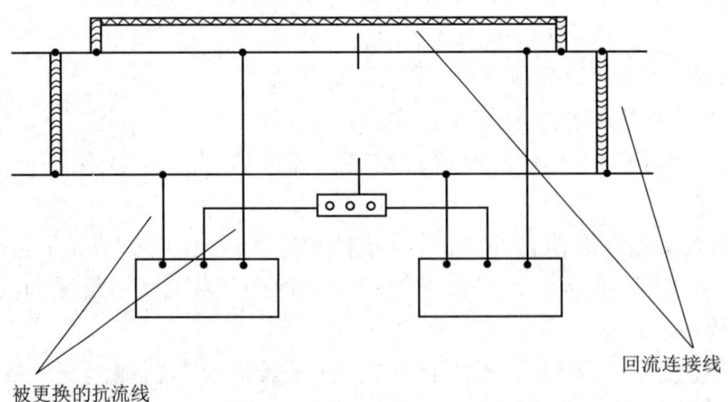


图 4-90　连接示意图 2

22. 更换两相邻扼流变压器中性连接板的方法

更换两相邻扼流变压器中性连接板时，也要先将回流连通，就是用“两横一纵”回流线跨过绝缘节连接好，待换好的中性连接板全部连好后，再撤除“两横一纵”回流线，使设备恢复正常，更换连接板如图 4-91 所示。

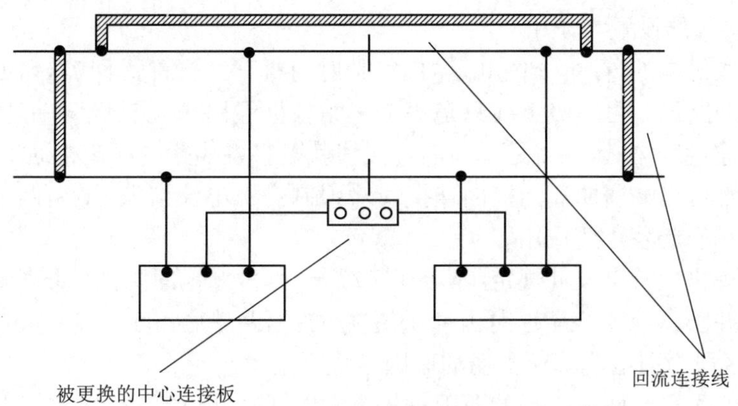


图 4-91　更换连接板

23. 更换附有吸上线两相邻扼流变压器的中性连接板的方法

更换两相邻扼流变压器带吸上线的中性连接板时，也需在更换前做好“两横一纵”临时回流连接线的连接，并将吸上线或回流线临时沟通到钢轨，连接好后再由供电人员配合撤下吸上线，装好新中性连接板后，再连接好吸上级，各部连接好再撤除“两横一纵”临时回流线。

24. 扼流变压器箱连接线、扼流变压器箱中性连接板以及连接的吸上线、回流线刮断的处理方法

当发现扼流变压器箱连接线、扼流变压器中性连接板以及连接的吸上线、回流线被刮断或损坏时，电务维修人员绝对不能擅自处理，应首先通知车务人员请求不准电力机车进入有关区段运行，再与供电部门联系协同一起处理。可首先做好安全防护，即用“两横一纵”回流线跨过故障处所，连通回流，然后方可进行更换处理。待处理连接好后，再撤除“两横一纵”回流线。

25. 扼流变压器Ⅱ次侧开路作业的注意事项

当进行扼流变压器Ⅱ次侧的有关开路作业时(如更换轨道变压器；更换轨道变压器与扼流变压器间电缆、配线；更换轨道变压器箱内端子板、熔断器、调整轨道电压等)都有可能使Ⅱ次侧出现高压，所以要在工作前先做好防护，可将扼流变压器Ⅰ次短路，或在轨道上使用“两横一纵”回流线防护，然后方可开始工作，待工作完毕后再撤除短路线或“两横一纵”回流线。如此项工作需反复进行时，每次都应进行防护。

26. 空扼流变压器的装设与调整

仅为满足牵引电流回流需要而设置的扼流变压器称为空扼流变压器。具体说就是根据站场布置的实际需要，个别的轨道电路区段的分支处构成牵引电流回流有困难的，又没必要设置一处轨道电路受电设备，这样的处所为保障牵引电流回流畅通，在轨道分支处(如长渡线分支处、牵出线、货物线、尽头线、专用线、机车出入库线)只装扼流变压器，而没设送、受电设备，这样的扼流变压器就叫作空扼流变压器。

装设空扼流变压器的轨道电路区段的调整方法是：在空扼流变压器处同样按受电一样接一台轨道变压器，不同的是变压器Ⅱ次侧不是接继电器，而是用电容器来代替。电容器的容量可以根据继电器线圈电压的需要来调整，即保证继电器线圈电压符合规定要求，通过改变电容器容量选择一个最佳数值来确定容量，此方法就叫作通过调整变压器次电容而构成谐振槽路，在区段内呈最佳阻抗。这样即保证了牵引电流正常通过，又不破坏轨道电路的特性，同时又不致增加受电设备。一般电容器的容量可在 1～4 μF 间增减。当采用稳步轨道电路时，轨道变压器Ⅱ次侧应开路处理。

27. 横向连接线的设置与作用

接触网是分段供电的,在一个供电区内,各股道的机车运行都需回流,但回流是由吸上线连通供电网形成回路的。可是吸上线只是每个车站根据线路情况只设置一处或几处,所以需各线路间用横向连接线沟通,也就是说横向连接线就是将各线路的回流构通起来,确保机车在每处线路上运行都可以畅通回流。横向连接线对限制牵引电流泄漏、平衡两线路的电位及降低牵引电流的不平衡起着重要作用。

横向连接线规格应符合设计规定(不小于 70 $mm^2$),做好地面防护。较长跨度或长距离的接头应焊接牢固并防腐处理。穿越钢轨时,应进行防护,距轨底不小于 30 mm。

28. 电气化区段牵引电流回流不畅的原因与危害

电气化区段牵引电流回流不畅的原因是多方面的,除供电系统外,从轨道电路方面看就包括:轨端接续线、扼流变压器中点的引接线和负供电线(即吸上线和电缆)是否可靠连接;横向连接线是否连接良好和完整。这些地面设备都是造成回流不畅的主要原因。

发生牵引电流回流不畅对电务设备,尤其是对轨道电路设备能否正常工作的影响是极其严重的。因为牵引电流一旦出现不畅通,几百安的强电流迂回到哪里都会烧坏设备,严重时可烧毁相邻设备,造成较大范围的设备故障,这是最严重,也是最应重点防范的电气干扰故障。

29. 改善牵引电流回流不畅的措施

牵引电流回流不畅轻者可以使熔断器熔丝熔断,重者能使整个箱盒、整条电缆、成片设备全部烧坏,可以说对设备的安全使用威胁是很大的。但它又属结合部位的问题,也就是说造成的原因不是电务设备单方面的。所以日常要加强检查,发现问题及时反映、协调,对供电等部门设备的问题要及时联系解决,以防止造成较大的故障。就电务设备自身维修方面应具体应从以下两个方面着手。

(1)保证轨端接续线及线间和钢轨间接触线的完整和牢固,扼流变压器中性连接板,引接线和负供电线(吸上线和电缆)的可靠连接。

(2)在复线区间轨道电路加设线间横向连接线,并保证其完整和牢固。

30. 常见的轨道电路不平衡电流的几种现象

常见的轨道电路受不平衡电流侵扰造成的故障按其现象和影响的严重程度分可分为以下两种。

(1)轨道电路闪红光带。

(2)强电流侵入烧毁设备。

第一种情况是常见故障,也是易发生的惯性故障,虽然发生的只是瞬间一闪,但对运输的影响是很大的。第二种情况发生的机会较少,但影响面大,发生后恢复时间长、损失大,对运输影响也应更大。

31. 常见的轨道电路闪红光带故障的原因及防护措施

轨道电路的正常工作(以 25 Hz 相敏轨道电路为例)是靠送电端供出轨道电源经有关设备和轨道传送到受电端,再由有关设备接收并进行相位鉴别使轨道继电器吸起。当送、受电端有关设备故障或轨道电路有车占用(也包括断轨等故障),都会使轨道电路由调整状态变成分路状态。如果发生的是瞬间故障,故障后又立即恢复了,那就是闪红光带故障。电气化区段不平衡电流侵扰所造成的故障大多是瞬间造成的,故障发生时间较短便自动恢复,这就是常说的轨道电路闪红光带故障。造成这样的故障有时是列车每运行到前方某个区段,后方(信号机内方)区段闪红光带是有规律性的,也有时发生的是无规律的。造成轨道电路闪红光带故障的原因,分析起来主要是不平衡电流侵扰造成的,在轨道电路中虽然有较严密的防护措施,但不平衡电流侵扰强度的大小难测,有时基波被防护了,但谐波分量(有时二次、三次及多次谐波分量的侵扰也能造成故障)又侵入干扰轨道电路的正常工作。经反复测试分析,基频的奇次谐波分量较高(即 150 Hz 占 22.78%,250 Hz 占 11.609%,350 Hz 占 6.867%……随谐波次数增高而逐渐减小)。可以说轨道电路受电气化牵引不平衡电流侵扰是比较复杂的,有可能是基波分量,也有可能是谐波分量,还有可能是基波和谐波共同合成影响的。有时可能是量值(电流高低强度)较大的侵扰,使轨道电路设备动作失常,也有可能是基波或谐波分量侵扰后使信号产生相移(相位变化)而造成轨道电路设备故障,更有可能是量值和相移共同侵扰造成的。

近年来也采取了较多项防止轨道电路闪红光带的措施,如高容量扼流变压器、防雷轨道变压器、铅芯保安管等,以及还有近期新研制使用的带适配器的扼流变压器、开气隙的扼流变压器等。这些都是防止轨道电路闪红光带的一些具体措施,同时改善回流条件一些工作也是防范措施。

32. 适配器的工作原理

近几年来,科研部门为解决牵引电流对轨道电路设备的冲击,消除和减少不平衡电流的影响,研究试制出一种新的带适配器的扼流变压器。其要求是缓冲冲击电流的影响,而且减少不平衡电流,但对有用的信号电流无影响。其原理是在原扼流变压器Ⅱ次侧多绕了两组线圈,在原信号线圈连接轨道变压器的同时,又并接了另一个回路,通过不同的端子连接,使不同区段的不平衡电流在这个连接的谐振回路内产生同频振荡。

将这种带适配器的扼流变压器安装在易受侵扰的区段代替原扼流变压器,效果是很明显的,不但抗干扰性能有较大提高,轨道电路的相位特性也有了明显改观,大大提高了轨道电路工作的稳定性。

**【练习题】**

**一、填 空 题**

(1)当轨道电路在规定范围内发送电压值(　　)、钢轨阻抗值(　　)、道砟电阻值(　　)、轨道电路为极限长度和空闲的条件下,受电端的接收设备应可靠工作。

(2)在道岔区段,设于警冲标内方的钢轨绝缘,除双动道岔渡线上的绝缘外,其安装位置距警冲标不得小于(　　)m。

(3)轨道电路的两钢轨绝缘应设在(　　)处,当不能设在同一坐标时,其错开的距离(死区段)应不大(　　)m。

(4)两相邻死区段间的间隔一般不小于(　　)m。

(5)与死区段相邻的轨道电路的间隔一般不小于(　　)m。

(6)设于信号机处的钢轨绝缘应与信号机坐标(　　)。

(7)进站、接车进路信号机和自动闭塞区间并置的通过信号机处,钢轨绝缘可设在信号机(　　)范围内。

(8)出站、发车进路信号机和自动闭塞区间单置的通过信号机处,钢轨绝缘可设在信号机(　　)范围内。

(9)调车信号机处,钢轨绝缘可设在信号机(　　)范围内。

(10)(　　)、(　　)、(　　)、(　　)信号机处,钢轨绝缘可设在信号机前方 1 m 或后方 1 m的范围内。

(11)(　　)、(　　)、(　　)信号机处,钢轨绝缘可设在信号机前方 1 m 或后方 6.5 m 的范围内。

(12)在平交道口处的钢轨绝缘,应安装在公路路面两侧外不小于(　　)m 处。

(13)装有钢轨绝缘处的轨缝应保持在(　　)mm,两钢轨接头应在同一平面,高低相差不大于(　　)mm。

(14)道砟面与钢轨底面的距离应保持在(　　)mm 以上。

(15)轨道电路的塞钉式接续线的塞钉打入深度最少与(　　)平,露出不超过(　　)mm,塞钉与塞钉孔要全面紧密接触,并(　　)封闭;保持线条密贴钢轨连接夹板,达到(　　)。

(16)轨道电路的焊接式接续线的两焊点中心距离应在(　　)mm 范围内,焊接接头的上端端头应低于新钢轨轨面(　　)mm;焊接线焊后须涂(　　);焊接线应油润无锈,断根不得超过(　　)。

(17)钢轨引接线塞钉孔距钢轨连接夹板边缘应为(　　)mm 左右。引接线的裸线部分不得与箱、盒金属体(　　)。

(18)轨道电路跳线和引接线应平直地固定在枕木或其他专用的设备上,不得埋于(　　)中,并须涂油防蚀,断根不得超过(　　)。

(19)胶接式绝缘接头、粘接式绝缘轨距杆的绝缘电阻值应大于(　　)MΩ。

(20)JZXC-480 型轨道电路在调整状态时,轨道继电器交流端电压应不小于(　　)V,道岔区段一般不大于(　　)V。

(21)JZXC-480 型轨道电路送电端限流电阻,在道岔区段,不小于(　　)Ω;在道床不良的到发线上,不小于(　　)Ω。

(22)在轨道电路(　　)的轨面上,用 0.06 Ω 标准分路电阻线分路时,轨道继电器的交流端电压不大于(　　)V,继电器应可靠落下。

(23)JWXC-2.3 型交流闭路式轨道电路在调整状态下,轨道继电器的直流电流:线圈并联时,应为(　　)mA;线圈串联时,应为(　　)mA。

(24)JWXC-2.3 型交流闭路式轨道电路送电端限流电阻应不小于(　　)Ω。

(25)JWXC-2.3 型交流闭路式轨道电路用 0.5 Ω 标准分路电阻线在轨面上分路时,轨道继电器的直流电流:线圈并联时,不大于(　　)mA;线圈串联时,不大于(　　)mA,继电器应可靠落下,缓放时间不大于(　　)s。

(26)JWXC-2.3 型直流闭路式轨道电路在调整状态下,轨道继电器的工作电流不小于(　　)mA。

(27)JWXC-2.3 型直流闭路式轨道电路送电端限流电阻应不小于(　　)Ω。

(28)JWXC-2.3 型直流闭路式轨道电路用 0.1 Ω 标准分路电阻线在轨面上分路时,轨道继电器电流不大于(　　)mA,继电器应可靠落下。

(29)25 Hz 轨道电路在调整状态时,轨道继电器轨道线圈(电子接收器轨道接收端)上的有效电压应不小于(　　)V。

(30)对于 25 Hz 轨道电路,用 0.06 Ω 标准分路电阻线在轨道电路(　　)轨面上分路时,轨道继电器端电压:旧型应不大于(　　)V;97 型应不大于(　　)V,其前接点应可靠断开。

(31)对于电子型 25 Hz 轨道电路,用 0.06 Ω 标准分路电阻线在轨道电路(　　)轨面上分路时，电子接收器的轨道接收端电压应不大于(　　)V，输出端电压应为(　　)V，其执行继电器应可靠落下。

(32)25 Hz 轨道电路送、受电端扼流变压器至钢轨的接线电阻不大于(　　)Ω。

(33)25 Hz 轨道电路送、受电端轨道变压器至扼流变压器的接线电阻不大于(　　)Ω。

(34)25 Hz 轨道电路轨道继电器至轨道变压器间的电缆电阻：旧型不大于(　　)Ω；97 型及电子型不大于(　　)Ω。

(35)25 Hz 轨道电路(　　)电端的限流电阻，其阻值应予以固定，不得调小，更不得调至零值。

(36)25 Hz 轨道电路(　　)电端的电阻器，允许按需要从零至全阻值对轨道电路进行调整。

(37)ZP-89 型 8 信息移频轨道电路在调整状态下，受电端接收盒限入电压应不小于(　　)mV，轨道继电器应可靠工作。

(38)对于 ZP-89 型 8 信息移频轨道电路，用 0.06 Ω 标准分路电阻线在轨道电路不利处所轨面上分路时，接收盒限入残压不大于(　　)mV，轨道继电器应可靠落下。

(39)UM71 型无绝缘轨道电路在调整状态下，轨道电路接收器限入电压应不小于(　　)mV，轨道继电器电压应不小于(　　)V，并可靠工作。

(40)ZPW-2000A 型无绝缘轨道电路由(　　)和(　　)两部分组成。

(41)ZPW-2000A 型无绝缘轨道电路小轨道信息通过(　　)区段接收器处理，通过小轨道条件(XG、XGH)送回本区段接收器，作为小轨道检查条件(XGJ、XGJH)。

(42)ZPW-2000A 型无绝缘轨道电路在调整状态时，“轨出 1”电压应不小于(　　)mV，“轨出 2”电压应不小于(　　)mV，小轨道接收条件电压不小于(　　)V，轨道继电器可靠吸起。

(43)对于 ZPW-2000A 型无绝缘轨道电路，在机车入口端轨面用 0.15 Ω 标准分路电阻线分路：载频为 1 700 Hz、2 000 Hz、2 300 Hz 时，短路电流不小于(　　)mA；载频为 2 600 Hz 时，短路电流不小于(　　)mA。

(44)对于 ZPW-2000A 型无绝缘轨道电路：1 700 Hz 区段采用容量为(　　)μF 电容；2 000 Hz区段采用容量为(　　)μF 电容；2 300 Hz 区段采用容量为(　　)μF 电容；2 600 Hz 区段采用容量为(　　)μF 电容。

(45)ZPW-2000A 型无绝缘轨道电路分路状态在最不利条件下，主轨道任意一点用 0.15 Ω标准分路电阻线分路时，“轨出 1”电压应不大于(　　)mV，轨道继电器可靠落下。

## 二、简 答 题

(1)对 ZPW-2000A 型无绝缘轨道电路传输电缆有哪些要求？

(2)轨道电路分路状态的最不利条件是什么？

(3)道岔区段的轨道电路应符合哪些要求？

(4)对 JZXC-480 型轨道电路有哪些要求？

(5)旧型 25 Hz 轨道电路送电端限流电阻的阻值在《维规》中有何规定？

(6)97 型 25 Hz 轨道电路送电端限流电阻的阻值在《维规》中有何规定？

(7)电子型 25 Hz 轨道电路送电端限流电阻的阻值在《维规》中有何规定？

【拓展题】

## 一、填 空 题

(1)极性交叉是轨道电路(　　)的防护措施之一。

(2)信号设备编号中的“1DG”表示(　　)。

(3)轨道电路送电端电源变压器用(　　)型变压器。

(4)在轨道电路区段更换钢轨、整治道岔、调整轨距时,须经工务、电务共同商定要点时间,由(　　)负责联系登记。

(5)25 Hz 相敏轨道电路既有对频率的选择性,又有对(　　)的选择性。

(6)25 Hz 相敏轨道电路属于交流连续式轨道电路,它适用于(　　)区段。

(7)97 型 25 Hz 相敏轨道电路一送一受区段不带扼流变压器时,送电端限流电阻的阻值为(　　)Ω。

(8)97 型 25 Hz 相敏轨道电路一送二受区段无扼流变压器时,送电端限流电阻的阻值为(　　)Ω。

(9)交流电力牵引区段信号设备的金属外缘与接触网带电部分的距离不得小于(　　)m。

(10)工务更换钢轨、(　　)需要电务人员配合。

(11)非电气化区段 4 信息移频轨道电路,在调整状态下,受电端轨面电压应不小于(　　)V。

(12)电气化区段 4 信息移频轨道电路,在调整状态下,道岔区段受电端接收设备限入电压在晴天时应(　　)1.8 V。

(13)移频轨道电路利用两根钢轨作为传输信息的通道,传输(　　)信息。

(14)电气化区段轨道电路的极性交叉的测试利用(　　)直接测量。

(15)电气化区段采用非工频轨道电路是为了防止(　　)的干扰。

(16)解决好牵引电流的(　　)问题,是电气化区段防止烧毁设备的重要措施。

(17)UM71 轨道电路接收器接收移频信号后轨道继电器的延时吸起是为了防止(　　),出现假空闲。

(18)UM71 轨道电路用 0.15 Ω 标准分路电阻线分路,死区段长度不应大于(　　)m。

(19)UM71 轨道电路点式环线电流必须大于(　　)A。

(20)UM71 轨道电路绝缘节由谐振单元、空芯线圈、(　　)、谐振单元、钢轨等组成。

(21)电气化区段职工更换钢轨、连接夹板及道岔主要部件时,应先设好(　　)临时回流线。

(22)电力牵引区段的轨道电路,应能防护连续或(　　)的不平衡牵引电流的干扰。

(23)轨道电路是利于两条钢轨做通道构成的电路,起着检查线路是否(　　)的作用。

(24)轨道电路限流电阻作用之一是:当轨道电路(　　)时保护送电电源不会被烧坏。

(25)应加强对轨道电路分路不良区段的安全管理,坚持(　　)。

(26)电气化区段信号干线电缆的始终端应设专用地线,不得接至扼流变压器(　　)或钢轨上。

(27)电务部门除严格按照(　　)对轨道电路进行维修外,还要加强对经常不过车或易污染区段轨道电路的(　　)。

(28)在轨道电路区段因分路不良不能恢复(　　)期间,车站办理接发列车或调车作业进路时,由车站、电务人员(　　)集中联锁设备能够正常排列列车、调车进路,可按正常方式办理进路。

(29)除锈、除污工作完毕后,(　　)应及时进行该轨道电路的分路试验,恢复正常后,应及时(　　)。

(30)扼流变压器连接线、中心连接板连接紧固,(　　)良好。

## 二、选择题

(1)装有钢轨绝缘处的钢轨,两钢轨头部应在同一平面,高低相差不大于(　　)。

(A)1 mm　(B)2 mm　(C)3 mm　(D)4 mm

(2)钢轨引接线塞钉孔距钢轨连接夹板边缘应为(　　)左右。

(A)50 mm　(B)100 mm　(C)150 mm　(D)200 mm

(3)轨道复示继电器的表示符号为(　　)。

(A)GJ　(B)FGJ　(C)GJF　(D)DGJ

(4)在道砟电阻最高,电源电压最高的条件下,用(　　)导线短路轨道电流区段的任一点时,轨道继电器的衔铁应可靠落下。

(A)0.006 Ω　(B)0.06 Ω　(C)0.6 Ω　(D)6 Ω

(5)在道岔区段,设于警冲标内方的钢轨绝缘,距警冲标不得少于(　　)。

(A)3 m　(B)3.5 m　(C)4 m　(D)4.5 m

(6)轨道电路钢轨绝缘在不能安装在同一坐标时,其错开的距离不得大于(　　)。

(A)2.5 m　(B)3 m　(C)3.5 m　(D)4 m

(7)轨道电路两相邻死区段间的间隔,或与死区段相邻的轨道电路的间隔,一般不小于(　　)。

(A)15 m　(B)17 m　(C)18 m　(D)25 m

(8)当死区段的长度小于 2.1m 时,其与相邻死区段的间隔或与相邻轨道电路的间隔允许(　　)。

(A)10～16 m　(B)10～18 m　(C)10.5～16 m　(D)15～18 m

(9)在站场信号平面布置图上,站场股道的编号,正线编为(　　)数字。

(A)阿拉伯数字　(B)罗马数字　(C)单数　(D)双数

(10)在信号技术图表中,符号[・・]表示的意义是轨道电路(　　)。

(A)双送　(B)双受　(C)一送一受　(D)极性交叉

(11)在信号技术图表中,符号[＋＋]表示的意义是轨道电路(　　)。

(A)双送　(B)双受　(C)一送一受　(D)极性交叉

(12)轨道电路区段被机车车辆占用,轨道继电器吸起(开路式)或落下(闭路式),轨道电路这种状态就是(　　)。

(A)开路状态　(B)分路状态　(C)调整状态　(D)断路状态

(13)交流轨道电路送电端限流电阻在道岔区段限流电阻不少于(　　)。

(A)0.5 Ω　(B)1 Ω　(C)2 Ω　(D)2.5 Ω

(14)交流轨道电路送电端限流电阻在道床不良的到发线上限流电阻不少于(　　)。

(A)0.5 Ω　(B)1 Ω　(C)2 Ω　(D)2.5 Ω

(15)在轨道跳线和引接线处不得有防爬器和轨距杆等物,横过钢轨处,其距轨底应为(　　)及以上。

(A)10 mm　(B)20 mm　(C)30 mm　(D)40 mm

(16)警冲标应设于两会合线间距为(　　)的中间。

(A)2 m　(B)3 m　(C)3.5 m　(D)4 m

(17)轨道电路接续线的塞钉打入深度最少与钢轨平,露出不超过(　　)。

(A)3 mm　(B)4 mm　(C)5 mm　(D)6 mm

(18)轨道电路的跳线和引接线,断股不得超过(　　)。

(A)1/5　(B)1/4　(C)1/3　(D)1/2

(19)轨道电路有调整状态、(　　)状态、断轨状态三种。

(A)开路　(B)断路　(C)短路　(D)分路

(20)引接线沿轨枕敷设部分,应平直固定良好,当穿越钢轨时,应距轨底不小于(　　)。

(A)10 mm　(B)20 mm　(C)30 mm　(D)40 mm

(21)钢轨接头的轨缝应根据钢轨温度计算确定,装有绝缘的接头轨缝,在钢轨温度最高时,应不小于(　　)。

(A)5 mm　(B)6 mm　(C)8 mm　(D)10 mm

(22)在平交道口处的钢轨绝缘,应安装在公路路面两侧外不小于(　　)处。

(A)2 m　(B)3 m　(C)3.5 m　(D)4 m

(23)道砟面与钢轨底面的距离应保持在(　　)以上。

(A)10 mm　(B)20 mm　(C)30 mm　(D)40 mm

(24)25 Hz 电源屏(旧型)输出轨道电源为交流(　　)。

(A)220 V±5 V　(B)220 V±10 V　(C)220 V±11 V　(D)220 V±15 V

(25)25 Hz 电源屏(旧型)输出局部电源为交流(　)。

(A)110 V±5 V　(B)110 V±5.5 V　(C)110 V±10 V　(D)110 V±12 V

(26)25 Hz 电源屏(旧型)输出局部电源电压超前轨道电源电压角度为(　　)。

(A)60°　(B)90°　(C)120°　(D)180°

(27)25 Hz 电源屏(97 型)输出轨道电源为交流(　　)。

(A)220 V±6.6 V　(B)220 V±10 V　(C)220 V±11 V　(D)220 V±15 V

(28)25 Hz 电源屏(97 型)输出局部电源为交流(　　)。

(A)110 V±3.3 V　(B)110 V±5.5 V　(C)110 V±10 V　(D)110 V±12 V

(29)25 Hz 相敏轨道电路(旧型)送电端无扼流变压器时,其电阻 $R$ 为(　　)。

(A)2 Ω　(B)2.1 Ω　(C)2.2 Ω　(D)2.3 Ω

(30)25 Hz 相敏轨道电路,轨道继电器至轨道变压器间的电缆电阻,旧型不大于(　　)。

(A)90 Ω　(B)100 Ω　(C)110 Ω　(D)120 Ω

(31)25 Hz 相敏轨道电路既有对频率的选择性,又有对(　　)的选择性。

(A)电流　(B)电压　(C)时间　(D)相位

(32)25 Hz 相敏轨道电路送、受电端扼流变压器至钢轨的连接线电阻不大于(　)。

(A)0.1 Ω　(B)0.2 Ω　(C)0.3 Ω　(D)0.4 Ω

(33)25 Hz 相敏轨道电路(旧型)送电端有扼流变压器时,其电阻 $R$ 为(　　)。

(A)2.2 Ω　(B)2.4 Ω　(C)4.2 Ω　(D)4.4 Ω

(34)用 0.06 Ω 标准分路电阻线在旧型 25 Hz 轨道电路送、受电端轨面上分路时,轨道继电器端电压应不大于(　)。

(A)2.7 V　(B)7 V　(C)7.4 V　(D)10.5 V

(35)25 Hz 相敏轨道电路送、受电端轨道变压器至扼流变压器的连接线电阻不大于(　　)。

(A)0.1 Ω　(B)0.2 Ω　(C)0.3 Ω　(D)0.4 Ω

(36)交流电力牵引区段信号设备的金属外缘与回流线的距离不得小于(　　)。

(A)500 mm　(B)600 mm　(C)700 mm　(D)800 mm

(37)交流电力牵引区段信号设备的金属外缘与回流线的距离在(　　)时,应对回流线加绝缘防护。

(A)500～700 mm　(B)700～900 mm　(C)700～1 000 mm　(D)800～1 200 mm

(38)交流电力牵引区段,安全地线与屏蔽地线的接地电阻应不大于(　　)。

(A)10 Ω　(B)12 Ω　(C)14 Ω　(D)15 Ω

(39)交流电力牵引区段,横向连接线、扼流变压器连接线穿越钢轨时,应进行防护,距轨底应不小于(　　)。

(A)15 mm　(B)20 mm　(C)30 mm　(D)35 mm

(40)交流电力牵引区段,相邻吸上线的安装间距不得小于(　　)闭塞分区。

(A)1 个　(B)2 个　(C)3 个　(D)4 个

(41)交流电力牵引区段,吸上线或 PW 保护线设置地点距轨道电路的接收、发送端的距离大于(　　)时,允许在轨道电路上加设一台扼流变压器。

(A)500 m　(B)600 m　(C)700 m　(D)800 m

(42)轨道电路应能防护牵引电流的干扰,采用非工频轨道电路,与(　　)牵引电流区分。

(A)60 Hz　(B)25 Hz　(C)50 Hz　(D)75 Hz

(43)列车进路上的道岔区段,其分支长度超过(　　)时(自并联起点道岔的岔心算起),在该分支末端应设接收端。

(A)55 m　(B)60 m　(C)65 m　(D)70 m

(44)25Hz 相敏轨道电路受电端的电阻器(包括室内外的),允许按需要从零至(　　)对轨道电路进行调整。

(A)中值　(B)全值　(C)无穷大　(D)70%

(45)电气化区段减小两轨间不平衡电流应采取的措施是改善两根钢轨的纵向(　　)不平衡。

(A)电流　(B)电压　(C)电导　(D)电阻

(46)电力牵引区段的轨道电路,当不平衡牵引电流在规定值以下时,应保证(　　)状态时轨道继电器可靠落下。

(A)调整　(B)分路　(C)故障　(D)开路

## 三、简答题

(1)什么是轨道电路?它是由哪些部分组成的?

(2)什么是轨道电路的调整状态?有哪些不利条件?

(3)什么是轨道电路的分路状态?有哪些不利条件?

(4)什么是轨道电路的断轨状态?

(5)什么叫超限绝缘?

(6)两扼流变压器的中心连接板因故折断后,有什么危害?

(7)25 Hz 相敏轨道电路有哪些部分组成？

(8)变频器的作用有哪些？

(9)为什么叫交流二元二位轨道继电器？

(10)25 Hz 相敏轨道电路原理是什么？

(11)常见的轨道电路开路故障主要有哪些原因？

(12)如何调整 25 Hz 相敏轨道电路？

(13)电气化区段轨道电路设置扼流变压器的目的是什么？

(14)电气化区段轨道电路产生不平衡电流的主要原因有哪些？

(15)当进行扼流变压器Ⅱ次侧的有关开路作业时应注意什么？

(16)电气化区段配合工务更换钢轨时应注意什么？

(17)更换附有吸上线(或回流线)两相邻扼流变压器的中性连接板时，应怎样进行？

(18)如何测试轨距杆绝缘？

(19)轨道电路与工务设备有哪些结合部？这些结合部是如何分界的？

(20)轨道电路与供电设备有哪些结合部？这些结合部是如何分界的？

(21)轨道电路极性交叉不正确时，如何进行调整？

(22)轨道电路出现电压频繁波动时，应如何处理？

(23)轨道电路外观检查检修作业内容及质量标准是什么？

(24)轨道电路箱盒内部检修作业内容及质量标准是什么？

(25)如何测试 25 Hz 轨道电路送、受电端扼流变压器不平衡电流及分路残压？

(26)轨道电路入口电流如何测试？

(27)如何进行轨道电路极性交叉检查？

(28)如何进行轨道绝缘测试及扼流变压器Ⅰ、Ⅱ次侧线圈间绝缘检查？

(29)试分析送端限流器两端测试电压约等于电源变压器Ⅱ次侧电压，在轨面测试电压很低或无电压的故障。

(30)轨道电路室外部分短路、半短路故障的常见原因是什么？

(31)装有绝缘的钢轨接头在什么情况下需要工务处理？

(32)如何判断轨道绝缘是否超限？超限后如何解决？

(33)怎样从送端限流电阻上的电压来判断轨道电路开路、断路故障？

(34)25 Hz 轨道电路防护盒的作用？

(35)如何配合工务在绝缘处作业？

(36)工程交接验收中，轨道电器有哪些验收项目？

(37)轨道电路区段的划分原则是什么？

(38)轨道区段是如何命名的？

(39)25 Hz 轨道电路送端限流电阻阻值是如何规定的(旧型、97 型任选一种)？

(40)什么是电缆径路图？它包括哪些内容？

(41)装有 ZPW-2000 系列轨道电路的自动闭塞区段某相邻两个区段红光带，试分析故障原因。

(42)装有 ZPW-2000 系列轨道电路的自动闭塞区段某个区段红光带，试分析故障原因。

(43)装有 ZPW-2000 系列轨道电路的自动闭塞区段匹配变压器有什么作用？

(44)区间轨道电路补偿电容的测试方法？

(45)站内股道补偿电容测试方法是什么？

# 单元 5　转辙机的安装、测试和维护

【学习目标】

道岔的转换和锁闭关系列车行车安全，目前我国主要转换和锁闭装置是各类转辙机，本单元主要介绍不同转辙机的结构组成、工作原理，并重点分析转辙机的安装、调整与维护的方法和注意事项。

1. 了解转辙机的结构组成、动作过程。
2. 理解不同类型转辙机设备结构、原理的区别。
3. 能按要求安装、调整及维护转辙机。
4. 掌握转辙机的日常维护和集中检修内容。

【技能目标】

1. 具备转辙机类型、结构识别能力。
2. 具备转辙机施工、安装技能。
3. 具备转辙机日常维护、故障维修能力。

## 任务 1　转辙机的结构识别

转辙机概述

### 一、任务提出

转辙机的类型很多，结构和性能各有不同，但其基本组成和原理还是类似的，下面先从图 5-1和图 5-2 来认识它们。

图　5-1

图　5-2

(1)你知道图 5-1 和图 5-2 中的信号设备是什么吗？

(2)图 5-1 为 ZD6 系列电动转辙机；图 5-2 为 S700K 型电动转辙机，你是否了解图 5-1 和图 5-2 中的设备是做什么用的？

## 二、任务分析

本任务主要是讲解各种转辙机的结构类型，因此在学习之前要清楚了解在学完该项目后我们能够掌握哪些技能，在以后的工作中我们用该技能实现哪些目标。

(1)了解转辙机的不同类型和结构，以便区分该设备应用的不同场合。

(2)了解不同转辙机的零件组成和原理，以便为日后的安装、拆卸提供基础。

ZD6 系列电动转辙机的结构和工作原理

## 三、任务准备

该任务主要是识别转辙机的结构和了解转辙机的工作原理，所以只要大家了解转辙机的基本类型有三种(电动、电液、电空)，转辙机主要是为了转换道岔所用。

## 四、任务实施

1. 识别转辙机

(1)思考：请大家仔细观察图 5-1 和图 5-2 所示的转辙机，你觉得它们是同一类型吗？

(2)任务提示：图 5-1 是 ZD6 系列电动转辙机，图 5-2 是 S700K 型电动转辙机，虽然两者都是电动转辙机，但是其结构、原理、应用场合都有很大的区别，在后续的讲解中我们会提到。

(3)任务实施要领：

①了解 ZD6 系列电动转辙机的结构组成

图 5-3 是 ZD6 系列电动转辙机的整体结构，下面我们将通过实物图给大家介绍各零件的结构和原理。

ZD6 系列电动转辙机主要由电动机、减速器、自动开闭器、主轴、表示杆、摩擦联结器、移位接触器、安全接点、外壳等组成。

a. 电动机：如图 5-4 所示是直流电动机的整体结构，它主要是为转辙机提供动力，其内部结构如图 5-5 所示。

b. 减速器：如图 5-6 所示是减速器的整体结构，它主要是降低转速以换取足够的转矩，并完成传动，其由第一级齿轮、第二级行星传动式减速器组成，如图 5-7 所示。

图 5-3　ZD6 系列电动转辙机整体结构

图 5-4　电动机

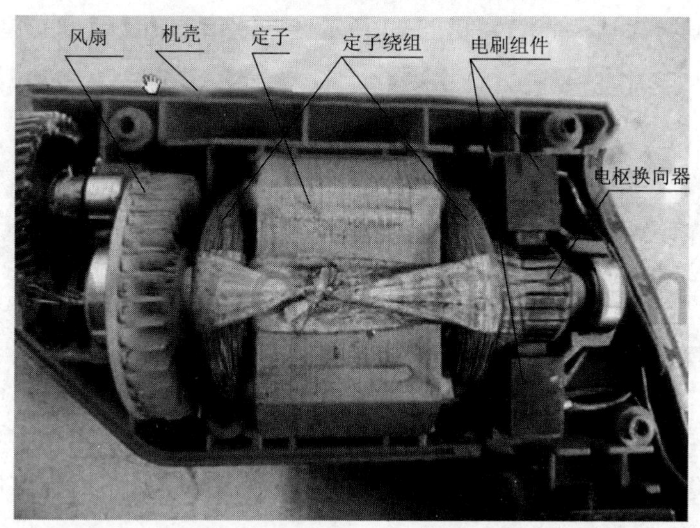


图 5-5　电动机内部结构

图 5-6　减速器

图 5-7　减速器内部结构

c. 自动开闭器：如图 5-8 所示是自动开闭器侧面结构，它主要是用来及时、正确反映道岔尖轨的位置，并完成控制电动机和挤岔表示的，其正面结构如图 5-9 所示，主要由动接点(2 排)、静接点(4 排)、速动爪、检查柱组成。

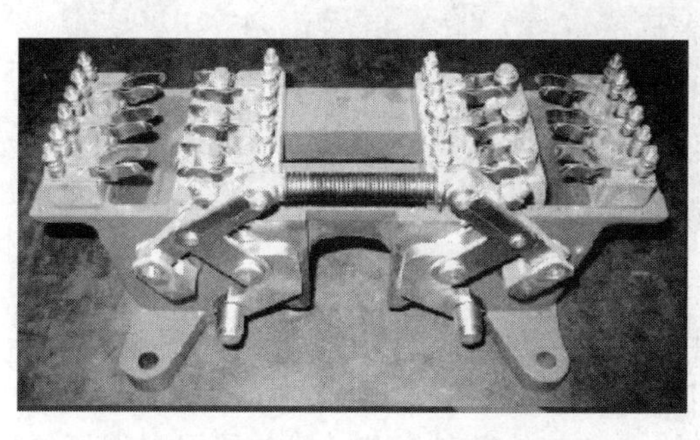

图 5-8　自动开闭器侧面结构

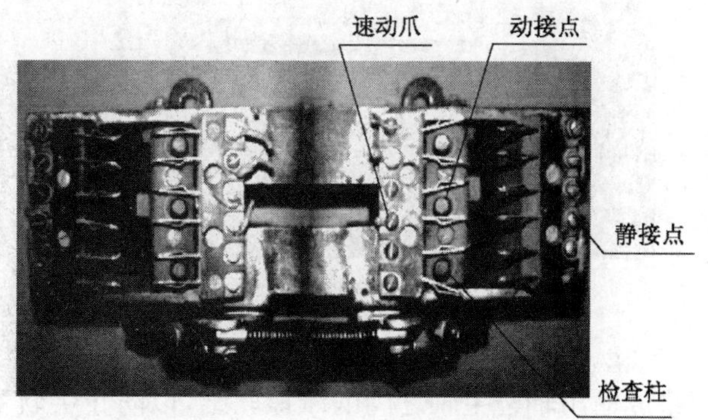


图 5-9　自动开闭器正面结构

d. 主轴：如图 5-10 所示是主轴的单个整体结构，它是由输出轴通过启动片带动旋转，主轴上安装锁闭齿轮、由锁闭齿轮和齿条块相互动作，将转动运动变为平动，通过动作杆带动尖轨运动，并完成锁闭作用，其与其他零件组合如图 5-11 所示（想想图 5-11 中哪个部分是主轴?）。

图 5-10　主轴

图 5-11　主轴与其他零件组合

e. 表示杆：如图 5-12 所示是表示杆的单个整体结构图，它由前后表示杆以及两个检查块组成。随着尖轨移动，只有当尖轨密贴且锁闭后，自动开闭器的检查柱才能落入表示杆的缺口之中，接通表示电路。挤岔时，表示杆被推动，顶起检查柱，从而断开表示电路。表示杆与其他零件的组合如图 5-13 所示（想想图 5-13 中哪个部分是表示杆?）。

f. 移位接触器：如图 5-14 所示是移位接触器的单个整体结构，它负责监督挤切削的受损状态，当道岔被挤或挤切削折断时，断开道岔表示电路。

图 5-12　表示杆

图 5-13　表示杆与其他零件的组合

图 5-14　移位接触器

g. 摩擦联结器：如图 5-15 所示是摩擦联结器和其他零件的组合，它用弹簧和摩擦制动板，组成输出轴与主轴之间的摩擦联结，以防止尖轨受阻时损坏机件。

h. 安全接点：如图 5-15 所示，该图显示的是安全接点和其他零件的组合，它是用来保证维修安全。

i. 外壳：如图 5-16 所示，该图显示的是 ZD6 系列转辙机所用的防护罩，它用于固定各部件，防止内部器件受机械损坏和雨水、尘土等的侵入。

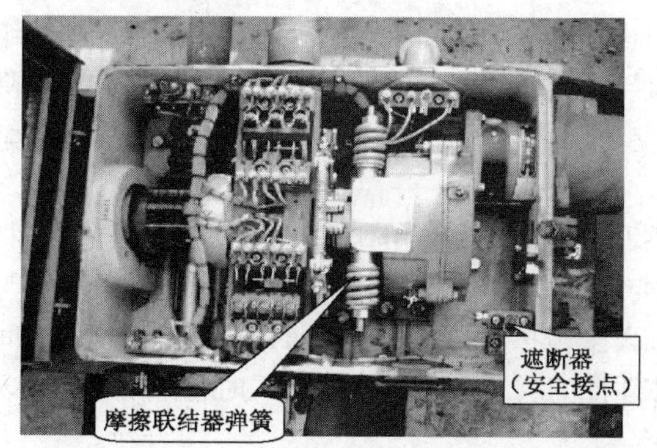


图 5-15　摩擦联结器与其他零件组合

图 5-16　外壳

S700K 型电动转辙机结构和工作原理

②了解 S700K 型电动转辙机的结构组成

图 5-17 是 S700K 型电动转辙机整体结构，下面我们将通过实物图给大家介绍各零件的结构和原理。

S700K 电动转辙机主要有电动机、齿轮组、摩擦联结器、滚珠丝杆、保持联结器、检测杆、锁闭块和锁舌、速动开关组等组成。

a. 电动机：如图 5-18 所示是交流电动机整体结构，它主要是为转辙机提供动力，其内部结构如图 5-19 所示。

S700K 型电动转辙机结构和工作原理 2

图 5-17　S700K 型电动转辙机整体结构

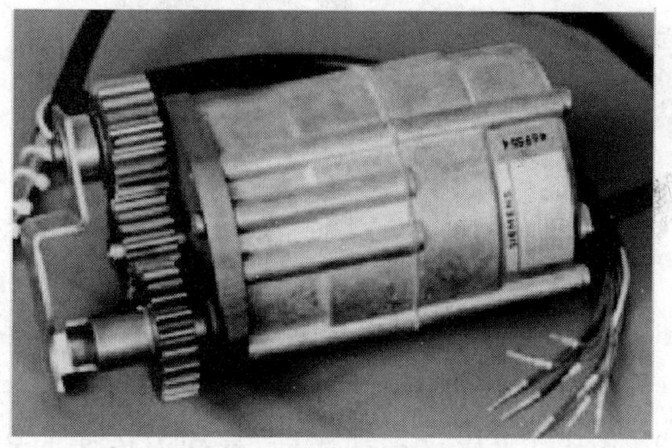

图 5-18　电动机整体结构

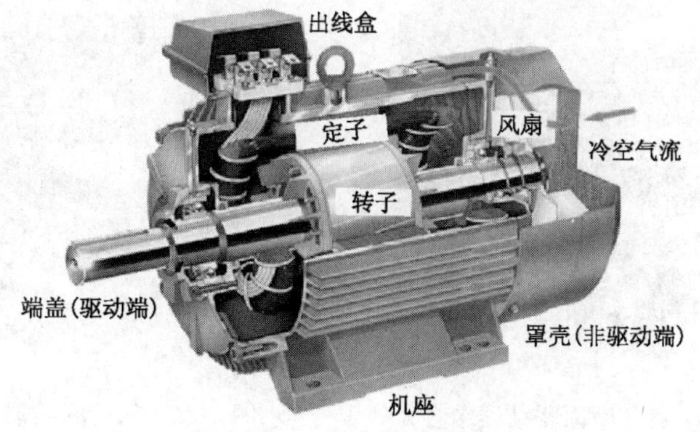


图 5-19　电动机内部结构

b. 齿轮组：图 5-20 是齿轮组整体结构，它由电机齿轮、中间齿轮及摩擦联结器齿轮等组成。它的作用：一是将电机的旋转的驱动力传递到摩擦联结器上；二是将电机的高速旋转降速，使旋转驱动力增大；三是改变减速比，以适应动程转辙机的不同转换时间，保持道岔各牵引点的同步动作；四是完成转辙机的一级降速。

c. 摩擦联结器：如图 5-21 所示是摩擦联结器和滚珠丝杆结合的图形，它的作用是：一是将变速齿轮组变速后的旋转力，传递给滚珠丝杠，实现电机的动力正常输出；二是实现齿轮组与滚珠丝杠间的软联结，当滚珠丝杠上的转换阻力大于摩擦联结器结合力时，主、备摩擦片之间相对打滑空转，起到保护三相电机的作用。但必须注意：厂方在转辙机出厂时已进行调整，现场维修人员不得随意调整摩擦力。

d. 滚珠丝杆：如图 5-21 所示是滚珠丝杆和摩擦联结器结合的图形，它的结构主要是螺栓和螺母，其动作原理为：当滚珠丝杠旋转一圈时，螺母变化一齿的距离。它的作用：一是将电机的旋转运动变为直线运动，二是起到二级减速作用，其减速比取决于丝杠的牙距。

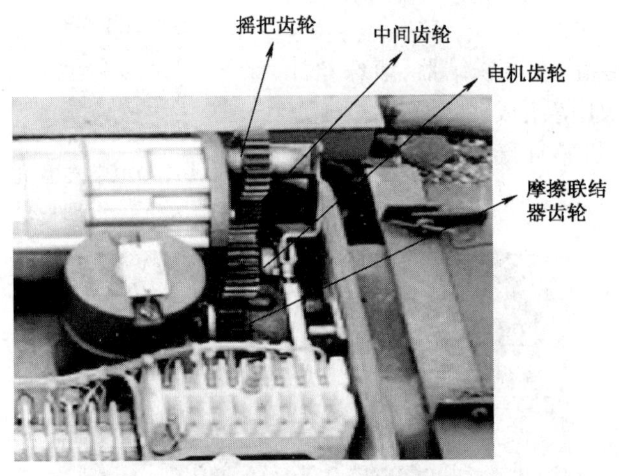


图 5-20　齿轮组整体结构

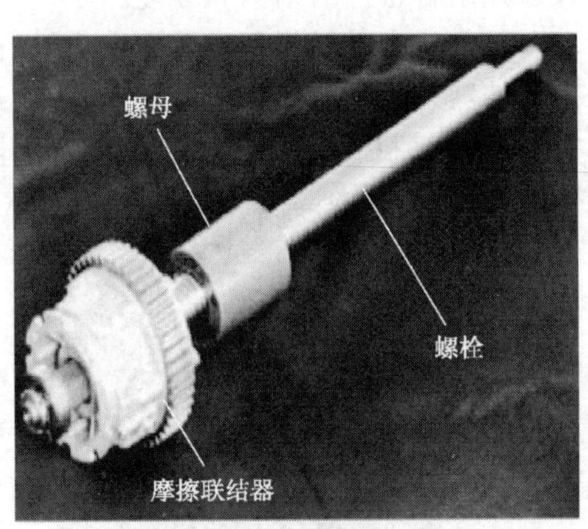


图 5-21　摩擦联结器和滚珠丝杠结合

e. 保持联结器：如图 5-22 所示，该图显示的是保持联结器的单个图形，它是转辙机的挤切装置，连接滚珠丝杠和动作杆，是动力传递的一部分，其和动作杆连接如图 5-23 所示（想想图 5-23中哪个是动作杆?）。

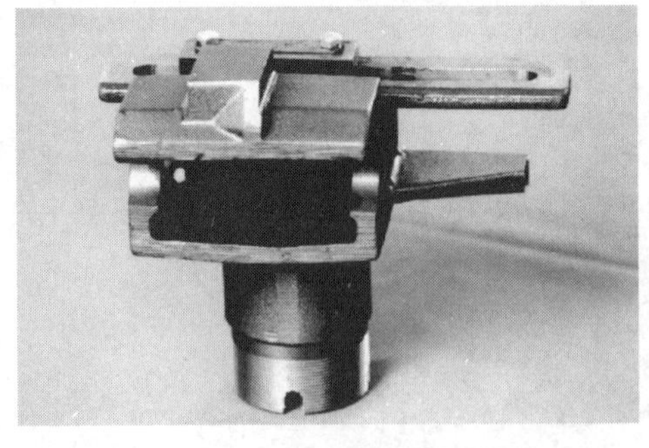

图 5-22　保持联结器和摩擦联结器结合

图 5-23　保持联结器和动作杆结合

f. 检测杆、锁闭块和锁舌：如图 5-24 和 5-25 所示显示的是这几部分整体的结构图形，他们主要是随尖轨或心轨转换而移动，监督道岔在终端位置的状态。

图 5-24 检测杆、锁舌、锁闭块结合 1

图 5-25 检测杆、锁舌、锁闭块结合 2

g. 速动开关组：如图 5-26 所示，该图显示的是其整体图形，它主要是监督道岔工作状态，给出道岔定位和反位的表示。当转辙机动作杆及检测杆动程不符合要求时，将不能接通表示接点。

举例说明：图 5-26 中已标好上下层和接点名称，在转辙机转换及锁闭时，其接点通断情况如下：锁闭时，哪一侧的锁舌弹出，则这一侧所对应的接点打下，即断开动作电路，给出该位置的表示电路。这时的接点组呈 1/3 闭合或 2/4 闭合位置。解锁及转换时，由于两个锁舌均在缩进位置，接点组的动接点均呈顶上位置，即 2/3 排接通，1/4 排断开，构不成表示电路，只有向定、反位的动作电路。

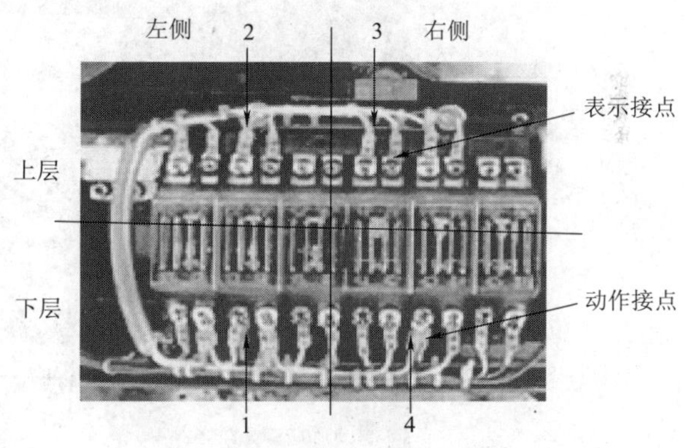


图 5-26 速动开关组

③了解 ZY(J)7 型电液转辙机的结构组成

ZY(J)7 型电液转辙机主要由动力系统、转换锁闭机构、表示锁闭机构等组成，如图 5-27 所示。

a. 动力系统：

作用：将电能转变为液压能。

组成：电机、联轴器、油泵、油管、单向阀、滤芯、溢流阀及油箱。

三相 380 V 电机通过联轴器带动油泵顺时针或逆时针旋转，分别由上、下两侧高压油口输出油液。油通过门字形左、右油管与空动缸两侧相连，传输给空动缸、主副机油缸。

ZY(J)7 型电液转辙机结构和工作原理

b. 转换锁闭机构：

作用：转换并锁闭尖轨在密贴位置，且能承受 90 kN 的轴向锁闭力，同时将尖轨锁在规定位置（到基本轨 160 mm±5 mm 的位置）。

组成：油缸、推板、动作杆、锁块、销轴、加强板及锁闭铁等。

液压油带动油缸向左或向右动作，带动动作杆左右移动。油缸上推板将动作杆锁在定位或反位位置。

c. 表示锁闭机构：

作用：正确反映尖轨、斥离轨状态，并将其锁闭在规定位置且能承受 20 kN 的轴向锁闭力。

组成：接点组，锁闭杆等零部件。

d. 手动安全接点(遮断器):

作用:手摇电机扳动道岔,切断电机启动电源,才能插入手摇把,非经人工恢复不能接通电路(断启动电源,但不断道岔表示)。

注:请大家仔细观察图 5-27,你是否能指出油缸、动作杆、电动机、油管等零件的位置在哪。

图 5-27　ZY(J)7 型电液转辙机结构

2. 了解不同转辙机原理

(1)思考:根据转辙机的结构描述,想想 S700K 型、ZD6 系列电动转辙机应是如何工作的?

(2)任务提示:电动转辙机的传动装置是机械的,电液转辙机是由液体来传递能量的。

(3)任务实施要领:

①了解ZD6系列电动转辙机的工作过程

前提条件:图5-28中各机件所处的位置是动作杆由右向左移动后的停止状态,此时自动开闭器的第1、3两排接点闭合。为了使动作杆向右移动,其传动过程如下:

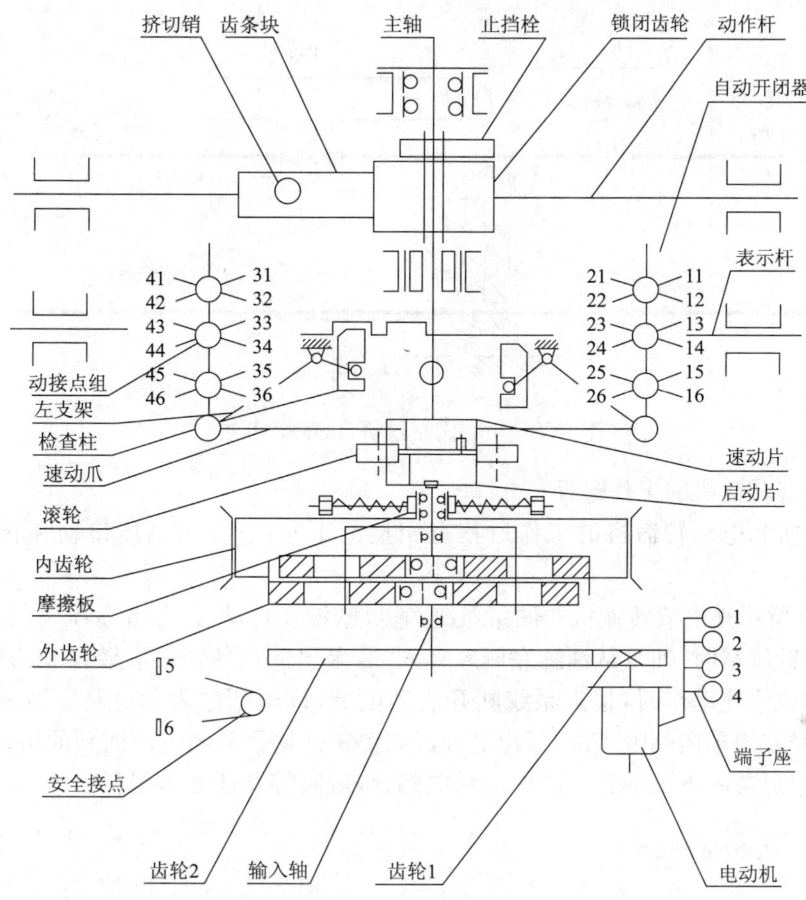


图5-28 ZD6系列转辙机各机件停止状态

a.来自道岔控制电路的电流,经由图5-28中自动开闭器的第1排接点接至电动机,使电动机按逆时针方向旋转(从电机后端看)。

b.电动机通过齿轮1带动减速器,使其输出轴按逆时针方向旋转。

c.输出轴与主轴通过启动片连接在一起,因此输出轴带动主轴一起旋转。

d.在主轴旋转过程中,锁闭齿轮随主轴逆时针方向旋转,拨动齿条块,使动作杆带动道岔尖轨运动,转换过程中,通过自动开闭器的接点完成表示。

②了解S700K型电动转辙机的工作过程

前提条件:图5-29中各机件所处的位置是动作杆由右向左移动后的停止状态,此时自动开闭器的第1、3两排接点闭合。为了使动作杆向右移动,其传动过程如下。

电动转辙机转动将旋转力通过其内部的中间齿轮传递给摩擦联结器、摩擦联结器又会带动滚珠丝杠转动,同时和滚珠丝杆连接的丝杠螺母会一起移动,此时操纵板将锁闭块顶入,切断原来表示并且锁舌会被锁入,从而解锁;然后滚珠丝杆螺母带动保持联结器一起移动,外锁闭开始解锁,当动作杆移动约60 mm时,外锁闭解锁完毕,道岔开始转换,当动作杆动程达到

220 mm 时，内表示杆缺口对准锁闭块，锁闭块弹出进入表示杆缺口，锁舌伸出，切断启动电路，接通表示。

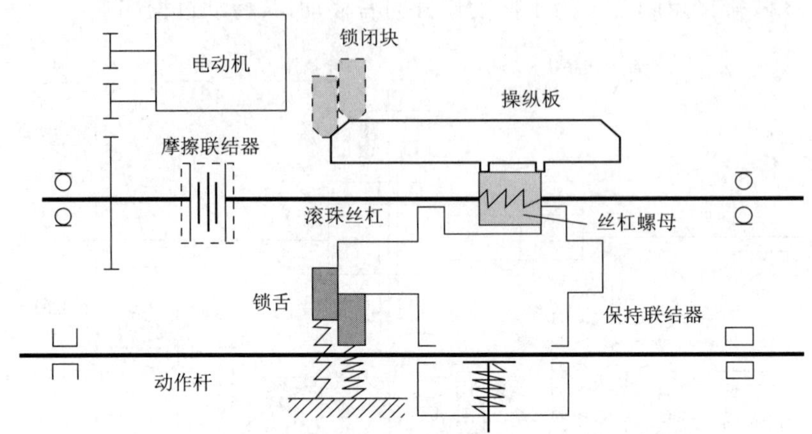


图 5-29 由右向左移动后的停止状态

③了解电液转辙机的工作过程

电液转辙机和电动转辙机的工作过程有明显的不同，它分为液压传动和转换锁闭两个过程。

如图 5-30 所示是电液转辙机的油路系统，它反映液压传动过程，此系统为闭式系统，当电机带油泵顺时针旋转时，油泵从油缸左侧腔吸入油，泵出的油使油缸右腔体积膨胀，油缸向右侧。当油缸到位停止动作时，接点系统断开启动电源，接通新的表示电路。当因故不能到位时，泵从油箱经左边单向阀吸入油，泵出的油经右侧的滤清器和溢流阀回到油箱。

注：请大家思考一下该油路系统中的单向阀、溢流阀等有什么作用。

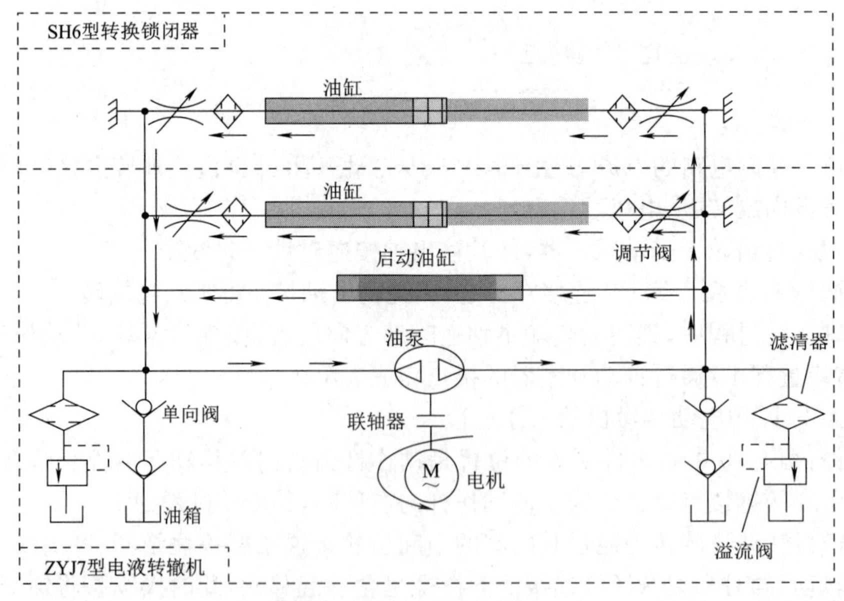


图 5-30 电液转辙机油路系统

如图 5-31 所示是电液转辙机的机械动作过程，它反映的是机械动作的过程，电机经联轴器带动油泵顺时针方向旋转，由于活塞杆固定不动，使油缸向右动作，油缸侧面的推板接触反位锁块后，油缸继续向前移动时通过推板和反位锁块带动动作杆向右移动，同时定位锁块开始解锁，当油缸走完解锁动程后，反位锁块和定位锁块处于锁闭铁和推板的间隙内，油缸继续通过推板和反位锁块带动动作杆向右移动。当动作杆继续移动到反位锁块与锁闭铁的锁闭面将要作用时，开始进入锁闭过程，继续向右移动 15.2 mm，将反位锁块推入锁闭铁的反位锁闭面，反位尖轨密贴于基本轨，此时动作杆的行程为 7.6 mm。因此，在尖轨密贴时，动作杆上的转换力可增加一倍，当尖轨密贴于基本轨后，油缸继续向右移动，动作杆不动作，油缸侧面的推板进入反位锁块的锁闭面，进入锁闭状态。

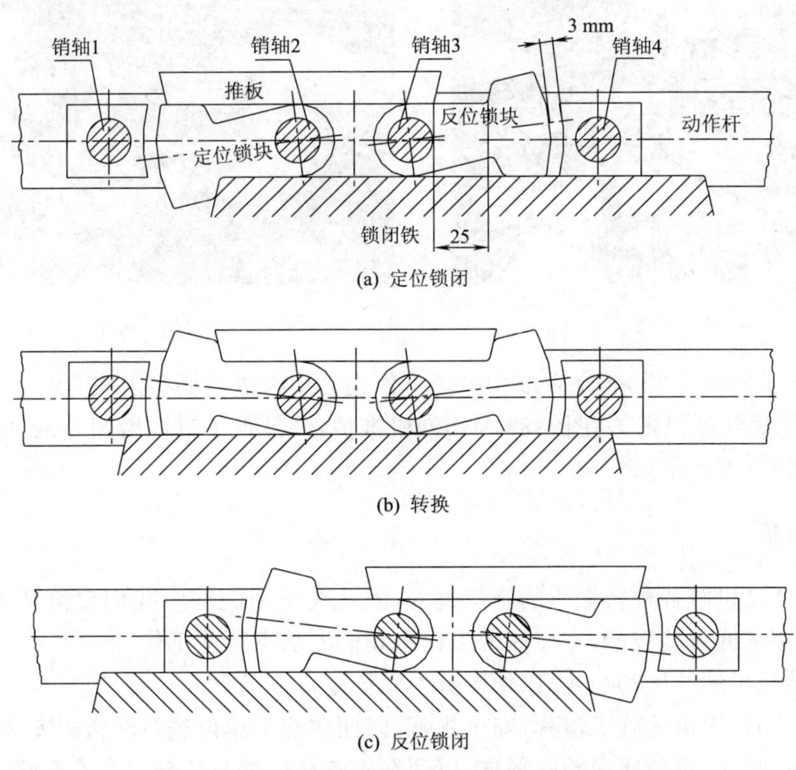


(a) 定位锁闭

(b) 转换

(c) 反位锁闭

图 5-31　电液转辙机机械动作过程

## 五、任务实施要求

要求大家清楚了解以上电动和电液转辙机结构零件的单个形状和组合形状。

## 六、作业布置

(1)要求学生以组为单位根据以上所学描述电动转辙机和电液转辙机的基本结构。

(2)要求学生以组为单位描述不同类型转辙机的结构和原理上的不同。

## 七、作业检查评议

(1)能够分析出不同类型转辙机结构上的区别。

(2)能够分析出电动和电液转辙机原理上的优缺点。

# 任务 2　转辙机的安装和使用

转辙机现场设备更换

## 一、任务提出

转辙机的安装使用关系着道岔的正确和锁闭，必须依据相关规定和方法进行，下面先从图 5-32和图 5-33 了解其安装情况。

图　5-32

图　5-33

(1)你是否了解图 5-32 和图 5-33 中现场工作人员正在进行哪些工作。

(2)图 5-32 为转辙机安装；图 5-33 为转辙机维护，你是否了解在做图 5-32 和图 5-33 中这些工作时需要注意哪些事项？

## 二、任务分析

本任务主要是讲解各种转辙机的施工过程，因此在学习之前中我们要清楚了解在学完该项目后我们能够掌握哪些技能，在以后的工作中我们能从事哪些工作。

(1)了解转辙机的类型和结构，以便区分不同的施工标准。

(2)了解不同转辙机的施工流程、安全规范，以便在施工单位进行转辙机安装工作。

(3)了解不同转辙机的质量验收标准，以便在施工单位进行转辙机的检查验收工作。

## 三、ZD6 系列电动转辙机的施工任务准备

该任务的实施主要是靠人力和相应的器具，作为一名铁路信号工程施工人员，首先我们应了解实现该任务的器具有哪些，需要多少人力，具体作业人员安排见表 5-1 和表 5-2。

**表 5-1　作业人员安排**

| 作业程序 | 人员要求 |
| --- | --- |
| 整治道岔 | 施工负责人 1 人、技术人员 1 人 |
| 安装转辙装置 | 信号工 2 人、劳务工 2 人 |
| 道岔调整 | 技术人员 1 人、信号工 1 人、劳务工 1 人 |
| 营业线安全防护 | 安全防护员 1 人、驻站联络员 1 人 |

**表 5-2　器具要求**

| 序　号 | 名　称 | 规格型号 | 单　位 | 数　量 | 备　注 |
| --- | --- | --- | --- | --- | --- |
| 1 | 钢卷尺 | 3.5 m | 个 | 1 | |
| 2 | 方尺 | | 把 | 1 | |
| 3 | 活口扳手 | 300 mm | 把 | 2 | |

续上表

| 序　号 | 名　称 | 规格型号 | 单　位 | 数　量 | 备　注 |
|---|---|---|---|---|---|
| 4 | 活口扳手 | 450 mm | 把 | 2 | |
| 5 | 撬棍 | | 根 | 2 | |
| 6 | 小工具 | | 套 | 1 | |
| 7 | 润滑油 | | g | 250 | |
| 8 | 毛刷 | | 把 | 1 | |
| 9 | 手锤 | | 把 | 2 | |
| 10 | 冲子 | | | 1 | |
| 11 | 特种笔 | H 色 | | 1 | |
| 12 | 电钻、钻架 | | | 1 | |
| 13 | 钻头 | | | 若干 | |
| 14 | 管钳 | 350 mm | | 1 | |
| 15 | 万用表 | | 块 | 2 | |
| 16 | 对讲机 | | 部 | 2 | 参考数量 |
| 17 | 喇叭 | | 个 | 1 | 参考数量 |
| 18 | 红、黄旗 | | 套 | 1 | 参考数量 |

其次我们需要了解完成该项目涉及哪些施工、验收规范，我们又需要对哪些标准清楚了解。

应了解的规范和标准主要包括：《铁路信号设计规范》《铁路信号工程施工质量验收标准》《高速铁路信号工程施工质量验收标准》《维规》等。该标准规范中的涉及内容我们将在任务实施和知识描述中提及。

思考：请大家想一想表 5-2 中所列的相应器具在现场起到什么样的作用？

强调：配套有视频动画演示。

转辙机的拆卸

## 四、ZD6 系列电动转辙机的施工任务实施

1. 工务配合整治道岔

安装转辙装置前，必须对道岔进行全面调查，有不符合技术标准的应要求工务部门予以整治。整治道岔要求见表 5-3。

**表 5-3　整治道岔要求**

| 要　求 | 备　注 |
|---|---|
| 道岔要方正 | 用方尺放在直股基本轨上测量，二尖轨尖端应处在同一直线上，前后偏移不得大于 10 mm |
| 轨距符合标准 | 不同型号道岔，尖轨长度和尖轨端轨距各不相同，工务部门应使道岔尖轨端轨距符合标准，并且稳定 |
| 道岔开程正确 | 道岔在第一连接杆中心处的开程调整应符合标准安装图要求 |
| 相关轨枕位置适宜 | 尖轨第一连接杆中心距尖轨端轨枕中心的距离不少于 330 mm，距岔心端轨枕中心距离不少于 285 mm |

续上表

| 要　　求 | 备　　注 |
| --- | --- |
| 有滑床板的轨枕踏实、稳定 | 轨枕不应有沉落、窜动情况 |
| 连接杆、轨距杆以及通垫板都应有良好绝缘 | 道岔各部绝缘安装齐全 |
| 第一连接杆中心距尖轨尖端不少于 380 mm | |

2. 安装角形铁

角形铁分 43 kg/m、50 kg/m、60 kg/m 三种，角形铁安装如图 5-34 所示。

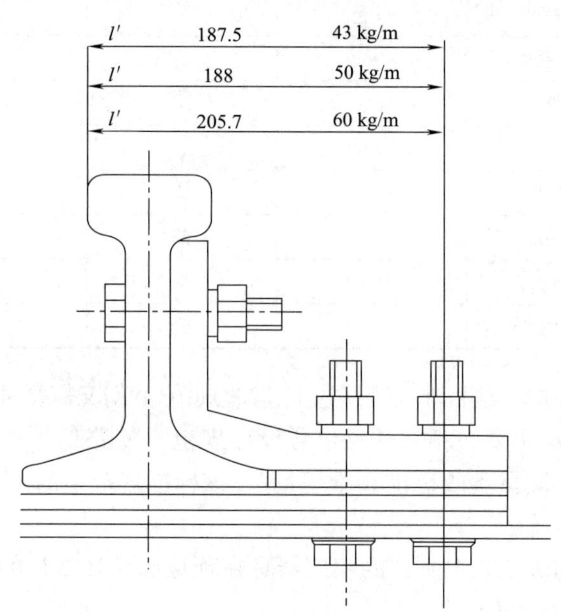


图 5-34　角形铁安装图(单位：mm)

角形铁的安装方法见表 5-4。

**表 5-4　角形铁的安装方法**

| 步　　骤 | 做　　法 |
| --- | --- |
| 做出标记 | 将方尺卡在道岔直股基本轨上，使横臂贴紧直股基本轨，直臂边线与第一连接杆中心线对齐，然后用特种笔在两基本轨轨面上做标记，如图 5-35 所示 |
| 标出岔后两角形铁即岔后长基础角钢中心位置 | 从上述标记向岔尖方向量 1 035(1 030)mm 距离做出标记，标出岔前两角形铁即岔前长基础角钢中心位置；向岔心方向量 460(435)mm 距离，在两基本轨上做出标记，即标出位置 |
| 在轨腰上画出圆圈并用冲子冲出圆圈中心 | 事先在四只角形铁顶面上画出中线；将角形铁竖面紧贴钢轨外侧腰部，使两只角形铁中线照准各自位置的轨面标记，用特种笔沿竖面的孔内沿在轨腰画出圆圈；取下角形铁，用冲子冲出圆圈中心 |
| 钻孔 | 架好电钻，用 $\phi$21 mm 钻头钻孔；钻孔好后，用圆锉除去毛刺 |

续上表

| 步　　骤 | 做　　法 |
|---|---|
| 连接钢轨与角形铁 | 用 M20×70 mm 螺栓从钢轨内侧由孔穿出，将钢轨与角形铁连接，套以弹簧垫圈，拧紧螺帽；岔后角形铁宜采用头部厚 10 mm 螺栓，以免影响尖轨密贴；岔前角形铁则用厚 13 mm 螺栓 |
| 复核 | 用卷尺复核钢轨同侧两角形铁中心线间距 1 495(1 465) mm，若有出入，可松开螺母，予以调整；最后用 450 mm 大扳手充分紧固 |
| 记录 | 用卷尺分别测量岔前和岔后两角形铁水平面靠近钢轨的两孔中心间距离，做好记录，同时记录下道岔安装类型(左装或右装及直曲股)，以备长基础角钢划线使用 |

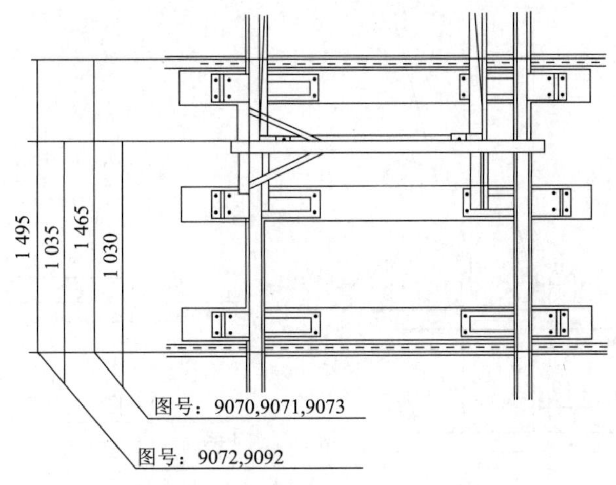


图 5-35　标记位置(单位：mm)

3. 长基础角钢加工安装

(1)转辙机装在直股侧的长角钢划线

直股长角钢安装项目和要求见表 5-5。

**表 5-5　直股长角钢安装项目和要求**

| 步　　骤 | 做　　法 |
|---|---|
| 摆放角钢 | 将岔前和岔后两长角钢 125 mm 边相靠，两头插入带槽木垫，使角钢成背靠背形平置于地面上 |
| 确定角形铁的号眼位置 | 以靠近钢轨侧的眼为准向外量 820 mm 为角形铁的第一个眼，再向外 60 mm 是角形铁第二个眼[图 5-36(a)] |
| | 向外量出需测量的钢轨两侧角形铁的内眼中心距离，$L$ 为两角钢另一块角形铁的内眼，再向外量 60 mm 是角形铁第二个眼[图 5-36(b)] |

(2)转辙机装在弯股侧的长角钢划线

弯股长角钢安装项目和要求见表 5-6。

**表 5-6　弯胀长角钢安装项目和要求**

| 步　　骤 | 做　　法 |
|---|---|
| 摆放角钢 | 将岔前和岔后两长角钢 125 mm 边相靠，两头插入带槽木垫，使角钢成背靠背形平置于地面上 |
| 对前角钢进行号眼 | 方法同安装在直股侧号眼方法相同[图 5-37(a)] |
| 确定角形铁的号眼位置 | 以前角钢的远端角形铁的眼孔中心向后角钢画线，为后角钢远端角形铁的眼孔中心[图 5-37(b)] |
| | 向外量出需测量的钢轨两侧角形铁的内眼中心距离，$L$ 为两角钢另一块角形铁的内眼，再向外量 60 mm 是角形铁第二个眼[图 5-37(c)] |

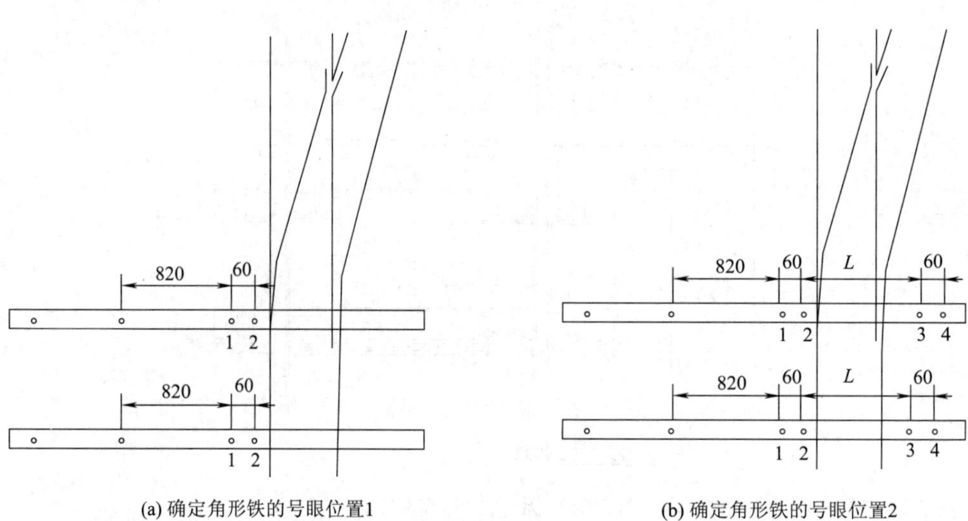


(a) 确定角形铁的号眼位置1　　(b) 确定角形铁的号眼位置2

图 5-36　直股长角钢安装(单位:mm)

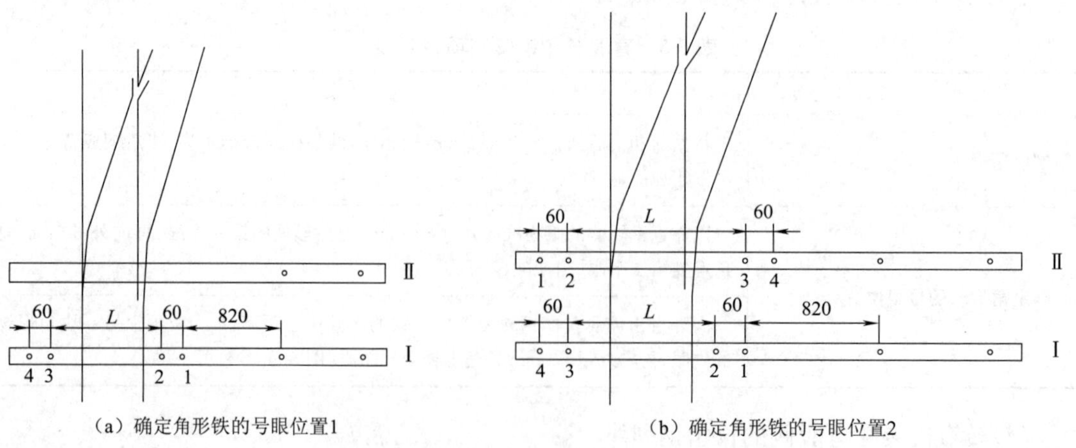


(a) 确定角形铁的号眼位置1　　(b) 确定角形铁的号眼位置2

图 5-37　弯股长角钢安装(单位:mm)

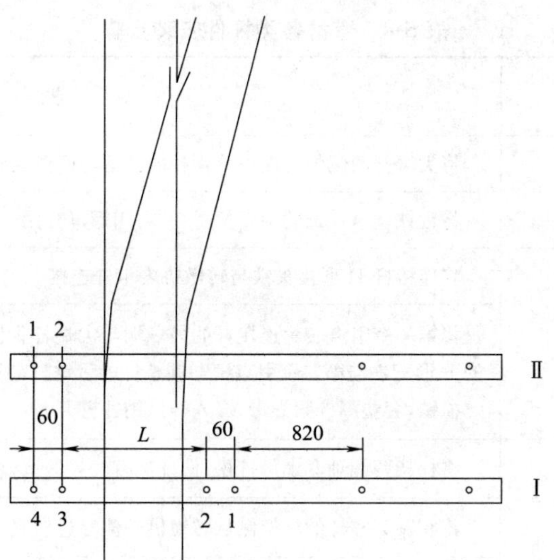


（c）确定角形铁的号眼位置3

图 5-37　弯股长角钢安装（单位：mm）

（3）钻孔、安装

钻孔、安装项目和要求见表 5-7。

**表 5-7　钻孔、安装项目和要求**

| 步　骤 | 做　法 |
| --- | --- |
| 冲出记号并钻孔 | 基础角钢的孔中心位置确定后，用冲子（图 5-38）冲出记号，然后统一用钻床钻孔；长角钢上连接角形铁的八个孔用 28 mm 钻头钻孔；钻完孔，用圆锉除去毛刺 |
| 连接长基础角钢与角形铁 | 长基础角钢按道岔号、岔前岔后对号从轨底穿过，与角形铁连接，任何附件不得漏装（绝缘垫和角形铁绝缘管） |
| 查看 | 用方尺查看长基础角钢与直股基本轨是否垂直；若有出入，可松开螺母；利用螺孔余量予以调整，最后用扳手拧紧螺母 |
| 架设 | 将短基础角钢架在长基础角钢上（须注意岔前、岔后方向），并使 80 mm 竖边放于内侧；从长角钢下方由下向上将 M20×60 mm 螺栓穿出，加弹簧垫圈，拧紧螺母 |

图 5-38　钻孔、安装所用的冲子（单位：mm）

4. 安装各类杆件

道岔各类杆件安装步骤见表 5-8。

表 5-8 道岔各类杆件安装步骤

| 项 目 | 做 法 |
| --- | --- |
| 尖端杆的安装 | 将尖端杆两侧的尖端铁分别朝向岔前与两侧尖轨连接(第二牵引点不必安装) |
| | 将舌铁调至杆长的中间位置,左右用螺母拧紧 |
| 表示连接杆的安装 | 将连接杆 H 形接头铁与转辙机表示杆连接 |
| | 将第一牵引点表示连接杆的另一端与尖端杆舌铁连接;第二牵引点表示连接杆的 L 形弯铁与第二牵引点密贴调整杆的舌铁杆架连接;连接螺栓应由下向上插入螺栓销,套垫圈拧紧螺母,穿入开口销并劈开 |
| 密贴调整杆的安装 | 将杆架两侧轴套螺母拧松,使杆架有较大的调整量 |
| | 将密贴调整杆的杆架侧从转辙机一侧穿过轨底 |
| | 将第一牵引点和第二牵引点的密贴调整杆杆架分别安装在第一、第二连接杆上(第二牵引点的杆架固定螺栓暂不紧固) |
| | 将密贴调整杆另一侧与转辙机动作杆连接,连接螺栓应由下向上插入螺栓销,套垫圈拧紧螺母,穿入开口销并劈开 |

5. 安装电动转辙机

电动转辙机安装步骤见表 5-9。

表 5-9 电动转辙机安装步骤

| 项 目 | 做 法 |
| --- | --- |
| 转辙机倒边 | 打开转辙机机盖,用手摇把摇动转辙机至四开位置 |
| | 拔出齿条块上两只挤切销,圆形动作杆便可从机壳右侧抽出,同时抽出表示杆 |
| | 将右侧方孔套、圆孔套与左侧罩筒、调整筒互相换位 |
| | 从左侧将表示杆插入,重新安装两只挤切销(主、副挤切销调换位置) |
| | 调整表示杆连接头位置,以维持表示连接杆中心线与动作杆中心线距离不变 |
| 转辙机安装 | 用螺栓将电动转辙机固定在基础角钢上,螺母暂不紧固 |
| | 将电机外把穿入转辙机用蛇管接头和蛇皮管,将蛇皮管与蛇管接头相连后,穿入转辙机内,将转辙机用蛇管接头与转辙机通过螺栓固定 |
| | 用电机外把与电机内把相连 |
| | 将电机外把的另一端穿入分线盒用蛇管接头后,再穿入分线盒,将分线盒用蛇管接头与分线盒通过螺栓固定 |
| | 将穿入分线盒的电机外把芯线与对应的分线盒接线端子相连 |

6. 道岔机械调整

道岔机械调整步骤见表 5-10。

表 5-10　道岔机械调整步骤

| 项　　目 | 做　　法 | 备　　注 |
|---|---|---|
| 道岔的密贴调整 | 调整时，先将密贴调整杆与转辙机连接，将道岔摇至伸出位置，第一连接杆与密贴调整杆应平行，并检查转辙机有无倾斜，然后紧固转辙机 | 道岔无论在定、反位时，其尖轨必须密贴于基本轨，若尖轨不密贴于基本轨时，适当调整密贴调整杆在嘴唇铁右边的轴套螺母使之密贴，然后用摇把将电动转辙机摇至反位，再进行调整 |
| | | 若道岔已密贴而电动转辙机仍不能摇到反位（或手摇费劲）时，应逐步旋松唇铁左侧的轴套螺母，调整合适后，密贴调整杆轴套应有 10～15 mm 的游间，螺杆两边的丝扣应基本对称，大螺母外侧用 $\phi$1.6 mm 铁线绑扎两道以防松动 |
| 表示杆及其缺口的调整 | 表示杆与转辙机内部表示杆连接 | |
| | 摇动手摇把使表示杆伸出，在调整好尖轨与基本轨密贴后，调节道岔尖端杆上的丝扣，使左侧检查柱落入前表示杆的检查块缺口中，并且检查柱两边各有 1.0～2.0 mm 的间隙，然后将道岔尖端杆两端的大螺母拧紧 | 应进行复查于尖轨第一连接杆中心位置处，在尖轨与基本轨间插入 4 mm 厚铁板，摇至密贴位置时，主轴不应转至锁闭状态，检查柱不应下落，取出 4 mm 铁板，再摇至密贴位置时，检查柱落入检查块缺口后的间隙不应变化 |
| | 摇动手摇把使道岔变位，先调整密贴调整杆，使尖轨与基本轨密贴后，检查右侧检查柱落入后表示杆检查块缺口状态 | 要求检查柱两侧各有 1.0～2.0 mm 的间隙，在满足不了要求时，可松开前后表示杆之间的横穿螺栓，再拧动表示杆尾端的调整杆直至达到标准后，再拧紧横穿螺栓，最后进行复查（同前述） |

7. 道岔电气调整

道岔电气调整步骤见表 5-11。

表 5-11　道岔电气调整步骤

| 项　　目 | 做　　法 | 备　　注 |
|---|---|---|
| 摩擦电流的调整 | 旋紧（或旋松）摩擦联结器的紧压弹簧的螺母。<br>注意：摩擦联结器不能调的过松，过松会使电机力量小，稍一加劲便空转，带不动道岔转换，但也不能过紧，过紧变成了硬连接，起不到保护电机的作用 | 人为在尖轨第一连接杆处的尖轨与基本轨之间夹一厚 4 mm 以上的硬物，使道岔不能密贴，造成电机空转，同时断开转辙机的安全接点，在接点上串联一块电流表来测摩擦电流，此时电流为额定电流的 1.3～1.5 倍；若不能达到要求，才对其进行调整 |
| 表示接点的调整 | 拧动速动爪背部上的螺钉，即可调整动接点的插接深度；拆下两个插销，即可更换速动爪拉簧 | 转辙机动接点在静接点片内的接触深度不得少于 4 mm；速动爪落下前，动接点在静接点内的窜动须保证接触深度不少于 3 mm；每组动接点与静接点组的接触深度，两侧相差不得超过 1.5 mm；动接点和静接点沿插入方向的中心线偏差不超过 0.5 mm |
| 移位接触器的调整 | 确认挤切销完好达到设备正常状态后，从接触器上方的窗孔压下接点簧片使接点接通，恢复表示电路 | 移位接触器有两个，分别与齿条块在伸出及拉入时的顶杆位置相对应；移位接触器是一非自复式微动开关，内有一组常闭接点，分别串联在道岔定、反位表示电路中；常闭接点一旦断开，便处于非自复的断开状态 |

续上表

| 项　目 | 做　法 | 备　注 |
|---|---|---|
| 电动转辙机的单独试验 | 室内外复核所试电动转辙机伸出、拉入位置符合设计对该道岔位置的规定；<br>核对道岔表示做到室内操作意图与室外电动转辙机伸出或拉入位置、2DQJ 位置与道岔表示继电器位置一致 | 做试验前应在现场与分线盘试验人员认真核对道岔号码和分线盘的配线端子；在现场将道岔各杆件和转辙机分离，并将转辙机表示杆拉出 |

## 五、ZD6 系列电动转辙机的施工任务实施要求

1. 行车安全

(1)严格执行转辙机手摇把使用管理制度，对手摇把进行编号管理。

(2)道岔转辙设备安装完毕后，应确认各紧固件、开口销安装正确、齐全、牢固。

(3)在既有线旁施工时，要严防施工料具侵限。

(4)在既有线上进行道岔施工时，应符合下列规定：

①在车站行车室设驻站联络员，施工地点设安全防护员进行施工防护。

②经车站值班员同意后，应将有关防护道岔操纵至不通向施工地点的位置或关闭防护信号机。

③对失去联锁的道岔，室外应断开转辙机安全接点，室内应单锁并断开启动电路。严禁封连端子、人为给出道岔表示或认为开放信号。

④在道岔作业区应设安全防护员。

⑤在有轨道电路的道岔上作业时，工具、材料等不得将轨道电路短路。

⑥施工完毕后应单独操纵道岔，经试验良好后方可办理销点手续。

2. 劳动安全

(1)不得用手指探校销孔。

(2)需转动道岔时，应确认尖轨与基本轨、心轨与翼轨之间无作业人员和工具、材料。

3. 环境要求

(1)对道岔转辙装置的销轴及各摩擦面涂润滑油时，应避免润滑油滴落装置外，剩余的润滑油不能随意丢弃。

(2)在既有线旁施工时，施工料具要放置于预铺道岔轨枕内，避免破坏植被。

## 六、布置作业

大家已从上述图片和文字中了解到了 ZD6 系列电动转辙机施工安装的整体过程，为了加深对此任务的理解，我们将列出现场的验收流程表格，请大家以一名现场人员的身份组成小组描述施工过程及注意要素并填写表 5-12 和表 5-13。

表 5-12　转辙机检验质量检查记录

编号：

<table>
<tr><td colspan="3">工程名称</td><td colspan="4"></td></tr>
<tr><td colspan="3">单位工程名称</td><td colspan="4"></td></tr>
<tr><td colspan="3">分部工程名称</td><td colspan="4"></td></tr>
<tr><td colspan="3" rowspan="2">分项工程名称</td><td colspan="2" rowspan="2"></td><td>检验批部位</td><td></td></tr>
<tr><td>检验批容量</td><td></td></tr>
<tr><td colspan="3" rowspan="3">施工单位</td><td colspan="2" rowspan="3"></td><td>项目负责人</td><td></td></tr>
<tr><td>项目技术负责人</td><td></td></tr>
<tr><td>项目质量负责人</td><td></td></tr>
<tr><td colspan="3">监理单位</td><td colspan="2"></td><td>总监理工程师</td><td></td></tr>
<tr><td colspan="3" rowspan="2">施工质量验收依据</td><td colspan="4">标准名称：《铁路信号工程施工质量验收标准》</td></tr>
<tr><td colspan="4">设计文件或合同名称：</td></tr>
<tr><td colspan="4">施工质量验收标准规定</td><td rowspan="2">检验记录或<br>检验记录编号</td><td rowspan="2">施工单位<br>自验结论</td><td rowspan="2">监理单位<br>验收结论</td></tr>
<tr><td>项目</td><td>序号</td><td colspan="2">标准规定或设计、合同要求</td></tr>
<tr><td rowspan="7">主控<br>项目</td><td>1</td><td></td><td></td><td></td><td></td><td></td></tr>
<tr><td>2</td><td></td><td></td><td></td><td></td><td></td></tr>
<tr><td>3</td><td></td><td></td><td></td><td></td><td></td></tr>
<tr><td>4</td><td></td><td></td><td></td><td></td><td></td></tr>
<tr><td>5</td><td></td><td></td><td></td><td></td><td></td></tr>
<tr><td>6</td><td></td><td></td><td></td><td></td><td></td></tr>
<tr><td>…</td><td></td><td></td><td></td><td></td><td></td></tr>
<tr><td rowspan="4">一般<br>项目</td><td>1</td><td></td><td></td><td></td><td></td><td></td></tr>
<tr><td>2</td><td></td><td></td><td></td><td></td><td></td></tr>
<tr><td>3</td><td></td><td></td><td></td><td></td><td></td></tr>
<tr><td>…</td><td></td><td></td><td></td><td></td><td></td></tr>
<tr><td colspan="4">资料份数</td><td>份</td><td></td><td></td></tr>
<tr><td colspan="4">施工单位</td><td colspan="3">监理单位</td></tr>
<tr><td colspan="4">专职质量检查员：(签字)<br><br>年　月　日</td><td colspan="3">专业监理工程师：(签字)<br><br>年　月　日</td></tr>
</table>

**表 5-13　安装装置检验批质量验收记录表**

编号：

<table>
<tr><td colspan="3">工程名称</td><td colspan="5"></td></tr>
<tr><td colspan="3">单位工程名称</td><td colspan="5"></td></tr>
<tr><td colspan="3">分部工程名称</td><td colspan="5"></td></tr>
<tr><td colspan="3" rowspan="2">分项工程名称</td><td colspan="3" rowspan="2"></td><td>检验批部位</td><td></td></tr>
<tr><td>检验批容量</td><td></td></tr>
<tr><td colspan="3" rowspan="3">施工单位</td><td colspan="3" rowspan="3"></td><td>项目负责人</td><td></td></tr>
<tr><td>项目技术负责人</td><td></td></tr>
<tr><td>项目质量负责人</td><td></td></tr>
<tr><td colspan="3">监理单位</td><td colspan="3"></td><td>总监理工程师</td><td></td></tr>
<tr><td colspan="3" rowspan="2">施工质量验收依据</td><td colspan="5">标准名称：《铁路信号工程施工质量验收标准》</td></tr>
<tr><td colspan="5">设计文件或合同名称：</td></tr>
<tr><td colspan="4">施工质量验收标准规定</td><td rowspan="2">检验记录或<br>检验记录编号</td><td>施工单位</td><td colspan="2">监理单位</td></tr>
<tr><td>项目</td><td>序号</td><td colspan="2">标准规定或设计、合同要求</td><td>自验结论</td><td colspan="2">验收结论</td></tr>
<tr><td rowspan="7">主控<br>项目</td><td>1</td><td></td><td></td><td></td><td></td><td colspan="2"></td></tr>
<tr><td>2</td><td></td><td></td><td></td><td></td><td colspan="2"></td></tr>
<tr><td>3</td><td></td><td></td><td></td><td></td><td colspan="2"></td></tr>
<tr><td>4</td><td></td><td></td><td></td><td></td><td colspan="2"></td></tr>
<tr><td>5</td><td></td><td></td><td></td><td></td><td colspan="2"></td></tr>
<tr><td>6</td><td></td><td></td><td></td><td></td><td colspan="2"></td></tr>
<tr><td>…</td><td></td><td></td><td></td><td></td><td colspan="2"></td></tr>
<tr><td rowspan="4">一般<br>项目</td><td>1</td><td></td><td></td><td></td><td></td><td colspan="2"></td></tr>
<tr><td>2</td><td></td><td></td><td></td><td></td><td colspan="2"></td></tr>
<tr><td>3</td><td></td><td></td><td></td><td></td><td colspan="2"></td></tr>
<tr><td>…</td><td></td><td></td><td></td><td></td><td colspan="2"></td></tr>
<tr><td colspan="4">资料份数</td><td>份</td><td></td><td colspan="2"></td></tr>
<tr><td colspan="4">施工单位</td><td colspan="4">监理单位</td></tr>
<tr><td colspan="4">专职质量检查员：(签字)<br><br>年　月　日</td><td colspan="4">专业监理工程师：(签字)<br><br>年　月　日</td></tr>
</table>

## 七、作业检查评议

(1)了解验收表格中项目的施工过程。

(2)能够填写表 5-12 和表 5-13,并清楚了解质量标准。

(3)以组为单位讲解验收过程。

## 八、S700K 型电动转辙机的施工任务准备

该任务的实施主要是靠人力和相应的器具,作为一名铁路信号工程施工人员,首先我们应了解实现该任务的器具有哪些,需要多少人力,具体作业人员安排和器具要求见表 5-14 和表 5-15。

**表 5-14　作业人员安排**

| 作业程序 | 人员要求 |
|---|---|
| 整治道岔 | 信号工 1 人 |
| 安装转辙装置 | 信号工 2 人、劳务工 2 人 |
| 道岔机械调试 | 信号工 1 人、劳务工 2～6 人(根据道岔尖轨牵引点数确定) |
| 道岔电气试验 | 技术人员 2 人、信号工 2 人 |
| 营业线安全防护 | 安全防护员 1 人、驻站联络员 1 人 |

**表 5-15　器具要求**

| 序　号 | 名　称 | 规格型号 | 单　位 | 数　量 | 备　注 |
|---|---|---|---|---|---|
| 1 | 钢卷尺 | 3.5 m | 个 | 1 | |
| 2 | 方尺 | | 把 | 1 | |
| 3 | 活口扳手 | 300 mm | 把 | 2 | |
| 4 | 活口扳手 | 450 mm | 把 | 2 | |
| 5 | 撬棍 | | 根 | 2 | |
| 6 | 小工具 | | 套 | 1 | |
| 7 | 润滑油 | | g | 250 | |
| 8 | 毛刷 | | 把 | 1 | |
| 9 | 手锤 | | 把 | 2 | |
| 10 | 特制 20 mm 套筒扳手 | | 把 | 1 | 固定转辙机 |
| 11 | 转辙机插接件专用工具 | | 套 | 1 | |
| 12 | 万用表 | | 块 | 2 | |
| 13 | 对讲机 | | 部 | 2 | 参考数量 |
| 14 | 喇叭 | | 个 | 1 | 参考数量 |
| 15 | 红、黄旗 | | 套 | 1 | 参考数量 |

其次,我们需要了解完成该项目涉及哪些施工、验收规范,我们又需要对哪些标准清楚了解。

应了解的规范和标准主要包括:《铁路信号设计规范》《高速铁路信号工程施工质量验收标准》《维规》等。该标准规范中的涉及内容我们将在任务实施和知识描述中提及。

思考:请大家想一想表 5-15 中所列的相应器具在现场起到什么样的作用?

内外锁闭道岔装置

## 九、S700K 型电动转辙机的施工任务实施

1. 工务配合整治道岔

安装转辙装置前,必须对道岔进行全面调查,有不符合技术标准的应要求工务部门予以整治。道岔检查要求见表 5-16。

**表 5-16 道岔检查要求**

| 要 求 | 备 注 |
| --- | --- |
| 核对直尖轨刨切点处直股轨距是否符合要求 | 要求是(1 435±1) mm |
| 在牵引点处用撬棍撬动尖轨(可动心轨),使之与基本轨(翼轨)密贴 | 在刨切段内尖轨(可动心轨)与基本轨(翼轨)的间隙不得大于 1 mm |
| 尖轨(可动心轨)顶面不得高于基本轨(翼轨)顶面 | |
| 滑床台与尖轨(可动心轨)轨底应密贴 | 滑床台与尖轨(可动心轨)的轨底缝隙不大于 0.5 mm |
| 轨枕垂直于基本轨 | 固定转辙机的两轨枕中心间距为 650 mm,靠近岔尖侧的岔枕中心距钢轨上预留的两个锁闭框安装孔的中心距为 350 mm |
| 尖轨应无弯腰、拱背现象 | 在连续 4 块滑床台中至少有 3 块密贴 |
| 预铺道岔应铺设水平 | |

2. 安装外锁闭装置

外锁闭装置安装步骤见表 5-17。

**表 5-17 外锁闭装置安装步骤**

| 项 目 | 步 骤 |
| --- | --- |
| 安装分动尖轨用外锁闭装置 | 用螺栓 M20、防松垫、弹垫、螺母 M20 按图 5-39 所示将锁闭框装于基本轨上(可不拧紧螺母) |
| | 用螺栓 M20、防松垫、弹垫、螺母 M20 按图 5-39 所示将尖轨连接铁装于尖轨上 |
| | 将锁闭杆按图 5-40 所示位置装入锁闭框内后,将锁钩放在锁闭杆上,并在锁钩孔内涂润滑脂 |
| | 拨动锁闭杆,当锁钩孔对上尖轨连接铁的孔后,穿上销轴、并用平垫圈、弹垫和螺母 M20 拧紧后,穿入开口销(图 5-41);将锁闭铁插入锁闭框方孔内,固定螺栓一头钩住基本轨,另一头穿入锁闭框和锁闭铁孔内,带上平垫圈、弹垫和螺母 M20 |
| | 撬动尖轨使装有锁闭铁侧处于密贴状态,另一侧处于自开状态;用手托起锁钩,拨动锁闭杆至如图 5-42 所示位置 |
| | 按照同样的方法安装另一侧锁钩、销轴、固定螺栓和锁闭铁 |
| 安装可动心轨用外锁闭装置 | 用螺栓 M20、防松垫、弹垫、螺母 M20 将一侧锁闭框固定在翼轨上 |
| | 将锁闭杆插入固定牢固的锁闭框中 |
| | 将锁钩凹形槽嵌入心轨底部凸缘,拨动心轨使锁钩插入锁闭框,如图 5-43 所示 |
| | 将另一侧锁闭框套入锁闭杆和锁钩,用螺栓 M20、防松垫、弹垫、螺母 M20 与翼轨连接 |
| | 将锁闭铁插入两侧锁闭框中,固定螺栓的头部平面侧紧贴钢轨底面,另一头穿入锁闭框和锁闭铁孔内,带上平垫圈、弹垫和螺母 M20 |

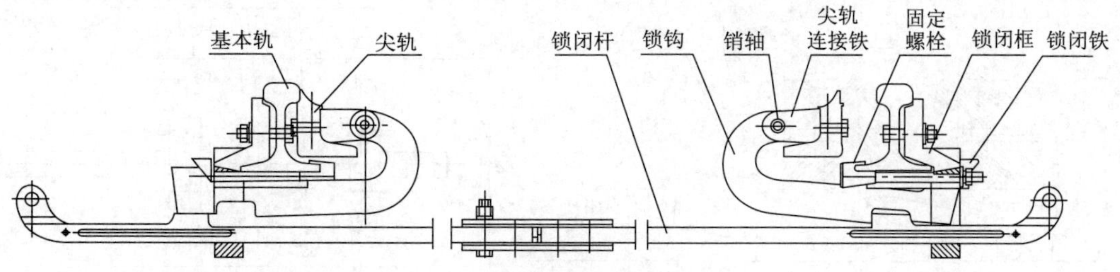


图 5-39　外锁闭装置安装步骤 1

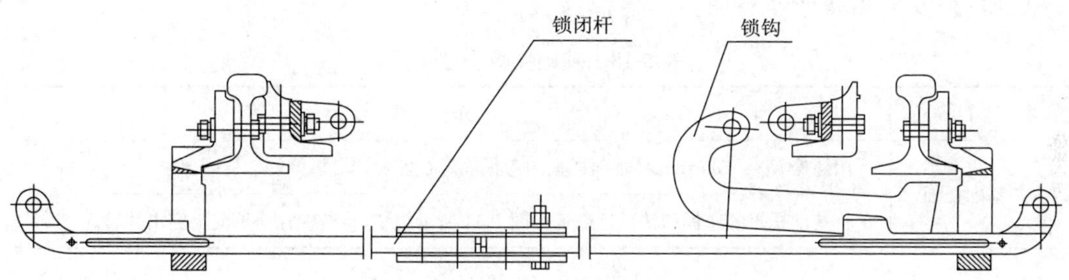


图 5-40　外锁闭装置安装步骤 2

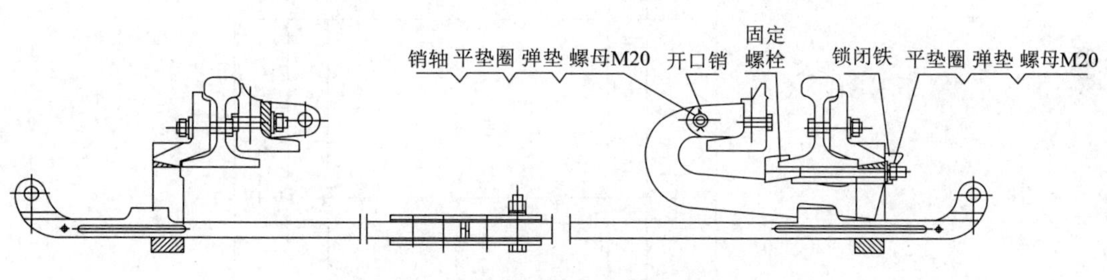


图 5-41　外锁闭装置安装步骤 3

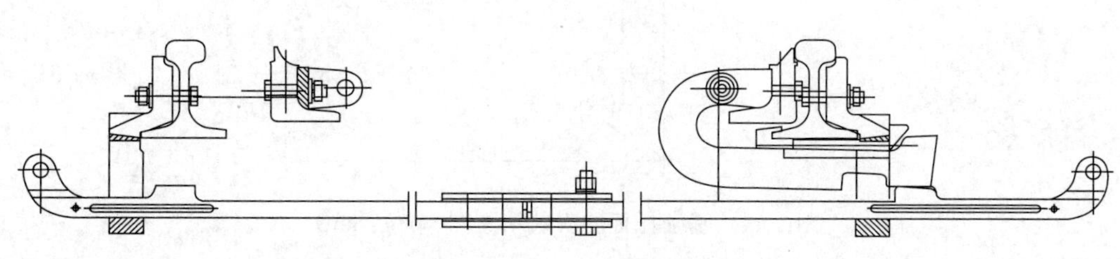

图 5-42　外锁闭装置安装步骤 4

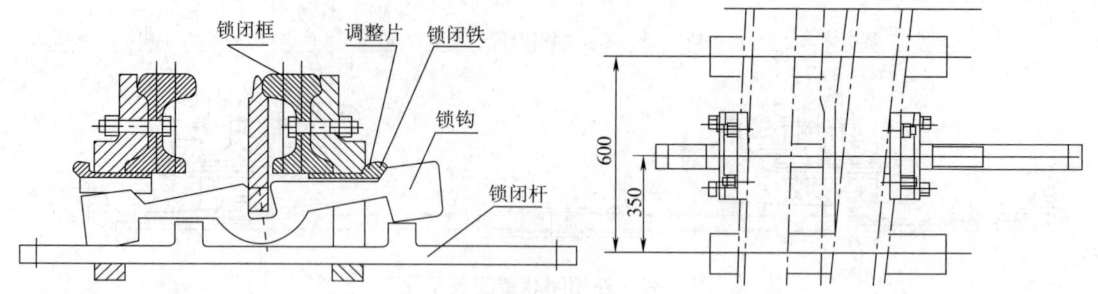


图 5-43 外锁闭装置安装步骤 5(单位:mm)

3. 安装基础托板

基础托板安装步骤见表 5-18。

**表 5-18 基础托板安装步骤**

| 项 目 | 步 骤 |
| --- | --- |
| 安装基础托板 | 用螺栓 M24×90 mm 将基础托板的弯板固定在安装转辙机侧的轨枕端部 |
| | 将基础托板的弯板和转辙机垫板按图 5-44 所示组装,组装螺栓由下向上穿出并紧固 |

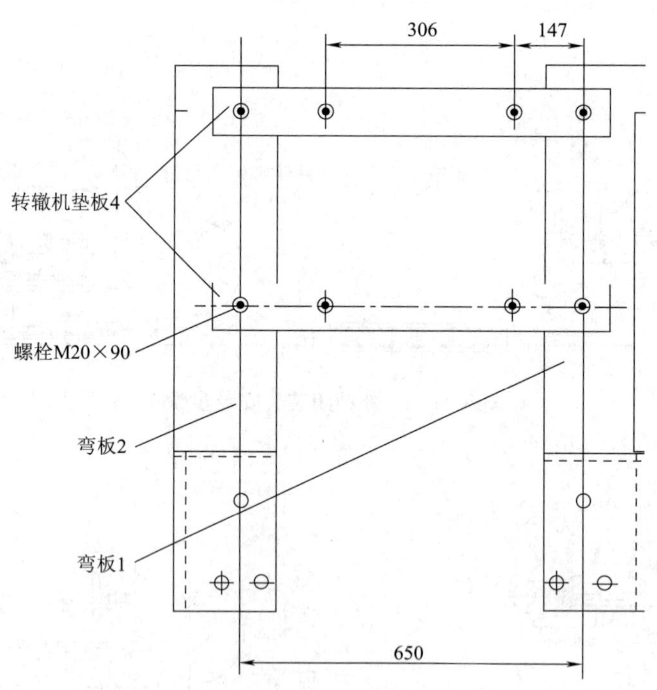


图 5-44 基础托板的安装示意图(单位:mm)

4. 安装转辙机

转辙机安装步骤见表 5-19。

表 5-19 转辙机安装步骤

| 项 目 | 步 骤 |
|---|---|
| 转辙机安装 | 在转辙机垫板上放置橡胶垫和调整板(橡胶垫放置在调整板和垫板中间位置),用螺栓 M20×90 mm 将电动转辙机固定在基础托板上 |
| | 将电机外把一端穿入蛇皮管和转辙机并用蛇管接头,将蛇皮管与蛇管接头相连后,穿入转辙机内,将转辙机用蛇管接头与转辙机通过螺栓固定 |
| | 用转辙机插接件专用工具将电机外把的芯线与电机内部接点系统的对应接点固定 |
| | 将电机外把的另一端穿入分线盒用蛇管接头后,再穿入分线盒,将分线盒用蛇管接头与分线盒通过螺栓固定 |
| | 将穿入分线盒的电机外把芯线与对应的分线盒接线端子相连 |

5. 安装杆件

(1)在各牵引点尖轨内侧向外穿出螺栓,将尖端铁紧固在尖轨外侧;在心轨底部安装表示接头杆;再将尖轨和心轨各牵引点的长短表示杆分别与已安装好的尖端铁和表示接头杆连接(尖轨最末牵引点处表示杆比前端牵引点处表示杆长)。

(2)用动作连接杆将转辙机动作杆与锁闭杆相连,同时将长短表示杆与转辙机检测杆相连。要求动作杆、动作连接杆、锁闭杆处在同一直线上,而表示杆则与检测杆平行,所有杆件都垂直于直股基本轨(图 5-45)。

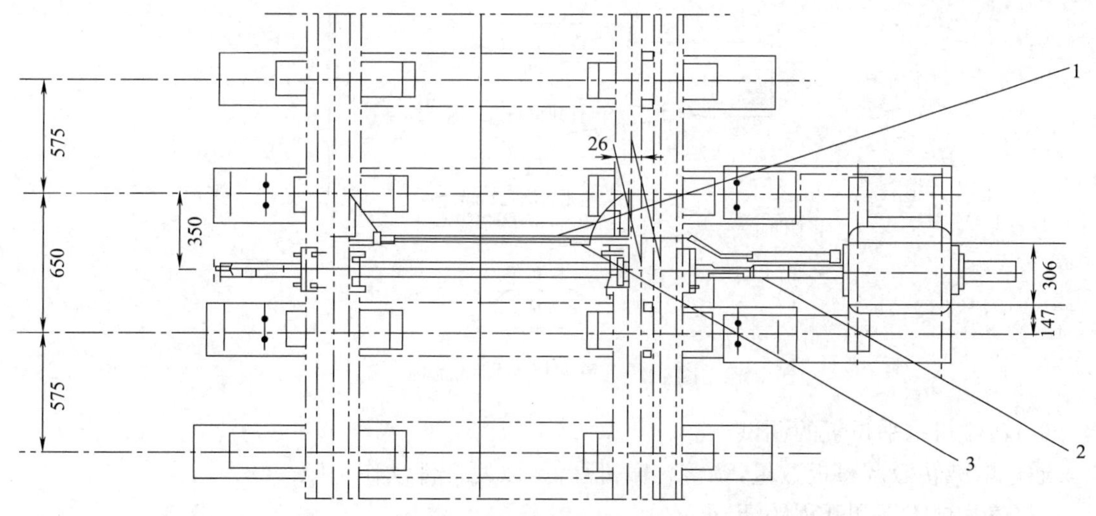


图 5-45 杆件安装示意图(单位:mm)

1—长表示杆;2—动作连接杆;3—短表示杆

6. 道岔机械调试

调试道岔宜按先调尖轨、再调心轨,由第一牵引点到第二、第三等牵引点顺序进行。调试时需几个牵引点相互配合,先调试转辙机水平位置,再调试道岔锁闭量和开程,然后调试道岔密贴,最后调试道岔表示缺口。调试前,对道岔转辙装置的销轴及各摩擦面涂润滑油,并将已连接的表示杆与转辙机检测杆拆开,防止表示缺口不合适造成道岔不能正常转换。道岔机械调试流程如图 5-46 所示。

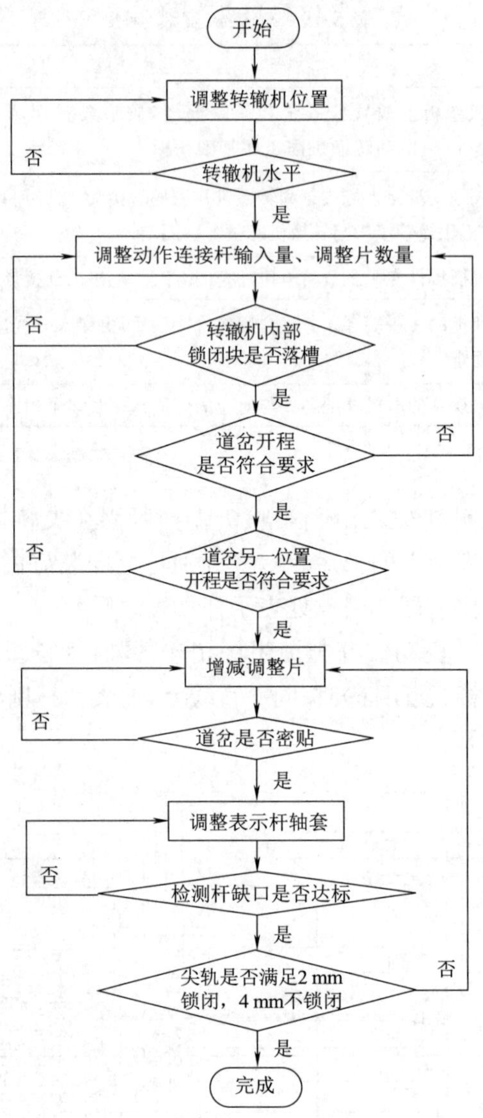


图 5-46　道岔机械调试流程

(1)转辙机水平位置的调试

通过增减转辙调整板数量,调整转辙机高低,以使杆件动作平顺。

(2)道岔锁闭量和开程的调试

道岔锁闭量和开程调试步骤见表 5-20。

**表 5-20　道岔锁闭量和开程调试步骤**

| 项　目 | 步　骤 |
| --- | --- |
| 测量道岔定、反位两侧的锁闭量大小 | 两侧锁闭量相差不得大于 2 mm,过大或过小时,可通过旋转动作连接杆的接头和螺母,调整动作连接杆的长度进行 |
| 测量定、反位开程大小 | 大于要求值时,通过增加尖轨连接铁和尖轨间的调整片的数量进行调整,反之则通过减少尖轨连接铁与尖轨间的调整片进行调整 |

(3)道岔密贴的调试

密贴的调试是通过逐步增减锁闭铁与锁闭框间调整片的数量进行的(图 5-47)。若在道岔锁闭状态时,锁闭侧尖轨与基本轨或心轨与翼轨间有明显缝隙,可通过增加密贴调整片进行调整。若转换过程中,尖轨与基本轨或心轨与翼轨已基本密贴,但道岔无法锁闭或明显感到锁闭非常吃力,说明密贴过紧,可减少密贴调整片数量进行调整。调整合适后,使其达到 2 mm 锁闭,4 mm 不锁闭的要求。

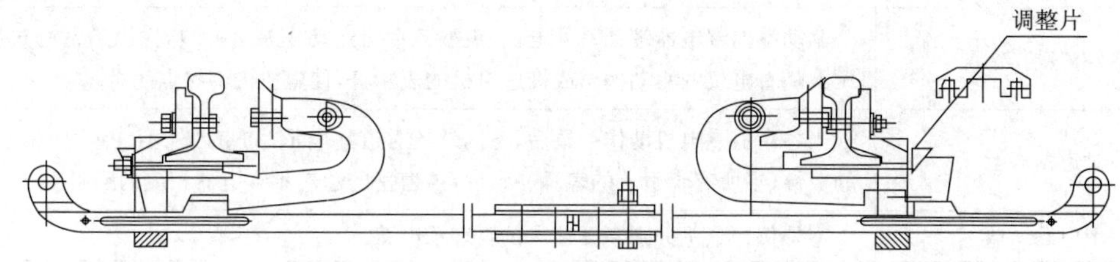


图 5-47　道岔密贴的调试

注:道岔密贴调整完后,应检查道岔锁闭量和开程有无变化,必要时应重复调整。

(4)道岔表示缺口的调试

道岔表示缺口调整时,宜先调伸出位置,再调拉入位置。先将各牵引点表示杆与转辙机检测杆连接(长表示杆连接下层检测杆,短表示杆连接上层检测杆),道岔摇至伸出并密贴锁闭后,通过旋转表示杆的轴套和螺母,调整表示杆的长度,使转辙机内的指示标处在检测杆缺口的中心位置。缺口中指示标两侧间隙应相等[(1.5±0.5) mm],然后将道岔摇至拉入并密贴锁闭后,按照上述方法对拉入位置表示缺口进行调整。最后以转辙机内的指示标为准,将导向套筒处的指示标与转辙机内的指示标调整一致。

(5)机械综合调试

检查在各牵引点锁闭杆中心处插入厚 4 mm、宽 20 mm 的钢板,外锁闭装置不得锁闭,且不得接通转辙机内表示接点。在相邻两牵引点间任一位置插入厚 10 mm、宽 20 mm 的钢板,不得接通转辙机内表示接点,若不满足要求可通过增减调整片调整。

(6)限位装置安装

将限位块和可调限位块用 M12 螺栓和弹垫紧固在锁闭杆上,可调限位块与锁闭框间应留有 1～3 mm 的间隙,保证其不影响道岔开口,将限位铁用 M20×65 mm 的螺栓固定于锁闭杆上如图 5-48 所示。

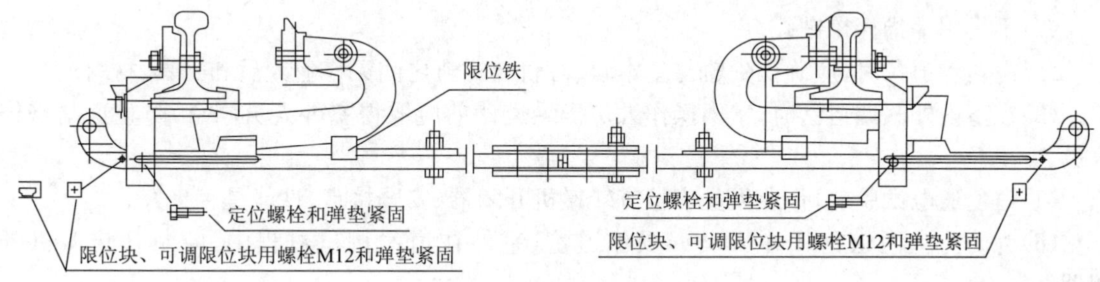


图 5-48　限位装置安装

7. 道岔电气试验

电气试验宜采用室内组合带动室外电机的方法,在试验前应先将电机与转辙机装置分离,以防止各个牵引点的动作不一致导致转辙装置损坏或烧坏电机。道岔电气试验步骤见表 5-21。

**表 5-21　道岔电气试验步骤**

| 项　目 | 步　骤 |
| --- | --- |
| 试验准备 | 试验前先将室内分线盘到电机电缆盒的电缆芯线校对完毕，挂上电机把 |
| 压线 | 将室内分线盘上的电缆与控制该道岔相应的室内组合与分线盘的软线压好 |
| 观察各点动作情况 | 驱动室内继电器带动室外电机，观察各牵引点动作是否一致，操纵道岔的过程中，应派人随着电机的驱动抽出或推进电机的表示杆，使电机内部接点闭合 |
| 核对道岔表示 | 当各牵引点电机动作一致后，室内外核对道岔表示，如室内外不一致，应调整整流器的极性；当所有牵引点的表示一致后，该道岔的总表示继电器相应的励磁吸起 |
| 表示电路试验 | 室外每台电机分别断开接点试验表示电路 |
| 细调 | 试验完毕，将电机与转辙机装置连好，细调后再操纵道岔，反复几遍直到道岔密贴和表示达到标准 |

## 十、S700K 型电动转辙机的施工任务实施要求

1. 行车安全

(1)严格执行转辙机手摇把使用管理制度。

(2)道岔转辙设备安装完毕后，应确认各紧固件、开口销安装正确、齐全、牢固。

(3)既有线施工严防料具侵限。

(4)既有线道岔要点施工时，应符合下列规定：

①在车站行车室设驻站联络员。施工地点设安全防护员进行施工防护。

②经车站值班员同意后，应将有关防护道岔操纵至不通向施工地点的位置或关闭防护信号机。

③对失去联锁的道岔，室外应断开转辙机安全接点，室内应单锁并断开启动电路。严禁封连端子、人为给出道岔表示或人为开放信号。

④在有轨道电路的道岔上作业时，工具、材料等不得将轨道电路短路。

⑤施工完毕应单独操纵道岔，经试验良好后方可办理销点手续。

2. 劳动安全

(1)不得用手指探校销孔。

(2)需转动道岔时，应确认尖轨与基本轨、心轨与翼轨之间无作业人员和工具、材料。

(3)在室内外联调道岔时，室内操作人员操纵道岔前应取得室外人员同意，防止道岔挤伤人员。

(4)道岔通电试验前，作业人员应检查转辙机开闭器(安全接点)性能是否良好。

(5)为防止室内道岔操作人员误操作道岔，室外在道岔调试过程中，应断开转辙机开闭器。

3. 环境要求

(1)对道岔转辙装置的销轴及各摩擦面涂润滑油后，剩余的润滑油不能随意丢弃。

(2)在既有线旁施工时，施工料具要放置于预铺道岔轨枕内，避免破坏植被。

## 十一、布置作业

大家已从上述图片和文字中了解到了 S700K 型电动转辙机施工安装的整体过程，为了加深对此任务的理解，我们将列出现场的验收流程表格，请大家以一名现场人员的身份组成小组描述施工过程及注意要素并填写表 5-22 和表 5-23。

**表 5-22　转辙机检验质量检查记录**

编号：

<table>
<tr><td colspan="3">工程名称</td><td colspan="4"></td></tr>
<tr><td colspan="3">单位工程名称</td><td colspan="4"></td></tr>
<tr><td colspan="3">分部工程名称</td><td colspan="4"></td></tr>
<tr><td colspan="3" rowspan="2">分项工程名称</td><td colspan="2" rowspan="2"></td><td>检验批部位</td><td rowspan="2"></td></tr>
<tr><td>检验批容量</td></tr>
<tr><td colspan="3" rowspan="3">施工单位</td><td colspan="2" rowspan="3"></td><td>项目负责人</td><td rowspan="3"></td></tr>
<tr><td>项目技术负责人</td></tr>
<tr><td>项目质量负责人</td></tr>
<tr><td colspan="3">监理单位</td><td colspan="2"></td><td>总监理工程师</td><td></td></tr>
<tr><td colspan="3" rowspan="2">施工质量验收依据</td><td colspan="4">标准名称：《铁路信号工程施工质量验收标准》</td></tr>
<tr><td colspan="4">设计文件或合同名称：</td></tr>
<tr><td colspan="4">施工质量验收标准规定</td><td rowspan="2">检验记录或<br>检验记录编号</td><td rowspan="2">施工单位<br>自验结论</td><td rowspan="2">监理单位<br>验收结论</td></tr>
<tr><td>项目</td><td>序号</td><td colspan="2">标准规定或设计、合同要求</td></tr>
<tr><td rowspan="7">主控<br>项目</td><td>1</td><td></td><td></td><td></td><td></td><td></td></tr>
<tr><td>2</td><td></td><td></td><td></td><td></td><td></td></tr>
<tr><td>3</td><td></td><td></td><td></td><td></td><td></td></tr>
<tr><td>4</td><td></td><td></td><td></td><td></td><td></td></tr>
<tr><td>5</td><td></td><td></td><td></td><td></td><td></td></tr>
<tr><td>6</td><td></td><td></td><td></td><td></td><td></td></tr>
<tr><td>…</td><td></td><td></td><td></td><td></td><td></td></tr>
<tr><td rowspan="4">一般<br>项目</td><td>1</td><td></td><td></td><td></td><td></td><td></td></tr>
<tr><td>2</td><td></td><td></td><td></td><td></td><td></td></tr>
<tr><td>3</td><td></td><td></td><td></td><td></td><td></td></tr>
<tr><td>…</td><td></td><td></td><td></td><td></td><td></td></tr>
<tr><td colspan="4">资料份数</td><td>份</td><td></td><td></td></tr>
<tr><td colspan="4">施工单位</td><td colspan="3">监理单位</td></tr>
<tr><td colspan="4">专职质量检查员：(签字)<br><br>年　月　日</td><td colspan="3">专业监理工程师：(签字)<br><br>年　月　日</td></tr>
</table>

**表 5-23 分动外锁闭装置检验批质量验收记录表**

编号：

<table>
<tr><td colspan="3">工程名称</td><td colspan="4"></td></tr>
<tr><td colspan="3">单位工程名称</td><td colspan="4"></td></tr>
<tr><td colspan="3">分部工程名称</td><td colspan="4"></td></tr>
<tr><td colspan="3" rowspan="2">分项工程名称</td><td colspan="2" rowspan="2"></td><td>检验批部位</td><td></td></tr>
<tr><td>检验批容量</td><td></td></tr>
<tr><td colspan="3" rowspan="3">施工单位</td><td colspan="2" rowspan="3"></td><td>项目负责人</td><td></td></tr>
<tr><td>项目技术负责人</td><td></td></tr>
<tr><td>项目质量负责人</td><td></td></tr>
<tr><td colspan="3">监理单位</td><td colspan="2"></td><td>总监理工程师</td><td></td></tr>
<tr><td colspan="3" rowspan="2">施工质量验收依据</td><td colspan="4">标准名称：《铁路信号工程施工质量验收标准》</td></tr>
<tr><td colspan="4">设计文件或合同名称：</td></tr>
<tr><td colspan="4">施工质量验收标准规定</td><td rowspan="2">检验记录或<br>检验记录编号</td><td rowspan="2">施工单位<br>自验结论</td><td rowspan="2">监理单位<br>验收结论</td></tr>
<tr><td>项目</td><td>序号</td><td colspan="2">标准规定或设计、合同要求</td></tr>
<tr><td rowspan="7">主控<br>项目</td><td>1</td><td></td><td></td><td></td><td></td><td></td></tr>
<tr><td>2</td><td></td><td></td><td></td><td></td><td></td></tr>
<tr><td>3</td><td></td><td></td><td></td><td></td><td></td></tr>
<tr><td>4</td><td></td><td></td><td></td><td></td><td></td></tr>
<tr><td>5</td><td></td><td></td><td></td><td></td><td></td></tr>
<tr><td>6</td><td></td><td></td><td></td><td></td><td></td></tr>
<tr><td>…</td><td></td><td></td><td></td><td></td><td></td></tr>
<tr><td rowspan="4">一般<br>项目</td><td>1</td><td></td><td></td><td></td><td></td><td></td></tr>
<tr><td>2</td><td></td><td></td><td></td><td></td><td></td></tr>
<tr><td>3</td><td></td><td></td><td></td><td></td><td></td></tr>
<tr><td>…</td><td></td><td></td><td></td><td></td><td></td></tr>
<tr><td colspan="4">资料份数</td><td>份</td><td></td><td></td></tr>
<tr><td colspan="4">施工单位</td><td colspan="3">监理单位</td></tr>
<tr><td colspan="4">专职质量检查员：(签字)<br><br>年 月 日</td><td colspan="3">专业监理工程师：(签字)<br><br>年 月 日</td></tr>
</table>

## 十二、作业检查评议

(1)了解验收表格中项目的施工过程。
(2)能够填写表 5-22 和表 5-23,并清楚了解质量标准。
(3)以组为单位讲解验收过程。

## 十三、电液转辙机的施工任务准备

该任务的实施主要是靠人力和相应的器具,作为一名铁路信号工程施工人员,首先我们应了解实现该任务的器具有哪些,需要多少人力,具体作业人员安排和器具要求见表 5-24 和表 5-25。

**表 5-24　作业人员安排**

| 作业程序 | 人员要求 |
|---|---|
| 整治道岔 | 信号工 1 人 |
| 安装转辙装置 | 信号工 2 人、劳务工 2 人 |
| 机械调试 | 信号工 1 人、劳务工 2～6 人 |
| 道岔电气试验 | 技术人员 2 人、信号工 2 人 |
| 营业线安全防护 | 安全防护员 1 人、驻站联络员 1 人 |

**表 5-25　器具要求**

| 序号 | 名称 | 规格型号 | 单位 | 数量 | 备注 |
|---|---|---|---|---|---|
| 1 | 钢卷尺 | 3.5 m | 个 | 1 | |
| 2 | 方尺 | | 把 | 1 | |
| 3 | 活口扳手 | 300 mm | 把 | 2 | |
| 4 | 活口扳手 | 450 mm | 把 | 2 | |
| 5 | 撬棍 | | 根 | 2 | |
| 6 | 小工具 | | 套 | 1 | |
| 7 | 润滑油 | | g | 250 | |
| 8 | 毛刷 | | 把 | 1 | |
| 9 | 手锤 | | 把 | 2 | |
| 10 | 特制 20 mm 套筒扳手 | | 把 | 1 | 固定转辙机 |
| 11 | 转辙机插接件专用工具 | | 套 | 1 | |
| 12 | 万用表 | | 块 | 2 | |
| 13 | 对讲机 | | 部 | 2 | 参考数量 |
| 14 | 喇叭 | | 个 | 1 | 参考数量 |
| 15 | 红、黄旗 | | 套 | 1 | 参考数量 |

其次我们需要了解完成该项目涉及哪些施工、验收规范,我们又需要对哪些标准清楚了解。

应了解的标准和规范主要包括:《铁路信号设计规范》《普速铁路信号维护规则　技术标准》等。该标准规范中的涉及内容我们将在任务实施和知识描述中提及。

思考:请大家想一想表 5-25 中所列的相应器具在现场起到什么样的作用?

## 十四、电液转辙机的施工任务实施

1. 工务配合整治道岔

安装转辙装置前，必须对道岔进行全面调查，有不符合技术标准的，应要求工务部门予以整治。道岔检查要求见表 5-26。

**表 5-26　道岔检查要求**

| 要　求 | 备　注 |
| --- | --- |
| 轨距符合要求 | 尖轨尖端的轨距为(1 435±1) mm；道岔始端轨距为 1 435$^{+3}_{-2}$ mm，直尖轨轨头至刨切点处轨距为(1 435±1) mm |
| 尖轨与基本轨应宏观密贴 | 尖轨头部至第一牵引点处的缝隙应不大于 0.2 mm；第一牵引点向后到刨切点处的缝隙均不得大于 1.0 mm；尖轨无弯腰、拱背，与滑床板接触良好，在连续 4 块滑床板中至少有 3 块接触，其他部分缝隙不得大于 2.0 mm |
| 尖轨与线路直线远视方向应直顺 | |
| 轨面平顺 | 轨面水平偏差不大于 4 mm |
| 尖轨与基本轨轨缝符合要求 | 尖轨尖端与基本轨接头轨缝的距离为 2 916～2 920 mm |

2. 安装电液转辙机

电液转辙机整体结构如图 5-49 所示。

图 5-49　电液转辙机整体结构

(1)安装转辙机基础托板

按相关标记安装,托板与水泥枕间需加胶皮垫,水泥枕螺栓孔需注黄甘油。

注:托板上有编号尖一左、尖一右字样。

(2)安装锁闭框

锁闭框的安装如图 5-50 所示。

图 5-50 锁闭框的安装

注意:锁闭框固定螺栓螺母不要带紧,为调整锁闭杆做准备;锁闭铁不要安装,提前安装锁闭杆及锁钩无法安装。

(3)安装尖轨连接铁

尖轨连接铁的安装如图 5-51 所示。

注意:尖轨连接铁不要装反,尖轨连接铁底部与尖轨连接处有半圆形弧面。

图 5-51　尖轨连接铁的安装

(4)安装锁闭杆

锁闭杆的安装如图 5-52 所示。

图 5-52　锁闭杆的安装

(5)安装锁钩与尖轨连接铁销轴

安装锁钩时需要用撬棍配合别动尖轨,尖轨连接铁销轴的安装如图 5-53 所示,注意不要上反。以防止表示杆吊铁与尖轨连接铁销轴开口销刮碰。表示杆吊铁绝缘不起作用。

图 5-53　尖轨连接铁销轴的安装

(6)安装电液转辙机托板连接板

电液转辙机托板连接板的安装如图 5-54 所示。托板连接板与托板间有胶皮,胶皮有两种,每个托板上有三个螺栓孔,中间螺栓孔为转辙机动作杆伸出位置。

图 5-54　电液转辙机托板连接板的安装

(7)安装电液转辙机

分别将一、二动转辙机和转换锁闭器安装就位,安装就位后,连接主副机油管。油管安装有地面安装和地下铺设两种,油管安装时的弯曲半径不小于 100 mm,进出槽钢和地面应留有一定余量、并用橡胶防护管防护,以防止油管损坏。地面安装时用管卡紧固牢靠,地下铺设时,铺设深度应符合要求。

用专用注油器,将 YH-10 号航空液压油通过注油孔注入油箱至油标上限,打开遮断器用手摇把手摇电液转辙机转换数次,排掉系统中的空气(排气方法:松开油标螺栓,在手摇电机时松紧溢流阀,使空气从油箱中排出),同时检查油箱内油量,补至油标上限。

(8)安装表示杆连接铁

表示杆连接铁的安装如图 5-55 所示。表示杆连接铁固定螺栓不需紧固,安装后需要调整表示杆方正。

图 5-55　表示杆连接铁的安装

(9)连接锁闭杆连接头

锁闭杆连接头的连接如图 5-56 所示。锁闭杆连接头犬牙调整量为两个尖轨开程差值除以 2。

(10)调整锁闭杆、锁钩、锁框与转辙机动作杆方正(图 5-57)

锁闭框与基本轨固定螺栓最好在锁框螺栓孔正中心。

(11)开程的调整

开档的调整如图 5-58 所示。

①调整动作连接杆。对开程偏差超过 4 mm 以上的可以调整动作连接杆,减小开程偏差。每动一齿,动作连接杆变化 3 mm,也就是一边开程增加 3 mm,另一边开程减少 3 mm,可消除 6 mm 的开程偏差。手摇或电动使一、二牵引点到位,检查道岔开口,两侧应基本相同且符合(160±3) mm 和(75±3) mm 的要求。若不符合应根据两侧开口差除以 2 去调整动作拉杆长短即可。

图 5-56　锁闭杆连接头的安装

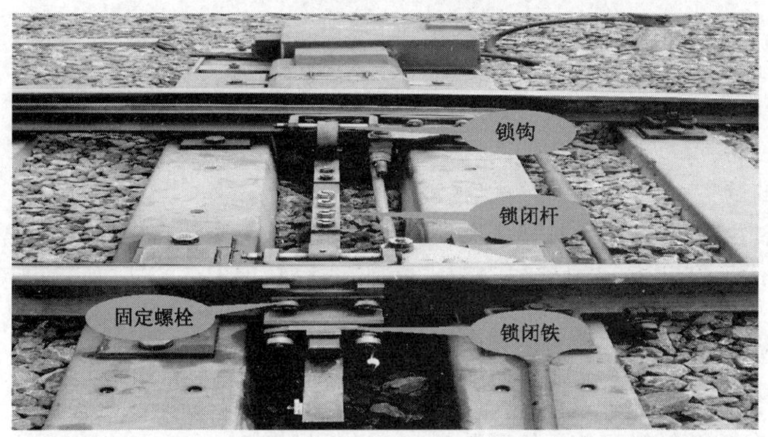


图 5-57　调整锁闭杆、锁钩、锁框与转辙机动作杆方正

②增加或减少内开程片。如开程大，应在尖轨连接铁与钢轨间增加开程片；反之，应去掉开程片。

③调整钢枕位置。保持基本轨不动，使钢轨作向左或向右的调整，改变电机与基本轨之间的距离，可小范围内调整开程偏差(偏差小于或等于 3 mm)。

(12)道岔密贴的调整

①密贴和表示都要先调转辙机动作杆的伸出位置，再调拉入位置。要达到 2 mm 锁闭，4 mm不锁闭。

②根据尖轨与基本轨的间隙，增减锁闭铁与锁闭框的调整垫片。

③密贴程度以动作杆停止移动，尖轨基本密贴后手摇把仍可再摇 2～3 圈转辙机才锁闭，自动开闭器全部转换为好。

④若尖轨已密贴，转辙机不能锁闭、溢流阀溢流，说明密贴力调整过紧；若尖轨没密贴，转辙机已密贴，说明密贴力调整过小。

图 5-58 开程的调整

⑤密贴调好后再调表示，使检查柱落入表示杆缺口。锁闭柱缺口两侧间隙为(2±0.5) mm，转换锁闭器检查柱两侧间隙为(4±1.5) mm。

⑥主、副表示杆的调整定、反位可分别调整，互不影响。

⑦调整完后，要反复扳动试验。

(13)缺口的调整

调整安装装置的长、短表示杆使密贴轨(尖轨、心轨第一牵引点)的锁闭柱与锁闭杆缺口间隙为(2±0.5) mm，密贴轨(尖轨第二牵引点)的检查栓与表示杆的缺口间隙为(4±1.5) mm。

## 十五、电液转辙机的施工任务实施要求

1. 行车安全

(1)严格执行电液转辙机使用管理制度。

(2)道岔转辙设备安装完毕后，应确认各紧固件和开口销安装正确、齐全、牢固。

(3)既有线施工严防料具侵限。

(4)既有线道岔要点施工时，应符合下列规定：

①在车站行车室设驻站联络员。施工地点设安全防护员进行施工防护。

②经车站值班员同意后，应将有关防护道岔操纵至不通向施工地点的位置或关闭防护信号机。

③对失去联锁的道岔，室外应断开转辙机安全接点，室内应单锁并断开启动电路。严禁封连端子、人为给出道岔表示或人为开放信号。

④在有轨道电路的道岔上作业时，工具、材料等不得将轨道电路短路。

⑤施工完毕应单独操纵道岔，经试验良好后方可办理销点手续。

2. 劳动安全

(1)不得用手指探校销孔。

(2)需转动道岔时，应确认尖轨与基本轨、心轨与翼轨之间无作业人员和工具、材料。

(3)在室内外联调道岔时,室内操作人员操纵道岔前应取得室外人员同意,防止道岔挤伤人员。

(4)为防止室内道岔操作人员误操作道岔,室外在道岔调试过程中,应断开转辙机开闭器。

3. 环境要求

(1)对道岔转辙装置的销轴及各摩擦面涂润滑油后,剩余的润滑油不能随意丢弃。

(2)在既有线旁施工时,施工料具要放置于预铺道岔轨枕内,避免破坏植被。

## 十六、布置作业

大家已从上述图片和文字中了解到了电液转辙机施工安装的整体过程,为了加深此任务的理解,我们将列出现场的验收流程表格,请大家以一名现场人员的身份组成小组描述施工过程及注意要素并填写表 5-27 和表 5-28。

**表 5-27　转辙机检验质量检查记录**

编号：

<table>
<tr><td>工程名称</td><td colspan="3"></td></tr>
<tr><td>单位工程名称</td><td colspan="3"></td></tr>
<tr><td>分部工程名称</td><td colspan="3"></td></tr>
<tr><td rowspan="2">分项工程名称</td><td rowspan="2"></td><td>检验批部位</td><td></td></tr>
<tr><td>检验批容量</td><td></td></tr>
<tr><td rowspan="3">施工单位</td><td rowspan="3"></td><td>项目负责人</td><td></td></tr>
<tr><td>项目技术负责人</td><td></td></tr>
<tr><td>项目质量负责人</td><td></td></tr>
<tr><td>监理单位</td><td></td><td>总监理工程师</td><td></td></tr>
<tr><td rowspan="2">施工质量验收依据</td><td colspan="3">标准名称:《铁路信号工程施工质量验收标准》</td></tr>
<tr><td colspan="3">设计文件或合同名称:</td></tr>
</table>

<table>
<tr><td colspan="4">施工质量验收标准规定</td><td rowspan="2">检验记录或<br>检验记录编号</td><td rowspan="2">施工单位<br>自验结论</td><td rowspan="2">监理单位<br>验收结论</td></tr>
<tr><td>项目</td><td>序号</td><td colspan="2">标准规定或设计、合同要求</td></tr>
<tr><td rowspan="2">主控<br>项目</td><td>1</td><td></td><td></td><td></td><td></td><td></td></tr>
<tr><td>2</td><td></td><td></td><td></td><td></td><td></td></tr>
<tr><td rowspan="5">主控<br>项目</td><td>3</td><td></td><td></td><td></td><td></td><td></td></tr>
<tr><td>4</td><td></td><td></td><td></td><td></td><td></td></tr>
<tr><td>5</td><td></td><td></td><td></td><td></td><td></td></tr>
<tr><td>6</td><td></td><td></td><td></td><td></td><td></td></tr>
<tr><td>…</td><td></td><td></td><td></td><td></td><td></td></tr>
<tr><td rowspan="4">一般<br>项目</td><td>1</td><td></td><td></td><td></td><td></td><td></td></tr>
<tr><td>2</td><td></td><td></td><td></td><td></td><td></td></tr>
<tr><td>3</td><td></td><td></td><td></td><td></td><td></td></tr>
<tr><td>…</td><td></td><td></td><td></td><td></td><td></td></tr>
<tr><td colspan="4">资料份数</td><td>份</td><td></td><td></td></tr>
<tr><td colspan="4">施工单位</td><td colspan="3">监理单位</td></tr>
<tr><td colspan="4">专职质量检查员:(签字)<br><br>年　月　日</td><td colspan="3">专业监理工程师:(签字)<br><br>年　月　日</td></tr>
</table>

**表 5-28　分动外锁闭装置检验批质量验收记录表**

编号：

<table>
<tr><td colspan="3">工程名称</td><td colspan="5"></td></tr>
<tr><td colspan="3">单位工程名称</td><td colspan="5"></td></tr>
<tr><td colspan="3">分部工程名称</td><td colspan="5"></td></tr>
<tr><td colspan="3" rowspan="2">分项工程名称</td><td colspan="3" rowspan="2"></td><td>检验批部位</td><td></td></tr>
<tr><td>检验批容量</td><td></td></tr>
<tr><td colspan="3" rowspan="3">施工单位</td><td colspan="3" rowspan="3"></td><td>项目负责人</td><td></td></tr>
<tr><td>项目技术负责人</td><td></td></tr>
<tr><td>项目质量负责人</td><td></td></tr>
<tr><td colspan="3">监理单位</td><td colspan="3"></td><td>总监理工程师</td><td></td></tr>
<tr><td colspan="3" rowspan="2">施工质量验收依据</td><td colspan="5">标准名称：《铁路信号工程施工质量验收标准》</td></tr>
<tr><td colspan="5">设计文件或合同名称：</td></tr>
<tr><td colspan="4">施工质量验收标准规定</td><td rowspan="2">检验记录或<br>检验记录编号</td><td rowspan="2">施工单位<br>自验结论</td><td colspan="2" rowspan="2">监理单位<br>验收结论</td></tr>
<tr><td>项目</td><td>序号</td><td colspan="2">标准规定或设计、合同要求</td></tr>
<tr><td rowspan="7">主控<br>项目</td><td>1</td><td></td><td></td><td></td><td></td><td colspan="2"></td></tr>
<tr><td>2</td><td></td><td></td><td></td><td></td><td colspan="2"></td></tr>
<tr><td>3</td><td></td><td></td><td></td><td></td><td colspan="2"></td></tr>
<tr><td>4</td><td></td><td></td><td></td><td></td><td colspan="2"></td></tr>
<tr><td>5</td><td></td><td></td><td></td><td></td><td colspan="2"></td></tr>
<tr><td>6</td><td></td><td></td><td></td><td></td><td colspan="2"></td></tr>
<tr><td>…</td><td></td><td></td><td></td><td></td><td colspan="2"></td></tr>
<tr><td rowspan="4">一般<br>项目</td><td>1</td><td></td><td></td><td></td><td></td><td colspan="2"></td></tr>
<tr><td>2</td><td></td><td></td><td></td><td></td><td colspan="2"></td></tr>
<tr><td>3</td><td></td><td></td><td></td><td></td><td colspan="2"></td></tr>
<tr><td>…</td><td></td><td></td><td></td><td></td><td colspan="2"></td></tr>
<tr><td colspan="4">资料份数</td><td>份</td><td></td><td colspan="2"></td></tr>
<tr><td colspan="4">施工单位</td><td colspan="4">监理单位</td></tr>
<tr><td colspan="4">专职质量检查员：(签字)<br><br>年　月　日</td><td colspan="4">专业监理工程师：(签字)<br><br>年　月　日</td></tr>
</table>

## 十七、作业检查评议

(1)了解验收表格中项目的施工过程。
(2)能够填写表5-25和表5-26,并清楚了解质量标准。
(3)以组为单位讲解验收过程。

# 任务3　转辙机的日常维护和集中检修

## 一、任务提出

对于转辙机的日常维护和集中检修,我们不仅需要了解所需要的工具,更需要掌握正确的操作方法,下面先从图5-59和图5-60了解转辙机的检修情况。

图　5-59

图　5-60

(1)你是否了解图5-90和图5-60中现场工作人员正在进行哪些维护工作。
(2)图5-59为箱盒检查;图5-60为内部检查,你是否了解在做图5-90和图5-60中这些工作时需要注意哪些事项?

## 二、任务分析

本任务主要是讲解各种转辙机的维护过程,因此在学习之前要清楚了解在学完该项目后我们能够掌握哪些技能,在以后的工作中我们能从事哪些工作。

(1)了解转辙机日常维护、集中检修的方法,以便在各铁路局集团公司的电务段进行转辙机的维护工作。

(2)了解转辙机的维护内容和方法,以便在电务公司的维修车间进行管内维修生产组织工作,参加管内天窗修,监督检查工区检修工作质量,全面完成维修、中修生产任务,保证设备正常运用。

## 三、任务准备

该任务的实施主要是靠人力和相应的器具,作为一名铁路信号工程维护人员,首先我们应了解实现该任务的器具有哪些,维护转辙机所需器具见表5-29。

**表5-29　维护转辙机所需器具**

| 序　号 | 所需器具 | 单　位 | 数　量 |
|---|---|---|---|
| 1 | 测试表格 | 本 | 1 |
| 2 | 钥匙 | 串 | 1 |

续上表

| 序　　号 | 所需器具 | 单　　位 | 数　　量 |
|---|---|---|---|
| 3 | 对讲机 | 台 | 2 |
| 4 | 150 mm 活口扳手 | 把 | 1 |
| 5 | 300 mm 活口扳手 | 把 | 1 |
| 6 | 移位接触器试验台 | 台 | 1 |
| 7 | 克丝钳 | 把 | 1 |
| 8 | 油壶 | 壶 | 1 |
| 9 | 减速器试验台 | 台 | 1 |
| 10 | 电动转辙机试验台 | 台 | 1 |
| 11 | 管拧子 | 把 | 4 |
| 12 | 移位接触器试验垫片 | 个 | 2 |
| 13 | 毛刷 | 把 | 2 |
| 14 | 测力计 | 个 | 2 |
| 15 | 各种小型工具组 | 套 | 1 |
| 16 | 万用表 | 台 | 1 |
| 17 | 专用套筒 | 个 | 1 |

其次我们需要了解完成该项目涉及哪些维护规范，我们又需要对哪些标准清楚了解。

应了解的规范和标准主要包括：《普速铁路信号维护规则　业务管理》《普速铁路信号维护规则　技术标准》《高速铁路信号维护规则　业务管理部分》《高速铁路信号维护规则　技术标准部分》和设备厂家提供的技术标准、各铁路局集团公司信号设备维修实施方法、各铁路局集团公司电务信息设备维护管理办法等。该标准规范中的涉及内容我们将在任务实施和知识描述中提及。

思考：请大家想一想表 5-29 中所列的相应器具在现场起到什么样的作用？你知道在表 5-29中说的小型工具组应该包括哪些吗？

强调：配套有视频动画演示。

## 四、任务实施

1. 日常养护

(1)思考：图 5-59、图 5-60 都是工作人员在进行日常养护工作，你知道他们工作的环境、周期吗？

(2)任务提示：图 5-59 是工作人员在检查转辙机的箱盒内部，图 5-60 是工作人员在进行转辙机外部检查。

(3)任务实施要领：

①作为一名铁路信号维护工作人员，应首先了解自己日常的工作内容和周期。转辙机的日常养护内容和周期见表 5-30(请大家根据下表想一想，如果不进行以下日常养护，会出现哪些事故?)。

②根据转辙机的结构、维护工具及转辙机的日常维护内容。你知道应该如何进行日常的维护工作吗?

表 5-30　转辙机的日常养护内容和周期

| 修程 | 工作步骤 | 工作内容及质量标准 | 工时定额 | 周期 |
|---|---|---|---|---|
| 日常养护 | 箱盒内部检修 | (1)箱盒、蛇管无破损,加锁装置良好;<br>(2)基础倾斜不超过 10 mm,箱盒底距地面不少于 150 mm,排水良好;<br>(3)各部螺栓油润、紧固、满冒 | 15 min/台 | 每月不少于 2 次 |
| | 转辙机外部检查 | (1)防护罩齐全紧固,各部无意外破损,加锁装置良好;<br>(2)设备名称及定位标志清晰正确;<br>(3)各部螺栓油润、紧固、满冒;<br>(4)表示杆缺口标记无变化 | | |
| | 安装装置检查 | (1)安装装置的紧固件、开口销、连接销、表示杆和动作杆螺母齐全、不松动、放松措施良好,开口销角度为 60°～90°,两臂劈开角度应基本一致;<br>(2)动作杆、表示杆及安装装置的各连接销、摩擦面应油润;<br>(3)穿越轨底的各种杆件距轨底的距离应大于 10 mm,距离石砟不少于 20 mm;<br>(4)安装装置绝缘完整;<br>(5)转换设备中的各种传动拉杆、表示连接杆及导管等的螺纹部分的内、外调整余量应不少于 10 mm;<br>(6)密贴调整杆的空动距离应在 5 mm 以上 | | |
| | 道岔状况检查 | (1)设备无外接干扰和异状,尖轨和基本轨间无异物;<br>(2)道岔密贴状态良好,尖轨、基本轨肥边不得影响道岔密贴,尖轨爬行不超过 20 mm;<br>(3)道岔安装放正:①密贴调整杆、表示杆、尖端杆、第一连接杆与直股基本轨相垂直,各杆的两端间与直股基本轨垂直线偏差均不大于 20 mm;②电动转辙机机壳纵侧面的两端与直股基本轨垂直距离的偏差不大于 10 mm;③各种道岔拉杆,起水平方向的两端高低偏差不大于 5 mm,以两基本轨工作面为基础 | | |

2. 集中检修

(1)思考:根据转辙机日常维护的内容和周期,你能想到集中检修的内容和周期吗?

(2)任务提示:集中检修的周期是每二个月不少于 1 次。

(3)任务实施要领:

作为一名铁路信号维护工作人员,应首先了解集中检修工作内容和周期。转辙机集中检修内容和周期见表 5-31(请大家根据下表想一想,如果不进行以下检修,会出现哪些事故?)。

**表 5-31 转辙机集中检修内容和周期**

| 修程 | 工作步骤 | 工作内容及质量标准 | 工时定额 | 周期 |
| --- | --- | --- | --- | --- |
| 日常养护 | 转辙机内部检修 | (1)机件安装牢固、完整,无裂纹、无异状机内防水、防尘良好,无锈蚀;<br>(2)内部螺栓紧固,插接件固定良好,配线绑扎整齐无破皮,采取防混线磨卡措施;<br>(3)安全接点接触良好,接触深度不小于 4 mm,在插入钥匙时可靠断开 2 mm 以上,非经人工恢复不得接通电路;<br>(4)电动机碳刷与换向器接触面积不少于碳刷面积的 3/4,同心弧面接触,碳刷长度不小于全长 3/5,换向器表面光滑干净,换向器片间的绝缘物不得高出换向器的弧面,碳刷引线完好无损,碳刷帽不松动;<br>(5)摩擦带与内齿轮伸出部分保持清洁,不锈蚀、不沾油;<br>(6)摩擦联结器作用良好,相邻弹簧圈不得与夹板接触;<br>(7)自动开闭器拉簧弹力适当,动接点环卡簧齐全,动接点在静接点内的接触深度不小于 4 mm,动接点座与静接点座间隙不小于 3 mm,速动爪落下前动接点在静接点内有窜动时,应保证接点深度不少于 2 mm,自动开闭器动接点的摆动量,用手扳动不大于 3.5 mm,接点无氧化物、无烧损;<br>(8)速动爪与速动片的间隙在解锁时不小于 0.2 mm,锁闭时为 1～3 mm,速动爪的滚轮落下后不得与启动片缺口底部相碰;<br>(9)表示杆定、反位表示缺口要求 ZD6-D 型、ZD6-E 型为(1.5±0.5) mm,ZD6-J 型缺口间隙加不密贴间隙不大于 7 mm;<br>(10)更换移位接触器或挤切必须手摇试验用副销带动道岔,移位接触器接点应可靠断开,非经人工恢复不得接通电路;<br>(11)提销检查,主挤切削无伤痕、无变形、无裂纹,标记清楚正确,与孔间的旷动量不大于 0.3 mm,主副螺堵紧固;<br>(12)齿轮装置的各齿轮啮合良好,转动时不磨卡,无过大噪声;<br>(13)机内重点部位清扫注油 | 30 min/台 | 每二月不少于 1 次 |
| | 道岔安装装置检修 | (1)表示杆的销孔旷量应不大于 0.5 mm,其余部位的销孔旷量应不大于 1 mm;<br>(2)动作杆、表示杆及安装装置的各连接销、摩擦面应油润;<br>(3)测试各部安装装置绝缘不小于 200 Ω,不良分界检查 | | |
| | 道岔状况动态检查 | (1)道岔密贴状态良好,尖轨、基本轨飞边不得影响道岔密贴,道岔尖轨无反弹、弓背、吊板、滑床板清洁油润;<br>(2)处理各类道岔病害 | | |
| | 箱盒内部检修 | (1)箱盒内部清洁,防尘防潮设施良好,铭牌齐全、正确,字迹清楚;<br>(2)箱盒内部螺栓紧固,配线绑扎整齐、无破皮及混线可能,焊点焊接良好;<br>(3)器材类型正确,无过热现象,不超期,印封完整,安装牢固,防震防脱设施良好 | | |
| | 搬动试验 | (1)扳动道岔时各部动作灵活、稳定、无异声、无异状,换向器表面无过大火花;<br>(2)扳动式样 2 mm 应能锁闭、4 mm 不得锁闭 | | |
| | Ⅰ级测试 | (1)ZD6 系列①动作电流:单开和 AT 单机牵引道岔小于 1.4 A,交分、AT 双击牵引小于 1.8 A;②锁闭电流:高于动作电流值不大于 0.3 A;③故障电流:单开及交分为 2.3～2.9 A,ZD6-E 和 ZD6-J 型机配套使用时单机为 2.0～2.5 A;<br>(2)道岔位置核对、销记,设备加锁。 | | |

## 五、举例说明道岔检修调整和电动转辙机及安装装置的检修过程

ZD6 型电动转辙机的检修作业 1

1. 普通道岔

(1)普通道岔的检修

①ZD6 系列电动转辙机内部检修

a. 遮断器

遮断器动作灵活，安全接点清洁无烧痕，接触良好，接点压力均匀，接触深度不小于4 mm，安全接点旷动量小于 2 mm。插入手摇把时，接点环与两接点片断开距离不小于 2.5 mm，非经人工恢复不得接通电路。胶木座不裂纹，线头不松动，配线无损伤，开口销齐全，劈开角度大于 60°。钥匙孔、摇把孔的堵板动作灵活，堵塞严密，防尘防水作用良好，暗锁开关作用良好，锁闭可靠。

b. 电动机

(a)外观检查。安装牢固，转速正常，无异声；电动机转动时碳刷无过大火花，转子、定子不磨卡，转子换向面清洁，无氧化层。绝缘槽无烧痕，无炭粉。换向器及换向片间绝缘物不能高出换向器弧面。

(b)碳刷的检查。用毛刷、吹风鼓、白纱布清除吸附在碳刷刷握周围和换向器表面的炭粉。清扫光洁后，用专用划针拨动碳刷，检查碳刷的灵活性、碳刷弹簧的压力程度及碳刷与换向器接触情况，接触面应不小于碳刷面的 3/4，磨耗后碳刷长度不小于总长度的 3/5。检查碳刷帽不松动，拧碳刷帽力度要适宜(因黑电料的碳刷帽易碎，尼龙碳刷帽易脱扣)。

(c)扳动检查。通过扳动测试道岔故障电流，检查换向器表面火花情况。火花是否过大是否有转子断格或接触不良情况，若出现火花过大时，用万用表电阻挡逐个对换向器每一格进行测试，若为 5 Ω 左右为正常，过大或过小均为不良。

c. 减速器

(a)外观检查。外壳无裂纹，安装牢固，转动灵活，无异声。摩擦联结器开口销齐全，劈开角度大于 60°。

(b)摩擦联结器检查。摩擦联结器作用良好，摩擦调整弹簧无损伤，无磨卡，不得与夹板相接触，摩擦力调整适当，相邻间隙不小于 1.5 mm。摩擦带无损伤，无油污，作用良好。道岔在正常转动时，摩擦联结器不空转；道岔转换完毕时，摩擦联结器应稍有空转；道岔尖轨因不能转换到位时，摩擦联结器应空转。如果测试故障电流变化或定反位故障电流偏差较大，应检查动齿轮伸出部分是否锈蚀，锈垢会在摩擦带表面形成光滑的硬面，造成摩擦力下降，有油会使摩擦带打滑，造成摩擦电流降低。同时要检查减速器内齿轮伸出部分是否有划痕，及时查找是否由于摩擦带固定螺栓高出摩擦面，摩擦带夹板变形或摩擦带四个固定螺栓压力不均所致。摩擦带与夹板不吻合，易造成摩擦带断裂。这些原因都会使故障电流变化及偏差，发现这些问题要分解摩擦联结器检查。

d. 启动片、速动片与速动爪

(a)速动爪与速动片间隙，解锁时不小于 0.2 mm，锁闭时为 1～3 mm；速动爪的滚轮落下后不得与启动片缺口底部相碰。这一结合部要检查的就是速动爪，首先滚轮轴要铆接牢固，不活动，滚轮要灵活，要求在道岔转换过程中，在速动片上顺利滚动，落下后不得与启动片相碰，滚轮打底易造成滚轮轴铆接不牢、松动和滚轮圆变形，使滚轮不灵活。

(b)速动衫套处要适当注钟表油，保持清洁。改铜衫套后，这种铜磨钢、软磨硬基本杜绝了研轴现象。

e. 自动开闭器

(a)自动开闭器的检查与调整。动、静接点组安装紧固，接触良好，保证同时接、断，接点片无严重磨损、烧损，压力适当，胶木无裂纹。配线整齐，无断股，线头无松动，备母垫片齐全作用良好。动接点在静接点内的接触深度不小于 4 mm，用手扳动动接点，其摆动量不大于 3.5 mm；动接点与静接点座间隙不小于 3 mm；接点接触压力不小于 4.0 N，动接点组打入静接点组内，动接点环不低于静接点片，同时静接点片下边不应与动接点绝缘体接触，速动爪落下前，动接点在静接点内有窜动时，应保证接点接触深度不小于 2 mm。在保证动接点环与静接点片接触深度的情况下，应检查每组动接点环与静接点片的接触情况。要使静接点片平、直、正，接点压力均匀，保证动接点环与静接点片可靠接触，即线接触，不应点接触。检查静接点片压力不要过大，主要是第 1、4 排静接点组。假如接点片压力过大，拉簧长期疲劳使用，拉力减小，再加上轴销缺油，这样就会造成接点故障。在调整动接点与静接点接触深度的时候，特别是动接点与第 2、3 排静接点的接触时，按出所的标准进行调整；如没有标记，要把调整接点顶丝全部松开，使检查柱落在表示杆上，静接点与动接点的接触深度应保证不小于 4 mm，不大于 8 mm，可以调整速动爪上的螺栓，逆时针旋转调整螺栓，直到相应的动接点与静接点的接触最深，然后再顺时针旋转螺栓，使静接点与动接点相对移动 2 mm 即可。定、反位须分别调整。这样调整是防止检查柱打底(即打表示杆)，由于反作用力，易造成动接点架上连动轴弯曲，使开闭器卡阻。然后再检查动接点与第 1、4 排的接触情况，要保证动接点胶木座与静接点胶木座有 3 mm 以上的距离。

(b)自动开闭器的注油。检查清扫完开闭器要适当注油。应采用钟表油，最好用注射器注油，这样注油既准确又清洁，注油的部位多是左、右拐轴两端，速动爪滚轮，一般每月执表都要少许注些。速动爪轴及连接销和拐轴销，以及连动轴要视情况注油，一般不用每月都注一遍油，注油更不要过多。检查柱与开闭器座间隙处禁止注油。特别是冬季，更不能注机油，注油后检查柱与开闭器座孔间会产生油垢，使开闭器产生卡阻。开口销齐全，焊接部分无脱焊，铆接良好，活动部分适当注油。

f. 锁闭齿轮、齿条块、动作杆及表示杆

(a)动作杆不得有损伤。动作杆与齿条块的轴向移位量和圆周方向的转动量均不大于 0.5 mm。齿条内各部件和联结部分须油润，各孔内不得有铁屑及杂物；挤切销固定在齿条块圆孔内的台上，不得顶住或压住动作杆。锁闭齿条圆弧与动作齿条削尖齿圆弧应吻合，无明显磨耗，接触面不小于 50%，在动作齿条处于锁闭状态下，两圆弧面应保持同圆心。检查块的上平面应低于表示杆或锁闭杆的上平面 0.2～0.8 mm；检查柱落入检查块缺口内，两侧间隙为 (1.5 ±0.5) mm。在检查锁闭齿轮与齿条块时，要注意检查锁闭主弧与削尖齿圆弧。当道岔调整的密贴力过大，或夹异物以及测试 4 mm 锁闭时，都是强行锁闭，易造成锁闭齿轮、锁闭圆弧和齿条块的削尖齿的主弧拉伤。

(b)锁闭齿轮与齿条块无卡阻，止挡和止挡栓无损伤、裂纹，挤切销无位移。齿条块与动作杆两部件通过挤切销结合，带动道岔可靠转换的也是挤切销，所以挤切销是道岔转辙至关重要的部件。它受多方面因素的影响，易造成疲劳，以至于折断。如挤切销与动作杆孔间隙稍大，执表时的 2 mm、4 mm 测试，尖轨夹异物，列车轮对的挤压等，这些力都作用在挤切销上，长此以往，会使挤切销变形甚至折断，造成动作杆与齿条移位，使移位接触器接点跳起，造成故障，因此，要定期检查挤切销。

ZD6 型电动转辙机的检修作业 2

g. 移位接触器

安装牢固，胶木无裂纹，配线整齐，线头不松动。当主销折断时，接点应可靠断开，切断道岔表示。顶杆与触头间隙为1.5 mm，接点不应断开，用2.5 mm垫片试验或用备用销带动道岔（或推拉动作杆）试验时，接点应断开，非经人工恢复不得接通电路。其“复位按钮”在所加外力复位过程中不得引起接点弹簧片变形。

②安装装置及其他部件检修

a. 基础完整，不倾斜，号码清晰，培土良好，无杂草。箱（盖）无裂纹，不破损。

b. 各部螺栓紧固，垫圈齐全开口销子完整，劈开角度60°～90°，角钢安装装置方正，无裂纹，螺栓紧固，角钢外侧不与地面接触。角钢安装方正，会为日后的检修创造一个良好的基础。安装方正，道岔的运用状态也会容易保持良好。各部螺栓紧固，保证道岔运用当中不出现几何尺寸变化，形成稳定框架结构，运用稳定，又能使各部绝缘保持相对稳定良好，这些都是道岔不出故障或少出故障的前提。在较潮湿的雨季，无形当中造成角钢两端接地，会使绝缘性能下降，出现设备隐患。转辙机壳无裂损，蛇管完好无脱落，加锁良好，固定螺栓紧固。

c. 各杆与基本轨相垂直不磨卡，尖端杆撑紧起作用，绝缘良好，各杆丝扣余量不小于10 mm，密贴杆空动间隙不小于5 mm，防松铁线完整，销孔磨耗不大于1 mm，开口销齐全完好，各部机械无老伤裂纹，螺帽紧固。各杆丝扣余量不小于10 mm，是为后期道岔调整预留一个可调的空间；密贴杆空动间隙不小于5 mm，同样也是为道岔调整预留一个可调的空间，并且在转辙机解除对尖轨锁闭和转换道岔时预先有一个缓冲，以保证机件受损最小，达到延长使用寿命的目的。

各杆件磨损锈蚀减少量不大于其直径的1/10，穿越轨底的各种杆件距轨底的净距离应大于10 mm，距离石砟不小于20 mm。

d. 主、副表示杆连接螺栓不松动，连接铁固定良好，后盖紧固，表示杆缺口标记（刻度）无变化，防尘罩与各部不磨卡，罩上定位标记清晰正确。表示杆缺口标记（刻度）要在检修当中保证准确。防尘罩的安装既要保证与各部不磨卡，防止出现意外卡阻，形成故障，又要保证固定良好，一旦安装固定不好，可能会被高速列车带起侵限，出现刮碰事件。

③箱盒内部检修

a. 基础完整，不倾斜，号码清晰，正确，箱盒底部距硬化面不小于150 mm，培土良好，无杂草，箱（盒）无裂纹，不破损，硬面化清洁。

b. 盘根作用良好，不进水、灰；箱内配线整齐，不破皮无老伤；螺母垫片齐全紧固，线头不松动；端子编号铭牌清晰；箱内整洁，无异物，无废孔，图纸清晰完整。箱、盒内继电器、电阻、整流匣等固定良好，铭牌清楚，无过热现象。继电器防振作用良好，接插牢固，有绑扎。器材不超周期。

c. 各部清扫良好，箱盖活动部位注油，加锁完整。

d. 蛇管安装牢固，不脱落。

e. 周围电缆不外露。

ZD6型电动转辙机的检修作业3

④道岔的动态维护

a. 季节性调整。在道岔维护中，季节性调整十分重要，特别是在北方，由于气温低，温差大. 减速器油脂对道岔动作电流、故障电流都有较大影响，各种杆件、安装装置结构也将发生变化. 所以，在每年春秋两季的开始，对道岔要进行季节性调整。主要是：进入冬季前. 要将道岔摩擦电流调整到上限，道岔密贴力要调整适当，道岔缺口也要调整到上限；进入夏季前，要及时对道岔摩擦电流进行调整，对道岔密贴力也要进行检查，道岔缺口不要调整过大。季节变化，主要是气温变化，也容易引起螺栓紧固状态变化，所以，也要加强对各部螺栓紧固状态的检查。

b. 配合工务作业。工务部门对道岔经常进行养护，经常在道岔处进行改轨距、拨方向等作业，这些都会引起道岔几何尺寸变化，影响道岔处的密贴状态、缺口状态、动作状态，所以，积极配合好工务在道岔处的养护作业，能够减少道岔故障的发生，也是电务日常工作的重要组成部分。一是日常巡视时，要注意工务作业内容，发现工务在道岔转辙部位作业时，要及时对道岔进行开盖检查，检查缺口、密贴，检查动作状态；二是配合工务在道岔处进行改轨距、拨方向等作业时，要先将道岔摇到(或操到)解锁状态，以免改轨距、拨方向时，挤坏自动开闭器，轨距改动较大时，要及时松开道岔安装装置座铁螺栓，以免造成安装装置绝缘破损。

c. 道岔的检查。螺栓松动检查、销子旷动检查、道岔反弹检查、道岔密贴状态检查是对道岔机械特性日常检查的主要内容，是检修者应该具备的基本素质。螺栓松动、销子旷动检查多采用“敲、看、紧”的方式，“敲”就是用检查锤顺时针或逆时针敲打螺母，检查是否松动；“看”就是看螺栓周围是否有粉末，以判断螺栓是否松动；“紧”就是用扳手直接进行螺栓紧固。道岔反弹检查主要是在操纵道岔时，看道岔解锁是否有缝，当解锁时缝隙达到 4 mm 以上时，就可判定道岔存在反弹问题。道岔密贴状态检查，道岔转换到位后，尖轨竖切部分应该宏观密贴基本轨，如果尖轨尖端密贴，后端有缝，就是平常说的“假密”。

d. 不良天气检查。冬季大雾天气，要防止电动转辙机接点上霜，可采取在转辙机内放干燥剂、机盖加装防寒苯板等措施。大雪天气，要及时清扫密贴调整杆调整螺栓处的积雪、尖轨与基本轨间的积雪、基本轨顶铁处的积雪，同时，要及时清理道岔密贴调整杆、表示杆处枕木，保证足够深度。

(2)普通道岔的调整

①道岔的机械调整

道岔机械调整的原则是：先调密贴后调缺口，先调主口后调副口。

调整的标准是：道岔密贴要满足 4 mm 不锁闭，2 mm 锁闭；道岔表示杆缺口在(1.5 ±0.5) mm 范围内。

ZD6 型电动转辙机的检修作业 4

首先是将道岔的故障电流调整在规定的范围之内，然后是调整密贴力，再通过调整密贴调整螺栓，保证道岔宏观密贴的前提下，在第一连接杆处的尖轨与基本轨间放入 4 mm 厚、20 mm宽的试验夹板。操纵道岔后，道岔锁闭时应该空转，如果不空转(也就是落锁)，说明密贴力小，需要调整密贴调整螺栓，减小空动距离，直到满足 4 mm 不锁闭的要求；在第一连接杆处的尖轨与基本轨间放入 2 mm 厚的试验夹板，操纵道岔后，道岔应该锁闭不空转，如果空转(也就是不落锁)，说明密贴力大，需要调整密贴调整螺栓，增大空动距离，直到满足 2 mm 锁闭的要求，从而全面达到 4 mm 不锁闭，2 mm 锁闭的要求。但是，为保证道岔密贴力不过大，最佳的密贴调整状态是在调整 4 mm 不锁闭时，如果密贴调整螺栓松一挡，试验 4 mm 就锁闭，紧上这一挡后，试验 4 mm 就不锁闭，这种状态就是最佳状态。密贴调整过后，一定要检查调整螺栓的紧固，开口销齐全，防松措施可靠，做好复查，确保机械联锁可靠。

其次是调整道岔缺口，先将道岔扳至动作杆与表示杆伸出位置，也就是主口位置，在表示杆各部螺栓紧固的情况下，调整尖端杆的调整螺栓，使伸出表示杆一方的检查柱落入检查块缺口，并达到(1.5 ±0.5) mm 的间隙要求。然后将动作杆与表示杆转为拉入状态，也就是副口位置，松开内表示杆副口固定螺栓，通过调整表示杆后端顶丝，使检查柱落入表示杆缺口内，并达到(1.5 ±0.5) mm 的间隙要求。道岔缺口调整好后，一是要复查各部螺栓紧固；二是要调整移位标标记，确保移位标记准确。

调整道岔时的注意事项：日常维护发现道岔密贴或缺口发生变化时，一是注意不能盲目进行调整，应该先查找引起密贴或缺口变化的原因，克服引起道岔密贴或缺口变化的问题，再对道岔进行调整；二是注意调整后彻底进行复查试验，摩擦电流、动作电流、4 mm 不锁闭、2 mm 锁闭要试验测试到位，移位标记要调整到位；三是注意安排好次日的复查，及时跟踪道岔运用状态的变化、特别是对大修施工后的道岔，更要安排好次日的检查，直至道岔缺口、密贴、螺栓、绝缘等不再发生变化，确保道岔运用稳定。

②工电联合检查整治道岔

道岔安全运用的难点是工电结合部问题突出，究其主要原因，一是工务对道岔的养护标准不满足电务对道岔的要求，工务对道岔的技术指标都是静态的，对道岔动作卡阻、尖轨假密、滑床板空吊、尖轨反弹等动态指标无要求，但这些都是影响电务道岔运用质量的关键；二是责任不清，沟通协调没有形成规范的制度，造成工电两部门对结合部设备不重视，存在管理盲区。经过几年的工电检查整治道岔实践，制定了工电检查整治道岔的标准，取得较好效果。

a. 责任分工

(a)车务部门负责

ⓐ指定专人对道岔清扫、涂油。

ⓑ道岔转辙部位保持清洁，无异物，滑床板按规定进行涂油。

(b)工务部门负责

ⓐ普通道岔尖轨解锁无反弹，尖轨刨切部分应全长与基本轨密贴。

ⓑ滑床板与轨底密贴，道岔每侧与尖轨(或心轨)缝隙超过 2 mm 的滑床板不应超过两块，滑床板无严重磨耗、变形，尖轨与基本轨作用边无肥边，尖轨上部与基本轨吻合，尖轨无拱腰，尖轨与基本轨能顺利密贴无卡阻现象。

ⓒ道岔爬行或尖轨窜动不超标(尖轨爬行量小于 20 mm，心轨爬行量小于 10 mm)，道床捣固良好，有车通过时，起伏不大于 10 mm。

ⓓ丁字铁螺栓无松动，第一连接杆与丁字铁连接紧固(要求用高强螺栓取代铁销并紧固)。

ⓔ道岔锁闭时基本轨无目视横移，道岔开程不超标(外锁闭道岔开程由电务调整)。

ⓕ道岔安装装置及杆件与轨枕间留有一定间隙，避免磨卡。

(c)电务部门负责

ⓐ道岔安装装置方正，转换设备安装标准，各部螺栓紧固，开口销齐全，防松装置作用良好。

ⓑ密贴调整杆动作时，其空动距离应在 5 mm 以上。道岔转换时，尖轨尖端第二、三连接杆不得先于第一连接杆与基本轨密贴。

ⓒ道岔各部绝缘装设完整，性能良好。

ⓓ道岔调整良好，做到 2 mm 锁闭，4 mm 不锁闭。

ⓔ坚持道岔定期振动试验，记录齐全，对动作电流、锁闭电流超标的道岔及时处理，消除设备隐患。

b. 检查要求

依据有关规定，道岔转辙设备除由直接负责维护及使用的部门经常检查养护外，应按下列规定定期检查。

(a)特、一、二等站以站长为组长，工务、电务段长(非段所在地为该站区各部门负责人)为组员，组成车、工、电联合检查整治小组，每季度对该站区道岔联合检查一次。

(b)三等及其以下车站以站长为组长，工务、电务车间主任或工长为组员，组成车、工、电联合检查整治小组，每月对该站区道岔联合检查一次。

(c)每年3至4月、10至11月，由电务牵头，工务、车务对工电结合部进行季节性重点检查整治两次。

(d)车工电联合整治工作应纳入天窗修(威胁行车安全需立即整治的除外)，对纳入天窗的道岔(特别是涉及影响上下行渡线的道岔)整治工作，各部门应密切配合，不得随意取消、挤占或临时更改天窗修时间，以保证整治质量，

(e)按照《工电联合检查道岔鉴定记录表》(表5-32)、《工电联合检查提速道岔鉴定记录表》逐项进行鉴定，并双方签字，一式6份，工、电双方工区、车间、段各一份。

**表5-32 工电联合检查道岔鉴定记录表**

段： 站： 日期：

| 项目 | | 扣分 | 道岔号码 | | | | | 整治计划 |
|---|---|---|---|---|---|---|---|---|
| 1 | 单开道岔工作电流大于1.4 A，交分50 AT道岔大于1.8 A | 4 | | | | | | |
| 2 | 2 mm不锁闭，4 mm锁闭 | 4 | | | | | | |
| 3 | 手摇道岔解锁反弹间隙大于4 mm | 4 | | | | | | |
| 4 | 第一连接杆处后于尖轨尖端、第二连接杆处密贴 | 4 | | | | | | |
| 5 | 尖轨密贴时有卡阻 | 4 | | | | | | |
| 6 | 滑床板变形，滑床台低于标准 | 4 | | | | | | |
| 7 | 基本轨、轨撑、滑床台间不密贴 | 4 | | | | | | |
| 8 | 基本轨有目视横移 | 4 | | | | | | |
| 9 | 有影响密贴及造成2 mm不锁闭的肥边 | 4 | | | | | | |
| 10 | 第一连接杆螺栓旷动超过2 mm | 4 | | | | | | |
| 11 | 丁字铁螺栓不紧 | 4 | | | | | | |
| 12 | 拉杆螺栓松动，开口销不全，每缺一处 | 2 | | | | | | |
| 13 | 每侧与尖轨缝隙超过2 mm的滑床板多于2处，每超标一处 | 2 | | | | | | |
| 14 | 各种横穿螺栓松动，每缺一处 | 2 | | | | | | |
| 15 | 尖轨补强板螺栓松动，每松一处 | 2 | | | | | | |
| 16 | 防爬卡铁螺栓松动，每松一处 | 4 | | | | | | |
| 17 | 尖轨处轨距超标 | 4 | | | | | | |
| 18 | 道岔动程每一处不标准 | 4 | | | | | | |
| 19 | 尖轨防跳器每一处卡阻 | 4 | | | | | | |
| 20 | 心轨窜动超过10 mm | 4 | | | | | | |
| 21 | 空动距离小于5 mm | 4 | | | | | | |
| 22 | 尖轨爬行超过20 mm | 4 | | | | | | |
| 23 | 岔枕位置偏斜超过±10 mm | 4 | | | | | | |
| 24 | 道岔各部几何尺寸每一处不符合〔2001〕23号部令 | 2 | | | | | | |

注：本表工务、电务部门各三份，工区、车间，技术科各一份。

签字 工务： 电务：

(f)对检查中发现的设备缺点，车务、工务、电务部门要加强协商，能立即克服的立即克服，对暂时不能克服的设备缺点应明确整治的时限，按责任部门如实记录在《行车设备检查登记簿》左页。当设备缺点克服后，应由责任部门在《行车设备检查(施工)登记簿》右页销记。

(g)车工电三方应密切配合，确保在限期内消除设备隐患；凡因推诿扯皮，贻误整治酿成行车事故的，按责追究相关人员责任。整治所需要器材按设备所属产权单位各自提供。

(3)普通道岔的电气特性测试

①道岔室内设备电气特性测试

a. 启动电路输入电压：210～240 V。

b. 道岔的动作电流：≤2 A。

c. 道岔的锁闭电流：不小于动作电流，偏差不大于 0.3 A。

d. 道岔的故障电流：以 ZD7-A，单机牵引为例，2.3～2.9 A，定、反位偏差小于 0.3 A。

e. 道岔表示继电器电压：27～37 V。

f. 电缆全程测试：大于 1 MΩ(大站大于 0.75 MΩ)。

②道岔室外设备电气特性测试

a. 电动转辙机供电电压：≥160 V。

b. 道岔的动作电流：≤2 A。

c. 道岔的锁闭电流：不小于动作电流，偏差不大于 0.3 A。

d. 道岔的故障电流：以 ZD7-A，单机牵引为例，2.3～2.9 A，定、反位偏差小于0.3 A。

e. 道岔安装装置绝缘不小于 200 Ω。

③测试分析

对道岔的测试分析就是对设备运用状态进行诊断，因为道岔的工作状态都可以通过电气特性反映出来，通过测试分析可以掌握设备的运用状态，及早发现设备缺点隐患，做到早发现早处理，确保设备运用安全。

a. 道岔表示继电器电压的测试分析

(a)电路构成

在道岔定位表示继电器的励磁电路中接有自动开闭器的定位接点 31-32、33-34、13-14，以反映道岔在定位状态。道岔反位表示继电器的励磁电路中接有自动开闭器的反位接点 21-22、23-24、43-44，以反映道岔在反位状态。表示电路采用交流电源，而道岔表示继电器采用直流偏极继电器，采用室外整流匣对交流电源进行整流提供直流电源，使表示继电器工作。

(b)测试方法

日常测试是在道岔表示测试盘上；通过扳动对应道岔的扳键读取盘面电压表的读数。测完一个位置后，要将道岔操到另一位置，再测另一侧的表示继电器电压。测试原理是分别把道岔定位表示继电器线圈 1、4 和道岔反位表示继电器线圈 1、4 引到测试盘上，通过扳键接通电压表，读取继电器线圈 1、4 的端电压。也可用 MF-14 万用表的直流 100 V 挡直接测试表示继电器线圈 1、4 的电压。

(c)测试分析

道岔表示继电器正常电压在 27～37 V 之间。由于表示电路是一个串联电路，外接回路电阻高了，继电器端电压就下降；外接回路电阻低了，继电器端电压就会升高。基本可以从表示继电器线圈电压来判定整个回路的工作状态。

ⓐ如果道岔表示继电器直流电压为 0 V,交流电压为 0 V,说明表示电路中某处断线或该表示继电器线圈混线、并在继电器线圈两端的滤波电容器击穿。

ⓑ如果道岔表示继电器直流电压值较正常低了很多,说明回路有虚接(高阻连接)或二极管整流特性不好。

ⓒ如果道岔表示继电器直流电压在 10 V 左右,说明并在继电器线圈端的滤波电容器断线。

ⓓ如果道岔表示继电器直流电压有一些变化,而电源屏道岔表示电源电压变化不大,根据经验,当并联的电容容量增大时,表示继电器端电压就会上升,大致每增加 1 μF(变化在 4～5 μF范围以内),电压就增高近 1 V;反之也是如此,电容容量变小时,表示继电器端电压就会下降,大致每减少 1 μF,电压就降低近 1 V,所以当表示继电器端电压变化时,要及时检查表示电容的状态。

ⓔ当道岔表示继电器电压直流为 140 V 左右,交流为 150 V 左右,可能是继电器线圈或支路断线。

b. 道岔动作电流的测试分析

单机牵引道岔动作电流不大于 1.2 A,双机牵引道岔动作电流不大于 1.8 A,当动作电流超过上述标准,或锁闭电流大于动作电流 0.3 A 时,就要进行分析。

影响道岔动作电流的因素:(a)道岔密贴力大;(b)尖轨与基本轨有肥边;(c)动作齿条与削尖齿间研磨缺油;(d)岔根螺栓过紧;(e)尖轨爬行、窜动、拱腰、反弹、假密;(f)直流电动机特性不良;(g)道岔清扫不良;(h)整机及道岔的其他部位卡阻等。

2. 提速道岔

(1)提速道岔的检修

①转辙机、密贴检查器、转换锁闭器检修

a. S700K 型电动转辙机

(a)转辙机内部应清洁,无油垢。各部螺栓紧固,接线端子垫片备母齐全。

(b)转辙机的电源开关锁,通、断电源性能应良好。通电时,摇把挡板能有效阻挡摇把插入摇把齿轮;当切断开关时,摇把能顺利插入摇把齿轮。电路一旦被切断,非经人工恢复不得接通电路;摇把齿轮的轴用挡圈无脱落现象。正常转换道岔时,滚珠丝杠动作平稳无噪声,摩擦联结器作用良好。

(c)转辙机上、下两检测杆无张嘴和左右偏移现象,检测杆头部的叉形连接头销孔的磨损旷量不大于 1 mm。

(d)速动开关通、断电作用良好。

(e)转辙机内滚珠丝杠、动作杆、检测杆、齿轮组、锁闭块、操纵板等均应保持润滑,润滑材料应采用规定的油脂。

(f)用于尖轨、心轨第一牵引点的转辙机,其检测杆缺口调整为指示标对准检测杆缺口中央,距两侧各(1.5±0.5) mm;其余牵引点的转辙机,其检测杆缺口调整为指示标对准检测杆缺口中央,距两侧各(2.0±0.5) mm。

b. JM-A 型密贴检查器

(a)检查器内部应清洁,无油垢。各部螺栓紧固,接线端子垫片备母齐全。

(b)JM-A 型密贴检查器应满足:表示杆动程为 65～140 mm;挤岔断表示的动程,从启动片的滚轮接触表示杆斜面开始为 10～13 mm。

(c)每台密贴检查器应设有两组表示接点和两组斥离接点。

(d)设在道岔两侧的密贴检查器，一台密贴检查器的表示杆及其接点组检查尖轨的密贴位置，另一台密贴检查器的表示杆及其接点组检查尖轨的斥离 65 mm 以上位置；当道岔转换后，则上述表示杆的功能互换。

(e)密贴检查器动接点环打入静接点片的深度应不小于 4 mm。

(f)密贴检查器各接点片的接点压力应在 3.5～10 N 之间。

(g)滚轮在表示杆缺口中平面或上平面滚动时，启动片离开表示杆的平面应为 0.3～0.8 mm。

c. JM-B 型密贴检查器

(a)检查器内部应清洁，无油垢。各部螺栓紧固，接线端子垫片备母齐全。

(b)JM-B 型密贴检查器应满足：

ⓐ表示杆动程有三种规格，分别是 130～170 mm、95～135 mm、60～110 mm。

ⓑ密贴检查缺口：1.5～10 mm 可调；斥离检查缺口 5～20 mm 可调。

ⓒ挤岔断表示的动程：从开关轴接触表示杆斜面开始小于或等于 5 mm。

(c)每台检查器应设有一组密贴表示开关和一组斥离表示开关。

(d)KS 型速动开关接点压力应大于或等于 1.5 N。

电液转辙机的检修作业 1

d. ZY(J)7 型电液转辙机

(a)电机油泵组应符合：电机、油泵与联轴器间配合良好，转动时无卡阻，别劲，无过大噪声。

电液转辙机的检修作业 2

(b)油路系统应符合：油缸、动作杆动作平稳，无颤抖。油路系统各接头部分无泄漏。油缸的动密封应满足：油缸连续往复动作 20 次后，活塞杆两端油膜不成滴。

(c)溢流阀、调节阀应符合下列要求：

ⓐ道岔在正常转换时，保证液压系统有足够的压力；道岔尖轨因故不能转换到位时，溢流阀应溢流。

ⓑ溢流阀调整灵活，溢流压力应调整为额定转换力时压力的 1.1～1.3 倍。一般不应超过 12.5 MPa。

ⓒ调节阀调整灵活，作用良好。

(d)胶管总成外露部分及与槽钢进出口处防护设施齐全，转角处弯曲半径应不小于 150 mm，进出口端应留有足够余量以避免列车振动受力，防护管槽固定牢固。胶管总成外层橡胶无较大龟裂。

(e)电液转辙机应使用 YH-10 号航空液压油，油箱油位应保持在油标尺上、下标记之间。

(f)接点组应符合下列要求：

动、静接点安装牢固，接点片不歪斜，无伤痕；动接点在静接点片内深度不小于 4 mm，用手扳动动接点，其摆动量不大于 2 mm；动接点打入静接点时，与静接点座应保持 3 mm 以上间隙；接点接触压力不小于 4.0 N；启动片落下前，动接点在静接点内窜动时，应保证接点接触深度不小于 2 mm。当滚轮在动作板上滚动时，启动片尖与速动片的间隙为 0.3～1.3 mm。启动片不得与动作板或动作板上的盖板相磨卡。当转辙机转换终了，启动片尖离开速动片时，应快速切断动作接点。滚轮在动作板上应滚动灵活，落下时滚轮与动作板底部不受力，并与动作板斜面有 0.5 mm 以上间隙。在动作杆、表示杆、锁闭杆正常伸出或拉人过程中，拉簧弹力适当. 作用良好，保证动接点迅速转接并带动锁闭柱、检查柱上升或落下。当锁闭(检查)柱因故落在锁闭(表示)杆上平面上,动接点环的断点距离应不小于 2.5 mm,与另一侧接点距离应不小于 2.0 mm。

(g)两锁闭杆(表示杆)平顺、无张口。锁闭柱与锁闭杆缺口两侧的间隙:外锁闭为(2±0.5) mm;内锁闭为(1.5 ±0.5) mm;检查柱与表示杆检查块缺口为(4 ±1.5) mm。

(h)遮断器的常闭接点应接触良好,在插入手摇把时,常闭接点应能可靠断开。手摇把取出后,非经人工恢复不得接通常闭接点。

(i)交流电机转子转动应自如,无磨卡;动作时无过大异常杂音。惯性轮与电机轴摩擦作用良好,接点不得反弹,手动检查不抱死。

(j)转辙机内缸套与底壳之间,锁闭铁、锁块、推板之间,动作杆、锁闭杆、表示杆出入口处,滚轮、检查柱、锁闭柱等滑动摩擦部位涂满足环境要求的润滑油脂。

e. SH6 型转换锁闭器

(a)液压系统、接点系统及机械传动系统均参照 ZY(J)7 型电液转辙机有关规定执行。

(b)挤脱器挤脱力应调整为 27~30 kN,并铅封。

(c)当道岔被挤时,接点应可靠断开。挤岔后应整机更换,现场不得随意调整。

电液转辙机的检修作业 3

②外锁闭及安装装置检修

a. 外锁闭装置各部件应清洁,无油垢。

b. 外锁闭装置及安装装置的安装必须在工务道床水平、轨枕位置准确、轨距标准及尖轨、心轨宏观密贴等相关部位达到安装技术标准的条件下方能进行。

c. 外锁闭装置及安装装置应安装方正、平顺,可动部分在道岔转换过程中动作平稳、灵活,无别劲、卡阻现象。

d. 各牵引点和密贴检查部位的尖轨斥离位置与基本轨间动程和外锁闭装置的锁闭量定、反位两侧应均等,其不均等偏差应不大于 2 mm。各牵引点动程和锁闭量应符合要求。

e. 装有电液转辙机的分动外锁闭装置,在道岔开口符合要求时,限位块与锁闭框间隙不大于 3 mm。

③提速道岔动态维护

提速道岔上道后,必须做好道岔的动态维护。加强道岔的检查,及时调整道岔的几何尺寸,复拧各种扣件,拨正方向,全面捣固。在维护中要注重以下几个方面:

a. 运用中应及时打磨尖轨、心轨的肥边,防止掉块造成道岔卡阻。

b. 全面复拧螺栓。门型螺栓一旦松动,弹条就会脱落。调整轨距块,使钢轨底、轨距块、挡肩之间不存在 2 mm 以上间隙,弹条保持三点接触。

c. 加强道岔心轨及道岔前后线路的防爬锁定,减缓无缝线路传来的纵向力,以防心轨窜动,造成心轨拉板与钢岔枕侧壁碰卡,影响心轨转换或造成混电。

d. 心轨转换凸缘与拉板连接处,由于心轨转换凸缘与拉板为插入式刚性连接,靠两个螺栓紧固,易松动,应定期检查。运用一段时间后,转换凸缘与拉板易产生旷动,应进行调整。调整时采取加垫片的方式进行,垫片应采用有一定塑性的材料,以保证紧固程度。

e. 心轨一动钢岔枕第二滑床台,由于心轨底部较窄,接触面积小,运用一段时间后易压出沟痕,沟痕出现后应进行打磨,否则影响转换。应增加滑床台硬度。

(2)提速道岔的调整

①月度检修调整及临时性调整

a. 密贴的调整:通过在锁闭铁和锁闭框之间增减调整片保证基本轨和尖轨密贴。尖轨与基本轨在锁闭杆中心处应留 0.2~0.8 mm 的间隙,4 mm 不锁闭。

b. 道岔缺口的调整：提速道岔表示缺口的调整是通过调整外表示杆上表示缺口调整螺母来进行，通过螺母的旋进、旋出达到所要求的缺口大小。

c. 开程的调整：通过调整转辙机动作杆与外锁闭杆之间的动作连杆的长短，可调整道岔两侧的开程相差不超过 3 mm，然后通过增减锁框与锁闭铁之间密贴调整片及尖轨连杆与尖轨间调整片，将开程调整在规定值。

d. 锁闭量的调整：锁闭量的调整与开程的调整方法相同，以达到道岔两侧锁闭量的要求。

e. ZY(J)7 型电液转辙机溢流压力的调整：溢流压力的调整是通过转辙机内溢流阀的调整来进行，以达到所要求的溢流压力。

②工电联合检查整治道岔

a. 工务部门联合检查整治提速道岔的项目及标准

(a)尖轨轨头刨切部分应与基本轨密贴，允许尖端至第一牵引点有 0.2 mm 缝隙，其余部分缝隙不大于 1 mm，可动心轨应在轨头刨切部分与两翼轨密贴，缝隙不大于 1 mm。

(b)尖轨尖端和直尖轨刨切点处及其他部分轨距 1 435 mm，允许误差＋3 mm、－2 mm。

(c)心轨与拉板间的螺栓紧固，无松动。

(d)心轨的拉板与钢岔枕间距离大于 10 mm。

(e)钢岔枕方正，钢岔枕中心距相邻岔枕中心距离 600 mm，偏差不超过 20 mm。

(f)尖轨爬行不超过 20 mm，心轨爬行不超过 10 mm。

(g)顶铁与尖轨或与可动心轨轨腰间隙应在 0.1～2 mm 之间。

(h)尖轨或心轨与滑床台应密贴，每侧尖轨的第一牵引点、第二牵引点与钢岔枕的前三块滑床台必须密贴，磨痕或缝隙不大于 1 mm。

电液转辙机的检修作业 4

(i)ω 扣件与绝缘夹板间距不少于 5 mm。

(j)无影响道岔密贴的钢轨肥边。

(k)滑床台无影响道岔转换的沟槽。

(l)道岔转辙部分的水平、高低、轨向应符合提速道岔维护标准和《铁路线路维修规则》。

b. 电务部门联合整治提速道岔的项目及标准

(a)尖轨与基本轨、心轨与翼轨应达到静态宏观密贴，尖轨与基本轨、心轨与翼轨间在外锁闭处不应有密贴力，并保证在第一牵引点 4 mm 不锁闭。

(b)外锁闭在转换过程中，燕尾锁块动作平稳，不磨轨底，锁闭铁处燕尾锁块应准确到位。

ⓐ尖轨第一牵引点锁闭量大于或等于 35 mm。

ⓑ尖轨第二牵引点锁闭量大于或等于 20 mm。

ⓒ心轨第一牵引点锁闭量大于或等于 35 mm。

ⓓ心轨第二牵引点锁闭量大于或等于 20 mm。

(c)道岔动程的主要技术指标：

ⓐ尖轨第一牵引点动程(160 ±3) mm。

ⓑ尖轨第二牵引点动程(75 ±3 )mm。

ⓒ心轨第一牵引点动程(117 ±3) mm。

ⓓ心轨第二牵引点动程 68 mm。

ⓔ道岔动程测量点在外锁闭燕尾锁块中心处。

(d)锁闭杆、锁闭铁及连接铁安装平直，可动部分在转动过程中，动作平稳，油润灵活，无卡阻现象。

(e)各种防护装置齐全,固定良好,各种销子有防跳措施,作用良好,销子旷动量不大于0.5 mm。

(f)基础托板角钢与钢轨垂直、平顺,道岔各部杆件安装偏移量不大于 10 mm,转辙机外壳边缘与基本轨的直线距离偏差不大于 5 mm。

(g)转辙机与密贴检查器的表示杆缺口应调整到距指示标中心偏差不大于 0.5 mm 处。

(h)两牵引点之间任一处夹 10 mm 以上异物试验时,应不能接通道岔表示。

(i)S700K 型电动转辙机及密贴检查器杆件伸出部分应加长遮檐,密贴检查器表示杆在两钢轨中心部分应安装防护罩。

(j)检查 S700K 型电动转辙机及密贴检查器内部配线是否有磨损,对可能磨卡的处所应采取措施。

(k)转辙机和密贴检查器底壳下部应填石砟,以减小振动和安装板弯曲。

(l)转辙机、密贴检查器、外锁闭装置、安装装置均应符合提速道岔维护标准。

电液转辙机的检修作业 5

(3)提速道岔的电气特性测试

①提速道岔室内设备电气特性测试

a. 测试动作电源。动作电源的测试应在道岔动作时进行测试。测试标准为(380±3)V。

b. 测试道岔表示电源。在道岔继电器保持吸起后,应测试道岔表示电源电压,标准是(220±3)V。

c. 测试道岔表示继电器。每月应该对道岔表示继电器端电压进行测试,监督表示回路和表示继电器的工作状态,测试标准为 20～24 V,当道岔表示继电器端电压变化超过 2 V 时应分析变化的原因。

d. 测试断相保护继电器。断相保护继电器端电压,在继电器串联使用时,测试标准为大于或等于 20 V;在继电器并联使用时,测试标准为大于或等于 10 V。

e. 测试道岔动作锁闭电流。

f. 电缆全程测试。要定期进行道岔电缆对地绝缘测试,测试标准:大站,大于或等于 0.75 MΩ;小站,大于或等于 1 MΩ。

②提速道岔室外设备电气特性测试

a. 测试转辙机动作电流。动作电流测试标准为不大于 2 A;道岔因故不能转换到位时,动作电流不大于 3 A。

b. 测试室外安装装置的各种绝缘。各种安装装置绝缘应大于 200 Ω。

c. ZY(J)7 型电动液压转辙机动作压力小于或等于 9.5 MPa,溢流压力小于或等于12.5 MPa。

③测试分析

提速道岔与普通道岔不同之处总结来说分为三个方面:

(a)电路采用交流 380 V 电动机。

(b)电路中取消了平滑电容。

(c)表示继电器与道岔整流匣并联,道岔表示检查电动转辙机线圈。

a. 电路构成

Ⅱ次侧利用 BD1-7 变压器提供继电器工作电源,变压器Ⅱ次侧与限流电阻 $R$(1 000 Ω)串联,通过电缆和自动开闭器使表示继电器和整流匣并联,之后串联在电路中。

b. 测试方法

日常测试是在道岔表示测试盘上,通过扳动对应道岔的扳键读取盘面电压表的读数。测完一个位置后,要将道岔操到另一位置,再测另一侧的表示继电器电压。测试原理是分别把道岔定位表示继电器线圈 1、4 和道岔反位表示继电器线圈 1、4 引到测试盘上,通过扳键接通电压表,读取继电器线圈 1、4 的端电压。

c. 测试分析

道岔表示继电器电压正常值在 20～24 V 之间。表示电路是一个并联电路,外接回路电阻高了,继电器端电压就下降,可以从表示继电器线圈电压来判定整个回路的工作状态。

**【转辙机检修作业举例】**

电液转辙机常见问题处理

1. 准备阶段

在信号值班室依次近景拍摄各种工具仪表材料(手持)(注意在进行电动转辙机及安装装置维修计表前,应做好准备工作)。

准备的工具有:手摇把、转辙机钥匙和设备钥匙、手锤、活口扳子(450 mm,300 mm)、大螺丝刀、专用套筒、副口调整专用工具、管拧子(5 mm、6 mm)、油壶、钢丝刷、大、小毛刷、吹尘器、止血钳、试验 4 mm 工具、个人工具、通信工具。

准备的仪表有:FM14 型万用表,500 V 兆欧表。

准备的材料有:抹布、麂皮、喉箍、开口销、动静接点、挤切销、碳刷。

注意:在利用列车运行间隙检修时,当转辙机距三轨距离不足 1.2 m 时,应带防护板。

2. 联系登记

场景:行车值班室

在行车值班室实际的演示联系登记的全过程,突出与行调联系和值班员签认。

注意:在工作开始前按规定进行工作登记,①与行车指挥人员联系,记录联系人姓名;②检修设备名称及影响范围;③申请检修时间;④经行车人员同意后方可进行检修。

3. 进入机房登记

在信号机房里演示在“机房设备检修登记本”登记的过程。

注意:①在联系登记手续办理之后,进入机房,将维修的内容在“机房设备检修登记本”进行登记;②为了有序地进行电动转辙机及安装装置的检修,将检修过程分解为静态检修,摇动检查,清扫注油和通电试验四个阶段。

4. 电动转辙机及安装装置的静态检修

在电动转辙机及安装装置的静态检修时,依据由外到内的原则。

(1)安装装置检查

修程:角钢安装装置方正、无裂纹、螺栓紧固

注意:道岔转换设备应与基本轨(直股或直股延长线)相平行,电动转辙机外壳纵侧面的两端与基本轨垂直距离的偏差不超过 10 mm(现场测量)。

(2)连接杆件检查

修程:各杆与基本轨相垂直、不磨卡,各丝扣余量不小于 10 mm,密贴杆空动游间不小于 5 mm,喉箍完整有效,开口销齐全完好,杆件的直径磨耗减少量不得超过 1/10。

各杆与基本轨相垂直,各杆的两端间与基本轨垂直距离的偏差均不超过 20 mm(以杆件连接销的中心点到基本轨的垂线)。

(3)绝缘检查

修程:附有绝缘各处安装完整,不破损,性能良好。

采用电压法或电阻法测量各轨距杆，尖端杆，一、二、三杆，角钢绝缘及轨道绝缘。

(4)尖轨与基本轨密贴检查

修程：尖轨与基本轨密贴良好，压力适当，尖轨与基本轨开程：直尖轨不小于 142 mm，曲尖轨不小于 152 mm，活动心轨不小于 90 mm，尖轨窜动量不超过 20 mm。

实际测量开程，一杆处的开程要符合标准，尖端铁处的开程大于一杆处 10～12 mm。尖轨窜动量检查：密贴尖轨距尖轨前第一轨缝的距离(普通 43 kg/m，50 kg/m 9 号，12 号道岔和 60 kg/m，9 号道岔其标准值 $Q$=2 650 mm)。

(5)机盖、机座检查

修程：机盖、机座无裂纹，盘根完好，防尘防水良好。

防尘防水不好时，调整机盖轴。

(6)遮断器检查

修程：当插入手摇把或打开机盖时，遮断器接点应断开，合上遮断器时，接点应接触良好，胶木座无裂纹，线头不松动。

遮断器每片接点片与接点环的断开距离应不小于 2 mm，非经人工恢复不得接通。遮断器安全接点接触深度按实际进行调整。

(7)内部配线检查

修程：内部配线整齐，二极管不过热。

特别要检查有无伤线或垫片挤压套管造成的接触不良。

(8)电机引出线检查

修程：引出线头无假焊、断股，线头不松动。

(9)绝缘摇测

修程：定期摇测电机对地和定、转子间绝缘电阻，定、转子间绝缘电阻不得小于 1 MΩ(不甩线直接连接在端子上)。

(10)减速器外观检查

修程：减速器壳无裂纹，安装牢固。

(11)摩擦带检查

修程：摩擦带与内齿轮伸出部分保持清洁、没有油垢，以免降低摩擦力。

(12)调整弹簧检查

修程：摩擦调整簧无磨卡、有弹力，弹簧各圈间间隙应不小于 1.5 mm，弹簧不得与夹板接触。

(13)表示缺口检查

修程：检查柱落入检查块时的缺口间隙为(1.5±0.5) mm。

在未摇动转辙机前，检查一侧的缺口间隙主要是看其有无大的变化，有利于对表示缺口变化的分析及调整。

(14)表示杆连接情况检查

修程：主、副表示杆横穿螺栓不松动，连接铁固定良好，后盖紧固。

(15)自动开闭器连接件检查

修程：开口销齐全，焊接部分无脱焊，铆接良好，活动部分适当注油。

(16)移位接触器器件检查

修程：安装牢固，胶木无裂纹，线头不松动。

5. 电动转辙机及安装装置摇动检查

(1)电动机定、转子检查

修程:摇动时,定、转子不磨卡,清擦整流面,换向器表面无氧化层,绝缘槽无烧痕。无炭粉,片间绝缘物不高出换向器弧面。

可采用电阻法检查换向器有无断相。将万用表放在 $R\times1$ 挡,将安全接点断开,在电机 1、3 或 2、3 端子测出两个定子线圈的阻值,在电机 3、4 端子上测出转子线圈阻值。其线圈阻值几欧如(定子 2.85 Ω,转子 4.9 Ω),若阻值很大则表明线圈开路、换向器断相、碳刷接触不良。

注:碳粉的清除长期以来一直是电动机维护的一个难题,为有效地清除电动机内的碳粉,采用功率较大的吹尘器定期对电动机腔内的碳粉进行比较彻底的清除。

(2)碳刷检查

修程:定期检查碳刷,碳刷于握盒内上下不卡阻,弹簧压力适当,碳刷与换向器呈同心弧面接触,接触面积不少于碳刷面积的 3/4,碳刷磨耗后不小于 9 mm。

(3)减速器转动情况检查

修程:减速器的输入轴及输出轴在减速器中的窜动量不大于 1.5 mm,转换灵活,通电转动时无噪声。

(4)摩擦力调整

修程:摩擦力调整适当,手摇转换时不空转。

4 mm 试验时,摩擦联结器应空转,转辙机不能完成内锁闭,拔去铁板后道岔应能继续转换到底,如仍空转,说明摩擦压力过松。

(5)自动开闭器动、静接点检查

修程:绝缘座安装牢固、完整,无裂纹,动、静接点长短须一致,相互对称,接点片不弯曲、不扭斜,辅助片作用良好。动接点在静接点片内的接触深度不得小于 3 mm,用手扳动接点,其摆动量不大于 3.5 mm,动接点与静接点座间隙不得小于 3 mm,速动爪落下前,动接点在静接点内有窜动时,亦应保证接点接触深度不少于 2 mm,接点片无严重磨损,压力不小于3.92 N。

方法:将动接点摇出后,须待动接点滑轮爬上托台,听到“喀”一声后再反摇,将动接点打入静接点内,检查向外扩张,静接点片向两侧各挤压 1 mm 为宜。动接点与静接点片应保持面接触,不应出现点接触或线接触。补强片不可贴紧主簧片,应保持 0.5～1 mm 间隙。

(6)速动爪与速动片检查

修程:速动爪与速动片应有间隙,解锁时为 0.5～1 mm(不小于 0.2 mm),锁闭时为 1～3 mm,速动片的轴向窜动应保证速动爪滑轮与滑面的接触量不少于 2 mm,转辙机在转动中速动片不得提前转动,速动爪的滚轮在传动中应在速动片上滚动,落下后不得与启动片缺口底部相碰,距离不小于 0.5 mm。

(7)自动开闭器拉簧检查

修程:拉簧作用良好,在动作杆和表示杆正常出入时,动接点在静接点组内迅速转接,并带动检查柱上升或落下。

(8)动作杆锁闭齿轮与齿条块检查

修程:动作杆与齿条块的轴向移动量和圆周方向的转动量均不得大于 0.5 mm,锁闭齿轮与齿条块不卡阻,止挡和止挡栓无损伤、裂纹。锁闭齿轮圆弧与动作齿条削尖齿圆弧应吻合,无明显磨耗,接触面不小于 50%,在动作齿条处于锁闭状态下,两圆弧面应保持同圆心。

转辙机启动时，锁闭齿轮转动 36°，锁闭圆弧在削尖齿上滑退，道岔解锁；锁闭齿轮转动 252°带动尖轨密贴另一基本轨，动作杆停止移动，锁闭齿轮还要继续转动 36°，在这最后 36°动程中，锁闭齿轮上的启动小齿在动作齿条的削尖齿旁经过，完成转辙机的内部锁闭。长期缺油可能造成内部锁闭装置不能解锁，转辙机不能启动的故障。

锁闭圆弧出现磨痕原因：①道岔密贴调整过紧，应掌握尖轨密贴后，手摇把再摇动 3～4 圈以完成内部锁闭为合适；②动作齿条在伸出状态时有“低头”现象，锁闭和解锁时削尖齿硬啃锁闭圆弧；③尖轨反弹。

(9)挤切销检查

修程：挤切销无位移，无过度磨损，螺堵紧固，不得顶住或压住动作杆，定期更换挤切销，并在《电动转辙机特性测试调整记录本》和《信号器材更换记录本》内登记编号。

(10)表示缺口检查

修程：表示杆检查块的上平面应低于表示杆的上平面 0.2～0.8 mm，检查柱落入检查块缺口内两侧间隙为(1.5±0.5) mm

两侧间隙大小应均匀，此时缺口大小的调整应以道岔完全解锁再重新锁闭为准。由于杆件连接销孔存在旷量的因素，表示缺口的调整应以电扳为准。

6. 清扫、注油

修程：注油孔及机械活动部分均匀注油，并无铁屑、棉纱等杂物；清擦底壳油垢；转辙机外部及各杆螺栓部分清扫，无油垢，并适当注油。

将各处注油由内至外依次演示：

机内注油：(1)锁闭齿轮与齿条块；(2)自动开闭器检查柱、检查块、拐轴等活动部位；(3)自动开闭器拉簧、连接器件等活动部位；(4)启动片、速动片、速动爪；(5)各部固定螺栓；(6)遮断器活动部分。

注意：主轴、速动衬套、减速器、挤切销等部位现采用锂基脂，不宜加注机油。

机外注油：(1)动作杆、表示杆外注油孔；(2)机座固定螺栓、角钢螺栓(角型铁螺栓)；(3)机盖轴；(4)HZ24、HZ12 固定螺栓、盒盖螺栓及蛇管固定螺栓；(5)表示杆后盖丝扣；(6)各杆件连接螺栓、丝扣。

7. 通电试验、测试电气指标

(1)电动机：安装稳固，转速正常，电刷周围火花不可过大。

(2)齿轮：各轴架在转动中不移动，齿轮吻合良好，无过大噪声、无异状，止挡栓不活动。

(3)接点组：接点转换灵活正常，接触深度标准良好，无返回可能。

(4)摩擦联结器：道岔在正常转动时，摩擦联结器不空转，道岔维修终了时，电动机应稍有空转，道岔尖轨因故不能转换至极处时，摩擦联结器应空转，有缓冲作用。

(5)表示缺口：检查块与表示杆缺口关系合适，两边空隙均匀。

注意：安装偏差不大于 20 mm 时，当正常转换道岔后，锁闭块须能进入锁闭杆的缺口内，并有(1.5±0.5) mm 的间隙。

(6)转动及密贴情况。道岔转动灵活，定、反位密贴良好。

在用 4 mm 厚的铁板试验密贴状态，不能锁闭，再用 2 mm 厚的铁板试验，道岔能够锁闭并接通表示电路，这时的道岔密贴力是合适的。

(7)测试动作电压、工作电流、故障电流。测试动作电压在 160 V 以上，工作电流在 2 A 以下，故障电流符合标准。

在实际检修时普通道岔的工作电流应为 0.8～1.2 A，复式交分道岔工作电流为 0.8～1.6 A，

60 kg AT 道岔双机工作电流不大于 2.0 A，超过时应查找原因，进行整治。

影响工作电流的因素：道岔转换时的轻重，各齿轮安装位置，尖轨锁闭或解锁时的轻重，尖轨密贴调整。如吊板、滑床板清扫不良，尖轨尾部没有摆动余量，齿轮咬合过紧等。

注：通常情况下，即道岔无病害或病害不明显，故障电流一般为工作电流的 1.3 倍就能满足道岔转换的需要，但从降低故障率和确保电动机不被烧损两个观点出发，非特殊情况，不要将故障电流调至指标范围的上限值，因为这样会把应该发现而能够克服的道岔病害掩盖起来。

故障电流的调整要考虑工作电流、密贴状态、4 mm 不锁闭三个因素。

最小故障电流：即摩擦联结器压力小到无法启动道岔时做 4 mm 试验测得的故障电流。最大故障电流：即摩擦联结器压力大到 4 mm 试验构成错误锁闭时测得的故障电流。以最小故障电流为横坐标轴，以最大故障电流为纵坐标轴，交会点与零点构成一条直线（C 线），在横坐标轴取一点为实际工作电流，其与 C 线的交点对应纵坐标轴的数值即为实需故障电流值。

(8)填写测试记录，字迹清楚。

8. 销记

工作完毕，办理销记手续，确认设备无异状，一切良好，盒盖加锁，请行车值班员试验，动作良好，表示正确后销记。

## 六、任务实施要求

(1)作业时按规定穿好防护服装，带全通信设备，并设专人防护，加强与室内人员联系，禁止在两线间或邻线躲避列车。

(2)道岔天窗检修时间给定后断开遮断器接点，摇动道岔，禁止抢点作业。

(3)携带个人检修手册。

(4)按标准化用语联系，道岔扳动、排列进路必须提前通知室外作业人员。

(5)检修中发现问题及时处理，时间不足另请天窗。

## 七、布置作业

大家已从上述图片和文字中了解到了转辙机的日常养护和集中检修的整体过程，为了加深此任务的理解，我们将列出现场的集中检修作业指导书表格，请大家以一名现场人员的身份组成小组描述检修过程及注意要素并填写表 5-33、表 5-34 和表 5-35。

**表 5-33　作业程序方框图**

| 序　　号 | 工作前准备 | 检修项目 | 试验、测试项目 | 工作后记录 |
|---|---|---|---|---|
| 1 | | | | |
| 2 | | | | |
| 3 | | | | |
| 4 | | | | |
| 5 | | | | |
| 6 | | | | |

表 5-34　重点卡控项目

| 卡控项目 | 卡控内容 |
|---|---|
| 必须做的 | (1)<br>(2) |
| 禁止做的 | (1)<br>(2) |

表 5-35　作业程序及作业标准

| 工作步骤 | 工作内容及标准 |
|---|---|
| 转辙机内部检修 | (1)<br>(2) |
| 道岔安装装置及转辙机外部检查 | (1)<br>(2) |
| 道岔状况检查 | (1)<br>(2) |
| 箱盒内部检修 | (1)<br>(2) |
| 振动试验及测试 | (1)<br>(2) |

## 八、作业检查评议

(1)了解验收表格中项目内容。

(2)能够填写表 5-33 至表 5-35，并清楚了解质量标准。

(3)以组为单位讲解验收过程。

## 【练习题】

## 一、填 空 题

(1)各种类型转辙机及转换锁闭器外壳所属线路的两端与基本轨或中心线垂直距离的偏差：内锁闭道岔不大于(　　)，外锁闭道岔不大于(　　)。

(2)各杆件的两端与基本轨或中心线的垂直偏差：内锁闭道岔的密贴调整杆、表示杆、尖端杆应不大于(　　)；分动外锁闭道岔各牵引点的锁闭杆、表示杆应不大于(　　)。

(3)道岔的密贴调整杆、表示杆、尖端杆、拉杆及外锁闭装置的锁闭杆、表示杆其水平方向的两端高低偏差应不大于(　　)。

(4)道岔转换设备的各种杆件及导管等的螺纹部分的内、外调整余量应不小于(　　)。表示杆销孔旷量应不大于(　　)；其余部位的销孔旷量应不大于 1 mm。

(5)密贴调整杆动作时，其空动距离应在(　　)以上。

(6)穿越轨底的各种物件，距轨底的净距离应大于(　　)。

(7)道岔表示电路中应采用反向电压不小于(　　)V,正向电流不小于(　　)的整流元件;三相交流转辙机表示电路中应采用反向电压不小于(　　)V,正向电流不小于(　　)A 的整流元件。

(8)尖轨、心轨、基本轨的爬行、窜动量不得超(　　)。

(9)尖轨、心轨顶铁与轨腰的间隙均应大于(　　)。

(10)ZD6 系列电动转辙机动接点在静接点片内的接触深度不小于(　　),用手扳动动接点,其摆动量不大于(　　);动接点与静接点座间隙不小于 3 mm;接点接触压力不小于 4.0 N;速动爪落下前,动接点在静接点内有窜动时,应保证接触深度不小于(　　)。

(11)ZD6 系列电动转辙机速动爪与速动片的间隙在解锁时不小于(　　),锁闭时为(　　)。

(12)ZD6 系列电动转辙机速动片的轴向窜动,应保证速动爪滚轮与滑面的接触不少于(　　)。

(13)ZYJ-220+120/1800+4200 电液转辙机电源电压(　　)V,额定转换力 1.8/4.2 kN,动程 220/120 mm,工作电流≤1.8 A,动作时间≤8 s,单线电阻≤54 Ω,动作压力不大于 9.5 MPa,溢流压力不大于 12.5 MPa,溢流时拉力约为 2.7/5.5 kN。

(14)电液转辙机应使用(　　),油箱油位应保持在油标尺上、下标记之间。

(15)ZY(J)7 系列电液转辙机动接点在静接点片内接触深度不小于(　　),用手扳动动接点,其摆动量不大于(　　);动接点打入静接点时,与静接点座应保持(　　)以上间隙;接点接触压力不小于 4.0 N;启动片落下前,动接点在静静接点内窜动时,应保证接触深度不小于(　　)。

(16)ZY(J)7 系列电液转辙机当滚轮在动作板上滚动时,启动尖与速动片的间隙为(　　)。

(17)ZY(J)7 系列电液转辙机滚轮在动作板上应滚动灵活,落下时滚轮与动作板底部受力,并与动作板斜面有(　　)以上间隙。

(18)ZY(J)7 系列电液转辙机当锁闭(检查)柱因故落在锁闭(表示)杆上平面时,动接点环的断电距离应不小于(　　),与另一侧接点距离不小于(　　)。

(19)S700K 型电动转辙机上、下两检测杆无张嘴和左右偏移现象,检测杆头部的连接头销孔的磨损旷量不大于(　　)。

(20)S700K 型电动转辙机动作电流不大于 2 A(54 Ω),道岔因故不能转换到位时,电流一般不大于(　　)。

(21)S700K 型电动转辙机用于尖轨、心轨第一牵引点的转辙机,其检测杆缺口调整为指示标对准检测杆缺中央,距两侧各(　　);其余牵引点的转辙机,其检测杆缺口调整为指示标对准检测杆缺口中央,距两侧各(　　)。

(22)外锁闭装置及安装装置应安装(　　),可动部分在道岔转换过程中动作平稳、灵活,无别劲、卡阻现象。

(23)各牵引点和密贴检查部位的尖轨斥离位置与基本轨间动程和外锁闭装置的锁闭量定、反位两侧应均等,其不均等偏差应不大于(　　)。尖轨第一牵引点动程(165±5) mm 锁闭量≥(　　)。尖轨第二牵引点动程(75±5) mm 锁闭量≥(　　)。心轨第一牵引点动程(117/116±3) mm 锁闭量≥(　　)。心轨第二牵引点动程 70 mm 锁闭量≥(　　)。

(24)钩型外锁闭装置两侧基本轨上锁闭框的安装孔前后偏差不得大于(　　)。

(25)锁闭铁、锁钩与锁闭杆接触的摩擦面及运动范围内应保持清洁、滑润、无锈蚀、无沙尘、无异物，运动灵活，无(　　)。

(26)钩型外锁闭装置各处绝缘的安装应正确、不(　　)，并保持完整、绝缘(　　)。

(27)钩型外锁闭装置表示杆、动作杆连接要平顺，(　　)，各连接销应置入或退出(　　)，不得强行敲击。

(28)钩型外锁闭装置在道岔转换过程中，锁钩两侧以及锁闭铁的滑动面不能有异常(　　)。

(29)密贴调整杆的螺母应有(　　)措施。

(30)多机牵引道岔使用的不同动程的转辙机，应满足道岔(　　)的要求。

(31)列车运行速度小于 120 km/h 线路上的道岔，单点牵引及多点牵引的第一牵引点；牵引点处有(　　)及其以上间隙时，道岔不能锁闭和接通道岔表示；多点牵引密贴段(刨切段)的其余各牵引点处有(　　)以上间隙时，道岔不能锁闭和接通表示；两牵引点间有(　　)及以上间隙时，道岔不能接通表示。

(32)列车运行速度大于 120 km/h 小于 160 km/h 线路上的道岔，密贴段牵引点处有(　　)及其以上间隙时，道岔不能锁闭和接通道岔表示；两牵引点间有(　　)及以上间隙时，道岔不能接通表示。

(33)列车运行速度大于 160 km/h 线路上的道岔，密贴段牵引点处有(　　)及其以上间隙时，道岔不能锁闭和接通道岔表示；两牵引点间有(　　)及以上间隙时，道岔不能接通表示。

(34)甩开道岔杆件，人工拨动尖轨、心轨，刨切部分应与其本轨、翼轨密贴，其间隙不大于(　　)。

(35)尖轨、心轨顶铁与轨腰的间隙应不大于(　　)。

(36)道岔转换时基本轨横移不得导致道岔的(　　)锁闭。

(37)ZD9-C220/2.5K 转辙机的电源电压 160 V、动程(220±2) mm、锁闭杆动程(160±20) mm、额定转换力 2.5 kN、工作电流不大于 2 A、动作时间不大于(　　)。

(38)ZD9-D150/4.5K 转辙机的电源电压 160 V、动程(150±2) mm、锁闭杆动程(　　)、额定转换力 4.5 kN、工作电流不大于 2 A 动作时间不大于 8 s、挤脱力(28±2) kN。

(39)ZD9-C220/2.5K 转辙机的滚轮在动作板上应滚动灵活。当滚轮在动作板上滚动时，启动片尖端离开速动片上平面的间隙应为(　　)。

(40)ZD9-C220/2.5K 转辙机当锁闭杆从终端位往回移动，锁闭杆斜面与检查柱斜面接触后，锁闭杆再移动(　　)时，表示接点组应可靠断开开关的常闭接点。

(41)ZD9-C220/2.5K 转辙机的检查(锁闭)柱的上平面在接点组动作位时，离上平面应不小于 1 mm，在检查(锁闭)位时进入表示杆检查块缺口应不小于(　　)，开不打底面。当检查(锁闭)柱因故落在杆上平面时，动接点环的断电距离应大于 2.5 mm。检查(锁闭)柱与表示杆检查块缺口之间间隙之和：B、D、E 型机为 8 mm；其他机型为(　　)。

(42)ZD6 系列电动转辙机检查块的上平面应低于表示杆或锁闭表示杆的上平面(　　)；检查柱落入检查块缺口内，两侧间隙为(　　)。

(43)ZD6-A165/250 电动转辙机额定电压 160 V、额定转换力 2 450 N、动作杆动程(　　)、表示杆动程 135～185 mm、转换时间≤3.8 s、工作电流≤2.0 A、动作杆主销抗剪切力(29 420±1 961) N、动作杆副销抗剪切力(29 420±1 961) N。

(44)电液转辙机锁闭柱与锁闭杆缺口两侧的间隙：外锁闭为(　　)；检查柱与表示杆检查块缺口为(　　)。

(45)电液转辙机惯性轮与电机轴摩擦作用良好，接点不得反弹，手动检查(　　)。

(46)S700K 型电动转辙机内滚珠丝杠、动作杆、检测杆、齿轮组、锁闭操纵板等均应保持(　　)，润滑材料应采用规定的油脂。

(47)S700K 型电动转辙机用于尖轨、心轨第一牵引点的转辙机，其检测缺口调整为指示标对准检测杆缺口中央，距两侧各(　　)；其余牵引点的转辙机，其检测缺口调整为指示标对准检测杆缺口中央，距两侧各(　　)。

(48)外锁闭装置及安装装置的安装必须在工务道床水平、轨枕位置准确、轨距标准及尖轨、心轨宏观密贴等相关部位达到(　　)条件下主可进行。

(49)钩型外锁闭装置安装。锁闭杆连接应(　　)，与绝缘垫板、夹板配合良好。各牵引点两侧锁闭框中心及转辙机的动作杆成(　　)，并与岔枕保持平行。在道岔转换过程中锁钩应动作平稳、灵活并与锁闭铁吻合良好，无别劲、卡阻现象。

## 二、简 答 题

(1)各种类型的转辙机、转换锁闭器或道岔表示及密贴检查装置应符合哪些要求？

(2)减速器应满足哪些要求？

(3)工务、电务道岔结合部应满足哪些要求？

(4)摩擦联结器应满足哪些要求？

(5)动作杆应符合哪些要求？

(6)移位接触器应符合哪些要求？

(7)直流电动机应符合哪些要求？

(8)转辙机摩擦电流应符合哪些要求？

(9)ZY(J)7 型电液转辙机油路系统应符合哪些要求？

(10)ZY(J)7 型电液转辙机溢流阀应符合哪些要求？

(11)《维规》对 S700K 型电动转辙机的开关锁有什么要求？

(12)S700K 型电动转辙机的主要技术特性应符合哪些要求？

(13)电液转辙机有哪些部位需要涂润滑油脂？

(14)SH6 型转换锁闭器应符合哪些要求？

## 【拓展题】

## 一、填 空 题

(1)转辙装置的核心和主体是(　　)，还包括外锁闭装置和各类杆件、安装装置。

(2)转辙机的四大功能可以概括为 (　　)、(　　)、(　　)和(　　)功能。

(3)转辙机外壳纵侧面的两端与基本轨或中分线垂直距离的偏差不大于(　　)，外锁闭道岔不大于(　　)。

(4)列车运行速度 120 km/h 及其以下时，单点牵引道岔牵引点中心线处有(　　)间隙时，密贴尖轨和心轨不得锁闭和接通道岔表示。

(5)列车运行速度 120 km/h 及其以下时，两点及三点牵引道岔第一牵引点中心线处有(　　)间隙时，密贴尖轨和心轨不得锁闭和接通道岔表示，其余牵引点检查(　　)。

(6)列车运行速度大于 120 km/h 小于 160 km/h 时，单点牵引道岔牵引点中心线处有(　　)间隙时，密贴尖轨和心轨不得锁闭和接通道岔表示。

(7)列车运行速度大于 120 km/h 小于 160 km/h 时,两点及三点牵引道岔第一牵引点中心线处有(　　)间隙时,密贴尖轨和心轨不得锁闭和接通道岔表示,其牵引点检查(　　)。

(8)列车运行速度大于 160 km/h 时,尖轨、心轨的密贴段,在牵引点间有(　　)上间隙时不得接通表示。

(9)当尖轨或心轨从密贴位斥离至(　　)缝隙时不得接通道岔表示。

(10)道岔表示电路中应采用反向电压不小于(　　),正向电流不小于(　　)的整流元件。

(11)转辙机按动作能源和传动方式分类,可以分为(　　)、(　　)和(　　),如(　　)、(　　)系列和(　　)。

(12)转辙机按照动作速度分类,可以分为(　　)和(　　),前者转换道岔时间在(　　),后者转换时间在(　　)。

(13)一组道岔由一台转辙机牵引的称为(　　),由两台转辙机牵引的称为双机牵引,由两台及其以上转辙机牵引的称为(　　)。

(14)(　　)转辙机是我国铁路使用最广泛的电动转辙机,它用于非提速区段以及提速区段的侧线上。

(15)ZD6 系列电动转辙机采用内锁闭方式,适用于(　　)、(　　)、(　　)T 单开道岔、(　　)号对称道岔,不适用于提速道岔。

(16)ZD6-A 型转辙机中的电动机为电动转辙机提供动力,采用(　　)电动机。

(17)ZD6 型转辙机中的自动开闭器由静接点、(　　)、(　　)、速动爪、(　　)组成,用来表示道岔尖轨所在位置。

(18)ZD6-A 型转辙机中的电动机额定电压为 160 V,额定电流为(　　)A,摩擦电流为 2.3～2.9 A,额定转速为 2 400 r/min。

(19)ZD6-A 型转辙机中的减速器由两级组成,第一级为齿轮减速,第二级为(　　)。

(20)电动转辙机每转换一次,锁闭齿轮与齿条块要完成(　　)、(　　)、(　　)三个过程。

(21)当发生挤岔时,防护该进路的信号机应(　　);被挤道岔未恢复之前,有关信号机不能开放。

(22)ZD6-A 型转辙机中的自动开闭器用来及时、正确的反映(　　)的位置,并完成(　　)的功能。

(23)当转辙机在正装拉入为定位,道岔由反位向定位转换时,转辙机的自动开闭器接点动作是:在解锁时断开(　　)接点,接通(　　)接点;锁闭时断开(　　)接点,接通(　　)接点。

(24)ZD6-A 型转辙机中的检查柱落入表示杆缺口时,两侧应各有(　　)的空隙。

(25)ZD6-A 型转辙机中的摩擦联结器调整的标准是,额定摩擦电流应为额定动作电流的(　　)。

(26)ZD7-A 型转辙机与 ZD6-A 型转辙机主要区别在于(　　),保证了快动的要求。

(27)ZD6 系列电动转辙机是以(　　)在(　　)面上滑动 32.9°后,完成对道岔机械内锁闭的。

(28)ZD6 系列电动转辙机表示杆缺口的调整必须先调伸出(伸出、拉入)位置,即前(前、后)表示杆缺口对准相应的检查柱;后调(　　)位置,即(　　)表示杆缺口对准相应的检查柱。

(29)道岔按锁闭方式分(　　)和(　　)两种。

(30)钩型外锁闭装置分为分动尖轨用和可动心轨用两种。

(31)S700K 型电动转辙机上下两检测杆应无张嘴和左右偏移现象,检测杆头部的叉形连接头销孔的磨损旷量不大于(　　)

(32)S700K 型电动转辙机采用三相电动机,用(　　)作为驱动装置。

(33)S700K 型电动转辙机,其 S 表示(　　),700 表示(　　),K 表示(　　)。

(34)ZD6 系列转辙机采用(　　)锁闭方式,S700K 采用(　　)锁闭方式。

(35)S700K 型电动转辙机采用电源为(　　),对于 18 号提速道岔应设置(　　)台转辙机牵引。

(36)S700K 型电动转辙机的安全装置主要由开关锁、(　　)、(　　)、(　　)等组成。

(37)S700K 型电动转辙机的齿轮组由(　　)、(　　)、(　　),以及(　　)组成。

(38)ZY4A 型电液转辙机副机内的挤脱联结器和 S700K 型电动转辙机内的保持联结器都是(　　)装置。

(39)S700K 型电动转辙机通过(　　)将转动变为直线运动,通过(　　)实现转辙机的内锁闭。

(40)当道岔尖轨与基本轨间有异物不能密贴时,要让电动机在不致损坏的情况下,继续转动,为此 ZD6 系列和 S700K 型电动转辙机均采用了(　　)。

(41)列举两种用于提速道岔的转辙机类型:(　　)、(　　)。

(42)分动外锁闭道岔调整的基本顺序是:先调整(　　),再调整第二牵引点;先调整(　　),再调整(　　),最后调整表示缺口。

(43)ZD(J)9 型转辙机是为我国铁路(　　)研制的,具有(　　)、(　　)等特点。

(44)电液转辙机的液压站的作用是(　　)

(45)ZY(J)7 型电液转辙机的挤脱器是安装在(　　)上的。

(46)在电液转辙机内部将液体压力转换成机械力,以推动道岔转换的装置是(　　)。

(47)装有电动、电空、电液转辙机的道岔,当第一连接杆处的尖轨与基本轨间有(　　)及以上间隙时,不能锁闭,信号不能开放。

(48)装有电液转辙机的外锁闭装置,限位块调整间隙不大于(　　)mm。

## 二、选 择 题

(1)ZD6 系列电动转辙机的摩擦电流为(　　)。

(A)2.2～2.86 A　　(B)2.6～2.9 A

(C)1.5～2.2 A　　(D)2.9～3.2 A

(2)ZD6 系列电动转辙机自动开闭器动接点在静接点片内的接触深度不得小于(　　)。

(A)3.5 mm　　(B)4 mm

(C)5 mm　　(D)2 mm

(3)电动转辙机摩擦联结器夹板弹簧各目的最小间隙不能小于(　　)。

(A)1 mm　　(B)1.5 mm

(C)2 mm　　(D)2.5 mm

(4)ZD6 系列电转辙机当插入手摇把或打开机盖时,遮断器接点断开不少于(　　)。

(A)1 mm　　(B)2 mm

(C)3 mm　　(D)4 mm

(5)ZD6-A 型电动转辙机动作杆动程为(　　)。

(A)165 mm　　(B)165 mm ±2 mm

(C)156 mm±2 mm　　(D)152 mm±4 mm

(6)电动转辙机自动开闭器动接点与静接点座间隙不小于(　　)m。

(A)4　　(B)3.5　　(C)3　　(D)2

(7)电动转辙机内碳刷与换向器呈同心弧面接触,接触面积不少于碳刷面积的(　　)倍。

(A)1/2　　(B)2/3　　(C)3/4　　(D)1/3

(8)电动转辙机表示杆检查柱落入检查块缺口内的两侧间隙为(　　)。

(A)1.5 mm　　(B)1.5 mm±0.5 mm

(C)2 mm　　(D)2 mm±0.5 mm

(9)ZD6-D 型电动转辙机的额定负载为(　　)。

(A)2 450 N　　(B)3 432 N

(C)4 413 N　　(D)5 884 N

(10)站在电动转辙机电机一侧,面对转辙机,当电动转辙机的动作杆和表示杆由转辙机底壳的(　　),这种情况称为转辙机正装。

(A)右侧伸出　　(B)左侧伸出

(C)左侧拉入　　(D)右侧拉入

(11)ZD6 系列电动转辙机自动开闭器的动接点在静接点片内的接触深度不小于(　　)m,用手扳动动接点,其旷动量不大于 3.5 m。

(A)1　　(B)2　　(C)3　　(D)4

(12)ZD6 系列电动转辙机当移位接触器的顶杆与触头间隙为(　　) mm 时,接点不应断开。

(A)1　　(B)1.5　　(C)2　　(D)2.5

(13)S700K 型电动转辙机的动作电流不大于(　　)A。

(A)1.0　　(B)1.5　　(C)2.0　　(D)2.2

(14)S700K 型电动转辙机的工作电压为 (　　)V。

(A)DC160　　(B)DC220

(C)AC220　　(D)AC380

(15)S700K 型电动转辙机的转换时间为不大于(　　)s

(A)3.8　　(B)5.5　　(C)6.5　　(D)7.2

(16)S700K 型电动转辙机属于(　　)电动转辙机。

(A)单相交流　　(B)三相交流

(C)电液　　(D)液压

(17)S700K 型电动转辙机的控制电路的动作电源采用了(　　)独立电源。

(A)220 V 单相交流　　(B)220 V 直流

(C)380 V 三相交流　　(D)380 V 直流

(18)ZY(J)7 型电液转辙机的型号表示如下：

ZY(J)7-A200＋150/1810＋4070，那么其中 1810 代表什么？(　　)

(A)第一牵引点额定动程　　(B)第一牵引点额定负载

(C)第二牵引点额定动程　　(D)第二牵引点额定负载

## 三、简答题

(1)转辙机的作用是什么？

(2)对转辙机有哪些要求？

(3)ZD6 系列转辙机用的是直流电动机，它的电气参数有哪些？

(4)什么是单机牵引？双机牵引？多机牵引？

(5)试述 ZD6-A 型转辙机的结构组成、各部件的作用、减速原理、安装方式以及工作原理。

(6)提速道岔尖轨的外锁闭部分的维修检查重点是什么？

(7)如何调整提速道岔密贴状态？

(8)S700K 型电动转辙机传动机构动作原理是什么？

(9)S700K 型电动转辙机主要部件的功能与作用是什么？

(10)电动转辙机的减速器有何作用？

(11)如何调整电动转辙机的摩擦电流？

(12)电动转辙机移位接触器有什么作用？

(13)外锁闭道岔有哪些主要优点？

(14)外锁闭道岔有哪些主要优点？

(15)更换挤切销应注意什么？

(16)ZD6 系列转辙机移位接触器应符合哪些要求？

# 单元6　应答器的安装、测试和维护

**【学习目标】**

本单元主要是简单介绍铁路信号应答器设备。

1.了解铁路信号应答器功能及类型分类。

2.理解铁路信号应答器组成及工作原理。

3.掌握应答器的设置规则。

**【素质目标】**

1.具有铁路信号应答器类型、结构识别能力。

2.具有应答器的施工、安装能力。

## 任务1　应答器的分类、结构组成及工作原理

### 一、任务提出

铁路信号系统中除了通过轨道电路实现列车定位，还有其他定位方式。下面从图6-1和图6-2来认识它们。

图　6-1

图　6-2

(1)你能认识出图6-1和图6-2的信号设备是什么吗？

(2)你了解上图中信号设备是用来做什么的吗？

### 二、任务分析

本任务是讲解应答器的类型、结构组成及工作原理，因此在学习之前要清楚地了解在学完该项目后我们能够掌握哪些技能？在以后的工作中我们用该技能实现哪些目标？

(1)了解应答器的不同类型和结构，区分不同类型应答器各自的应用场景。

(2)了解应答器的结构组成及工作原理，为后续的应答器安装、维护提供基础。

## 三、任务准备

该任务主要是识别应答器的结构，了解应答器的作用及工作原理。大家需要了解我国应答器的应用主要类型为(有源应答器、无源应答器)。根据站内及区间不同应用要求，实现应答器的定位及信息传输功能。

## 四、任务实施

1. 应答器的认知

(1)应答器的基本概念

查询应答器系统由查询器和应答器两部分组成。如果是为了列车获取地面信息，查询器安装在机车上，应答器安装在地面上；反之，应答器则安装在机车上，查询器安装在地面上，用于把列车的有关信息，如车次号、列车类型传输给地面系统。

在列控系统应用中，为了获取地面信息，一般应答器是安装在地面的，应答器在地面的安装一般有两种方法：一种方法是安装在钢轨间中央道床上，我国 CTCS 都是把应答器安装在钢轨间中央道床上；另一种方法是安装在一根钢轨的外侧。根据应答器在地面的安装方法，机车上的查询器与之对应进行安装。

(2)应答器的分类

根据能源供应及信息提供方式，应答器可分为无源应答器和有源应答器。

①无源应答器

点式无源应答器，又称固定信息应答器，与外界无物理连接，不需要外加电源，平时处于休眠状态，无源应答器自身功耗很低，仅在列车通过并获得车载查询器发送的功率载波能量时被激活，激活后立即发送调制好的数据编码信息。

无源应答器中的信息是经特殊设备固化在应答器存储单元里，一般安装以后不能改变，用于发送固定信息，在我国 CTCS-2 级列控系统中，用于发送线路速度、坡度、轨道电路参数、信号点类型等信息。

②有源应答器

有源应答器，又称可变信息应答器，通过外接电缆获得电源。有源应答器中的信息是可以通过外接电缆由地面控制设备实时改变的，一般设置在进站和出站信号机前方，用于向列车传送实时可变信息，如临时限速、前方进路等。

(3)应答器功能介绍

应答器是一种用于从地面向列车传输信息的点式设备，是一种能向车载子系统发送报文信息的传输设备，既可以传送固定信息，也可以连接轨旁单元传送可变信息。

应答器设备向列控车载设备传送以下信息：

①线路基本参数：如线路坡度、轨道区段等参数。

②线路速度信息：如线路最大允许速度、列车最大允许速度、临时限速信息等。

③车站进路信息：根据车站接发车进路，向列车提供“线路坡度”“轨道区段”等参数。

④道岔信息：给出前方道岔侧向允许列车运行的速度。

⑤特殊定位信息：如升降弓、进出隧道、鸣笛、列车定位等。

⑥其他信息：固定障碍信息、列车运行目标数据、链接数据等。

2. 应答器系统的组成及工作原理

(1)应答器系统的组成

应答器系统分为地面设备和车载设备两部分。地面设备包括地面应答器和地面电子单元(LEU),车载设备包括车载天线、车载解码器和应答器传输模块(BTM),车载解码器除对应答器报文进行解码还原外,还包含载频发生器与功率放大器。应答器组成如图 6-3 所示。

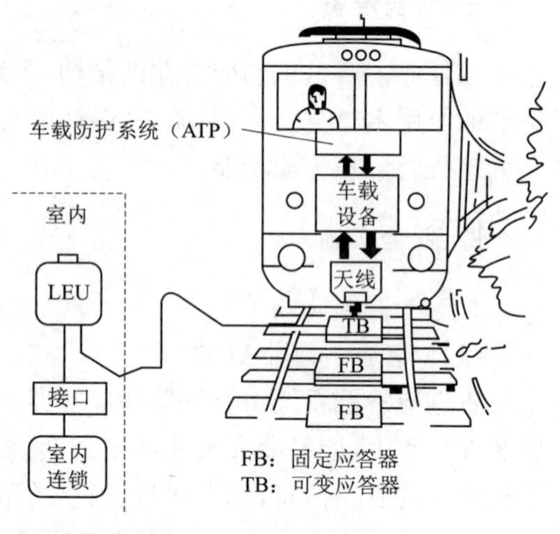

图 6-3　应答器结构组成

①地面应答器

地面应答器包含特定的地面信息,放置在轨道中间。当机车经过地面应答器时,通过无线射频激活应答器,使其发射预置数据,从而使机车获得公里标、限速、坡度等信息,保障列车运行安全。

地面应答器按照供电来源,又分为无源型和有源型两种类型。无源型应答器中的存储器中固化了相关信息,而有源型应答器可以通过电缆更改内存中的信息。

②地面电子单元(LEU)

地面电子单元是一种数据采集与处理单元,当有数据变化时,LEU 根据变化后的数据形成报文并送给地面有源应答器进行发送,同时 LEU 应具有接收外部数据报文、并向地面有源应答器进行发送的功能,即具有报文透明传输功能。一个 LEU 可以同时向 4 个地面有源应答器发送 4 中不同数据报文。LEU 实时监测与地面有源应答器之间信息通道的状态,并及时向车站列控中心回送。当 LEU 与地面有源应答器通信中断时,不应产生危及行车安全的后果。当外部控制条件无效或通信故障时,LEU 应向有源应答器发送默认报文。

③车载天线

车载天线是一个双工的收发天线,既要向地面发送激活地面应答器的功率载波,还要同时接收地面应答器发送的数据报文。车载天线置于机车底部,距轨道 180～300 mm。当天线的导体通过高频电流时,在其周围空间会产生电场与磁场,电磁场能离开导体向空间传播,形成辐射场。发射天线正是利用辐射场的这种性质,使车载主机传送的高频信号经过发射天线后能够充分地向空间辐射。当地面应答器被激活后,应答器发射另一个高频信号,在其电磁波传播的方向,天线就会产生感应电动势,此时与天线相连的接收设备输入端就会产生高频电流。接收效果的好坏除了电波的强弱外,还取决于天线的方向性和与接收设备的匹配情况。车载天线的外壳要由硬塑料作为保护,防止异物撞击。

④车载解码器

车载解码器用于对地面应答器信息进行接收、滤波、数字解调与处理,并传送给列控车载计算机。载频发生器与功率放大器用于产生激活地面应答器所需的载频能量,并通过车载天线传递给地面应答器。

⑤应答器传输模块(BTM)

BTM(应答器传输模块)是用于对地面应答器的数据进行处理的模块,由微处理器、滤波器和其他相关单元组成。

(2)应答器的工作原理

对于无源应答器来说，首先要能够接收能源，因此无源应答器的设计比有源应答器复杂，但无源应答器去除电源电路而改用外部供电，即可当作有源应答器使用。鉴于此，以下所指应答器均为无源应答器。无源应答器由两部分组成：一是接收能源天线和发送信息线；二是信息储存装置。列车接通应答器时，通过能源天线发送变频能源给地面应答器，应答器通过能源接收天线接收高额能源并转变成电能提供给信息储存装置及发送天线；信息储存装置将信息编码通过发送天线送向机车查询器；机车查询器通过接收天线收到地面数据，这样耦合一次，即完成一次传送信息任务。原理图如图 6-4 所示。

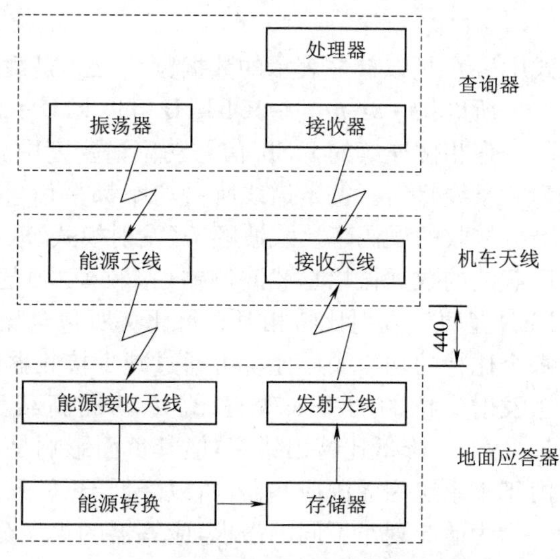


图 6-4　无源应答器原理图(单位：mm)

当机车经过地面应答器时，查询器以 27.095 MHz 的无线射频激活应答器，应答器接收电磁能量，应答器开始工作，以编码信息的形式向列车查询器发射预置在应答器中的信息数据，应答器是以 4.234 MHz±200 kHz 的中心频率循环不间断地串行发送 1 023 bit 传输报文，信息传输速率为 564.48 kbit/s，直至能量消失。

应答器是一个信息编码调制器，其电源由查询器感应而生，故其功耗要求非常严格，其基本原理框图如图 6-5 所示。

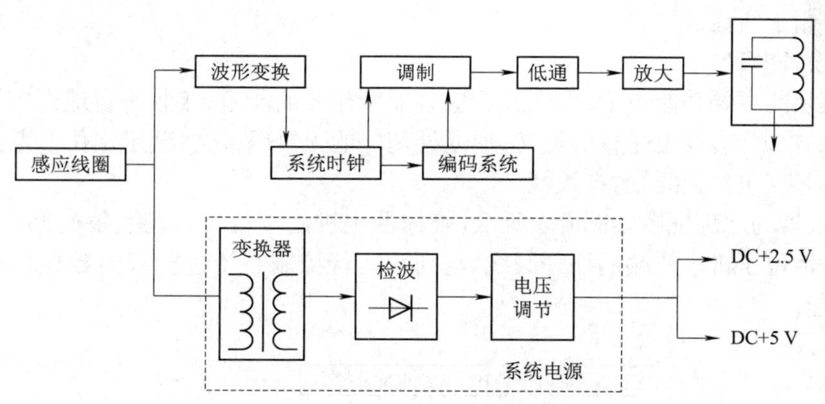


图 6-5　应答器原理框图

当安装在列车底部的查询器与地面应答器之间的磁场强度达到规定的范围时，应答器线圈感应到查询器发出的功率信号，应答器电源电路通过变换器、检波和电压调节，输出系统工作所需的电压，系统进入工作状态。波形变换电路从感应线圈谐振频率信号中提取系统工作时钟，同时供给编码器和调制电路。编码器读取预置在系统 Flash 中的信息，并给调制器输出编码条件。调制器从系统时钟获得产生 FSK 调制信号的上边频 $f_1$ 和下边频 $f_2$。调制完成后的 FSK 信号要经低通滤波器整形之后放大，由天线发射出去，整个过程需要 3～5 ms。

由于发送的是相位连续的 FSK 信号，载频为 4.23 MHz，频偏高达 282 kHz，数据传输率为 564 kHz，FSK 信号调制指数 $\beta$ 由下面公式计算：

$$\beta=2\Delta f/f_{\mathrm{i}}$$

式中　$f_{\mathrm{i}}$ 是以赫兹表示的数据频率；$\Delta f$ 是载波的频偏。

所以：$\beta=2\Delta f/f_{\mathrm{i}}=564\ \mathrm{kHz}/564\ \mathrm{kHz}=1$。

在相位连续的 F$_{\mathrm{i}}$SK 信号功率谱密度中，调制指数 $\beta=1$ 时，功率谱密度曲线在 $f_1$ 和 $f_2$ 处为 2 条线状谱。每条谱线所占功率都是信号功率的 1/4，2 条其占信号总功率的 1/2，有利于降低接收的误码率。载波频偏（发射模式）取决于输入数据流的振幅，反过来也一样成立，解调后载波的数据振幅是载波偏差（接收模式）的函数，这一点对系统误码率（BER）是很重要的。BER 是每个发射比特相对于每比特所包含噪声功率的函数，它们之间关系用 $E_{\mathrm{b}}/N$。表示，即每个比特的功率噪声比。可通过减少接收器噪声或提高发射功率来改善 $E_{\mathrm{b}}/N$。也可提高每个发射比特的功率来改善 $E_{\mathrm{b}}/N$。提高载波频偏能增加每个发射比特的功率，从而提高 $E_{\mathrm{b}}/N$。并降低比特出错率，但其负面影响是提高频偏会导致增加频宽、降低系统的信道数量。由于本系统为无源应答器，所以降低 BER 只能通过减少接收机噪声和选择合适的编码模式。

为适应列车不同的需求，应答器的报文分长报（1 023 bit）和短报（341 bit）两种。其中，长报文的有效用户数据为 830 bit，短报文为 210 bit，用户数据先分为 10 bit 组，经过扰码处理，再通过线性分组转为 11 bit 数据组。最后发送的编码数据还需加上若干控制位、额外形状位和校验位。编码后的报文在译码时不仅要通过数据校验，还需对数据进行有效性分析，这样可以防止随机干扰和突变干扰，以及传输过程中位滑动和位插入，保证数据的正确接收。使用 BCH 码来保护上传报文，该码是循环的，这意味着将任何有效的代码字一分为二并进行交换后，新的报文仍然是具有相同消息内容的有效报文。该报文格式的主要优点是：同步机制在报文内移动，且是奇偶位的一部分。这就简化了对代码的安全保护，因为在同步故障的情况下，要确定对于某一代码的效果是十分困难的。BCH 码主要用于探测错误，但是如果安全能够得到保证，也可用于纠错。

3. 车载设备 BTM

BTM 模块的主要功能包括：发送地面应答器所需要的能量；接收来自地面应答器的信息：分析接收到的数据流，找出完整的报文；形成处理好的无错码报文；确定定位参考点；循环测试车对地发送通道（包括天线）的有效性。

车载查询器的原理框图如图 6-6 所示，查询器主机用于检查、校验、解码和传送接收到的报文，选择激活位于机车两端的任一天线，与列车运行控制系统进行双向数据传输，并具有自检和诊断功能。

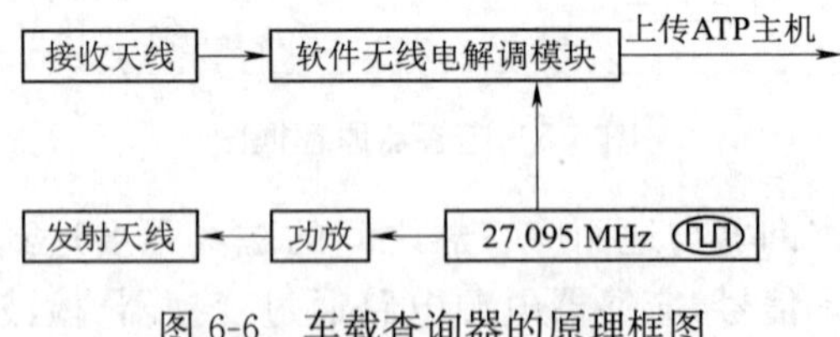


图 6-6　车载查询器的原理框图

车载查询器配合列车运行控制系统完成如下主要功能：

（1）自动区分上、下行列车的地面信息。

（2）机车信号、自动停车及速度监督。

（3）提供电子里程标校准列车位置。

（4）提供列车前方一定距离内的线路横纵断面的数据以及桥梁、信号机、标志牌等信息。

(5)向地面有源应答器发送车次号信息

4. 应答器系统的数据传输接口

应答器系统中存在多种数据传输接口，如图 6-7 所示。其中有源应答器与地面电子单元(LEU)之间需要有线接口，无源应答器不存在这个有线接口，也不需要 LEU。

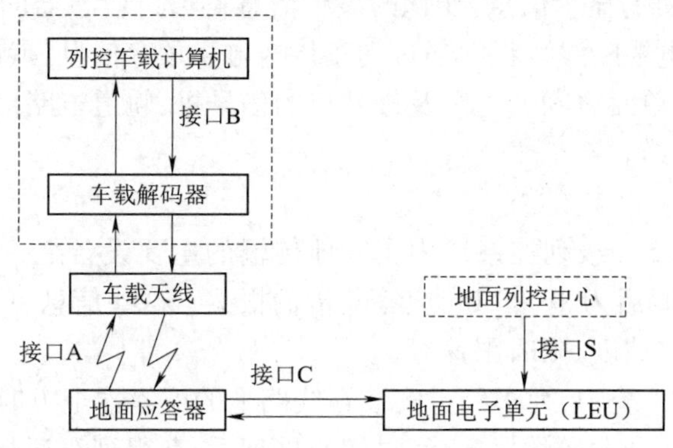


图 6-7　数据传输接口示意图

(1)接口 A

A 接口为地面应答器与车载无线设备间的通信接口，其接口定义对确保不同应答器设备间互联互通以及信息传输的高效、安全、可靠具有重要的意义。应答器下行链路(车地传输)的功率载频：27.095 MHz±5 kHz；应答器上行链路(地→车传输)的中心频率为 4.234 MHz±200 kHz。应答器数据信号的调制方式为 FSK，平均数据传输速车为 564.48×(1±2.5%) kbit/s。

(2)接口 S

S 接口为应答器与道旁信号或车站联锁等设备间的通信接口。其中，与计算机联锁设备连接采用 RS-485，CAN 总线或其他串行数据总线方式，与继电联锁设备连接可采用具有信号故障—安全特性的继电器输入接口。采用主从通信方式，LEU 为从机，并采用双通道冗余方式进行通信，其通信波特率为 38 400 bit/s。当采用现场总线进行通信时，其通信协议应符合 FSFB/2(第二代现场总线故障—安全通信协议)或其他故障—安全通信协议。继电器输入接口应符合铁路信号设备故障—安全原则的要求，输入电压为直流 24 V。

(3)接口 B

B 接口为车载解码器与列控车载计算机间的通信接口，应采用 RS-485，CAN 总线或其他非行数据总线方式。当采用 RS-485 接口进行通信时应采用主从通信方式，车载解码器为机。CAN 总线通信时，其通信协议为 2.0B。

(4)接口 C

C 接口为 LEU 与地面有源应答器间的通信接口，它包含由 LEU 向地面有源应答器传输数据报文的接口 C1、地面有源应答器回送的被激活的接口 C4，LEU 向地面有源应答器提供偏置电压的接口 C6，这三种接口信号同在一对电缆芯线中传输。接口 C 的传输是透明的，传输介质采用应答器设备专用屏蔽双绞电缆。接口 C 编码方式为双相差分电平编码(DBPL)编码。地面有源应答器的接收速率与地面电子单元(LEU)发送速率相同。当有源应答器被激活，在接口 C 检测不到有效信号时，发送存储的默认报文；一旦开始发送默认报文，即使接口 C1 恢复有效信号，有源应答器也一直发送默认报文。接口 C4：当应答器被激活时，应答器产生瞬间的低输入阻抗，LEU 检测到此信号后，在一定时间内不得转换输出报文。

有源应答器提供列车进路信息、股道长度、临时限速等动态信息。车站信息编码设备与车站联锁系统结合，采集来自联锁系统及调度中心的有关信息(如列车进站的股道号、股道长度、临时限速等)，通过串行接口传送至地面电子单元，再通过它控制可变信息应答器的发送，为列车提供实时信息。正常情况下，可变信息应答器接收 LEU 连续发送的报文，该报文内容取决于与 LEU 连接的信号机的显示信息，变化的显示信息再通过应答器向列车传送；一旦与地面电子单元的连接中断(电缆断线)，将向通过列车传送自身预存信息(默认/缺省报文)。车站信息编码设备与道旁电子单元之间的电缆及进站口的信号机、轨道电路信号传输电缆合并，采用铁路内屏蔽数字信号电缆。

5. 应答器的应用

应答器是我国 CTCS-2 级列控系统中车—地传输的主要设备之一，每个应答器可以存储 830 bit 的用户信息(编码后为 1 023 bit 应答器传输报文)，这些信息主要包括：轨道区段长度、线路最大允许速度、线路坡度、限时限速等。

在 CTCS-2 级列控系统中，列车经过安装在线路上的应答器上方时，利用应答器车载设备激活应答器，并接收应答器发送的报文，经过解码处理后，获得列车运行的线路参数，根据轨道电路等信息，生成列车控制曲线，控制列车安全运行。应答器向列控车载设备传送的信息主要包括：

(1)线路基本参数。如线路坡度、轨道区段等参数。

(2)线路速度信息。如线路最大允许速度、列车最大允许速度等。

(3)临时限速信息。当由于施工、天气等原因引起的对列车运行速度进行限制时，向列车提供临时限速信息。

(4)车站进路信息。根据车站接发车进路，向列车提供"线路坡度""线路速度""轨道区段"等线路参数。

(5)道岔信息。给出前方道岔侧向允许列车运行的速度。

(6)特殊定位信息。如升降弓、进出隧道、鸣笛、列车定位等。

(7)其他信息。固定障碍物信息、列车运行目标数据、链接数据等。

上述相关信息是通过报文的形式传送到车载设备的。应答器报文是根据应答器用户数据表中描述的线路参数，利用规定的应答器信息包格式，根据控车需要，组合编制成应答器用户报文，描述相应的线路参数。

## 五、任务实施要求

要求大家清楚了解应答器的外观形式、结构组成、工作原理及应用情况。

## 六、作业布置

(1)要求学生以组为单位根据以上所学描述有源应答器和无源应答器的结构区别。

(2)要求学生以组为单位描述不同类型应答器的工作原理，应答器向列控车载设备传送的信息内容有哪些。

## 七、作业检查评议

(1)能够分析出不同类型应答器结构上的区别。

(2)能够描述有源应答器和无源应答器工作原理及关键传输信息。

# 任务2　应答器的安装和日常维护

## 一、任务提出

应答器是我国CTCS-2级列控系统中车—地传输的主要设备之一，它的安装使用是我们必须掌握的技能知识，需要从安装工作、安装方法、注意事项多方面进行了解，下面通过图6-8和图6-9来认识一下。

图　6-8

图　6-9

(1)你是否了解图6-8和图6-9中现场工作人员正在进行哪些工作？

(2)你是否了解在做图6-8和图6-9中这些工作时需要注意哪些事项？

## 二、任务分析

本任务主要讲解应答器设备的施工过程，因此在学习之前我们要清楚了解在学完该项目后我们能够掌握哪些技能？在以后的工作中我们能从事哪些工作？

(1)了解应答器设备的施工流程、安全规范，以便今后在施工单位进行应答器的安装调试工作。

(2)了解应答器设备的质量验收标准，以便今后在施工单位进行应答器设备的检查验收工作。

## 三、任务准备

该任务的实施主要是靠人力和相应的器具，作为一名铁路信号工程施工人员，首先我们应该了解实现该任务的器具有哪些？需要多少人力？具体人力和器具要求见表6-2～表6-3。

**表6-1　人员组织**

| 序号 | 项目 | 单位 | 数量 | 备注 |
|---|---|---|---|---|
| 1 | 施工负责人 | 人 | 1 | 负责组织协调工作 |
| 2 | 技术主管 | 人 | 2 | |
| 3 | 工班长 | 人 | 3 | |

续上表

| 序号 | 项目 | 单位 | 数量 | 备注 |
|---|---|---|---|---|
| 4 | 安全员 | 人 | 2 | |
| 5 | 防护员 | 人 | 3 | |
| 6 | 力工 | 人 | 20 | |
| 7 | 技术工人 | 人 | 5 | |
| 8 | 普工 | 人 | 12 | |

**表 6-2　所需工机具**

| 序号 | 名称 | 规格 | 单位 | 数量 | 备注 |
|---|---|---|---|---|---|
| 1 | 发电机 | 2.5 KV·A | 台 | 1 | |
| 2 | 冲击钻 | | 台 | 1 | |
| 3 | 冲击钻头 | $\phi$10 mm | 根 | 4 | |
| 4 | 冲击钻头 | $\phi$18 mm | 根 | 4 | |
| 5 | 紧固螺栓专用工具 | | 套 | 1 | |
| 6 | 应答器安装专用工具 | | 套 | 1 | |
| 7 | 水平尺 | | 把 | 1 | |
| 8 | 内六角小扳手 | | 把 | 1 | |
| 9 | 钢尺 | 50 m | 把 | 1 | |
| 8 | 一字形螺丝刀 | | 把 | 1 | |
| 9 | 手锤 | 1.5 kg | 把 | 1 | |
| 10 | 应答器尾缆钥匙 | | 把 | 1 | |
| 11 | 自制应答器测试标尺 | | 个 | 1 | |
| 12 | 扭力扳手 | | 把 | 1 | |
| 13 | 小工具 | | 套 | 1 | |
| 14 | 通信工具 | | 台 | 2 | |

**表 6-3　所需材料**

| 序号 | 名称 | 规格型号 | 数量 | 备注 |
|---|---|---|---|---|
| 1 | 螺栓(内七角) | M12 不锈钢 | 8 | |
| 2 | 止动垫圈 | | 4 | |
| 3 | 防转垫片 | | 4 | |
| 4 | 压板　材质:尼龙 | 160 mm×54 mm×9.5 mm | 2 | |
| 5 | 应答器 | | 1 | |
| 6 | 垫块　材质:尼龙 | 155 mm×55 mm×38 mm | 1 | |
| 7 | 工字钢底板　材质:钢板 | 332 mm×220 mm×11 mm | 1 | 总成 |

续上表

| 序号 | 名称 | 规格型号 | 数量 | 备注 |
| --- | --- | --- | --- | --- |
| 8 | 轨枕夹　不锈钢： | 45 mm×350 mm×84 mm | 2 | |
| 9 | 垫板　材质：尼龙 | 150 mm×55 mm×12 mm | 2 | 总成 |
| 11 | 减振垫　材质：中硬橡胶 | 150 mm×55 mm×12 mm | 2 | 总成 |
| 12 | 防转齿垫 | | 4 | |
| 13 | 底梁 | | | |

我们需要了解完成该项目涉及哪些施工、验收测验规范，为了确保工期，信号工程各工序采取平行与流水相结合的办法进行施工，工序间采取合理的搭接。

施工准备→安装位置复测→模具转孔→安装支架→安装应答器→尾缆连接→调整、紧固。

为确保施工质量和施工进度的顺利进行，常规部分的施工方法，选择已成熟的施工工法、施工工艺进行组织施工；采用新技术、新工艺、新设备部分的施工，参照新设备提供商提供的安装规范，制定相应的施工方法和施工工艺，满足工程的施工需要。

## 四、任务实施

1. 施工准备

(1)内业技术准备

开工前组织技术人员认真核对施工图纸，澄清有关技术问题，熟悉规范和技术标准，制定施工安全保证措施。操作人员上岗前进行技术、安全交底、培训。

(2)外业技术准备

根据图纸提供的应答器安装位置进行现场定测，确定现场的实际安装位置，做好现场调查并按照表 6-4 进行记录，并在安装位置使用特定符号(无源："△"，有源："▲")进行标记。对于个别特殊地段不具备安装条件的，应及时和设计取得联系，确定解决方案。在进行钻孔植栓前应再进行一次安装位置的复测。

**表 6-4　应答器现场调查记录表**

| 序号 | 坐标位置(里程) | 应答器编号 | 轨道板或轨枕类型 | 备注 |
| --- | --- | --- | --- | --- |
| 1 | | | | |
| 2 | | | | |
| 3 | | | | |
| 4 | | | | |
| $N$ | | | | |

对使用的工具、仪表要进行检查，确保性能指标正常。

2. 技术要求

(1)应答器分类及设置

根据用途分为有源及无源应答器。应答器在不同的道床条件下，应采用下列相应的安装装置：

①应答器在普通窄型混凝土枕上安装时，采用不锈钢或热镀锌安装装置，如图 6-10 所示。

②应答器在宽型混凝土枕、轨道板、道床板安装时，采用化学锚栓安装装置，分别如图 6-11 和图 6-12 所示。

③应答器在框架式轨道板的中空地段安装时，下部增加连接支架安装装置，如图 6-13 所示。

图 6-10　应答器在有砟地段普通混凝土枕上安装示意

图 6-11　应答器在宽枕地段安装示意

图 6-12　应答器在博格板安装示意

图 6-13　应答器在框式轨道板安装示意

应答器的设置位置应符合设计要求。应答器尾缆利用套管等进行防护，并且固定在应答器支架或枕木上。应答器安装应稳固，并不得侵入限界。应答器安装时，应以 $X$ 轴（与钢轨纵向平行的方向）、$Y$ 轴（与钢轨纵向垂直的方向）、$Z$ 轴（与钢轨平面垂直的方向）调整、定位。

一般情况下，应答器周围应确保无金属距离，见表 6-5。

**表 6-5　应答器周围无金属距离**

| 序号 | 名　称 | 参数 |
|---|---|---|
| 1 | 从应答器中心至轨道横向无金属距离（$Y$ 轴方向） | 410 mm |
| 2 | 从应答器中心沿着钢轨中心的无金属距离（$X$ 轴方向） | 315 mm |
| 3 | 应答器下面的无金属距离，从应答器的 $X$ 基准标记测量 | 210 mm |

应答器一般安装在线路中部，安装指标应满足表 6-6 中的要求。

**表 6-6　应答器安装允许的角度偏移量**

| 序号 | 名　称 | 参数 |
|---|---|---|
| 1 | 以 $X$ 轴旋转（倾斜） | ±2° |
| 2 | 以 $Y$ 轴旋转（俯仰） | ±5° |
| 3 | 以 $Z$ 轴旋转（偏转） | ±10° |
| 4 | 高度（应答器 $X$ 基准标记与钢轨顶部距离） | 93～150 mm |
| 5 | 横向安装误差（在 $Y$ 轴方向） | ±15 mm |

3. 施工程序和工艺流程

(1)施工程序

施工准备→安装位置确认→植栓或支架安装→应答器安装→安装校核、调整→清理现场→工序结束。

(2)工艺流程

应答器安装流程如图 6-14 所示。

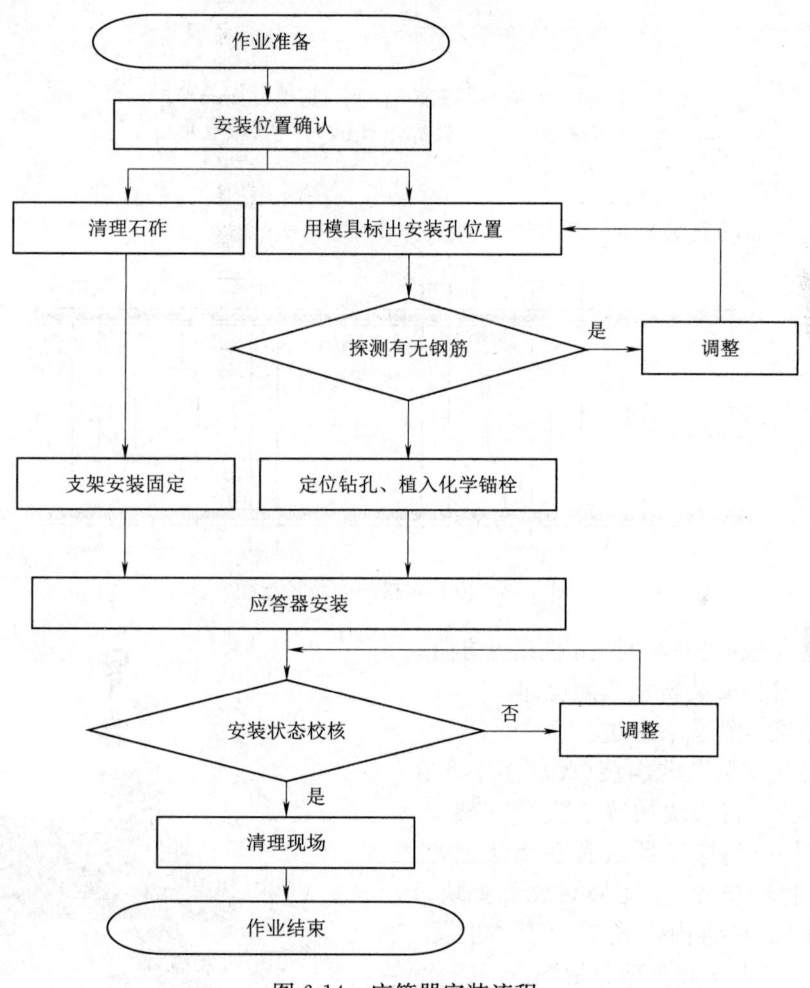


图 6-14　应答器安装流程

## 五、任务实施要求

1. 有砟轨道应答器安装

(1)安装要求

在安装前首先要确认应答器标签上标明的公里标位置，根据设计部门的工程图纸安装的位置进行核对，确认无误后方可安装。安装时应答器距轨面的高度应以应答器侧面的电气中心十字标记为准。距两钢轨的中心以应答器上表面的电气中心十字标记为准。应答器安装高度示意如图 6-15 所示。

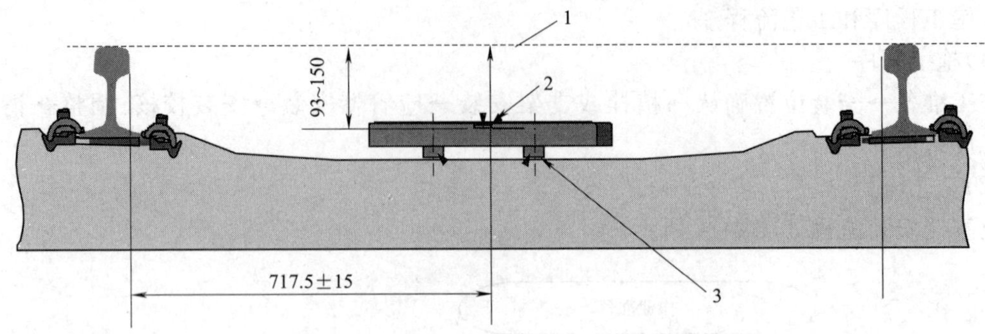


图 6-15　应答器安装高度示意(单位:mm)

1—钢轨顶面;2—$X$ 轴基准标记点;3—应答器垫板

(2)安装步骤

①确认应答器的安装方向如图 6-16 所示。

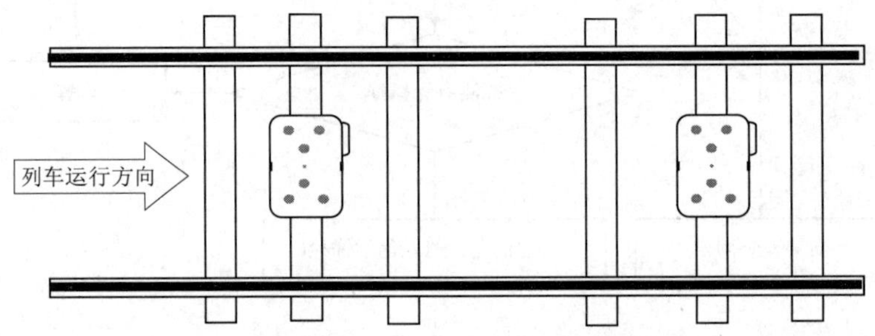


图 6-16　应答器横向安装示意图

应答器尾缆连接处背对列车正向运行方向。

②清除应答器安装轨枕两侧道砟。

③将下横梁自轨枕下穿过。

④应答器与安装装置组装(此项工序宜在基地集中完成)。将垫块放置于安装支架上,四个安装孔对齐,将应答器放置在垫块上,上面加装压板、防转垫片、止动垫圈放置垫块及垫圈后用专用工具将内六角螺钉基本拧紧。详见图 6-17 应答器安装支架分解图。

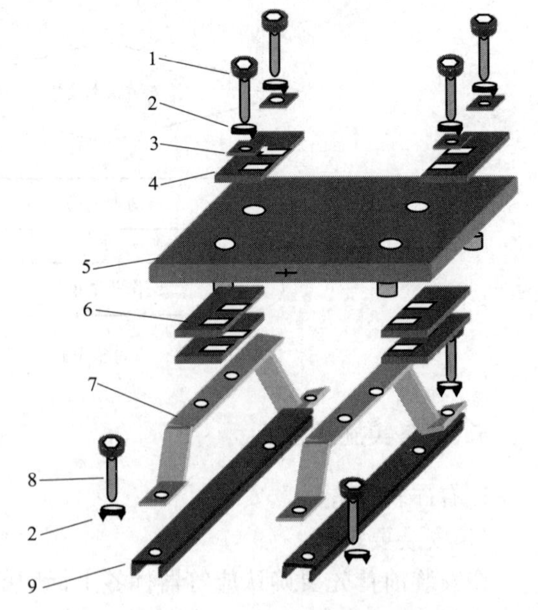


图 6-17　应答器安装支架分解图

1—应答器固定螺栓;2—止动垫圈;3—防转垫片;4—压板;5—应答器;6—垫板;7—安装支架;8—支架固定螺栓;9—横梁

⑤将组装完成的安装装置与底梁连接。

⑥调整应答器位置,使其倾斜、俯仰、偏转角度、距轨顶高度、横向安装误差均符合表 6-6 要求,紧固各部螺栓。

⑦应答器尾缆连接。将应答器尾缆带有插头的一端使用专用工具与应答器上的插座连接牢固。尾缆的另一头穿过钢轨底部,穿进轨旁的分线盒,按设计图纸配线。

⑧尾缆固定(图 6-18)。使用卡具将尾缆固定在轨枕上(注意:为防止位移尾缆安装时预留适当长度)。

图 6-18　尾缆固定

⑨回填道砟。

⑩清理现场。

2. 无砟轨道应答器安装

目前我国无砟轨道有三种:博格板式、双块式、板式。在无砟道床上应答器横向安装在两钢轨中心的无砟轨道上面。

(1)安装要求

无砟轨道安装要求同有砟轨道的要求一致。安装效果如图 6-19 所示。

图 6-19　安装效果图

(2)安装步骤

①确定应答器安装位置及安装方向。

②使用钻孔模板标出安装孔位置,必须使用四根锚栓固定应答器。

③使用钢筋探测仪探测安装孔位置板内钢筋分布情况。如有钢筋则需对安装孔位置重新调整。

④钻孔植栓。待安装孔位置确认后,利用模板钻孔。具体步骤如下:

a. 利用电锤钻孔,孔径及孔深根据锚栓型号确定,如图 6-20 所示。

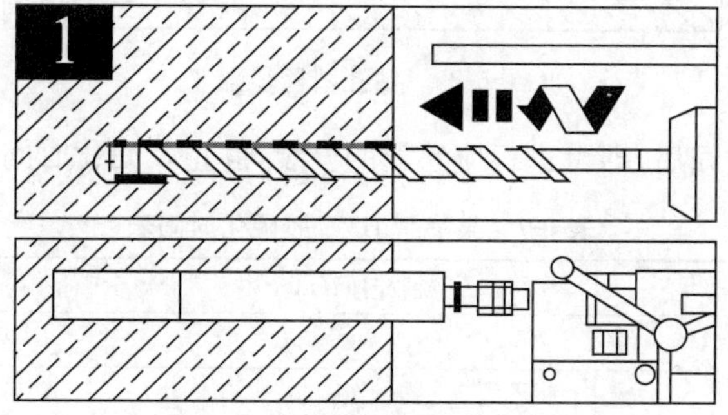


图 6-20　钻孔植栓步骤 1

b. 以吹起泵吹出孔内灰尘，植栓前必须保证孔内干燥、无尘，如图 6-21 所示。

c. 将药剂包置于孔内，如图 6-22 所示。

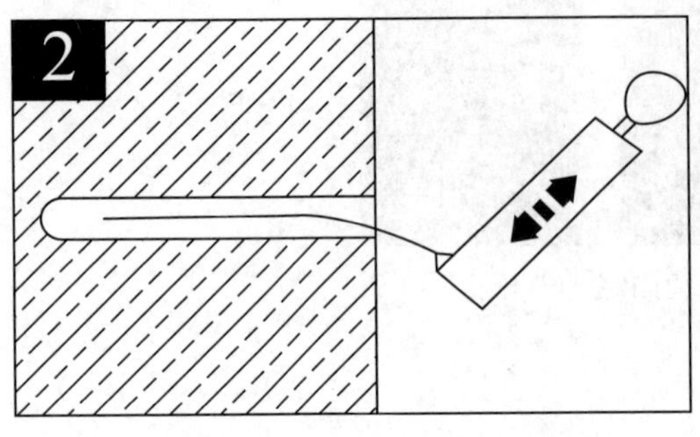


图 6-21　钻孔植栓步骤 2

图 6-22　钻孔植栓步骤 3

d. 以冲击钻将锚栓植入孔内，少许药剂溢出为止，如图 6-23 所示。

e. 凝胶时间前，禁止摇动锚栓，如图 6-24 所示。

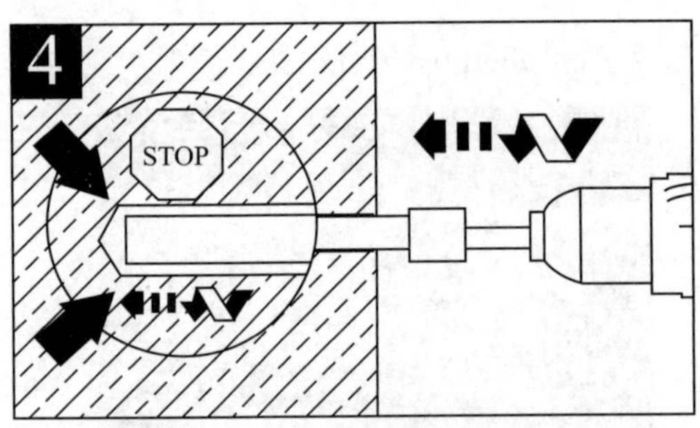


图 6-23　钻孔植栓步骤 4

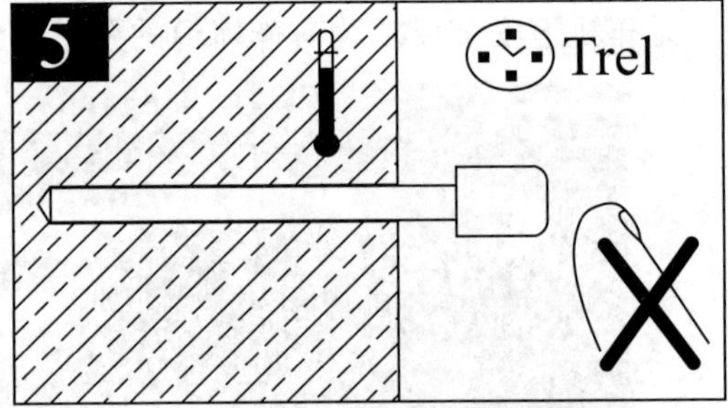


图 6-24　钻孔植栓步骤 5

f. 在固化之前，禁止对锚栓载重，如图 6-25 所示。

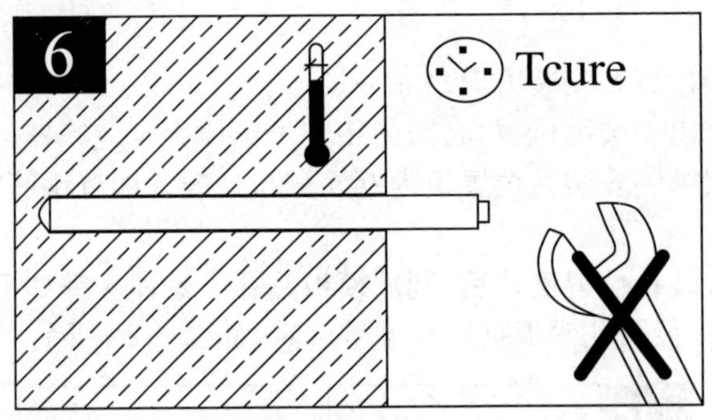


图 6-25　钻孔植栓步骤 6

g. 达到规定固化时间后，即可进行应答器的安装，静止及固化时间见表 6-7。

**表 6-7　某品牌 HVU 胶硬化时间表**

| 基材温度(℃) | 凝胶时间(min) | 固化时间(min) |
|---|---|---|
| −5～0 | 60 | 5 h |
| 0～10 | 30 | 60 |

续上表

| 基材温度(℃) | 凝胶时间(min) | 固化时间(min) |
|---|---|---|
| 10～20 | 20 | 60 |
| 20～40 | 8 | 20 |

⑤安装应答器。

a. 应答器安装高度可通过调节底部衬垫数量，使其 $X$ 基准标记至钢轨顶面的距离 $h$ 为93～150 mm。

b. 按表 6-6 的要求调整应答器位置，紧固螺栓。

c. 止动片、垫片、弹簧垫等组装齐全。应答器须用 4 个固定螺栓安装。

⑥有源应答器尾缆固定(小锚栓、卡具安装步骤)。

a. 尾缆使用化学锚栓和专用卡具固定(植栓方法与上述相同)。

b. 应答器尾缆终端盒可采用 HZ6 电缆盒。

c. 应答器尾缆长度应符合现场实际需要。

d. 应答器尾缆应套防护管防护。

⑦清理施工现场，人员下道。

(3)框架式轨道板应答器安装

应答器在框架式轨道板的中空地段安装时，下部增加连接支架安装装置。图 6-26 为应答器在框式轨道板安装示意。

(a)

(b)

图 6-26　应答器在框式轨道板安装示意

应答器安装支架使用化学锚栓固定在轨道板承台上(植栓方法与上同)。

应答器应安装轨道中间，其周围无金属空间位置应符合下列要求：

①应答器平行于长边的中心线两侧无金属距离不应小于 315 mm。

②应答器平行于短边中心线两侧无金属距离不应小于 410 mm。

③应答器 $X$ 轴基准标记点至下部无金属距离正常情况下不应小于 210 mm，特殊情况下不小于 140 mm。

④应答器安装高度可通过调节底部衬垫数量，使其 $X$ 基准标记至钢轨顶面的距离 $h$ 为93～150 mm。

⑤按表 6-6 的要求调整应答器位置，紧固螺栓。

## 六、质量控制及检验

1. 质量控制

(1)按照设计文件确定应答器安装位置和安装方式。

(2)化学锚栓安装孔保证干燥、清洁。

(3)在化学药剂固化时间内不得对锚栓施加外力。

(4)应答器安装符合规定尺寸。

(5)应答器编号正确。

2. 质量检验

(1)应答器实际安装位置与设计位置允许偏差±0.5 m。应答器组内相邻应答器间的距离为$5^{+0.5}_{0}$ m。

检验数量:全部检验

检验方法:测量检查。

(2)应答器的设备编号与安装位置必须相符。

检验数量:全部检验。

检验方法:观察检查。

(3)应答器安装固定应符合下列要求:

①在有砟轨道窄型混凝土枕上,应采用抱箍方式固定在轨枕上。

②在有砟轨道宽型混凝土枕及无砟轨道板上,应采用化学锚栓方式安装。

③在框架式轨道板中空地段,应采用连接支架方式安装。

④应答器安装应牢固、固定螺栓齐全。

检验数量:全部检验。

检验方法:观察检查。

(4)应答器尾缆固定在轨道板、宽枕板上时,应采用卡具及采用化学锚栓固定。

检验数量:全部检验。

检验方法:观察检查。

(5)应答器周围无金属体空间位置应符合下列要求:

①应答器平行于长边的中心线两侧无金属距离不应小于315 mm。

②应答器平行于短边的中心线两侧无金属距离不应小于410 mm。

③应答器 $X$ 轴基准标记点下部的无金属距离一般为210 mm,特殊情况下应不得小于140 mm。

检验数量:全部检验。

检验方法:观察、测量检查。

(6)应答器固定卡具、垫圈、防松帽等部件应齐全,表面平整光洁。

检验数量:全部检验。

检验方法:观察检查。

## 七、作业布置

大家已经从上述内容了解学习到信号应答器设备的安装检查整体过程,为了加深此任务的了解，我们将列出现场的验收流程表格，请大家以一名现场人员的身份组成小组，描述施工过程及注意要素并填写表 6-8 至表 6-10。

**表 6-8　作业程序**

| 序号 | 工作前准备 | 检修项目 | 试验、测试项目 | 工作后记录 |
| --- | --- | --- | --- | --- |
| 1 | | | | |
| 2 | | | | |
| 3 | | | | |
| 4 | | | | |
| 5 | | | | |
| 6 | | | | |
| 7 | | | | |
| 8 | | | | |

**表 6-9　重点卡控项目**

| 卡控项目 | 卡控内容 |
| --- | --- |
| 必须做的 | 1.<br>2.<br>3.<br>4.<br>5. |
| 禁止做的 | 1.<br>2.<br>3.<br>4. |

**表 6-10　作业程序及作业标准**

| 工作项目 | 工作内容及标准 |
| --- | --- |
| 应答器周围无金属体检查 | 1.<br>2.<br>3.<br>4.<br>5. |
| 应答器固定牢固性检查 | 1.<br>2.<br>3. |

续上表

| 工作项目 | 工作内容及标准 |
|---|---|
| 外观检查 | 1.<br>2.<br>3. |
| 测试 | 1.<br>2.<br>3.<br>4. |

## 八、作业检查评议

(1)了解验收表格中项目内容。

(2)能够填写表 6-8 至表 6-10,并清楚了解质量标准。

(3)以组为单位讲解验收过程。

## 【练习题】

### 一、填空题

(1)点式应答器系统由(　　)设备和(　　)设备组成。

(2)车载设备电源电压为(　　)、(　　)。

(3)车载设备感应器吊装时应以两钢轨平面为基准,感应器底面与基准面距离为(　　)。

(4)应答器安装于线路中心,距两侧钢轨内缘各(　　)。应答器表面距轨枕表面为(　　),至轨面约为(　　)。

(5)S21 型点式应答器系统由(　　)、(　　)及(　　)。

(6)应答器安装于轨枕中间,应答器中心与轨枕中心的偏移范围为(　　);应答器表面与钢轨轨面的距离为(　　)。

(7)有源应答器和 LEU 设备须使用(　　)实现数据传输。

(8)LEU 设备的工作电压为:(　　),50 Hz/60 Hz。

(9)LEU 设备有(　　)路电流输入。

(10)LEU 设备 I/O 输入范围是:(　　)。

(11)LEU 电子单元应采用(　　)电流信号方式从联锁设备采集信号,LEU 箱须良好接地,接地电阻不得大于(　　)。

### 二、简 答 题

二、简答题

1. 点式应答器系统应满足哪些要求?

2. 固定信息应答器和可变信息应答器的接口标准是什么?

3.《维规》规定可变信息应答器应和专用电缆连接,并应满足哪些要求?

**【拓展题】**

## 一、填 空 题

(1)无源应答器用于发送固定不变的数据,如设置在区间,发送线路坡度、(　　)、轨道电路参数、(　　)等信息。

(2)列控中心主机与 LEU 间使用(　　)串行总线通信。

(3)用于正线上的冗余 LEU 配置都一样,都有(　　)路应答器输出至切换单元。

(4)应答器数据传输速率为(　　)。

(5)LEU 具有电缆(　　)检测功能,但对电缆长度有限制要求。

(6)有源应答器通过与(　　)的连接,可实时改变传送的数据报文。

(7)应答器设备可以简单的理解为一个(　　)和发送器,当车载天线激活该应答器时,应答器发送自身存储的应答器报文或发送通过电缆由地面电子单元(LEU)传送的应答器报文。

(8)每一条应答器用户报文均由(　　)+用户信息包+结束标志位构成。

(9)应答器组内相邻应答器间距离应为(　　),专用于调车的为(　　)。

(10)设置在车站的应答器组中的有源应答器宜靠近(　　)。

(11)进站信号机(含反向)外方(　　)处设置由一个有源应答器和一个及以上无源应答器构成的应答器组。

(12)应答器组内距离闭塞分区较近的应答器,距闭塞分区入口(　　)。

(13)有源应答器默认报文的报文计数器设定为(　　)。

(14)侧线临时限速以上、下行侧线分别(不含正线)按区设置,临时限速值设(　　)与(　　)两档。

(15)(　　)是地面电子单元的简称。

(16)当输入通道故障或 LEU 内部有故障时,向应答器发送预先存储的(　　)。

(17)区间间隔(　　)成对设置无源应答器,分别提供列车运行前方(正方向或反方向)一定距离内的线路参数及定位信息。

(18)应答器组内相邻应答器间的距离应为(　　)。

## 二、选 择 题

(1)根据地面数据与设计要求,按规定格式编制的(　　)位应答器用户报文,可读。

A. 255　　B. 830　　C. 1 023　　D. 1 024

(2)应答器信息表示坡度的信息包号为(　　)。

A.【ETCS-21】　　B.【ETCS-27】　　C.【ETCS-41】　　D.【ETCS-42】

(3)有源应答器与 LEU 之间的报文传输接口为(　　)。

A. P　　B. A　　C. C　　D. S

(4)LEU 与地面列控中心间的串行通信接口为(　　)。

A. P　　B. A　　C. C　　D. S

(5)一台 LEU 可以同时向(　　)台有源应答器发送 4 种不同的报文。

A. 1　　B. 2　　C. 3　　D. 4

(6)应答器的运行温度范围为(　　)。

A. −40 ℃～+70 ℃　　B. −50 ℃～+70 ℃

C. −40 ℃～+60 ℃　　D. −40 ℃～+80 ℃

(7)应答器报文长度为(　　)。

A. 1 023 bit　　B. 1 025 bit　　C. 1 045 bit　　D. 1 075 bit

(8)应答器与列控车载设备无线传输接口是接口(　　)。

A. A　　B. C　　C. S　　D. D

(9)LEU 默认报文的报文计数器设定为(　　)。

A. 0　　B. 1　　C. 2　　D. 3

(10)报文计数器禁用(　　)。

A. 253　　B. 254　　C. 255　　D. 256

(11)对于地面应答器的信息,系统只有在通过(　　)时才能记录。

A. 地面应答器　　B. 车站　　C. 信号机　　D. 轨道电路

(12)应答器接收天线下表面距轨面高度是(　　)。

A. (135±5) mm　　B. (145±5) mm　　C. (155±5) mm　　D. (150±5) mm

(13)应答器组内相邻应答器间的距离应为(　　)。

A. (3.5±0.5) m　　B. (4±0.5) m　　C. (4.5±0.5) m　　D. (5±0.5) m

(14)进站信号机处的应答器组距调谐单元或机械绝缘节的距离宜为(　　)。

A. (30±0.5) m　　B. (35±0.5) m　　C. (40±0.5) m　　D. (45±0.5) m

(15)S 接口异常时,向(　　)个有源应答器发送相应的默认报文。

A. 1　　B. 2　　C. 3　　D. 4

(16)车站编号由两位十进制数表示,编号范围为(　　)。

A. 1～50　　B. 1～60　　C. 1～80　　D. 1～100

(17)大区编号是按全国铁路区域、以现行电务段或客运专线区域为参照而划分的,它由三位十进制数表示,编号范围为(　　)。

A. 1～120　　B. 1～127　　C. 1～130　　D. 1～135

(18)电源板上装有一个(　　)LED(焊接面),当 LED 亮灯时,表明 LEU 的电源工作正常。

A. 绿色　　B. 黄色　　C. 蓝色　　D. 白色

(19)串行通信板作为 LEU 的串行通信接口,将(　　)通信接口电平转换为数字电路电平,接收列控中心发送的报文,并向列控中心发送 LEU 的状态。

A. RS-420　　B. RS-421　　C. RS-422　　D. RS-423

(20)进站信号机(含反向)外方(　　)处设置一个有源应答器和一个及以上无源应答器构成的应答器组。

A. (20±0.5) m　　B. (25±0.5) m　　C. (30±0.5) m　　D. (35±0.5) m

(21)当进路应答器组设置无源应答器组时,发送(　　)

A. 进路信息　　B. 线路数据　　C. 临时限速信息　　D. 特殊区段信息

(22)区间连续(　　)个应答器故障后,应通知司机按相应调度命令要求行车,避免列车异常制动。

A. 1　　B. 2　　C. 3　　D. 4

## 三、简答题

(1)应答器系统的构成有哪些?

(2)应答器的维护应注意什么?

(3)应答器工作方式及功能都有哪些?

(4)应答器用户数据表基本要求有哪些?

# 单元 7　铁路信号设备防雷

【学习目标】

铁路信号设备容易遭受雷电的侵袭从而造成设备的损坏或误动，为此必须对设备进行防雷保护，本单元主要是介绍雷电的侵入途径、对信号设备的危害情况，并重点分析了不同防雷装置的结构、防雷方法等。

1. 了解雷电对铁路信号设备的危害。
2. 掌握铁路信号设备的防雷措施。

【技能目标】

1. 具备不同条件下实施不同防雷方法的能力。
2. 具备简单设计信号防雷方案的能力

## 任务 1　铁路信号防雷设备防雷措施

### 一、任务提出

雷电对于铁路信号设备的危害是巨大的，先通过图 7-1 看看它的危害程度。你知道这起事故发生的原因吗？

图 7-1　雷电事故

### 二、任务分析

本任务主要是讲解铁路信号设备的防雷措施和雷电入侵的主要途径等，因此在学习之前中我们要清楚了解在学完该项目后我们能够掌握哪些技能，在以后的工作中我们能从事哪些工作。

(1)了解雷电入侵途径和基本防雷元件，以便在施工单位进行防雷装置的安装工作。

(2)了解雷电入侵途径和基本防雷元件，以便在各铁路局集团公司的电务段进行防雷装置的检修工作。

## 三、任务准备

该任务主要是了解相关知识，未涉及实际操作部分，因此只要求大家了解涉及的相关规范即可。主要包括：《铁道信号电气设备电磁兼容性试验及其限值》(TB/T 3073—2016)《铁路信号设计规范》《铁路信号工程质量检验评定标准》等。

## 四、任务实施

(1)思考：你知道近年来有哪些因为防雷措施不当而造成的列车事故吗？

(2)任务提示：中国铁路自 2005—2011 年曾发生多起因雷击发生的火车事故。

雷电对信号设备的危害

雷电灾害主要原因是缺少避雷措施和设备导致出现人员伤亡事故，所以必须要求各地须加强防雷工作，尽可能在各类建筑物上安装相应的防雷设备，特别是野外的简易建筑物等更要安装防雷设施。各企业单位要严格执行有关防雷法规，通过正规机构来检测、完善本单位的防雷设施，切莫贪图省事和便宜请不法机构来检测和完善防雷设施。

(3)任务实施要领：我们将从雷电对信号设备的影响、雷电的主要入侵途径、防雷的主要手段等方面讲解基本知识，帮助大家完成该任务。

①雷电对铁路信号设备的危害

铁路信号设备遭受雷击的途径分为直击雷、感应雷、传导雷和地电位反击等。结合信号设备的分布特点和雷电攻击的途径，铁路信号雷电防护存在以下特点：

a. 信号室外设备分布范围广，站场内设备密集，钢轨又是雷击的良导体，信号楼等建筑物集中，如防雷方式不当，一旦遭遇雷击将引起连锁反应，损失巨大。

b. 信号楼室外线路遭受雷击后，线路中大电流将会随电缆进入各机房，从而引起内部设备损坏。室内外采用多种接地系统，如果接地电阻不均衡，受到雷击后，电流将引起地电位差，造成“地电位反击”，使人员和设备遭受损害。

注：你知道什么是直击雷、感应雷、传导雷吗？你知道这些雷电攻击方式哪种最常见？哪种对铁路信号设备的危害最大码？

②雷电侵入信号设备的主要途径(图 7-2)

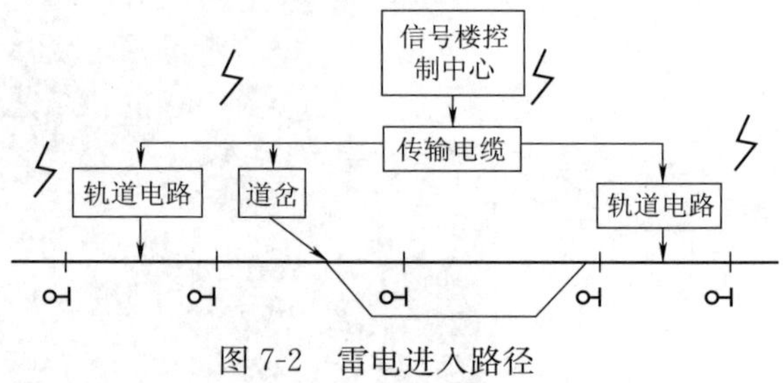

图 7-2　雷电进入路径

a. 由交流电源侵入雷电冲击波侵入高压电线路传至高压变压器，若未装设避雷器或其失效，容易侵入低压设备。

b. 轨道电路用钢轨作为传输线，它一般高出地面，容易遭雷击。

c. 铁路信号的室内、室外设备通过电缆连接起来，雷电从电缆侵入，并传输至室内设备。

③信号设备防雷措施

现代防雷保护包括外部防雷保护(建筑物或设施的直击雷防护)和内部防雷保护(雷电电磁脉冲的防护)两部分。外部防雷系统主要是为了保护建筑物免受直接雷击引起火灾事故及人身安全事故，而内部防雷系统则是防止雷电波侵入、雷击感应过电压以及系统操作过电压侵入设备造成的毁坏。

注意：防雷是一个很复杂的问题，不可能依靠一两种先进的防雷设备和防雷措施就能完全消除雷击过电压和感应过电压的影响，必须针对雷害入侵途径，对各类可能产生雷击的因素进行排除，采用综合防治——接闪、均压、屏蔽、接地、分流（保护）、躲避，才能将雷害减少到最低限度。

a. 接闪

接闪装置就是常说的避雷针、避雷带、避雷线或避雷网，接闪就是让在一定程度范围内出现的闪电不能任意地选择放电通道，而只能按照人们事先设计的防雷系统规定的通道，将雷电能量泄放到大地中去。

b. 均压

接闪装置在接闪雷电时，引下线立即产生高电位，会对防雷系统周围的尚处于低电位的导体产生旁侧闪络，并使其电位升高，进而对人员和设备构成危害。为了减少这种闪络危险，最简单的办法是采用均压环，将处于低电位的导体等电位连接起来，一直到接地装置。

c. 屏蔽

屏蔽就是利用金属网、箔、壳或管子等导体把需要保护的对象包围起来，使雷电电磁脉冲波入侵的通道全部截断，所有的屏蔽套、壳等均需要接地。屏蔽是防止雷电电磁脉冲辐射对电子设备影响的最有效方法。

d. 接地

接地就是让已经侵入防雷系统的闪电电流顺利地流入大地，而不能让雷电能量集中在防雷系统的某处对被保护物体产生破坏作用，良好的接地才能有效地泄放雷电能量，降低引下线上的电压，避免发生反击。

e. 分流（保护）

分流就是在一切从室外来的导体（包括电力电源线、数据线、电话线或天馈线等信号线）与防雷接地装置或接地线之间并联一种适当的避雷器 SPD，当直击雷或雷击效应在线路上产生的过电压波沿这些导线进入室内或设备时，避雷器的电阻突然降到低值，近于短路状态，雷电电流就由此处分流入地了。

f. 躲避

在建筑物基建选址时，就应该躲避开多雷区或易遭雷击的地点，以免日后增大防雷工程的开支和费用。当雷电发生时，应关闭设备，拔掉电源插头。

④具体的防雷措施

a. 安装信号设备的建筑物（信号楼）防雷主要是防直击雷。一般通过闪接器、避雷针等通过接地而进行防护，当信号楼遭遇雷击时，通过防雷设备把雷电引入大地，运用此方式时还可通过在信号楼内制作均压环使楼层内电位分布均匀，以保证信号楼内铁路工作人员和信号设备的安全。

b. 信号楼计算机联锁的计算机房防雷防静电：防静电就是防积累静电荷出现，一般通过地线泄放，以保护设备和人员的安全。而防静电只能通过释放静电荷防护计算机等微电子设备而不能对雷电进行防护，所以必须增加防雷设备加以保护。

c. 尽量采用光纤电缆数据通信和测控技术的接口电路，这种电路非常灵敏，并具有较强的抗电磁干扰的能力。例如：计算机联锁设备中设置在行车室的终端显示器、打印接口等都可以采用这种材质的电路，对数据接口电路来讲，采用光纤电缆是最好的防雷措施。

d. 铁路信号的室外设备和机械室防雷：铁路信号设备作为铁路运输的行车指挥系统，必然有大部分的电子、机械设备安装在室外，即铁路信号三大件——信号机、转辙机、轨道电路等设备都通过电缆与室内构成信号联锁，时刻受到雷电的侵扰，它们是防雷的重点；而信号机械室内分线盘防雷尤为重要，它是铁路信号室内与室外的分水岭，也是防感应雷的重要环节，目前各铁路科研单位、生产厂家正在完善这方面的工作。

e. 电源屏室的电源引入防雷：电力 220 V、380 V 电源都要经过室外引入室内，必然与大自然或多或少有接触，也就会受到雷电的侵扰，主要会受到感应雷的危险，因此必须防感应雷、防电涌；并防止雷电、电涌从此通道入侵铁路信号设备，进而破坏铁路信号系统。

f. 室外信号设备的防雷及屏蔽连接：室外信号设备主要通过电缆与铁路钢轨、道岔相连；而这些铁轨与道岔都暴露在大自然当中，连绵几百上千公里，不可避免地要受到雷电的侵扰，因此室外信号设备与室内连通之前，必须加二级、三级甚至四级防雷；而且各种电缆连通之前要做好屏蔽并连接好，地线多处作良好接地。

防雷措施
及防雷元件

⑤防雷元件

a. 金属陶瓷放电管(图 7-3)

(a)金属陶瓷二极放电管

金属陶瓷二极放电管在正常情况下不导电，出现过电压时电极间很快被击穿，过电压消失后立即恢复，但其在两线间容易产生横向冲击电压。

(b)金属陶瓷三极放电管

金属陶瓷三极放电管具有良好的对称性能，冲击放电电压低、通流容量大、遮光性能好、极间电容小、绝缘电阻高。

(c)放电管的型号一般如 R-220TA。

b. 氧化锌压敏电阻器

(a)氧化锌压敏电阻器(图 7-4)

在低电场强度下，其电阻率为 $10^{10}\sim10^{11}$，当电场强度达到 $10^{6}\sim10^{7}$ 时，其电阻骤然下降进入低阻状态，即压敏电阻的阻值随所加电压而改变。

具有通流量大，非线性特性好、残压低、响应时间快抑制过电压能力强；但可能出现短路故障。

(b)劣化指示氧化锌压敏电阻器(图 7-5)

其通流容量更大，并具有热熔断器和报警装置，使其在失效时能自动脱离使用线路，给出明显标志，并进行报警；免测试。

(c)压敏电阻器的型号命名，如 myl1-1(防雷用压敏电阻器)，其中，m—敏感电阻器，y—压敏电阻器，l—防雷用，H—序号。

c. 瞬变电压抑制器(图 7-6)

瞬变电压抑制器又称瞬变抑制二极管是一种齐纳二极管。它与普通稳压二极管相比，功率更大、影响速度快、保护性能好，但通流容量小。

d. 防雷变压器(图 7-7)

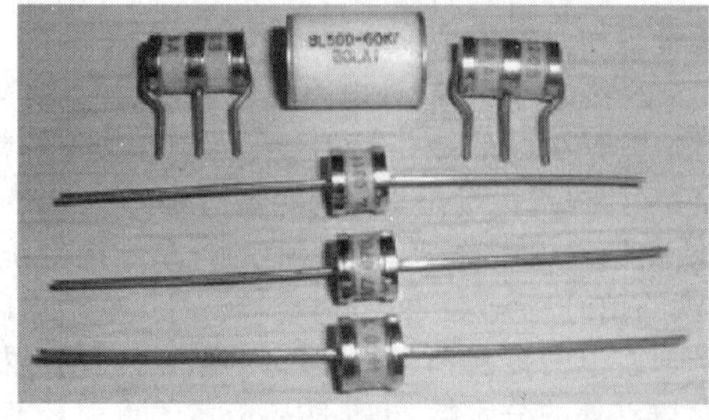

图 7-3　陶瓷气体放电管

图 7-4　氧化锌压敏电阻器

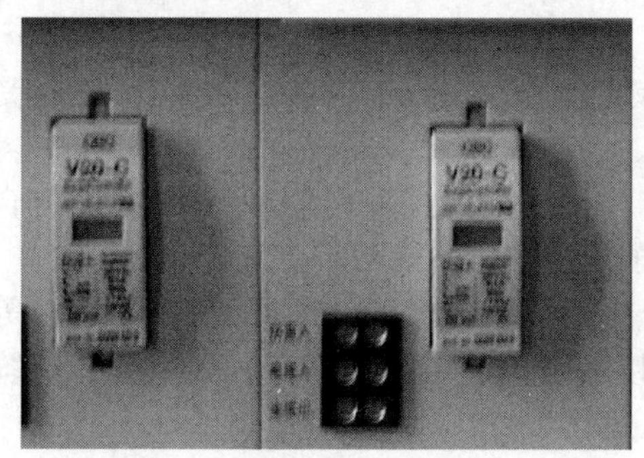


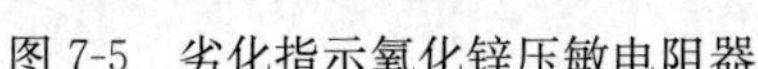
图 7-5 劣化指示氧化锌压敏电阻器

图 7-6 瞬态抑制二极管 TVS

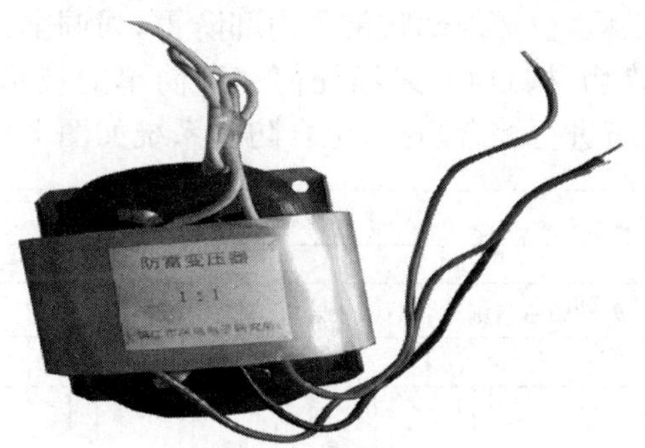


图 7-7 防雷变压器

防雷变压器在设计、取材、工艺上采用特殊结构，而且采用了静电屏蔽接地，即在初、次极间串入面积足够大的金属板作为屏蔽体。

e. 防雷保安器

防雷保安器采用密封结构，由防雷元件组成，有压敏电阻和金属陶瓷二极放电管串联而成，可以应付频繁的动作，寿命长。防雷保安器具有劣化指示和报警功能。可安装在室外变压器箱内。

### 五、任务实施要求

该任务只需大家了解防雷的基础知识即可。

### 六、作业布置

要求学生以组为单位根据以上所学描述一下雷电的入侵危害和防雷措施。

### 七、作业检查评议

能够简单描述即可。

## 任务 2 防雷方案的实施

### 一、实际案例

以某铁路防雷工程设计为例讲述设计过程。

1. 某铁路防雷工程地理位置、建筑、设备概况

由于某线每年的雷暴日达 40 天，属于中雷区，铁路系统线路长，设备点多面广，一旦受到雷击造成的损失和影响是巨大的。

依据规定：信号及通信设备，应装有防止强电和雷电危害的保安设备，电子设备应符合电磁兼容有关规定，凡设在有雷电活动地区的铁路电子设备均应采取防雷措施。

注：铁路系统在进行雷电安全规划时，应认真分析调查系统所在地的地理、地质、环境等条件和雷电活动规律，以及系统设备所处建筑物防直接雷击措施的设计情况、系统结构、系统设备的抗过电压能力，综合考虑，全面规划，做到安全、适用、经济。

2. 设计理念

(1)设计原则

现代防雷是一个系统工程，包括外部防雷和内部防雷，强调全方位防护、综合治理、层层设防的原则。对于系统的建筑物、构筑物，采用任何一种简单的技术方法都不能做到可靠的保护，需要采用多种技术和措施进行综合防护，综合防雷系统如图 7-8 所示。

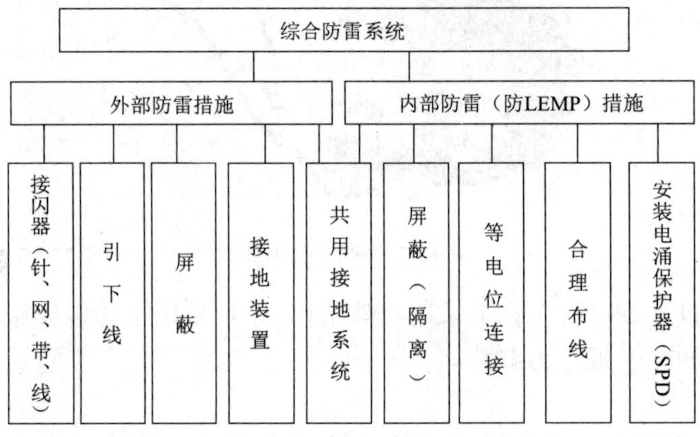


图 7-8　综合防雷系统

3. 防雷保护方案

(1)铁路防雷方案总布置图(图 7-9)

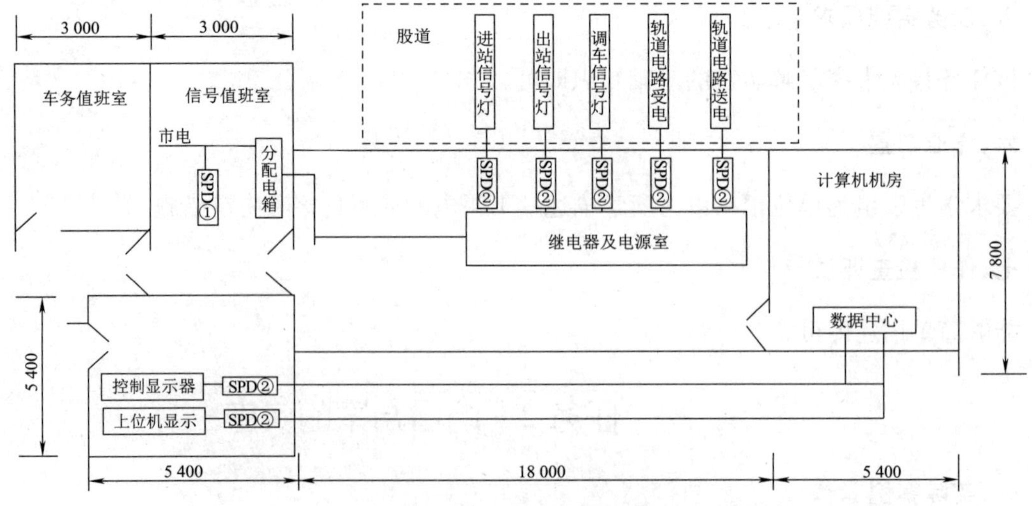


图 7-9　铁路防雷方案总布置图(单位：mm)

SPD①—限压型过电压保护器；DSOP-Ⅲ AX-40-380(二级防护)；SPD②—信号线过电压保护器 DLP-Ⅳ-J(4)

(2)建筑物直击雷系统雷电防护的设计、设备选择、布置

①建筑物直击雷避雷系统的设计根据《建筑物防雷设计规范》(GB 50057—2010)的要求,院内建筑物的接闪器、引下线和接地装置应按照第二类防雷建筑物来进行设计。

②接闪器(避雷针)保护范围的计算应按照滚球半径为 45 m 的滚球法来确定。保护范围的计算及其示意图需根据建筑物具体数据资料确定。

(3)电源配电系统雷电防护设备选择

DSOP-ⅢAX 型电源用箱式过电压保护器属于建筑物内部的第一级保护器,如图 7-10 所示。本装置具有通流容量大和残压低的特性,适用于各种环境下的雷电过电压保护,如旷野孤立的建筑物、高山环境、多雷区或架空线引入的低压配电系统。由于动作过程中不会产生放电火花,特别适用于易燃易爆场所。

(4)信息系统雷电防护的 DLP-IV-J(4)防雷保护器(图 7-11)

DLP-IV-J(4)防雷保护器用于各种数据线接口的雷电或过电压防护,接口采用接线柱串联接线方式,适用于各种控制及数据传输领域。其内部采用三级保护方式,集高能泄放、限流和箝位功能于一体,是各种电气设备的理想保护装置。

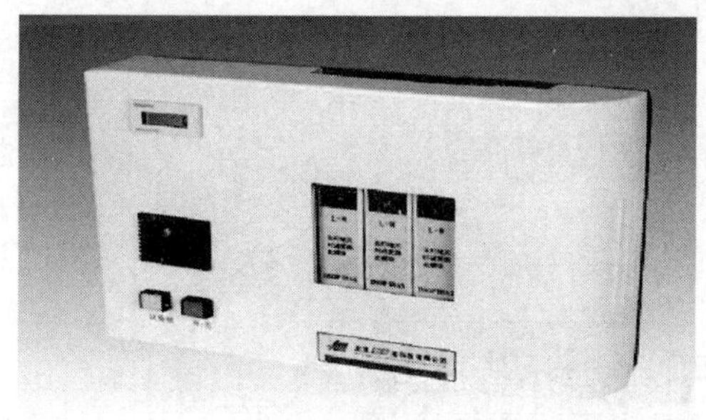

图 7-10　过电压保护器

图 7-11　DLP-IV-J(4)防雷保护器

(5)接地系统与等电位连接

信号机械室、计算机房、信号电源室、控制台室房间均需设置等电位均压环,均压环宜采用 30 mm×3 mm 紫铜排,沿房间墙壁踢脚线上方水平敷设一圈,均压环每隔 1 500 mm 左右预留一个接地端子,均压环与建筑物接地干线牢固连接,室内所有地线应就近接至均压环。均压环宜与建筑物室内每个柱子的主钢筋连接。电气和电子设备的金属外壳、机柜、机架、金属管、槽、屏蔽线缆外层、信息设备防静电接地、安全保护接地、过电压保护器(SPD)接地端等均应以最短的距离与等电位连接网络的接地端子连接。

## 二、作业布置

要求学生以组为单位按当地雷电运动情况结合地理、环境设计一个雷电防护方案。

## 三、作业检查评议

要求学生能画出雷电防护设计图,能简单描述方案设计的原则、可行性、实施方案等。

**【接地装置接地电阻测量实例】**

接地体的接地电阻等于其在泄放电流时接地体上的电位与所泄放电流的比。目前用得最

多的是 ZC 系列(ZC-8、ZC-9、ZC-28,ZC-29)接地电阻测试仪(简称地阻仪),如图 7-12、图 7-13 所示是 ZC 系列接地电阻测试仪测试接地体时接线图。接地电阻值测试的准确性,与地阻仪测量电极布置的位置有直接关系,按测量电极的不同布置方式,有直线布极法和三角形布极法等。

首选直线布极法,受测试场地限制时,还可以将测试电极布置成三角形,用 ZC 系列地阻仪测接地电阻(三角形布极,夹角 30°),如图 7-13 所示。

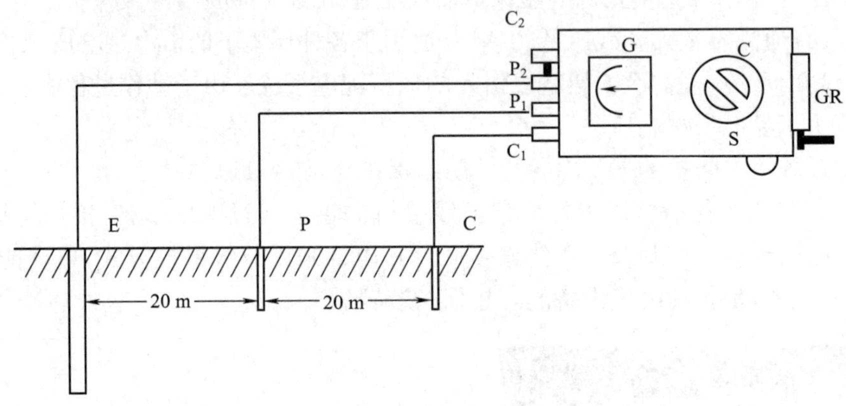


图 7-12　用 ZC 系列地阻仪测接地电阻(直线布极)

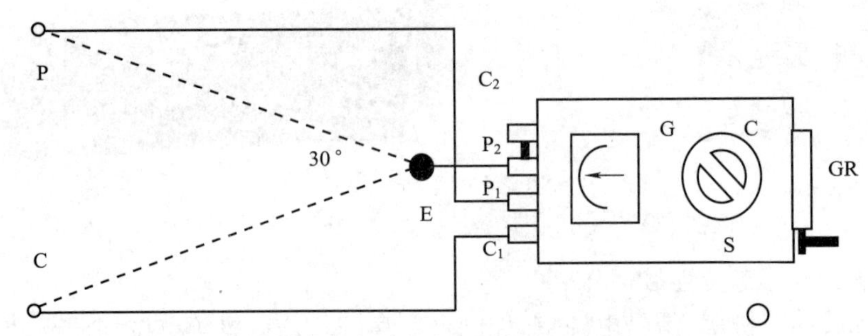


图 7-13　用 ZC 系列地阻仪测接地电阻(三角形布极,夹角 30°)

当被测接地装置的面积较大而土壤电阻率不均匀时,为了得到较可信的测试结果,宜将电流极离被测接地装置的距离增大,同时电压极离被测接地装置的距离也相应增大。

使用地阻仪进行接地电阻值测量时,应将地阻仪平放,调整 G 的指针至零位,然后将倍率调整旋钮 S 放在较高挡位,慢摇发电机 GR,同时转动测量度盘 C,使指针至零时测量度盘 C 示数乘以倍率调整旋钮倍数之积即为接地电阻值。若 C 转至读数最小而指针不为零,应将倍率调整旋钮 S 换到较小倍率挡后继续调整测量度盘 C 直至指针正好为零,这时测量度盘 C 示数乘以倍率调整旋钮倍数之积即为接地电阻值。对于地网,应当改变测试极棒的布放方向和测试点,至少测试 4 次后,每次记录,然后取平均值作为该地网的接地电阻值。

当测试现场不是平地而是斜坡的话,测试电极棒距地网的距离应是水平距离投影到斜坡上的距离。

所有测试值应当在接地电阻档案中记录,表 7-1 是接地电阻检测原始记录表。

**表 7-1　接地电阻检测原始记录表**

页数　　共　　页

<table>
<tr><td rowspan="4">避雷网(带)外观目测</td><td colspan="2">信号楼建筑物高度</td><td colspan="10">共　　层</td></tr>
<tr><td rowspan="3">检查</td><td>材料</td><td colspan="10"></td></tr>
<tr><td>有否锈蚀</td><td colspan="10"></td></tr>
<tr><td>外观状态</td><td colspan="10"></td></tr>
<tr><td rowspan="4">引下线</td><td colspan="2">引下线根数及间距</td><td colspan="10"></td></tr>
<tr><td colspan="12">引下线各测点工频接地电阻值测量</td></tr>
<tr><td colspan="2">测点编号</td><td>1</td><td>2</td><td>3</td><td>4</td><td>5</td><td>6</td><td>7</td><td>8</td><td>9</td><td>10</td></tr>
<tr><td colspan="2">工频接地电阻(Ω)</td><td></td><td></td><td></td><td></td><td></td><td></td><td></td><td></td><td></td><td></td></tr>
</table>

## 【练习题】

### 一、填空题

(1)为保证信号系统设备的整体防护效果,信号设备应设(　　)、(　　)、(　　)。

(2)测试电缆芯线绝缘时,应拔除(　　),以免影响测试结果。

(3)进入雷电综合防护的机房,严禁同时直接(　　)。

(4)室内外信号设备设置的综合接地装置,其接地电阻值应小于(　　)Ω。

(5)引入信号机房的电力线应采用多级雷电防护,单独设置(　　)。

(6)引入信号机房的信号电缆应进行屏蔽连接,屏蔽层至少(　　)端接地,并与接地装置做(　　)电位连接。

(7)信号设备的防雷装置应设(　　);信号机械室内的组合架、(　　)、(　　)、(　　)、(　　),以及电气化区段的(　　)、信号机梯子等应设安全地线;电气化区段的电缆金属护套应设(　　)。

(8)(　　)应设置接地汇集线。接地汇集线宜采用大于宽 30 mm、厚 3 mm 的铜板,其余接地汇集线宜采用截面积不小于 50 mm$^2$ 的有绝缘外护套的多芯铜导线或 30 mm×30 mm 铜板相互连接。

(9)信号设备各种地线不得与电力、房屋建筑和通信地线合用。信号地线与电力、房屋建筑地线之间的距离应不小于(　　)m;与通信地线之间的距离应不小于(　　)m。当地线引接线达不到规定的距离要求时,应进行(　　)。

(10)接地体埋深应不小于(　　)mm;在冻土地带,应埋于冻层以下;距设备或建筑物应不小于(　　)mm。接地体埋设应设(　　)埋设标。

(11)接地导线上严禁设置开关、(　　)或(　　);严禁用(　　)代替地线。

(12)铁路信号设备的防雷元件主要采用(　　)、(　　)、(　　)和(　　)。

(13)放电管的直流点火电压应不低于回路工作电压的(　　)倍。在冲击电压作用后,若不能可靠地切断续流时,应采取相应措施。

(14)防雷元件单独使用氧化锌压敏电阻器时,其电压额定值的选择,在直流回路中应不低于工作电压的(　　)倍;在交流回路中应不低于工作电压的(　　)倍。

## 二、简 答 题

(1)信号设备雷电电磁脉冲防护应满足哪些要求?

(2)室内信号传输线防雷保安器应满足哪些要求?

(3)信号设备地网应符合哪些要求?

(4)电化区段、繁忙干线、铁路枢纽、编组场、强雷区和埋设地线困难地区及微电子设备集中的区段,应设置的贯通地线应符合哪些要求?

## 【拓展题】

## 一、填空题

(1)信号设备的防雷元件主要采用金属陶瓷放电管、(　　)、硒片、瞬变电压抑制器和防雷变压器等。

(2)C-8 型接地电阻测量仪用于测量(　　)的接地电阻。

(3)测量地线接地电阻时,应将地线同(　　)断开。

(4)站内、区间作业,在雷雨和暴风时,禁止在(　　)上作业;正在打雷时,禁止修理避雷器和地线。

(5)信号设备防雷地线不得与(　　)的防雷地线合用。

(6)金属陶瓷放电管的主要特性是:在正常情况下不导电,呈绝缘状态;当出现过电压时,电极立即(　　),过电压消失后又立即恢复其绝缘状态。

(7)信号机械室内的组合架(柜)、计算机联锁机柜、(　　)以及电气化区段的继电器箱、信号机梯子等应设安全地线。

(8)保护接地是将用电设备不带电的金属外壳与(　　)连接。

(9)架空线路或钢轨因受雷击对地产生的过电压称为(　　)。

(10)线路之间或钢轨之间产生的过电压称为(　　)。

(11)金属陶瓷放电管的主要特性是:在正常情况下不导电,呈绝缘状态;当出现过电压时,电极立即(　　),过电压消失后又立即恢复其绝缘状态。

(12)信号机械室内的组合架(柜)、计算机联锁机柜、(　　)以及电气化区段的继电器箱、信号机梯子等应设安全地线。

(13)保护接地是将用电设备不带电的金属外壳与(　　)连接。

(14)架空线路或钢轨因受雷击对地产生的过电压称为(　　)。

(15)线路之间或钢轨之间产生的过电压称为(　　)。

## 二、选 择 题

(1)信号设备防雷地线埋设在电阻率小于 300 Ω · m 的土壤中时,接地电阻不大于(　　)。

(A)1 Ω　　(B)10 Ω　　(C)15 Ω　　(D)20 Ω

(2)单独使用氧化锌电阻器和硒片时,其电压额定值在直流回路中应不低于工作电压的(　　)倍。

(A)1.5　　(B)2　　(C)2.2　　(D)2.5

(3)压敏电阻标称电压的选择,在交流回路中应不低于工作电压的(　　)倍。

(A)1.5　　(B)2　　(C)2.2　　(D)2.5

(4)信号设备防雷地线与电力地线之间的距离应不小于(　　)m,当达不到此距离要求时,应进行绝缘防护。

(A)10　　(B)20　　(C)30　　(D)50

(5)在使用 ZC-8 型接地电阻测量仪时,两接地棒,即电位探针 P 和电流探针 C 沿直线相距(　　)m。

(A)15　　(B)20　　(C)25　　(D)30

## 三、简答题

(1)信号设备的防雷接地装置由哪几部分组成?

(2)信号设备防雷地线应怎样埋设?

(3)电气化区段接地装置按其作用分可分为几种?

(4)在测试电源对地电流时,为什么交流电源对地电流较大?

(5)信号设备的雷电防护应符合哪些原则?

# 单元 8　铁路信号电缆的识别及接续

【学习目标】

铁路信号电缆是连接备信号设备的重要组成，本单元主要是介绍不同信号电缆的结构组成，并重点分析电缆的安装，接续的方法和注意事项。

1. 了解信号电缆的结构组成。
2. 能按要求安装、接续信号电缆。

【技能目标】

1. 具备铁路信号电缆的类型、结构识别能力。
2. 具备信号电缆施工、接续技能。

## 任务 1　铁路信号电缆的结构识别

### 一、任务提出

信号电缆的类型很多，结构和性能各有不同，我们在日常生活中对其有一定了解，下面先从图 8-1 和图 8-2 来认识它们。

图　8-1

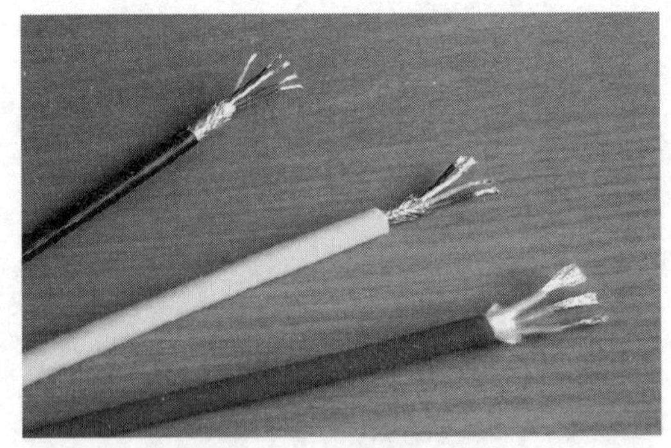

图　8-2

你知道图 8-1 和图 8-2 中的信号设备是什么吗？

### 二、任务分析

本任务主要是讲解铁路信号电缆的结构类型，因此在学习之前要清楚了解在学完该项目后我们能够掌握哪些技能，在以后的工作中我们用该技能实现哪些目标。

(1)了解信号电缆的不同类型和结构，以便区分该电缆应用的不同场合。

(2)了解电缆的结构、命名，以便为日后的安装提供基础。

## 三、任务准备

该任务主要是识别信号电缆的结构，所以只要大家了解电缆主要是适用于铁路信号系统中有关设备和控制装置之间的连接，可实现 1 MHz(模拟信号)、2 Mbit/s(数字信号)、额定电压交流 750 V 或直流 1 100 V 及以下系统控制信息与电能的传输。

## 四、任务实施

(1)思考：请大家仔细观察图 8-1 和图 8-2 中所显示的信号电缆，你在日常生活中见过吗？你知道电缆的组成吗？

(2)任务提示：图 8-1 是信号电缆盘，图 8-2 是单个的信号电缆。

(3)任务实施要领介绍如下：

①信号电缆的结构组成

信号电缆通常由导体、绝缘层和外护套组成，其结构如图 8-3 所示，导体即电缆铜芯，外绝缘层即外护套。

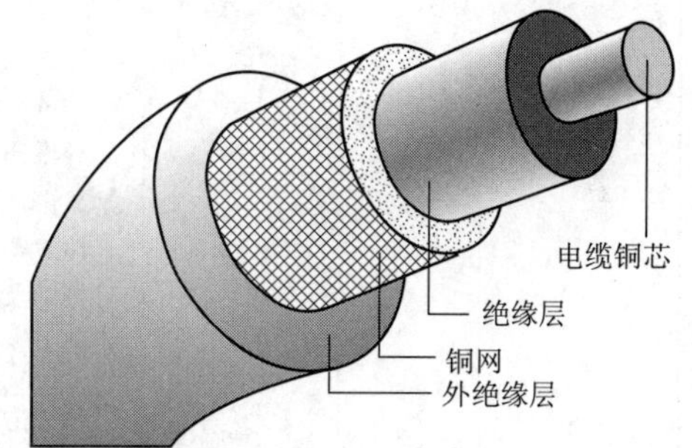


图 8-3　信号电缆结构

②和电缆结构的相关技术要求

a. 导体

导体采用 TR 型软圆铜线 T1R、T2R、TU2R。导体的标称直径为 1.0 mm。

导体作用：导体是产品发挥其使用功能的主体构件，是传输电力或传递信息的，即在导体上要通过电流或传导电磁波。

b. 绝缘

绝缘作用：是在导体外层起着电绝缘作用的构件。

(a)绝缘为聚烯烃绝缘结构。气泡应均匀分布，气泡间应互不连通，绝缘厚度应满足产品性能要求。

(b)绝缘线芯应制成红、绿、白、蓝四种颜色。

c. 外护套

外护套作用：是对外铠装层进行保护，如敷设过程中的擦伤、卡住，以及运行中的密封保护和防腐蚀等。

③电缆的型号表示

电缆型号的排列次序如图 8-4 所示，代号含义见表 8-1。

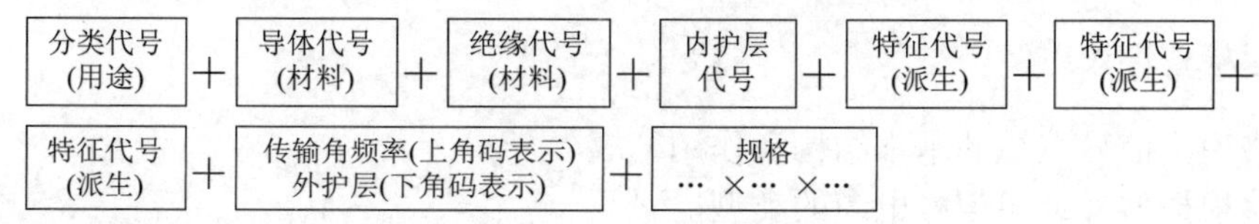


图 8-4　电缆型号排列次序

④电缆使用环境

电缆的使用环境温度为－40 ℃～＋60 ℃，敷设的环境温度不低于－10 ℃。

电缆导体的长期工作温度不超过＋70 ℃。

电缆的允许弯曲半径：非铠装电缆应不小于电缆外径的 10 倍；铠装电缆应不小于电缆外径的 15 倍；内屏蔽电缆应不小于电缆外径的 20 倍。

表 8-1 代号含义

| 类别、用途 | 导体 | 绝缘层 | 内护层 | 特征 | 外护层 | 派生 |
| --- | --- | --- | --- | --- | --- | --- |
| H 市话电缆<br>HE 长途通信电缆<br>HJ 局用电缆<br>HP 配线电缆 | G 钢<br>L 铝<br>T 铜（省略不标） | M 棉纱<br>V 聚氯乙烯<br>Y 聚乙烯<br>YF 泡沫聚乙烯<br>Z 纸（省略不标）<br>YP 聚乙烯发泡带实心皮 | A 铝-聚乙烯综合粘接护层<br>BM 棉纱编织<br>G 钢管<br>GW 皱纹钢管<br>L 铝管<br>LW 皱纹铝管<br>Q 铅包（省略不标）<br>S 钢-铝-聚乙烯<br>V 聚氯乙烯<br>Y 聚乙烯<br>AG 表示铝塑综合粘接护层的复合铝带是轧纹的 | B 扁、平行<br>C 自承式<br>J 交换机用<br>P 屏蔽<br>T 填充石油膏<br>Z 综合电缆兼有高、低频线对 | 02 聚氯乙烯套<br>03 聚乙烯套<br>20 裸钢带铠装<br>(21)钢带铠装纤维外被<br>21 钢带铠装聚氯乙烯套<br>23 钢带铠装聚乙烯套<br>30 裸细圆钢丝铠装<br>(31)细圆钢丝铠装纤维外被<br>32 细圆钢丝铠装聚氯乙烯套<br>33 细圆钢丝铠装聚乙烯套<br>(40)裸粗圆钢丝铠装<br>41 粗圆钢丝铠装纤维外被<br>(42)粗圆钢丝铠装聚氯乙烯套<br>(43)粗圆钢丝铠装聚乙烯套<br>441 双粗圆钢丝铠装纤维外被<br>241 钢带-粗圆钢丝铠装纤维外被<br>2441 钢带-双粗圆钢丝铠装纤维外被 | -1 第一种<br>-2 第二种<br>-252<br>252 kHz<br>-120<br>120 kHz |

## 五、任务实施要求

对于以上知识，只要大家了解其外形并能根据型号识别其具体类型即可。

## 六、作业布置

要求学生能说明以下信号电缆的类型。

(1)HYA-100×2×0.5。
(2)HYA-100×2×0.5。
(3)HYFA-50×4×0.6。
(4)HYPA-200×2×0.4。
(5)HYAT53-400×2×0.4。

## 七、作业检查评议

(1)能够说出信号电缆的基本结构和作用。
(2)能够根据型号说明信号电缆的类型。

# 任务 2 铁路信号电缆的施工

## 一、任务提出

在日常生活中我们可能会看到过信号电缆的施工，但你知道他们具体的施工工具和步骤吗？下面先从图 8-5 和图 8-6 来了解部分的施工步骤。

图　8-5

图　8-6

(1)你是否了解如图 8-5、图 8-6 中现场工作人员正在进行哪些工作。

(2)图 8-5 为电缆施工;图 8-6 为电缆搬运,你是否了解在做如图 8-5、图 8-6 中这些工作时需要注意哪些事项?

## 二、任务分析

本任务主要是讲解铁路信号电缆的施工过程,因此在学习之前要清楚了解在学完该项目后我们能够掌握哪些技能,在以后的工作中我们能从事哪些工作。

(1)了解铁路信号电缆的施工流程、安全规范,以便在施工单位进行电缆的安装工作。

(2)了解信号电缆的质量验收标准,以便在施工单位进行铁路信号电缆的检查验收工作。

(3)了解信号电缆的质量验收标准,以便在各铁路局集团公司的信号车间进行铁路信号电缆的检查验收工作。

## 三、施工任务准备

该任务的实施主要是靠人力和相应的器具,作为一名铁路信号工程施工人员,首先我们应了解实现该任务的器具有哪些,具体器具要求见表 8-2。

**表 8-2　器具要求**

| 序　号 | 名　称 | 规格型号 | 单　位 | 数　量 | 备　注 |
|---|---|---|---|---|---|
| 1 | 电容测试仪 | VC6243 电容电感表 | 台 | 1 | |
| 2 | 直流电桥 | QJ45 型 | 台 | 1 | |
| 3 | 剥线钳 | | 把 | 2 | |
| 4 | 钢锯 | | 把 | 2 | |
| 5 | 喷灯 | | 台 | 1 | |
| 6 | 温度计 | | 个 | 1 | |
| 7 | 电工刀 | | 个 | 1 | |
| 8 | 高阻计 | | 个 | 1 | |
| 9 | 电缆支架 | | 个 | 1 | |
| 10 | 卷尺 | | 个 | 1 | |
| 11 | 铁棍 | | 根 | 1 | |
| 12 | 铁锹 | | 个 | 若干 | |

续上表

| 序　号 | 名　称 | 规格型号 | 单　位 | 数　量 | 备　注 |
|---|---|---|---|---|---|
| 13 | 铁锤 | | 个 | 若干 | |
| 14 | 皮尺 | 50 mm | 个 | 6 | |
| 15 | 镐 | | 个 | 若干 | |
| 16 | 对讲机 | | 部 | 2 | 参考数量 |

其次我们需要了解完成该项目涉及哪些施工、验收规范，我们又需要对哪些标准清楚了解。

应了解的标准和规范主要包括：《铁路信号设计规范》《铁路信号工程施工质量验收标准》《高速铁路信号工程施工质量验收标准》《维规》等。该标准规范中的涉及内容我们将在任务实施和知识描述中提及。

思考：请大家想一想表 8-2 中所列的相应器具在现场起到什么样的作用？

## 四、任务实施

(1)思考：你知道在进行铁路信号电缆施工前，我们应该进行哪些工作吗？

(2)任务提示：我们应该能想到，首先应该是信号电缆从生产厂家合格生产后经过运输工具来到现场，在现场经过相应检测后才能够进行铺设。

(3)任务实施要领介绍如下：

①生产厂家应施工要求出货

厂家的出货步骤及要求见表 8-3。

**表 8-3　厂家的出货步骤及要求**

| 序号 | 步　骤 | 过　程 | 备　注 |
|---|---|---|---|
| 1 | 生产出符合施工要求的电缆 | 在电缆和电缆盘上进行相应标注，表明电缆的型号、厂家等信息 | (1)电缆护套外表面上印有制造厂厂名或其代号、制造年份及电缆型号；<br>(2)电缆外护套印有白色能永久辨认的清晰长度标志，长度标志以米为单位，标志印字间距为(1±0.5) m，印字高度为(6±1) mm，字体清晰完整；<br>(3)电缆盘上标明：<br>①制造厂名称；②电缆型号、规格；③长度(m)；④毛重(kg)；⑤出厂编号；⑥制造日期，即年月；⑦表示电缆盘正确旋转方向箭头 |
| 2 | 厂家对生产的电缆进行相应检验 | (1)电缆按规定的试验类型进行检验；<br>(2)抽样试验从每批送检电缆中抽取 10%，但不小于 1 盘 | (1)电缆由制造厂技术检查部门检验合格后方能出厂，出厂电缆附有产品质量检验合格证；<br>(2)如有一项不合格时，应就不合格项加倍抽测，如仍不合格时，则该批电缆应全部进行检验。 |
| 3 | 对要运输的信号电缆进行包装 | (1)电缆整齐地卷绕在电缆盘上；<br>(2)电缆两端用封头帽密封，端头固定在电缆盘上。外端固定在电缆侧板内；<br>(3)电缆每个包装盘上均附有产品合格证、产品说明书、电缆封头帽 | (1)电缆盘筒体直径不小于铝套外径的 30 倍；每个电缆盘上只卷绕一个交货长度的电缆；<br>(2)电缆 A 端应为包装外端；允许 B 端为外端发货，在盘上标明“外 B”字样；<br>(3)电缆包装完全应满足铁路、公路运输及装卸要求 |

续上表

| 序号 | 步　骤 | 过　程 | 备　注 |
|---|---|---|---|
| 4 | 运输电缆到现场 | 在运输途中,采取相应措施妥善存放,电缆盘上用专有材料包装,电缆装车时,用木板、铁钩绳索固定;在运输途中不会造成碰撞和机械损伤 | 电缆运输一般采用汽车或轨道车等交通工具 |
| 5 | 交货 | 产品送货单由驾驶员直接交给施工单位接货人 | (1)标准盘长(1 000±20) m,1 000 m 及以上的电缆不少于总交货长度的 50%,500 m 以下的短段电缆交货长度不超过总交货长度的 5%;<br>(2)电缆的长度计量误差不超过±0.5%;<br>(3)根据双方协议,允许以任何长度电缆交货 |

②施工前的单盘测试

a. 现场的一般检查及准备

(a)检查电缆盘进场外包装及电缆外观。

(b)将每盘电缆产品合格证收集、整理、保存。

(c)对电缆进行统一编号,并标注在电缆盘两侧。

(d)将气压表插入铝护套电缆端头气嘴中,按电缆厂的指标检查电缆气压。

(e)到计量部门对测试仪表进行校验,并备齐测试表格。

(f)开剥电缆:

ⓐ将电缆盘外端电缆开剥,长度为 150～200 mm。

ⓑ将电缆盘内端电缆开剥,长度为 60～100 mm。

确认电缆端别时的方法:面对电缆端头,红、绿、白、蓝四芯组扎纱色标按顺时针方向排列的为 A 端,逆时针方向排列的为 B 端。

(a)在电缆盘明显位置标注电缆盘外端的电缆端别并做记录,当电缆外端别为 A 端时,标写“外 A”字样;当电缆外端别为 B 端时,标写“外 B”字样。

(b)分别在电缆的内、外端头 50 mm 处,A 端标写“A”字样,B 端标写“B”字样。

将②③内容检查完毕后填写表 8-4 的电缆检查记录表中。

**表 8-4　电缆检查记录表**

| 序号 | 电缆自编号 | 出厂编号 | 电缆型号 | 外层端别 | 制造长度 | 电缆尺标长度 | 电缆是否有气 | 外观 |
|---|---|---|---|---|---|---|---|---|
| 1 | | | | | | | | |
| 2 | | | | | | | | |
| 3 | | | | | | | | |
| 4 | | | | | | | | |
| 5 | | | | | | | | |
| 6 | | | | | | | | |
| 7 | | | | | | | | |
| 8 | | | | | | | | |

检验日期:　　　　检验人:　　　　技术负责人:

b. 电缆电气特性测试

(a)导线直流电阻

将屏蔽四芯组的待测芯线的两端分别连接到直流电桥的测试端子,测量电阻值,如图 8-7 所示,并填写测试记录。全部测试完成后在电缆盘上做已测试的标识,并对测试仪表进行校核。

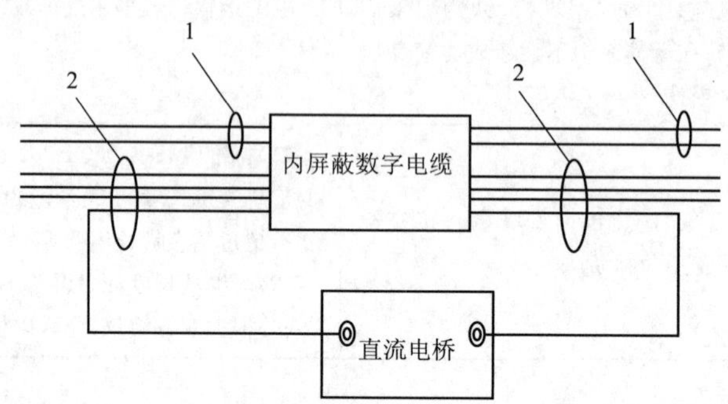


图 8-7　电缆直流电阻测试方法示意图

1—普通信号电缆芯线;2—屏蔽四芯组

(b)工作线对导体电阻不平衡

ⓐ工作线对导体电阻不平衡是指屏蔽四芯组内每个工作线对的电阻不平衡。即:在一个屏蔽四芯组内,红、白芯线为 1 个工作线对,蓝、绿芯线为 1 个工作线对。

ⓑ根据导线直流电阻测试值,计算工作线对导体电阻不平衡值并记录,见表 8-5。

ⓒ工作线对导体电阻不平衡值为:工作线对两根导体的电阻之差的绝对值与其电阻之和的比值。

(c)绝缘电阻测试

ⓐ将电缆外端所有的芯线、钢带、铝护套、全部屏蔽层及排流线用一端带有鳄鱼夹的导线连接,连接后接到高阻计测试端。

ⓑ从连接后的电缆芯线中任意取出一根与高阻计的另一个测试端连接。

ⓒ将电缆盘内端电缆的芯线全部开路,如图 8-8 所示。

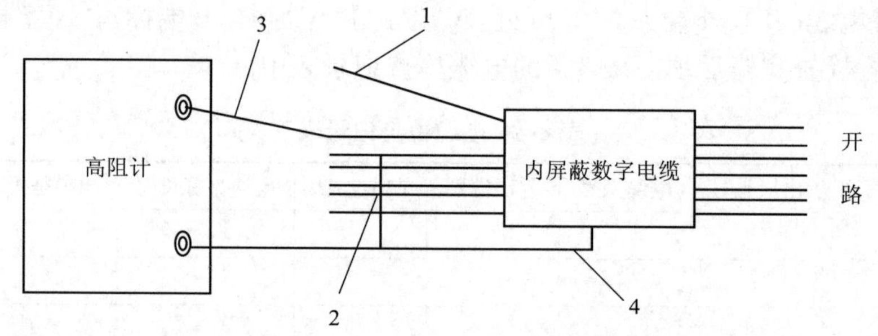


图 8-8　电缆绝缘电阻测试方法示意图

1—已测试完的芯线;2—待测芯线;3—测试芯线;4—电缆的屏蔽层、排流线、钢带、铝护套

ⓓ进行单根芯线对其他芯线及金属护层的绝缘电阻测试。

ⓔ测试后的电缆芯线与未测试芯线应相互分开。

ⓕ全部芯线测试完成后,填写测试记录。在电缆盘上做已测试的标识,并对测试仪表进行校核。

(d)工作电容测试

测试屏蔽四线组工作线对的电容。即:在一个屏蔽四线组内,分别对红、白芯线工作线对和蓝、绿芯线工作线对进行测试。

ⓐ将电缆盘内端电缆的芯线全部开路。

ⓑ将电缆盘外端电缆的钢带、铝护套、全部屏蔽层及排流线用一端带有鳄鱼夹的导线连接,连接后接到测试仪表的接地端。

ⓒ将电缆外端头任意一组内屏蔽四芯组的红、白线对或蓝绿线对连接到电容测试仪的测试端子上,如图 8-9 所示。

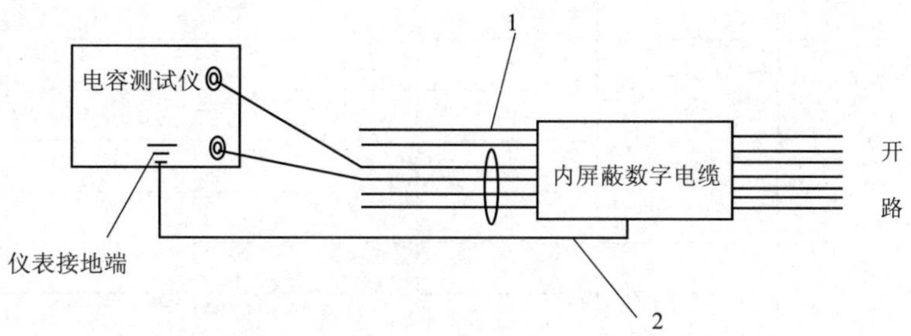


图 8-9　电缆工作电容测试方法示意图

1—屏蔽四芯组;2—电缆的钢带、铝护套、屏蔽层及排流线

ⓓ测试电容值填写测试记录,见表 8-5。测量绝缘电阻值,填写表 8-6。

ⓔ测试全部完成后在电缆报上做标识,表示测试结束。

**表 8-5　直流电阻、电阻不平衡、工作电容测试表**

| 电缆自编号： | | | | | 规格： | |
|---|---|---|---|---|---|---|
| 屏蔽四线组 | 组别 | 色别 | 颜色 | 直流电阻 | 电阻不平衡 | 工作电容 |
| | Ⅰ | 红 | 红 | | | |
| | | | 白 | | | |
| | | | 蓝 | | | |
| | | | 绿 | | | |
| | Ⅱ | 绿 | 红 | | | |
| | | | 白 | | | |
| | | | 蓝 | | | |
| | | | 绿 | | | |
| | Ⅲ | 白 | 红 | | | |
| | | | 白 | | | |
| | | | 蓝 | | | |
| | | | 绿 | | | |
| | Ⅳ | | 红 | | | |
| | | | 白 | | | |

续上表

| 电缆自编号： | | | | 规格： | | |
|---|---|---|---|---|---|---|
| 屏蔽四线组 | 组别 | 色别 | 颜色 | 直流电阻 | 电阻不平衡 | 工作电容 |
| | Ⅳ | | 蓝 | | | |
| | | | 绿 | | | |
| | Ⅴ | | 红 | | | |
| | | | 白 | | | |
| | | | 蓝 | | | |
| | | | 绿 | | | |
| | Ⅵ | | 红 | | | |
| | | | 白 | | | |
| | | | 蓝 | | | |
| | | | 绿 | | | |
| | Ⅶ | | 红 | | | |
| | | | 白 | | | |
| | | | 蓝 | | | |
| | | | 绿 | | | |

测试日期：　　测试环境：　　测试仪表：

测试人：　　技术负责人：

**表 8-6　绝缘电阻测试记录表**

| 电缆自编号： | | 规格： | |
|---|---|---|---|
| 测试项目 | | 测试结果 | 备注 |
| 绝缘电阻 | 屏蔽四线组 | | |
| | 普通四线组<br>对绞组<br>单芯组 | | |

测试日期：　　测试环境：　　测试仪表：

测试人：　　技术负责人：

c. 电缆封端

(a)用钢锯将电缆测试端整齐锯断，去掉已开剥的部分。

(b)用砂布条将电缆端头外护套 100 mm 部分打磨干净，将与电缆外径相适合的热缩端帽套在电缆端头上。

(c)用喷灯对热缩端帽均匀加热，当热缩端帽均匀的包裹在电缆上且热溶胶流出后停止加热(图 8-10)。

(d)待热缩端帽冷却后，将电缆端头绑扎固定在电缆盘上。

(e)清理现场。

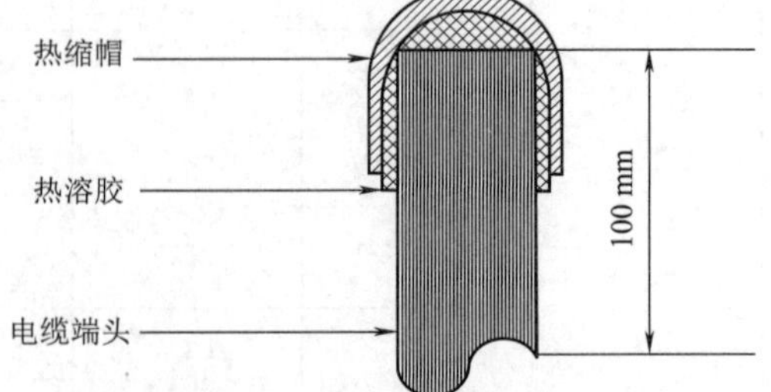


图 8-10　电缆封端方法示意图

③施工前的电缆配盘

电缆敷设前，根据电缆实际的到达长度和使用长度进行电缆的配盘工作和支线电缆的预配。

理由：通过配盘使电缆得到合理的使用，减少电缆接头的数量；配盘后，进行支线电缆的预配工作，雨天不宜在室外进行电缆预配工作。

a. 配盘工艺流程

配盘的工艺流程见表 8-7。

**表 8-7　配盘的工艺流程**

| 项　目 | 过　程 |
| --- | --- |
| 电缆配盘 | 根据设计图纸对电缆径路进行实测，建立电缆使用台账 |
| | 先对干线长电缆进行配盘；当某一根干线电缆长度超过整盘电缆长度时，先用整盘，不足的长度另搭配一根短电缆(一般应大于 100 m) |
| | 将每一盘电缆的使用情况详细填写在电缆配盘记录表 8-8 中 |

**表 8-8　电缆配盘记录表**

| 序号 | 电缆自编号 | 端别 | 原有长度 | 使用长度 | 剩余长度 | 使用地点 | 备注 |
| --- | --- | --- | --- | --- | --- | --- | --- |
| 1 | | | | | | | |
| 2 | | | | | | | |
| 3 | | | | | | | |
| 4 | | | | | | | |
| 5 | | | | | | | |
| 6 | | | | | | | |
| 7 | | | | | | | |

负责人：

b. 配盘时间

电缆长度可按下列公式计算：

$$L=(l+X\cdot G+a)\times 1.02$$

式中　$L$——电缆总长度，m；

$l$——电缆沟实测长度，m；

$G$——电缆穿越股道数；

$X$——股道间距离(最小值取 5.5)，m；

$a$——电缆附加长度，包括：室内储备量 5 m，分线盘做头量 3 m，室外每端呈“Ω”状(或“S”“∽”状)储备量 2 m，每端出入土及做头量为 2 m，电缆过桥时两端储备量 2 m；

1.02——放设电缆的自然弯曲系数。

c. 支线电缆的预配

预配流程见表 8-9。

**表 8-9　预配流程**

| 序号 | 项　目 | 备　注 |
| --- | --- | --- |
| 1 | 准备电缆预配的工具和材料 | 包括喷灯、钢锯、电缆支架、卷尺、克丝钳、铁棍等 |
| 2 | 找出需要预配的整盘电缆 | 根据表 8-8 的电缆配盘记录 |
| 3 | 将电缆用叉车运到工作区，开启电缆盘防护 | 没有叉车的情况下，按电缆盘的滚动方向推电缆盘，同时配备足够的人力，注意人身安全 |

续上表

| 序号 | 项　　目 | 备　　注 |
| --- | --- | --- |
| 4 | 架起电缆架 | (1)电缆到位后,用一根直径不小于 50 mm、长 3.5 m 的实心铁棍从电缆盘中间的圆孔中穿出,电缆盘两端露出的铁棍要平均,否则电缆盘架起后影响电缆盘的稳定性;<br>(2)将电缆支架平稳地放在电缆盘两边铁棍的下面,电缆支架和电缆盘的距离在 400 mm 左右;<br>(3)将电缆盘架起,电缆盘离地面的高度不要超过 150 mm,以免在电缆的拉动过程中影响电缆支架的稳定。<br>(4)拆除固定电缆端头的装置,记录电缆端头的长度标识 |
| 5 | 根据电缆需要的长度拉出电缆后,用钢锯整齐锯断 | 按照盘上所标的箭头方向转动电缆盘,以免造成电缆松脱,电缆从电缆盘的下方拉出 |
| 6 | 将电缆使用的情况做好详细记录 | |
| 7 | 预配结束,卸下电缆支架和铁棍,将剩余电缆封端、防护后放回原来位置 | 要求结束后必须收拾工具、材料,清理现场 |

注意预配要求:

(a)对预制的电缆应及时进行封端处理,以防止电缆进水受潮而影响其电气特性。

(b)用尼龙扎扣在每根电缆上绑扎电缆铭牌。铭牌的绑扎应牢固,以免脱落造成电缆的混乱。

(c)电缆可以用空盘卷,或盘成半径大于电缆外径 15 倍的圆圈,盘卷后的电缆用铁线绑扎并按顺序堆放。

(d)电缆从整盘上截取后,在整盘上标明总长中减去的电缆长度,并标识在电缆盘中,便于了解本盘的剩余电缆长度。

d. 电缆铭牌的制作

电缆铭牌的制作要求见表 8-10。

**表 8-10　电缆铭牌制作要求**

| 序号 | 项　　目 | 要　　求 |
| --- | --- | --- |
| 1 | 铭牌使用场合 | 预配、敷设及配线时均应拴挂统一格式的电缆铭牌 |
| 2 | 铭牌使用原因 | 拴挂电缆铭牌可以避免电缆的错误使用,利于电缆的维护 |
| 3 | 铭牌制作时间 | 铭牌在电缆预配、敷设及配线前根据电缆径路图制作 |
| 4 | 铭牌要求 | 铭牌字迹应工整、不模糊,具有耐久、防水等特点 |
| | | 电缆铭牌应根据电缆径路图记录电缆的用途 |
| | | 标明电缆的起止设备名称、长度、电缆芯数及备用芯数、端别(图 8-11) |

④施工前的电缆运输

电缆运输一般采用汽车或轨道车等交通工具。在电缆的装卸过程中,宜采用叉车、吊车等专用的装卸机械,同时应有专人负责、统一指挥,并配备足够的人力,注意电缆的防护,避免造成人体伤害及损伤电缆。

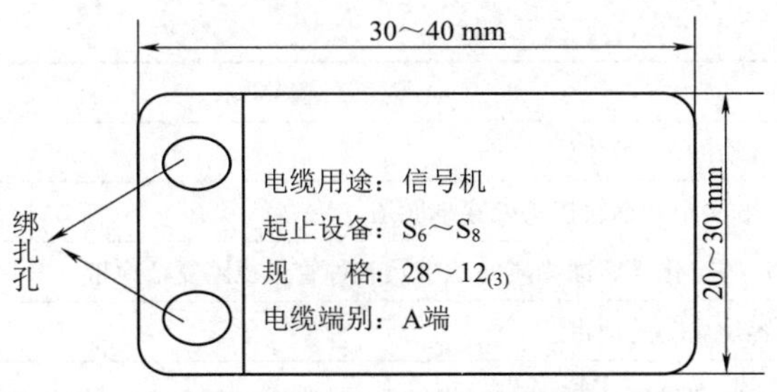


图 8-11　电缆铭牌示意图

电缆的装卸步骤见表 8-11。

**表 8-11　电缆的装卸步骤**

| 序号 | 项　目 |
|---|---|
| 1 | 根据配盘记录找到电缆，并运到合适的装卸位置 |
| 2 | 在车厢内将支撑、防滑桩安装好 |
| 3 | 将电缆盘平稳地放在两个防滑桩中间 |
| 4 | 用大绳或紧线器从电缆盘的中间穿出后捆绑在汽车挂钩上，并确认捆绑牢固(图 8-12) |

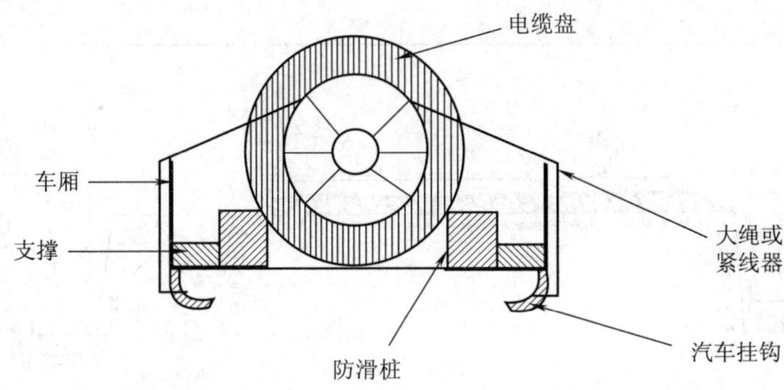


图 8-12　电缆运输示意图

注意：在铁路边卸车时，电缆的卸车位置应注意铁路的限界，并避免在人行道及公路位置卸车。将电缆运到指定位置后，松开大绳或紧线器，把电缆放在平稳地段，用三角木等防滑物品将其固定。电缆盘固定如图 8-13 所示。

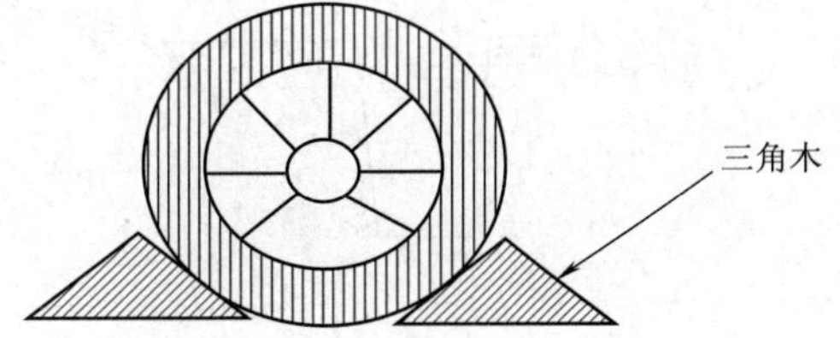


图 8-13　电缆盘固定示意图

⑤施工前的电缆径路的选择、施工

a. 电缆径路的选择

电缆径路选择的要求见表 8-12。

**表 8-12　电缆径路选择的要求**

| 序号 | 电缆径路选择要求 |
|---|---|
| 1 | 两设备间距离最短 |
| 2 | 通过股道及障碍物最少 |
| 3 | 施工及维修方便 |

续上表

| 序号 | 电缆径路选择要求 |
| --- | --- |
| 4 | 避开线路和其他建筑物的改、扩建处 |
| 5 | 避免在道岔的岔尖、辙叉心和钢轨接头处穿越股道 |
| 6 | 避免通过碱、酸、盐性等有化学腐蚀物质的地带及各种管道径路复杂地带 |
| 7 | 避免通过土壤松软容易塌陷的地带 |
| 8 | 电缆径路与铁路平行时，距最近轨底边缘的距离，在线路外侧 $L$ 为 2 m；如路基宽度不够时，在保证轨底边缘与电缆间斜面距离不小于 2 m 的情况下，$L$ 可减至不小于 1.7 m；在线路间，$L$ 为 1.6 m；若线路间距为 4.5 m，$L$ 可减至不小于 1.5 m；距铁路边排水沟不小于 1 000 mm（图 8-14） |
| 9 | 电缆径路与公路平行时，距公路路面边沿和排水沟边沿不小于 1 000 mm 处（图 8-15） |
| 10 | 电缆径路与上下水管道平行时，距上下水管的距离不小于 500 mm（图 8-16） |
| 11 | 电缆径路与煤气或液体燃料管道平行时，距液体或燃料管道的距离不小于 1 000 mm（图 8-17） |
| 12 | 电缆径路与热力管道平行时，距离热力管道的距离不小于 2 000 mm（图 8-18） |
| 13 | 电缆径路与建筑物平行时，距建筑物的距离不小于 600 mm（图 8-19） |
| 14 | 电缆径路在树木附近时，距树木的距离不小于 2 000 mm（图 8-20） |
| 15 | 干线电缆与电力杆平行时，距电力杆边缘的距离应不小于 700 mm，距电力线路的防雷地线的距离应不小于 20 m（图 8-21） |

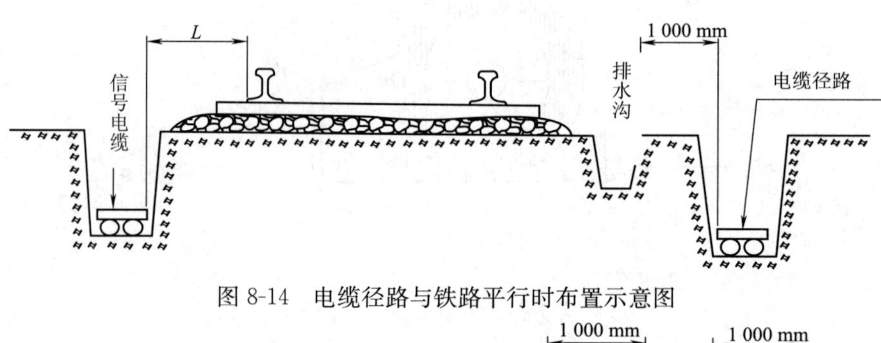


图 8-14　电缆径路与铁路平行时布置示意图

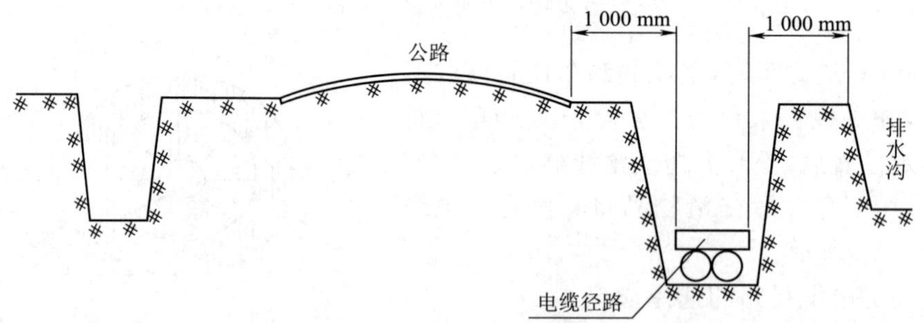


图 8-15　电缆径路与公路平行时布置示意图

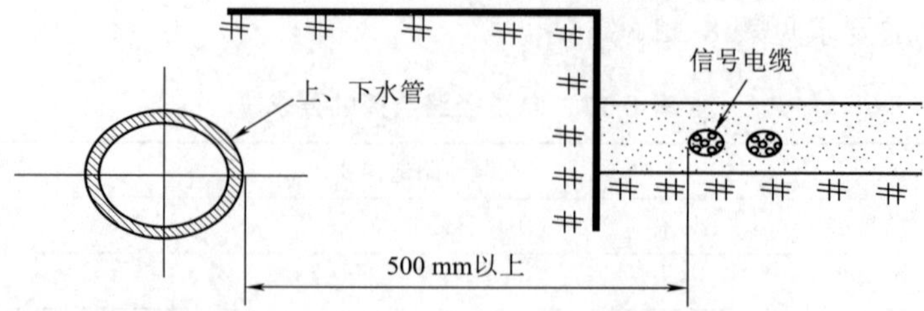


图 8-16　电缆径路与上下水管平行时布置示意图

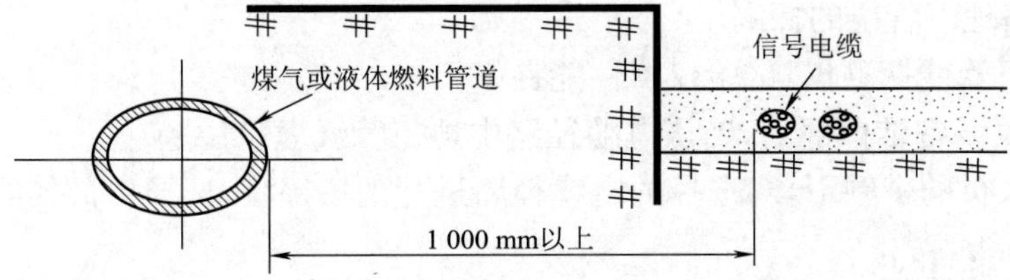


图 8-17　电缆径路与煤气或液体燃料管道平行时布置示意图

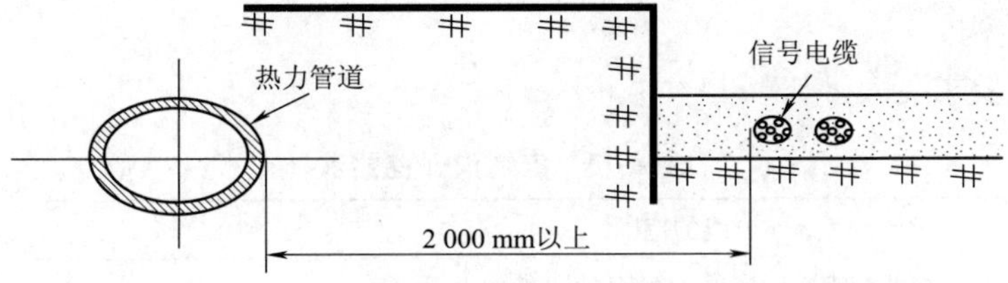


图 8-18　电缆径路与热力管道平行时布置示意图

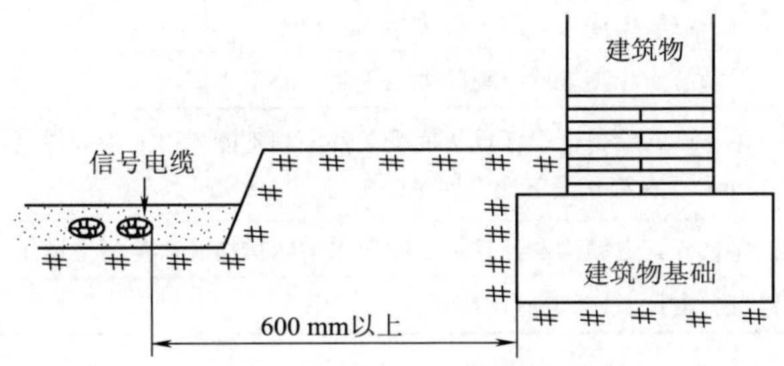


图 8-19　电缆径路与建筑物平行时布置示意图

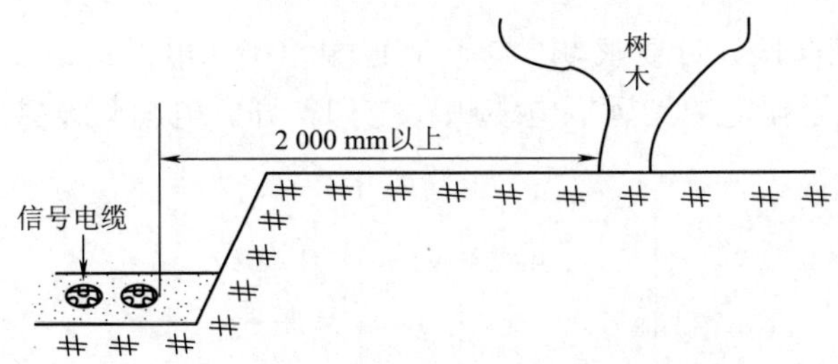


图 8-20　电缆径路在树木附件布置示意图

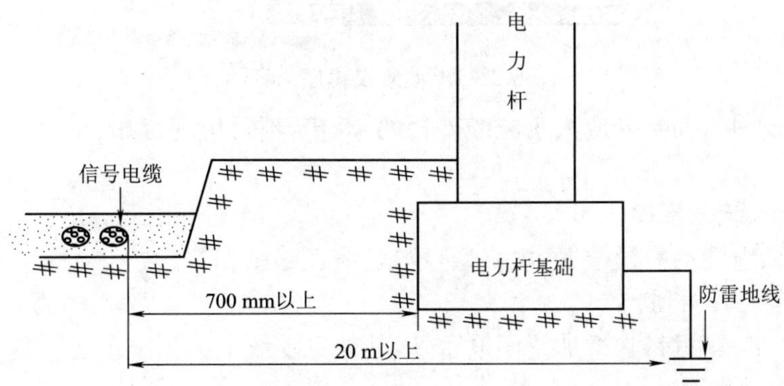


图 8-21　电缆路径与电力杆平行时布置示意图

b. 电缆径路地下管线的探测

(a)准备地下管线探测仪,试验仪器性能良好。

(b)联系有关设备维护部门,确认电缆径路中地下管线埋设位置。

(c)在有关人员的带领下,对选择的电缆径路进行现场探测,选择出最佳的电缆径路。

c. 电缆沟画线

(a)沿探测的线路将线绳拉直。

(b)根据电缆沟的宽度,沿线绳用白灰水画出两条电缆沟的边线。

d. 开挖电缆沟

电缆沟开挖要求见表 8-13。

**表 8-13　电缆沟开挖要求**

| | |
|---|---|
| 开挖要求 | 挖沟时不超出画线的范围 |
| | 电缆沟直且沟底平,深度符合电缆的埋设深度 |
| 电缆的埋深要求 | 电缆埋设深度距地面不得小于 700 mm |
| | 石质地段电缆的埋设深度不得小于 500 mm |
| | 在农田及有农作物地段电缆的埋设深度不小于 1 200 mm |
| | 箱盒设备处的储备电缆埋设深度受条件限制不能与引入沟同深时,可减少埋设深度,但不得小于 200 mm,且在箱盒设备处设埋桩防护 |
| | 在铁路边开挖电缆沟及开挖过道时应采取防护措施避免污染道床 |
| 开挖工具 | 铁锹、镐、皮尺、铁锤、钢钎等 |

⑥电缆敷设

a. 敷设要求

(a)敷设时 A 端朝向按设计要求,电缆须 A、B 端相接。电缆沟内距信号楼最近端的设备电缆排列在线路侧,由近端电缆到远端电缆顺序排列整齐。电缆敷设排序如图 8-22 所示。

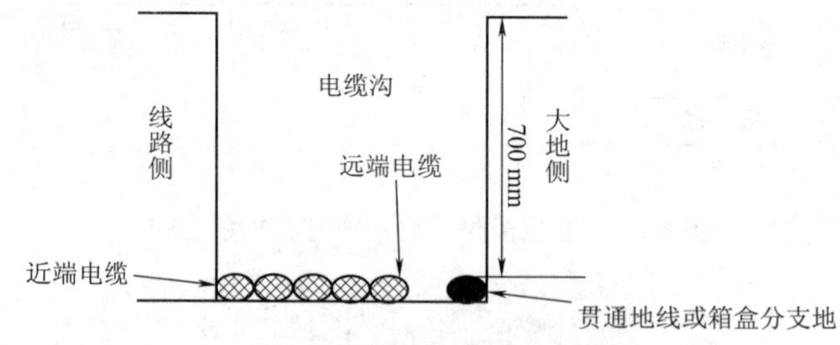


图 8-22　电缆敷设排序示意图

(b)电缆敷设时弯曲半径应大于电缆外径的 15 倍,不得出现背扣、小弯及损伤电缆外护层现象。

(c)专人负责、统一指挥。

(d)检查确认电缆的敷设位置、规格型号与电缆径路图相符。

b. 敷设电缆工具、材料

敷设电缆的工具、材料除增加使用电台外,其他见支线电缆预配主要工具表。

c. 电缆的敷设步骤

电缆的敷设步骤见表 8-14。

**表 8-14　电缆的敷设步骤**

<table>
<tr><td rowspan="10">电缆敷设过程描述</td><td>准备敷设电缆的工具、材料，电缆径路图和配盘记录</td></tr>
<tr><td>电缆盘固定</td></tr>
<tr><td>负责电缆始端的人员将电缆从电缆盘的下方拉出；负责看守电缆盘的人员按照盘上所标的箭头方向转动电缆盘，以免造成电缆松脱；负责电缆始端的人员通过电台和电缆中间的人员以及守盘人员随时联系，了解电缆敷设的情况</td></tr>
<tr><td>电缆到达位置后，负责电缆始端的人员挂始端电缆铭牌，留好电缆储备量后，通过电台通知中间和守盘的人员，电缆盘停止转动。</td></tr>
<tr><td>负责始端电缆的人员从电缆始端开始，把电缆顺序放入电缆沟，电缆之间不能互相交叉</td></tr>
<tr><td>电缆理顺后，留够末端电缆备用量后，守盘人员用钢锯将电缆整齐锯断，挂好末端电缆铭牌</td></tr>
<tr><td>电缆及时封头，以防止电缆进水受潮而影响其电气特性</td></tr>
<tr><td>电缆从整盘上割取后，在整盘上标明总长中减去的电缆长度，并作出标识，便于了解本盘的剩余长度</td></tr>
<tr><td>将电缆使用情况做好详细记录，敷设好的电缆在电缆径路图上做红色标注</td></tr>
<tr><td>电缆敷设结束，收拾工具，清理现场</td></tr>
<tr><td rowspan="4">敷设要求</td><td>在电缆敷设过程中过桥时，桥的两端储备量要有专人负责预留；桥的两端要设专职防护员了解列车的运行情况，随时与敷设人员联系保证行车、人身及电缆的安全</td></tr>
<tr><td>在电缆敷设过程中过隧道时，要配备足够的照明设备；同时隧道两端要设专职防护员了解列车的运行情况，随时与敷设人员联系保证行车、人身及电缆的安全</td></tr>
<tr><td>在电缆敷设过程中过轨、公路时，钢轨、公路两端要有专人负责看守；在电缆敷设过程中需转弯、穿越障碍时，要有专人看守，防止电缆损伤</td></tr>
<tr><td>电缆穿过防护钢管时，应在防护钢管口处安装电缆防护套，以免损伤电缆</td></tr>
</table>

⑦电缆防护

a. 电缆防护材料

(a)电缆的防护材料主要有防护管和电缆防护槽。

(b)电缆防护管(钢管、铸铁管、硬塑料管等)、电缆防护槽(水泥槽、复合槽、钢槽等)及其他电缆防护器材进场前应进行验收。检查质量证明文件是否齐全、外观是否有破损等。使用时防护管内径应大于电缆外径的 1.5 倍以上。

b. 电缆防护方法

(a)当电缆的埋设深度大于 700 mm 时，采取分层夯实的直埋防护方式。

电缆防护的施工步骤见表 8-15。

**表 8-15　电缆防护的施工步骤**

| 序号 | 过　程 |
|---|---|
| 1 | 电缆上先覆盖 200 mm 软土，当电缆为多层时，两层电缆之间覆盖 100 mm 软土或砂 |
| 2 | 回填深度达到 500 mm 后，用木夯夯实 |
| 3 | 把剩余的土回填入电缆沟，再用木夯夯实 |
| 4 | 电缆沟和地面填平后，再在电缆沟上隆起高出地面 100 mm 的土堆 |
| 5 | 收拾工具，清理现场 |

(b)电缆穿越轨道时应采用防护管防护，防护管可采用钢管、铸铁管、电缆槽、硬塑料管或设计要求的防护管。防护管两端各伸出轨枕端不得小于 500 mm，埋于地面 200 mm 以下。防

护管管口用麻袋片封堵。电缆穿越轨道防护如图 8-23 所示。

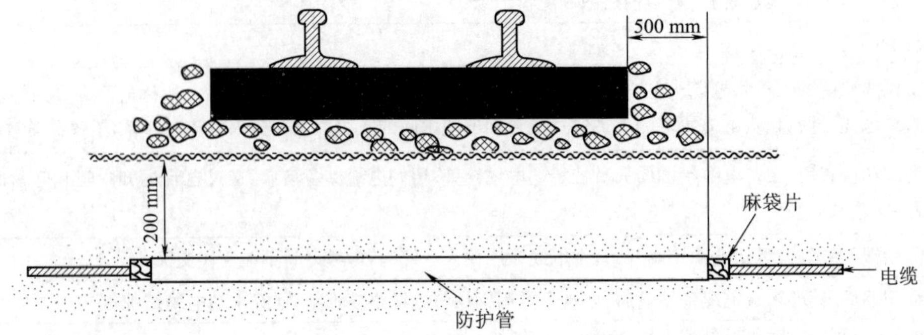


图 8-23　电缆穿越轨道防护示意图

(c)电缆在站台上应采用站台上专用的电缆沟槽防护,无专用电缆沟槽时应采用混凝土电缆槽或复合电缆槽进行防护,混凝土电缆槽或复合电缆槽的埋设深度为盖顶面距地面 200～300 mm。电缆槽埋设深度如图 8-24 所示。

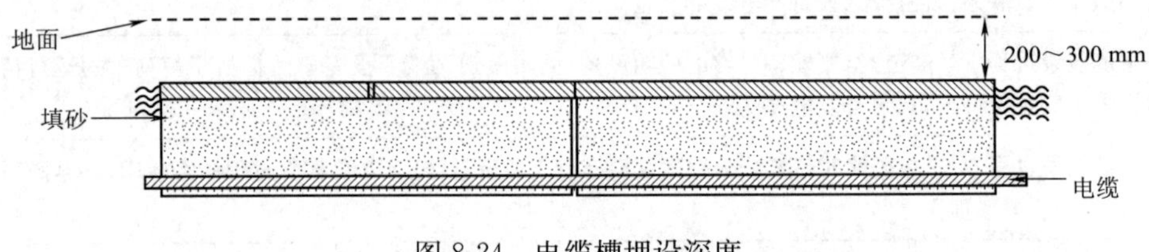


图 8-24　电缆槽埋设深度

电缆槽防护步骤见表 8-16。

**表 8-16　电缆槽防护步骤**

| 序号 | 步　骤 |
| --- | --- |
| 1 | 将电缆槽对齐,接口不留缝隙 |
| 2 | 在电缆上填砂并将电缆槽填满,避免电缆槽形成水道 |
| 3 | 盖上电缆槽盖板,接口不留缝隙,用混凝土砂浆封堵 |

电缆槽应采用分歧和直形两种形式,分歧、直形电缆防护如图 8-25 所示。

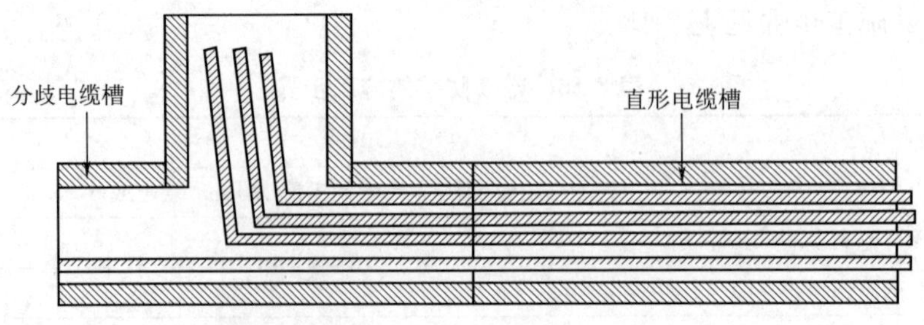


图 8-25　分歧、直形电缆槽防护示意图

(d)电缆穿越公路时,一般采用钢管进行防护,钢管埋深不低于 500 mm,埋深大于 1 200 mm 时,防护管可采用硬塑料管。防护管两端露出公路边缘不小于 500 mm。防护管管口用麻袋片封堵,防护前用卷尺测量公路宽度。预制防护管。电缆过公路防护如图 8-26 所示。

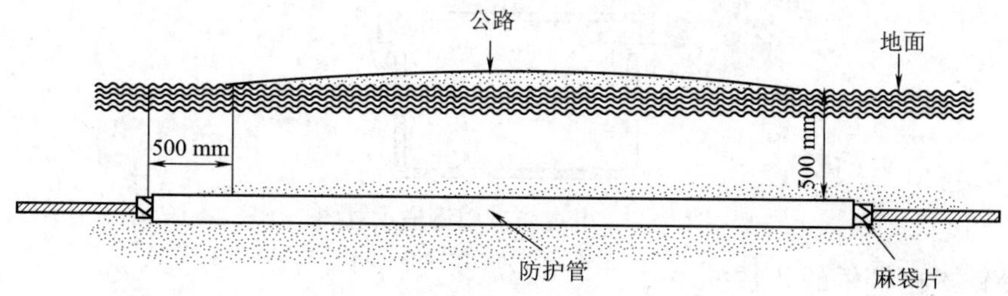


图 8-26　电缆过公路防护示意图

(e)过小混凝土桥或涵洞的防护应采用标准尺寸钢槽或钢管防护。利用既有钢槽时,首选靠近线路侧的钢槽,过小混凝土桥或涵洞防护如图 8-27 所示。

采用钢槽的防护步骤见表 8-17。

**表 8-17　采用钢槽的防护步骤**

| 序号 | 过　程 |
|---|---|
| 1 | 准备工具,测量小混凝土桥或涵洞的长度配制钢槽;电缆防护用钢槽如图 8-28 所示;主要工具、材料见表 8-18 |
| 2 | 用 M6×20 mm 螺栓把钢槽连接起来,并放在和电缆沟一致的位置 |
| 3 | 入地钢槽采用的转弯 120°的特殊钢槽 |
| 4 | 桥或涵洞两侧各放置一块混凝土基础,对钢槽固定 |
| 5 | 在钢槽口处,用麻袋片将电缆缠绕堵塞,并且电缆在槽内不交叉 |
| 6 | 将槽盖盖好,每隔 0.5 m 套上钢槽卡箍,用 200 mm 扳手将钢槽专用卡箍螺栓拧紧 |
| 7 | 用钢槽卡箍将钢槽固定在基础螺栓上,并用 200 mm 扳手紧固 |
| 8 | 如小桥或涵洞长度超过 3 m,则在两个基础中间每隔 1.5 m 用混凝土砂浆灌注,将钢槽固定在小桥或涵洞上 |
| 9 | 收拾工具,清理现场 |

**表 8-18　主要工具、材料**

| 序号 | 名称 | 规格 | 备注 | 序号 | 名称 | 规格 | 备注 |
|---|---|---|---|---|---|---|---|
| 1 | 钢槽 | | | 7 | 扳手 | 200 m | |
| 2 | 入地钢槽 | 转弯 120° | | 8 | 锹 | | |
| 3 | 钢槽卡箍 | | | 9 | 镐 | | |
| 4 | 钢槽卡箍螺栓 | M10×40 mm | | 10 | 皮尺 | 50 m | |
| 5 | 基础螺母 | M8 | | 11 | 钢槽接头螺栓 | M6×20 mm | |
| 6 | 基础 | | | | | | |

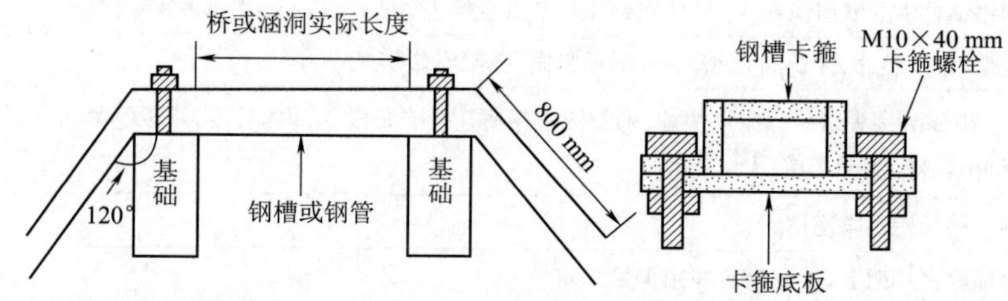


图 8-27　过小混凝土桥或涵洞防护示意图

图 8-28　电缆防护用钢槽示意图

(f)过带铁护栏长桥的防护

电缆过带铁护栏长桥时采用钢槽防护。为了便于工务维护线路,钢槽宜采用下挂安装方式,带铁防护栏桥钢槽下挂式安装如图 8-29 所示。

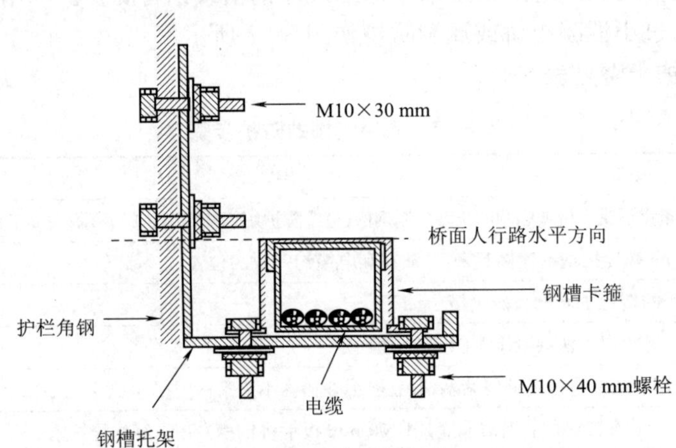


图 8-29　带铁防护栏桥钢槽下挂式安装示意图

防护步骤:参照电缆过小混凝土桥或涵洞的防护步骤。

钢槽的下挂式安装步骤见表 8-19。

**表 8-19　钢槽的下挂式安装步骤**

| 序号 | 步　骤 |
|---|---|
| 1 | 测量桥的长度配制钢槽,安装主要工具、材料见表 8-20 |
| 2 | 准备发电机、13 mm 手电钻、$\phi$10 mm 钻头 |
| 3 | 用钢卷尺从钢轨平面水平方向往角钢护栏上拉一条直线,用记号笔在护栏上做好标记 |
| 4 | 用手锤和号眼冲子在标记处号眼 |
| 5 | 把钻头装在电钻上 |
| 6 | 打开发电机,把电钻连接在发电机上,开动电钻钻孔 |
| 7 | 钻孔完毕,关闭电钻、发电机 |
| 8 | 用毛刷将钻孔中的铁屑清扫干净,从线路往大地方向穿上 M10×30 mm 托架固定螺栓 |
| 9 | 装上托架,套上垫片、弹簧圈,用扳手将螺母紧固,托架安装结束 |
| 10 | 用 M6×20 mm 接头螺栓、螺母、垫片、弹簧圈把钢槽连接成每段 3 m 的长度,用扳手紧固后,与桥端入地钢槽(长 800 mm、转弯 120°)连接 |
| 11 | 从桥的一端开始逐段连接 |
| 12 | 钢槽全部放到托架上,盖上槽盖并用卡箍固定 |
| 13 | 将安装好的钢槽调平调直 |
| 14 | 钢槽安装完毕,收拾工具,清理现场 |

表 8-20　主要工具、材料

| 序号 | 名称 | 规格 | 备注 | 序号 | 名称 | 规格 | 备注 |
|---|---|---|---|---|---|---|---|
| 1 | 钢槽 | | | 10 | 钢锯条 | | |
| 2 | 入地钢槽 | 长 800 mm、转弯 120° | | 11 | 钢槽接头螺栓 | M6×20 mm | |
| 3 | 钢槽卡箍 | | | 12 | 钢槽托架 | | |
| 4 | 钢槽卡箍螺栓 | M10×40 mm | | 13 | 发电机 | | |
| 5 | 扳手 | 200 mm | | 14 | 电钻 | 13 mm | |
| 6 | 锹 | | | 15 | 钻头 | 10 mm | |
| 7 | 镐 | | | 16 | 记号笔 | | |
| 8 | 皮尺 | 50 m | | 17 | 手锤 | | |
| 9 | 钢锯 | | | 18 | 号眼工具 | | |

(g)过隧道的防护

电缆过隧道可采用电缆槽或预留的槽道防护，不采用电缆槽道的隧道，可采用电缆壁挂防护。电缆壁挂可采用电缆挂钩或托臂两种方式，挂钩或托臂的安装间距以 1 m 为宜。在壁挂防护时，隧道口可采用如图 8-30 的方式防护，电缆托臂侧视如图 8-31 所示。

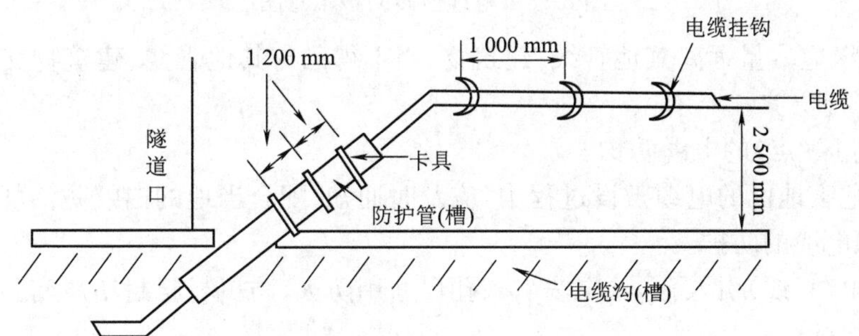


图 8-30　隧道口电缆的防护管(槽)安装示意图

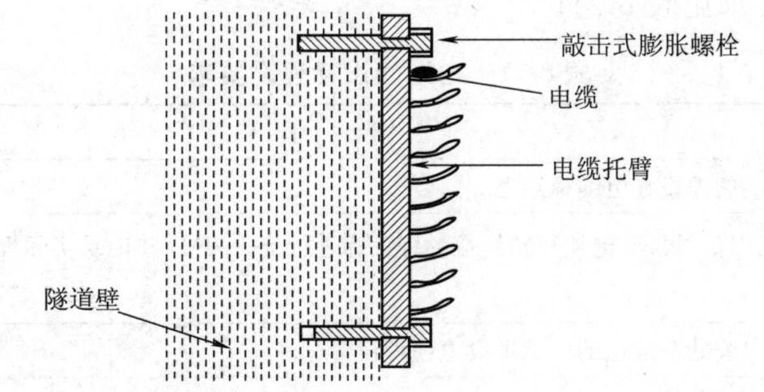


图 8-31　隧道电缆托臂侧视示意图

(h)电缆过水沟、水渠采用钢管防护

ⓐ测量水沟、水渠跨度配制钢管。

ⓑ将防护钢管敷设在地下，钢管顶面距水沟底面应大于 200 mm；防护钢管的内径应大于电缆外径的 1.5 倍，防护钢管两端伸出水沟边沿 500 mm。电缆过水沟钢管防护如图 8-32 所示。

(i)电缆在通过坚石等地段或埋深不足 700 mm 时，应采用电缆槽或钢槽防护。

(j)电缆应尽量避免在居民点、地下排水沟、取土坑等附近通过，必须要通过时，应在电缆上、下各敷设软土(或砂)100 mm，并在上面敷砖(管、槽)防护。电缆沙砖防护如图 8-33 所示。

(k)电缆地下接续时，地下接续处应用电缆槽进行防护，防护长度不小于 1 m。

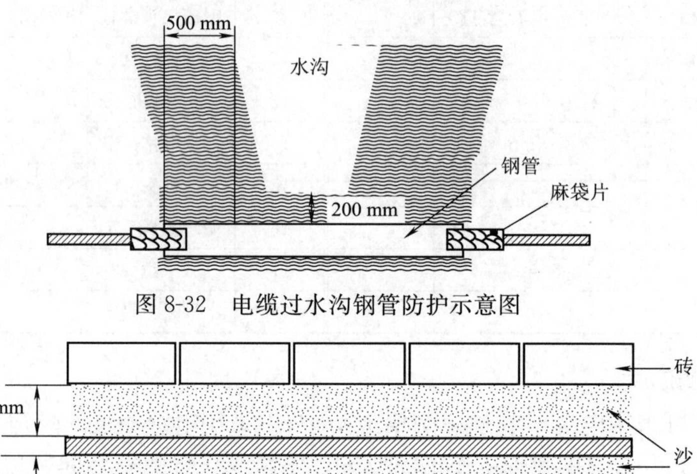


图 8-32　电缆过水沟钢管防护示意图

图 8-33　电缆沙砖防护示意图

(l)室外电缆应尽量远离其他管线、建筑物，当不得已与其他管线、建筑物交叉或平行敷设时，应按要求进行防护。

(m)特殊地区(点)的电缆防护

在有白蚁危害地区的电缆敷设过程中，应及时通知、配合当地的白蚁防治部门进行白蚁的预防治理，加强电缆的防护。

在室内的电缆(线)引入孔处，应按引入孔尺寸用防火、防鼠材料封堵严密。

⑧电缆埋设标

a. 埋设要求

电缆埋设标埋设要求见表 8-21。

**表 8-21　电缆埋设标埋设要求**

| 序号 | 要　求 |
|---|---|
| 1 | 电缆埋设标应准确的埋设在电缆径路上 |
| 2 | 在电缆径路图上，对信号楼到电缆径路终端的埋设标进行统一编号，并记录实际埋设的公里标和到最近线路中心的距离 |
| 3 | 桥梁两端的备用电缆处及隧道的两端埋设电缆埋设标 |
| 4 | 接近建筑物的最近点、可能遭受意外损伤的地点、穿越障碍物点、箱盒接地点、电缆接续处及与其他电缆和管道交叉点埋设电缆埋设标 |
| 5 | 长度大于 200 m 的电缆径路，中间无转向或分支电缆埋设标时，应每隔 100 m 的距离安装一个电缆埋设标 |
| 6 | 电缆埋设标应标明编号、用途、电缆埋深及日期 |
| 7 | 以上均记录在竣工文件中 |

b. 电缆埋设标类型

按电缆方向分直向标、转向标、分歧标。

c. 埋设步骤

电缆埋设标埋设步骤见表8-22。

表8-22　电缆埋设标埋设步骤

| 序号 | 步　骤 |
| --- | --- |
| 1 | 准备施工工具和材料并运到现场，主要工具和材料见表8-23 |
| 2 | 用铁锹在电缆径路相应位置上挖长0.5 m、深0.3 m的坑 |
| 3 | 挖好后将坑底整平夯实 |
| 4 | 把埋设标放入坑里高出地面300 mm |
| 5 | 把坑填平夯实 |
| 6 | 用字模和红色自喷漆印上埋设标对应的编号、作用及电缆埋深 |
| 7 | 测量埋设标的公里标和到最近线路中心的垂直距离，记录在电缆径路埋设标示意图上(图8-34) |
| 8 | 收拾工具，清理现场 |

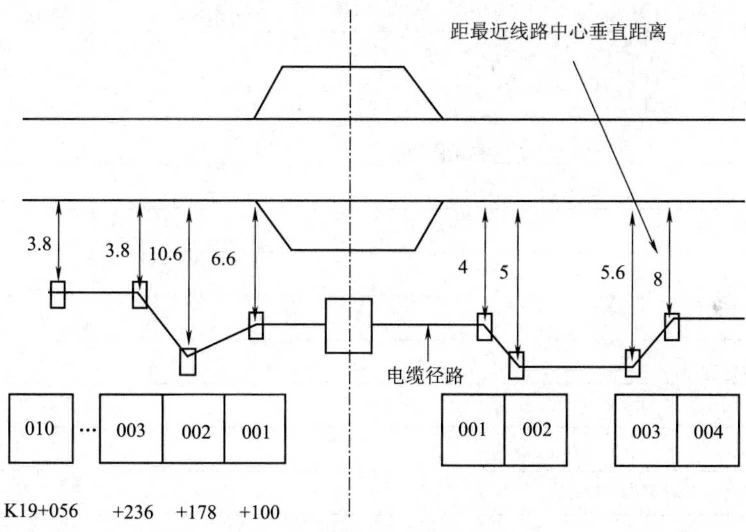


图8-34　电缆径路埋设标示意图(单位:m)

表8-23　主要埋设工具盒材料表

| 序号 | 名称 | 规格 | 序号 | 名称 | 规格 |
| --- | --- | --- | --- | --- | --- |
| 1 | 电缆埋设标 | | 5 | 字模 | |
| 2 | 铁锹 | | 6 | 木夯 | |
| 3 | 皮尺 | 50 m | 7 | 电缆径路图 | |
| 4 | 红色自喷漆 | | 8 | 记号笔 | |

⑨电缆敷设后的绝缘测试

电缆敷设、防护结束后，应对电缆做敷设后绝缘测试，检验电缆在敷设过程中是否受到损害。不合格的电缆详细记录，查明原因并处理好，不能处理的更换电缆。

测试步骤：

a. 测试人员携带电台及测试工具、材料分别到达电缆的始、终端。

b. 通过电台联系并根据电缆铭牌确定测试电缆。

c. 具体操作及电缆封端见电缆单盘测试部分，测试时仪表的接地端子直接接地。

d. 清理现场。

⑩电缆工程隐蔽记录

按电缆敷设、防护的实际情况，填写电缆工程隐蔽记录(表 8-24)。

**表 8-24 电缆工程隐蔽记录**

检查地下电缆的埋设情况

铁路线别：________ 预算号：________

工程名称：________ 施工单位：____处____段____队

工程地点： 检查日期： 年 月 日

电缆用途________自________至________共长________米

检查结果如下：

1. 埋设深度________
2. 土质情况________有无侵蚀性________
3. 防护情况________
4. 穿过轨道下防护方法________
5. 接头及弯曲处的处理________
6. 始端备用量________
7. 终端备用量________

根据以上检查认为________

决定________

主管工程师： 施工负责人：

检查工程师： 监理或监察工程师：

年 月 日

## 五、任务实施的要求

信号电缆施工安全注意事项主要遵循现行相关规定，以及根据具体施工条件、人力组织、电缆沟开挖方式、既有线施工还是新线建设，站内施工还是区间施工，特殊施工作业条件，夜间施工、桥上高处作业、杆上挂缆敷放等而制定施工技术方案、组织方案、作业指导书等规定施工作业安全注意事项，施工人员应严格执行相关安全规定。

既有线或过公路电缆敷设要设防护。所有作业人员，应穿防护服以及正确使用相关安全用品。

拉放电缆通过铁路、公路时要在确认无车通过时，沿路边一字排好、手持电缆、听命令，同时跨越线路，这样会大大节省过路时间，减少行车事故。

拉放电缆时，前面要有一位明白电缆始端位置及预留长度的技术人员作持图人，后面要有一位手持对讲机的控制人员，以免割短或留得电缆过长。肩扛电缆要有肩套，放缆人员要穿防护服、戴手套，每人所持电缆长度不要超过其作业人员的体力范围。

人体肩抗电缆的一侧要背离电缆沟，以免前后拉力使之倒入电缆沟内。墙角拐弯处，严禁人站在电缆中间，要站在电缆与墙角外侧，以免裹入伤害危险。

凡影响列车运营或危及行车安全的信号电缆施工（如挖沟作业），都要提前向当地运营主管部门、维修单位要点、登记，并邀请运营维修部门协同监视施工，以便紧急情况发生时快速应急处理及恰当应对。

## 六、布置作业

要求以组为单位描述电缆施工的过程，并填写表 8-25、表 8-26 和表 8-27。

**表 8-25 作业程序方框图**

| 序号 | 工作前准备 | 施工项目 | 防护项目 | 工作后记录 |
|---|---|---|---|---|
| 1 | | | | |
| 2 | | | | |
| 3 | | | | |
| 4 | | | | |
| 5 | | | | |
| 6 | | | | |

**表 8-26 重点卡控项目**

| 卡控项目 | 卡控内容 |
|---|---|
| 必须做的 | (1)<br>(2)<br>(3)<br>(4)<br>(5)<br>(6) |
| 禁止做的 | (1)<br>(2)<br>(3)<br>(4)<br>(5)<br>(6) |

表 8-27 作业程序及作业标准

| 工作步骤 | 工作内容及标准 |
| --- | --- |
| 施工 | (1)<br>(2)<br>(3)<br>(4)<br>(5)<br>(6)<br>(7) |
| 防护 | (1)<br>(2)<br>(3)<br>(4) |

## 七、作业检查评议

(1)了解验收表格中项目内容。
(2)能够填写表 8-25 至表 8-27，并清楚了解施工标准。
(3)以组为单位讲解过程。

# 任务 3 铁路信号电缆的接续

## 一、任务提出

敷设在线路中的电缆是由若干条组成的，你知道它们是如何接续在一起的吗？下面先通过图 8-35 和图 8-36 看一下基本的接续过程。

图 8-35

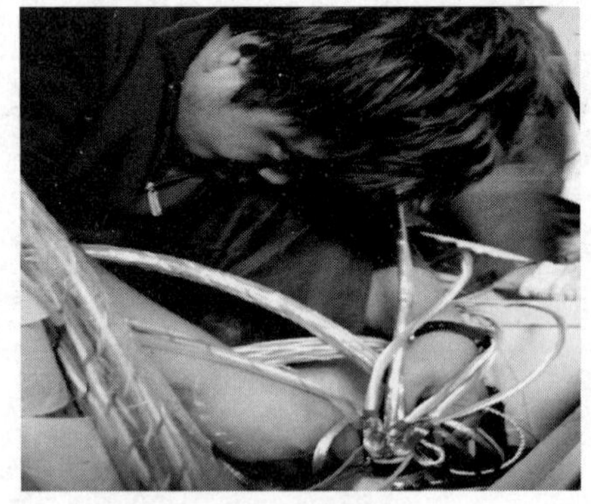

图 8-36

(1)你是否了解图 8-35、图 8-36 中现场工作人员正在进行哪些工作。
(2)图 8-35 和图 8-36 都是在进行电缆接续，你是否了解在做图 8-35、图 8-36 中这些工作时需要注意哪些事项？

## 二、任务分析

本任务主要是讲解铁路信号电缆的接续过程，因此在学习之前要清楚了解在学完该项目后我们能够掌握哪些技能，在以后的工作中我们能从事哪些工作。

(1)了解铁路信号电缆的接续流程、安全规范，以便在施工单位进行电缆的接续工作。

(2)了解信号电缆的质量验收标准，以便在施工单位进行铁路信号电缆的检查验收工作。

(3)了解信号电缆的质量验收标准，以便在各铁路局集团公司的信号车间进行铁路信号电缆的检查验收工作。

## 三、施工任务准备

该任务的实施主要是靠人力和相应的器具，作为一名铁路信号工程施工人员，首先我们应了解实现该任务的器具有哪些，具体器具要求见表 8-28 和表 8-29。

**表 8-28　电缆接续施工材料表**

| 序　号 | 名　称 | 规　格 | 单　位 | 数　量 | 备　注 |
|---|---|---|---|---|---|
| 1 | 接续盒 | 直通 | 个 | 按需要 | 含密封胶、膨胀胶 |
| 2 | 棉纱 | | | | |
| 3 | 钢锯 | | | | 注意准备备用钢锯条 |
| 4 | 屏蔽连接 | | 条 | 按需要 | |
| 5 | 镀锌铁丝 | | kg | 按需要 | |

**表 8-29　信号电缆接续施工机具表**

| 序号 | 所需工器具名 | 规格/型号 | 单　位 | 数　量 | 备　注 |
|---|---|---|---|---|---|
| 1 | 锹 | | 把 | 2 | |
| 2 | 镐 | | 把 | 1 | 每两人共用一把 |
| 3 | 克丝钳 | | 把 | 2 | |
| 4 | 尖嘴钳 | | 把 | 2 | |
| 5 | 偏口钳 | | 把 | 2 | |
| 6 | 扁嘴钳 | | 把 | 2 | |
| 7 | 剥线钳 | | 把 | 2 | |
| 8 | 镊子 | | 把 | 1 | |
| 9 | 裁纸刀 | | 把 | 3 | 刀片 1 盒 |
| 10 | 地下电缆专用紧固扳手 | | 套 | 1 | |
| 11 | 工业酒精 | | kg | 2 | |
| 12 | 汽油喷灯 | kg | 把 | 1 | |
| 13 | 电子喷枪 | 大号 | 把 | 1 | 被燃气 |
| 14 | 电子喷枪 | 小号 | 把 | 1 | 被燃气 |
| 15 | 液压天然气喷罐 | 5 kg | 套 | 1 | |
| 16 | 信号电缆接线专用接线压紧套管 | | 个 | 40 | 平均每套 40 个 |
| 17 | 信号电缆接续专用压线钳 | | 把 | 1 | |
| 18 | 电缆芯线编号绳 | | 卷 | 1 | |

续上表

| 序号 | 所需工器具名 | 规格/型号 | 单　位 | 数　量 | 备　　注 |
| --- | --- | --- | --- | --- | --- |
| 19 | 焊锡 | | 卷 | 1 | |
| 20 | 焊锡膏 | | 盒 | 1 | |
| 21 | 组锉 | | 套 | 1 | |
| 22 | 铜丝刷 | | 把 | 1 | |
| 23 | 电缆接续支架 | | 套 | 1 | |
| 24 | 电缆接续用大伞 | | 把 | 1 | |
| 25 | 电缆接续用板凳 | | 个 | 2 | |
| 26 | 钢卷尺(5 m) | | 把 | 1 | |
| 27 | 对讲机 | | 台 | 2 | |
| 28 | 万用表 | 多功能 | 块 | 1 | |
| 29 | 兆欧表或高压绝缘测试仪 | 直流 1 000 V | 块 | 1 | 交流 500 V |
| 30 | 电缆接续专用支架 | | 付 | 2 | |
| 31 | 电缆剥切环切刀 | | 把 | 1 | |
| 32 | 电缆地下接续卡 | | 张 | 2 | 1 张留底，一张置入接续盒内 |
| 33 | 电缆地下接续质量记录 | | 份 | 1 | |
| 34 | 碳素笔 | | 只 | 1 | |
| 35 | 工具车 | | 辆 | 1 | |

其次我们需要了解完成该项目涉及哪些施工、验收规范，我们又需要对哪些标准清楚了解。

应了解的标准和规范主要包括：《铁路信号设计规范》《铁路信号工程施工质量验收标准》《维规》等。该标准规范中的涉及内容我们将在任务实施和知识描述中提及。

思考：请大家想一想表 8-29 中所列的相应器具在现场起到什么样的作用？

## 四、任务实施

(1)思考：你知道在进行铁路信号电缆施工前，我们应该进行哪些工作吗？

(2)任务提示：

①在现场进行电缆接续前要对接通的电缆进行电阻、绝缘(线间绝缘，对地绝缘)测试。

②对电缆进行密封。

③电缆接续的操作人员需经过培训，并参加考试合格后才能到现场施工。

问：你知道为什么要进行这些工作吗？

(3)任务实施要领：

①电缆接续施工要求

电缆接续施工要求见表 8-30。

**表 8-30　电缆接续施工要求**

| 序号 | 项　目 | 要　求 |
| --- | --- | --- |
| 1 | 一般规定 | 电缆接续应采用免维护电缆接续 |
| | | 信号电缆在接续时，应 A、B 端相接，相同芯组内相同颜色的芯线相接 |
| 2 | 地下接续规定 | 电缆穿越铁路、公路及道口时，在距铁路钢轨、公路和道口的边缘 2 000 mm 内的地方不得进行地下接续 |
| | | 电缆接续盒应水平放置，接头两端各 300 mm 内不得弯曲；埋设于地下的接续盒应用电缆槽防护，防护长度不应小于 1 000 mm |
| | | 同径路上的相邻电缆接续盒的距离不宜小于 1 000 mm |
| | | 遇雨、雪天气进行电缆接续时应采取防护措施 |
| 3 | 电缆接续工艺要求 | 根据电缆外径尺寸的大小选择变径环、切割密封胶圈，使密封胶圈、变径环与电缆同轴 |
| | | 接续盒屏蔽网安装完成后，在屏蔽网上均匀钻出 2～3 个渗胶孔 |
| | | 灌注密封胶时，待密封胶液溢出注胶孔后，等待 10 min，再补齐胶面，必要时可进行多次灌注，确保盒体内充满密封胶 |
| | | 电缆接续处应设“电缆接续”标识，路基地段应标在电缆槽盖板上，桥梁及隧道地段应标在防护墙或隧道壁上；直埋地段电缆标识应符合相关标准的规定；竣工图应有接续地点标志 |

②电缆接续步骤及操作方法

a. 准备工作

电缆接续前的准备工作见表 8-31。

**表 8-31　电缆接续前的准备工作**

| 序号 | 项　目 | 过　程 |
| --- | --- | --- |
| 1 | 切割辅助套管 | 根据电缆的外径尺寸大小，切割辅助套管（辅助套管上的标线为辅助套管的内径尺寸），使辅助套管的孔径与电缆外径相同 |
| 2 | 组装密封挡环 | 根据电缆外径的尺寸大小，选择适合于电缆外径的变径环 |
| | | 将变径环间的密封胶圈用专用切割刀沿变径环内孔壁切割成孔状，切割后的密封胶圈孔的直径要略小于电缆外径 |
| 3 | 将相应设备套在电缆护套上 | 按顺序依次将辅助套管→密封挡环组（紧固螺母面向辅助套管侧）→钢带固定环套在电缆护套上（两侧电缆相同） |
| 4 | 主套管套在一侧的电缆上 | 如图 8-37 所示 |

注意事项：

(a)选择变径环必须根据接续电缆的直径选择，严禁随意组合。

(b)密封挡环和钢带固定环在电缆中的位置，要严格按图所示组装顺序和零件位置的方向安装。

b. 开剥电缆

综合扭绞电缆接续应 A、B 端相接，所以在接续前必须确认将要接续的电缆一端是 A 端另一端是 B 端。开剥电缆步骤见表 8-32。

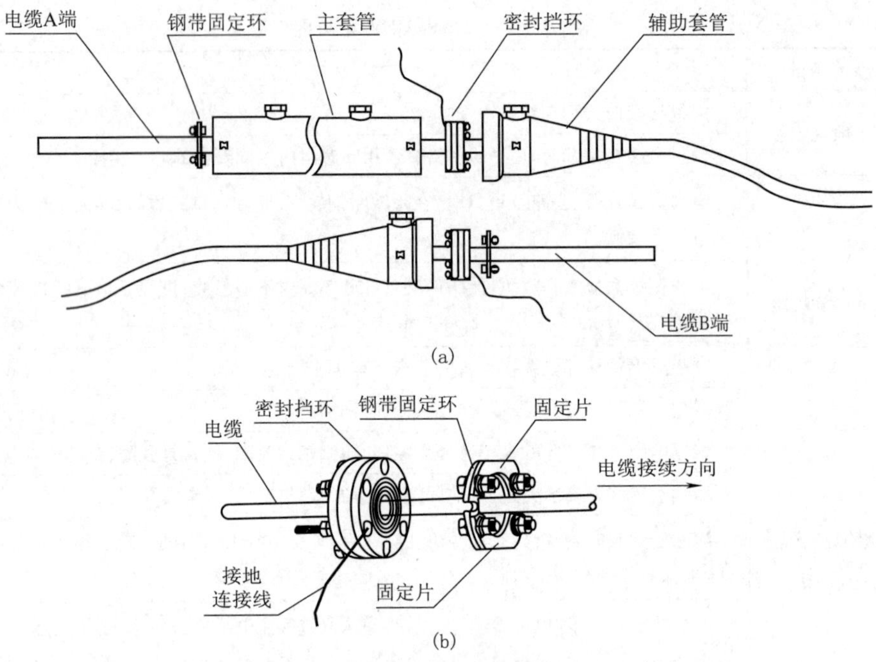


图 8-37 主套管套在一侧的电缆上示意图

**表 8-32 开剥电缆步骤**

| 序号 | 项目 |
|---|---|
| 1 | 距电缆端头 300 mm 处用电工刀环切电缆外护套一周，并向端头纵向切割将其除去 |
| 2 | 距外护套切口 15 mm 处用克丝钳将钢带(双层)折弯 90° |
| 3 | 剥除将钢带折弯处至电缆端头 80 mm 的电缆铝护套表面垫层，并将铝护套用砂布条打磨 |
| 4 | 距电缆外护套 50 mm 处，用钢锯环锯铝护套一周，当锯深为铝护套厚度的三分之二时，轻轻折断铝护套并将其抽出 |

c. 安装钢带固定环

安装钢带固定环的步骤见表 8-33。

**表 8-33 安装钢带固定环的步骤**

| 序号 | 项目 |
|---|---|
| 1 | 将双层钢带的正反面打磨处理 |
| 2 | 松开钢带固定环上的螺栓，将钢带夹在固定环中间，用螺栓紧固牢靠；保留钢带固定环外侧的钢带 5 mm，将多余部分剪去，再将固定环外的钢带折弯后整平 |
| 3 | 将铝护套屏蔽网一端套在距电缆外护套切口 30 mm 的铝护套上，用喉箍将其与铝护套紧固牢靠，然后将屏蔽网全部推向固定侧，露出电缆芯线 |

d. 芯线接续

非屏蔽线组的芯线接续除不进行屏蔽连接外其他部分与内屏蔽线组芯线接续相同。

(a)开剥芯线屏蔽层

ⓐ距铝护套切口 50 mm 处将屏蔽线组的屏蔽层剪断，保留芯线长度 185 mm，内屏蔽四线

组开剥尺寸如图 8-38 所示。

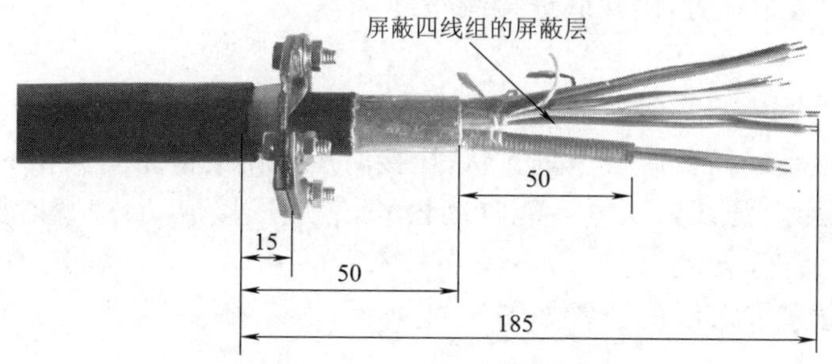


图 8-38　内屏蔽四线组开剥尺寸示意图(单位:mm)

ⓑ除去屏蔽层端口 30 mm 范围的绝缘层,再剥开屏蔽层纵缝,将内衬管套入芯线,将其放置在芯线与屏蔽层间。屏蔽压接如图 8-39 所示。

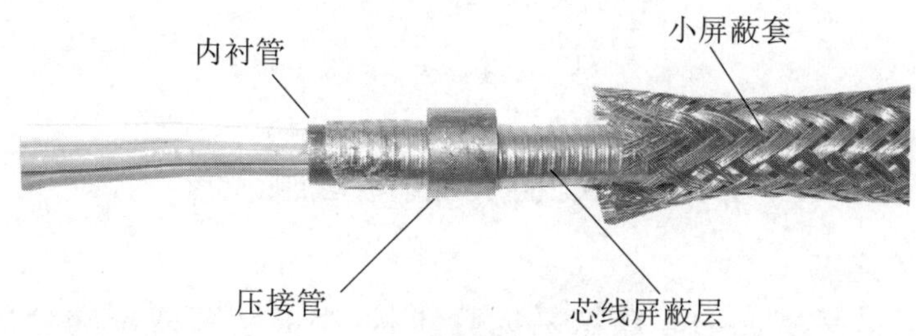


图 8-39　屏蔽压接示意图

ⓒ将屏蔽压接管放置在屏蔽层外端。

ⓓ将小屏蔽网穿入屏蔽线组的一端。

(b)芯线压接

ⓐ将芯线绝缘层剥除 6～8 mm 露出裸铜线。

ⓑ先将一个方向的全部电缆芯线用接线端子压接,方法是:将裸铜线穿入压接端子筒,通过检查孔观察裸铜线端头穿至压接端子筒的根部,然后用“芯线压线钳”压接。芯线压接如图 8-40所示。

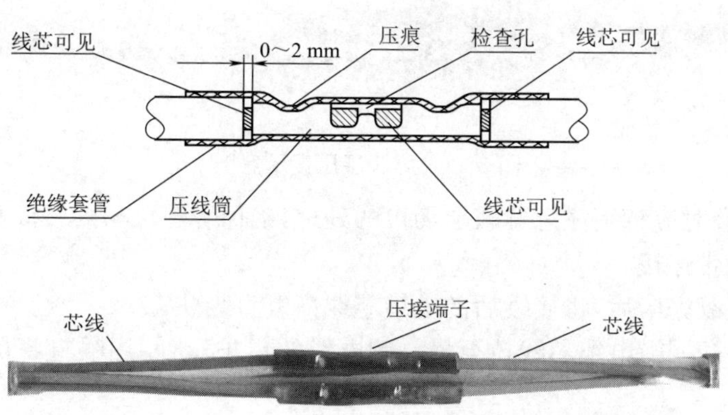


图 8-40　芯线压接示意图

ⓒ芯线一端压接完成后，再用同样方法将对应的另一侧电缆芯线压接；全部芯线压接完成后，检查核对压接的线组线对，确保芯线接续正确。

注意事项：

● 在芯线压接过程中始终保证电缆芯线在压接端子筒内的位置正确。

● 压线钳与压接端子筒及芯线呈垂直状，压接时压接钳不得晃动。

● 压线应一次压紧，压线钳压紧后能自动松开，表明压接成功，严禁对压接后的端子进行再次压接。

● 压线钳与压线筒及芯线的位置如图 8-41 所示，不得颠倒。

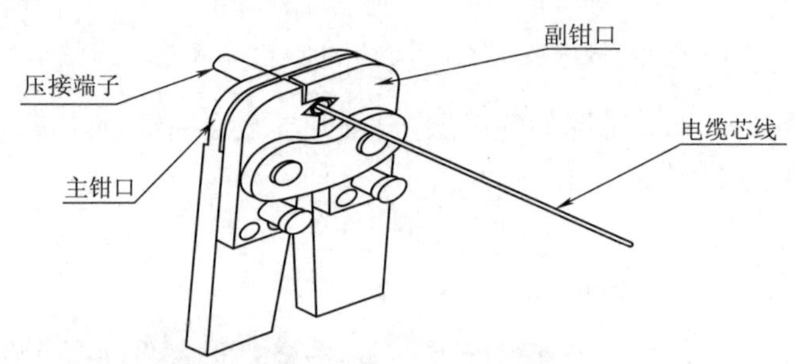


图 8-41　压线钳与压线筒及芯线的位置图

(c)芯线屏蔽层连接

ⓐ将小屏蔽套沿接续完的芯线恢复成直线状，小屏蔽套的两端分别与屏蔽层搭接 15 mm。

ⓑ将内衬管移到屏蔽层切断口处，使屏蔽层覆盖内衬管。内衬管的端口探出屏蔽层切断口 1 mm，以防止压接时屏蔽层切断口与芯线接触。

ⓒ先将屏蔽压接管套入小屏蔽套，再将屏蔽压接管移到与内衬管规定的位置，用“屏蔽层专用压接钳”在屏蔽压接管处压接，使电缆两侧屏蔽四线组的屏蔽层连接，屏蔽层压接如图 8-42所示。

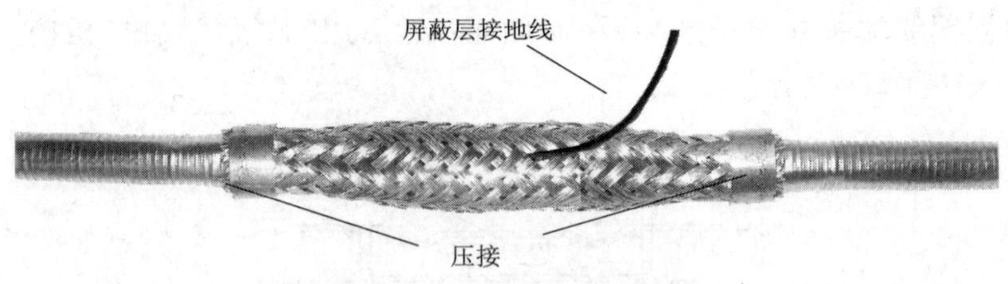


图 8-42　屏蔽层压接示意图

注意：屏蔽连接时应特别注意屏蔽层切口的处理，确保屏蔽层与芯线间的电气特性良好。

(d)铝护套、钢带连接

ⓐ全部芯线接续完毕后，将接续后的电缆芯线恢复直线状态。

ⓑ将铝护套屏蔽网沿电缆芯线拉至另一侧电缆的铝护套处，用喉箍将屏蔽网与铝护套固定连接。

ⓒ将固定拉杆安装在固定环凹槽内示。

ⓓ用干燥的棉纱将铝护套与电缆缆芯之间的缝隙填塞，防止灌胶时胶液沿铝护套与电缆芯之间的缝隙渗漏。

(e)接地

按现行有关标准,一般在电缆接续处不做接地。特殊情况下,电缆接续处需要接地时,应将屏蔽四线组的屏蔽层接地线复联后与铝护套屏蔽网连接在一起,再与密封挡环上的接地端子连接,最后接到地线体。钢带、铝护套连接如图 8-43 所示。

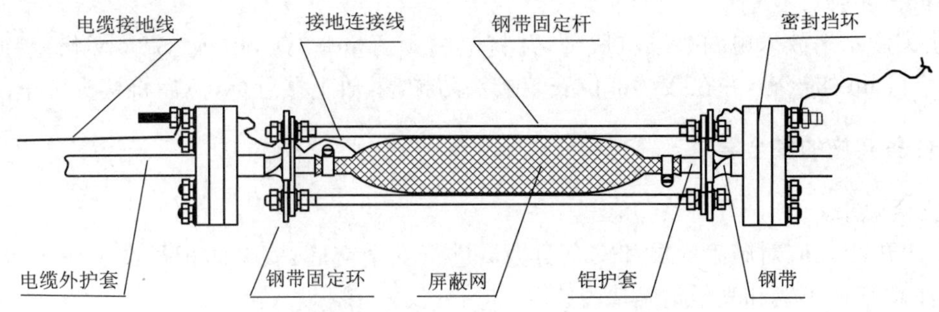


图 8-43　钢带、铝护套连接示意图

(f)盒体组装

ⓐ将两侧外护套切口 150 mm 范围的电缆外护套用砂布打毛。

ⓑ将主套管移至电缆接续的中间部位。

ⓒ将两端的密封挡环推入主套管,外挡环与主套管端面在同一平面上,调整主套管注胶孔的位置,使接头盒落地后注胶孔与地面垂直向上。

ⓓ用扳手按对角、轮换的顺序,紧固密封挡环的螺栓,使密封胶片受挤压后径向膨胀;一端完成后再用同样方法安装另一端密封挡环。紧固密封挡环的螺栓时,必须按对角轮换的要求均匀拧紧,不可盲目用力,避免用力过大损坏密封部件。

ⓔ将辅助套管与主套管对接,用专用扳手拧紧,辅助套管注胶孔应与主套管上的注胶孔在同一条直线上其角度差不大于±15°。

ⓕ在辅助套管小口径端与电缆之间用密封胶带缠包,防止灌胶时胶液渗漏。

(g)灌注密封胶和膨胀胶

将接头盒水平放入电缆接头坑底部,保持主套管注胶孔与地面垂直;两端电缆储备量呈"Ω"状(或"S""∽"状)盘放整齐。

ⓐ灌注密封胶:密封胶为双组份,密封胶 A 组份(大桶)开盖后,先将盒底沉淀物与胶液充分搅拌均匀,再将 B 组份(小桶)全部倒入 A 组份中充分搅拌混合均匀。

打开主套管上的两个注胶孔盖,将密封胶用漏斗从主套管上的一个注胶孔向盒体内灌注,待胶液溢出注胶孔后,等待 10 min,补齐胶面;再用专用扳手将两个注胶孔盖(有 O 形密封圈)拧紧。

ⓑ灌注膨胀胶:将胶袋的中间卡条取出用后,使 A、B 胶液混合,然后用手反复揉搓胶袋使 A、B 胶液充分混合均匀。

将两侧辅助套管注胶孔盖打开,将膨胀胶平均分成两份,分别灌注到两侧辅助套管内,待胶面溢出注胶孔后,立即用专用扳手将注胶孔盖(无 O 形密封圈)拧紧。

注意事项:

密封胶混合时,必须将 B 组份(小桶)胶全部倒入 A 组份(大桶)内,保证 A、B 胶配比正确。

膨胀胶的反应速度与温度有关，温度高时反应快，温度低时反应慢。当操作环境温度较低时，应按胶体混合要求增加混合时间；膨胀胶在调胶后应迅速灌注，防止胶液在胶袋内膨胀。

安装注胶孔盖时应将套有 O 形密封圈的注胶孔盖拧在主套管上，并用专用内六角扳手拧紧至密封圈压平即可，避免用力过大造成胀裂注胶孔或扭断注胶孔盖。

(h)机械防护、回填

将接头盒水平放入电缆接续坑底部，并将电缆预留量呈“Ω”状（或“S”“∽”状）盘放整齐，先填埋 200 mm 的松土，并在接续部位安装接头防护槽，放上接续标，然后将接头坑全部填满。

## 五、任务实施的安全要求

1. 安全要求

工前工班组长应对施工人员和安全防护员进行安全交底；安全防护员在工作中应认真履行职责，注意来往车辆和其他危险信息。

2. 文明施工及环境保护措施

成立环保机构，贯彻 ISO 14001 标准，建立健全环保体系和制度，落实施工环保“三同时”，保护好施工现场的各种环境，制定文明施工措施，减少对周边居民、企事业单位的影响。

(1)噪声与振动控制

在施工过程中严格控制噪声，对噪声进行实时监测与控制。监测方法执行国家标准《建筑施工场界噪声测量方法》(GB 12524—1990)。

使现场噪声排放不得超过国家标准《建筑施工场界噪声限值》(GB 12523—1990)的规定。

使用低噪声、低振动的机具，采取隔音与隔振措施，避免或减少施工噪声和振动。

(2)土壤保护

保护地表环境，防止土壤侵蚀、流失。因施工造成的裸土，及时覆盖砂石或种植速生草种，以减少土壤侵蚀；因施工造成容易发生地表径流土壤流失的情况，应采取设置地表排水系统、稳定斜坡、植被覆盖等措施，减少土壤流失。

(3)建筑垃圾控制

①严格控制排污标准，达到国家控制标准。

②施工完成后，做到废弃物回收，进行分类、固化处理。

## 六、布置作业

要求以组为单位描述电缆接续的过程，并填写表 8-34、表 8-35 和表 8-36。

**表 8-34　作业程序方框图**

| 序号 | 工作前准备 | 接续项目 | 工作后记录 |
|---|---|---|---|
| 1 | | | |
| 2 | | | |
| 3 | | | |
| 4 | | | |
| 5 | | | |
| 6 | | | |
| 7 | | | |

表 8-35 重点卡控项目

| 卡控项目 | 卡控内容 |
| --- | --- |
| 必须做的 | (1)<br>(2)<br>(3)<br>(4)<br>(5)<br>(6) |
| 禁止做的 | (1)<br>(2)<br>(3)<br>(4) |

表 8-36 作业程序及作业标准

| 工作步骤 | 工作内容及标准 |
| --- | --- |
| 施工 | (1)<br>(2)<br>(3) |
| 注意事项 | (1)<br>(2)<br>(3)<br>(4) |

## 七、作业检查评议

(1)了解验收表格中项目内容。

(2)能够填写表 8-34 至表 8-36,并清楚了解接续标准。

(3)以组为单位讲解过程。

**【练习题】**

## 一、填 空 题

(1)信号电缆的导电芯线应采用标称直径为(　　)mm 的软铜线,其允许工作电压不得低于工频(　　)V 或直流(　　)V。

(2)音频信号设备的传输通道(含维修电话线)应采用信号电缆中的(　　)或(　　)芯线。

(3)信号电缆每根导体直流电阻不大于(　　)Ω/km。

(4)28 芯信号电缆的备用芯线数不少于(　　)。

(5)信号电缆埋设深度,站内一般不小于(　　)mm,区间不小于(　　)mm。

(6)电缆径路应尽量保持直线。如有弯曲时,电缆的允许弯曲半径:非铠装电缆应不小于电缆外径的(　　)倍;铠装电缆应不小于电缆外径的(　　)倍;内屏蔽电缆应不小于电缆外径的(　　)倍。

(7)维修更换电缆时,电缆的两端应有(　　)m 储备量;信号楼内应有(　　)m 的储备量。

(8)在区间敷设电缆时,两根电缆的连接宜采取(　　)方式。

(9)在敷设信号电缆时,电缆的连接接线应为 A 端与(　　)端相连。

(10)电缆 A、B 端的识别方法是绿色组在红色组的(　　)方向为 A 端。反之,为 B 端。

(11)必须设于路肩上的电缆、集中联锁设备的干线电缆及冻害地区电缆应以(　　)防护。

(12)防护电缆用电缆槽的埋设深度为上盖板顶面距地面(　　)mm。

(13)各种箱盒引入电缆时,应有保护管及防止(　　)的措施;封闭处理良好。

(14)用 500 V 兆欧表测量全程信号电缆芯线与大地间的绝缘电阻值:区间及各小站不得小于(　　)MΩ。

(15)在维修更换电缆时,用高阻兆欧表测量电缆芯线间、每芯线对地间的绝缘电阻不小于(　　)MΩ·km。

(16)自信号楼方向引来的电缆,进入电缆盒(　　),其他方向引来的电缆进入副管。

## 二、简答题

(1)以 16 芯信号电缆为例,试述其 A 端电缆芯线如何编号?

(2)对信号电缆敷设有何要求?

(3)对信号电缆防护有何要求?

(4)对信号电缆标识的埋设有何要求?

(5)规定哪几种情况下敷设电缆时需采取有效的防护措施?

(6)对地下接续电缆有何要求?

## 【拓展题】

## 一、填空题

(1)信号电缆埋设深度一般不少于 700 mm,遇有石质地带埋深应不少于(　　)mm。

(2)信号电缆 A、B 端的识别方法是:绿色组在红色组的(　　)方向为 A 端,反之为 B 端。

(3)直埋敷设,线路穿过机耕路、农村大道以及市区或易动土地段时,采取铺(　　)、(　　)、(　　)等保护措施。

(4)留点、与其他缆线交越点、穿越障碍物地点以及直线段市区每隔(　　)m,郊区和长途每隔(　　)m 处均应设置普通标石。

## 二、简答题

(1)全色谱的含义是什么?

(2)写出电缆型号的含义 HYA-100×2×0.5。

(3)全塑市话电缆的缆芯主要组成是什么?

(4)架设吊挂式全塑电缆线路方法有哪些?

(5)电缆配盘的原则有哪些?

(6)直埋电缆敷设前应进行什么工作?

(7)敷设埋式电缆的方法有哪些?

(8)地下电缆为什么要充气?

(9)电缆漏气的原因可大致分为几种?

(10)电缆查漏的基本步骤是什么?

# 附录 1　矮型色灯信号机安装尺寸

矮型色灯信号机安装尺寸如图 1 和图 2 所示。

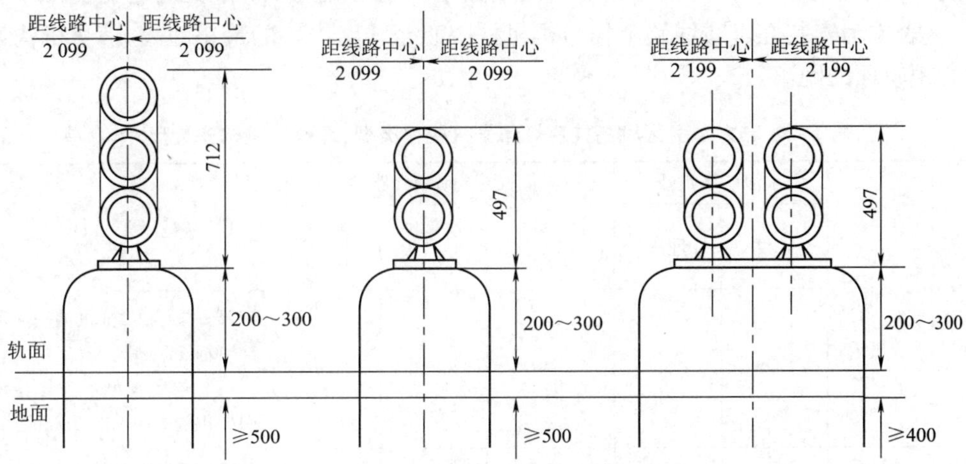


图 1　矮型色灯信号机安装尺寸 1(单位:mm)

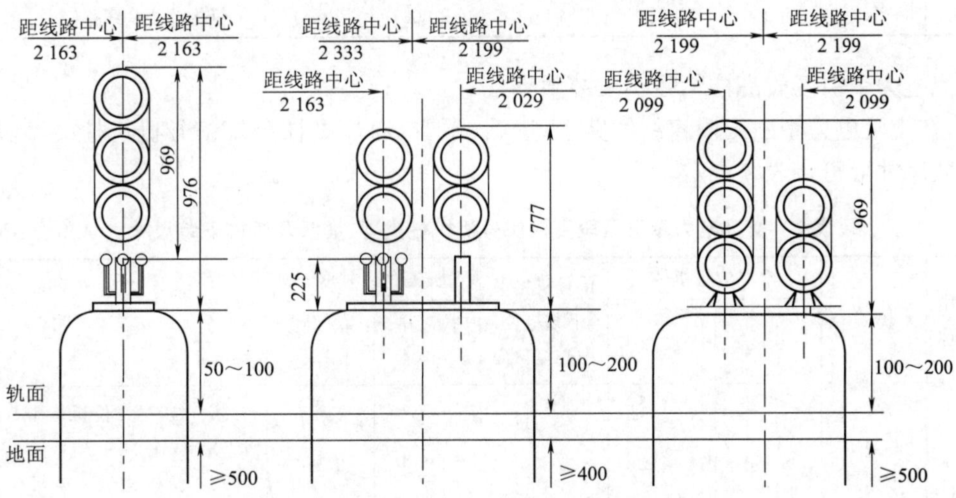


图 2　矮型色灯信号机安装尺寸 2(单位:mm)

# 附录 2　不同区段高柱及矮型色灯信号机安装尺寸

非电力牵引区段高柱色灯信号机在直线线路上的机柱类型、埋深及机构安装尺寸应符合表 1 规定(表中为安装在直线线路上信号机机柱中心至线路中心的最小距离,信号机构最下方灯位中心距轨面的距离)。

**表 1　非电力牵引区段高柱色灯信号机机柱类型、埋深及机构安装尺寸**　(单位:mm)

| 序号 | 使用名称 | 型式 | 水泥信号机柱 | | 信号机构最下方灯位中心至轨面 | 所属线路中心至 | | 说　明 |
|---|---|---|---|---|---|---|---|---|
| | | | 长度 | 埋深 | | 信号机柱中心 | 信号机构中心 | |
| 1 | 进站 | 四显示带引导 | 8 500 | 1 700 | 3 500 | 2 900 | 2 670 | 第一位、第二位机构中心间距为 1 200 mm;<br>第二位机构最下方灯位中心至引导机构中心为 720 mm |
| 2 | 预告 | 二显示 | 8 500 | 1 700 | 4 500 | 2 900 | 2 600 | 机构改装在线路侧 |
| 3 | 预告 | 二显示 | 8 500 | 1 700 | 4 500 | 2 900 | 2 600 | 机构改装在线路侧 |
| 4 | 预告 | 三显示 | 8 500 | 1 700 | 4 500 | 2 900 | 2 600 | 机构改装在线路侧 |

交流电力牵引区段高柱信号机安装限界:

(1)在交流电力牵引区段直线线路上,进站、预告、通过高柱色灯信号机机柱类型、埋深及机构安装尺寸应符合表 2 规定。

**表 2　交流电力牵引区段高柱信号机机柱类型、埋深及机构安装尺寸**　(单位:mm)

| 序号 | 使用名称 | 型式 | 水泥信号机柱 | | 信号机构最下方灯位中心至轨面 | 所属线路中心至 | | 说　明 |
|---|---|---|---|---|---|---|---|---|
| | | | 长度 | 埋深 | | 信号机柱中心 | 信号机构中心 | |
| 1 | 进站 | 四显示带引导 | 8 500 | 1 700 | 3 500 | 2 900 | 2 670 | 第一位、第二位机构中心间距为 1 200 mm;<br>第二位机构最下方灯位中心至引导机构中心为 720 mm |
| 2 | 预告 | 二显示 | 8 500 | 1 700 | 4 500 | 2 900 | 2 600 | 机构改装在线路侧 |
| 3 | 预告 | 二显示 | 8 500 | 1 700 | 4 500 | 2 900 | 2 600 | 机构改装在线路侧 |
| 4 | 预告 | 三显示 | 8 500 | 1 700 | 4 500 | 2 900 | 2 600 | 机构改装在线路侧 |

(2)在交流电力牵引区段站内高柱出站色灯信号机机柱类型、埋深及机构安装尺寸应符合表 3 规定。

矮型色灯信号机混凝土基础埋深及机构安装尺寸应符合表 4 规定。

**表3　交流电力牵引区段高柱信号机机柱、埋深及机构安装尺寸**　(单位:mm)

| 序号 | 使用名称 | 型式 | 水泥信号机柱 | | 信号机构最下方灯位中心至轨面 | 所属线路中心至 | | 邻线线路 | | 说　明 |
|---|---|---|---|---|---|---|---|---|---|---|
| | | | 长度 | 埋深 | | 信号机柱中心 | 信号机构中心 | 限界 2 440 | 限界 2 150 | |
| 1 | 出站 | 二显示 | 8 500 | 1 700 | 5 300 | 2 900 | 2 700 | | 2 400 | 线间距 5 300 mm |
| 2 | 出站 | 三显示 | 10 000 | 2 000 | 4 700 | 2 900 | 2 700 | | 2 400 | 线间距 5 300 mm |
| 3 | 出站 | 四显示 | 8 500 | 1 700 | 5 300 | | 2 700 | | | 线间距 5 300 mm |
| 4 | 出站 | 二显示 | 8 500 | 1 700 | 5 300 | 2 900 | 2 700 | 2 630 | | 线间距 5 300 mm |
| 5 | 出站 | 三显示 | 8 500 | 1 700 | 5 300 | 2 900 | 2 700 | 2 630 | | 线间距 5 300 mm |
| 6 | 出站 | 四显示 | 8 500 | 1 700 | 5 300 | 2 900 | 2 700 | 2 630 | | 线间距 5 300 mm |

**表4　矮型色灯信号机混凝土基础埋深及机构安装尺寸**　(单位:mm)

| 序号 | 使用名称 | 型式 | 机构间距 | 基础埋深 | 基础顶面距轨面 | 基础中心距所属线路中心 | 机构中心至所属线路中心 |
|---|---|---|---|---|---|---|---|
| 1 | 出站或进路 | 五显示 | 340 | 400 | 200～300 | 2 199 | 2 029 |
| 2 | 出站或进路 | 四显示 | 340 | 400 | 200～300 | 2 199 | 2 019 |
| 3 | 出站或进路 | 四显示带进路显示器 | 340 | 400 | 100～200 | 2 199 | 2 029 |
| 4 | 出站或进路 | 三显示 | | 500 | 200～300 | | 2 029 |
| 5 | 出站或进路 | 三显示带进路表示器 | | 500 | 80～120 | | 2 163 |
| 6 | 出站或调车 | 二显示 | | 500 | 200～300 | | 2 029 |
| 7 | 复示 | 方板一显示 | | 500 | 200～300 | | 2 095 |

# 参考文献

[1] 贾毓杰. 铁路信号与通信设备(高职)[M]. 北京:中国铁道出版社,2013.
[2] 中国铁路总公司. 普速铁路信号维护规则 技术标准[S]. 北京:中国铁道出版社,2015.
[3] 中国铁路总公司. 高速铁路信号维护规则 技术标准部分[S]. 北京:中国铁道出版社,2016.
[4] 翟红兵. 铁路信号实训教学指导[M]. 北京:中国铁道出版社,2013.
[5] 岳春华. 高速铁路信号设备典型故障案例[M]. 北京:中国铁道出版社,2013.
[6] 赵勤,刘水平,牛学忠. 城市轨道交通通信信号系统工程安装技术手册[M]. 北京:中国铁道出版社,2013.
[7] 广州铁路(集团)公司人事处. 铁路信号技术与应用[M]. 北京:中国铁道出版社,2012.
[8] 林瑜筠. 铁路信号基础[M]. 3 版. 北京:中国铁道出版社有限公司,2020.
[9] 陈建译,邱传睿. 铁路通信信号防雷技术与应用[M]. 北京:中国铁道出版社,2016.
[10] 林瑜筠. 铁路信号业务管理[M]. 北京:中国铁道出版社,2014.
[11] 阮振铎. 铁路信号设计与施工[M]. 北京:中国铁道出版社,2016.